臺灣歷史與文化 研究輯刊

十 二 編

第 **10** 冊

戰後臺灣作家文學中的「原住民族書寫」：
自 1945 到 1987（第四冊）

蔡 政 惠 著

花木蘭文化事業有限公司

國家圖書館出版品預行編目資料

戰後臺灣作家文學中的「原住民族書寫」：自 1945 到 1987
（第四冊）／蔡政惠 著 — 初版 — 新北市：花木蘭文化事業有
限公司，2017〔民 106〕
目 2+316 面：19×26 公分
（臺灣歷史與文化研究輯刊十二編：第 10 冊）
ISBN 978-986-485-161-4（精裝）
1. 臺灣文學 2. 文學評論
733.08   106014102

ISBN-978-986-485-161-4

9 789864 851614

臺灣歷史與文化研究輯刊
十二編　第十冊　　　　　　　ISBN：978-986-485-161-4

戰後臺灣作家文學中的「原住民族書寫」：
自 1945 到 1987（第四冊）

作　　者　蔡政惠
總 編 輯　杜潔祥
副總編輯　楊嘉樂
編　　輯　許郁翎、王筑　美術編輯　陳逸婷
出　　版　花木蘭文化事業有限公司
社　　長　高小娟
聯絡地址　235 新北市中和區中安街七二號十三樓
　　　　　電話：02-2923-1455／傳真：02-2923-1452
網　　址　http://www.huamulan.tw 信箱 hml810518@gmail.com
印　　刷　普羅文化出版廣告事業
初　　版　2017 年 9 月
全書字數　866039 字
定　　價　十二編 13 冊（精裝）台幣 26,000 元

戰後臺灣作家文學中的「原住民族書寫」：
自 1945 到 1987（第四冊）

蔡政惠 著

目
次

第六章　吳錦發、鍾理和、胡臺麗等文學中的原住民族書寫

第一節　吳錦發部落意象中的原住民族

一、原住民族文學之創作背景

　　吳錦發曾自述關於與原住民族接觸的過程，乃源自於當年大學時的田野調查工作，「民國六十三年，我還在念中興大學社會系二年級，那一年暑假，我到宜蘭縣的南澳鄉做山地調查，調查的對象是一般貧戶的生活狀況，委託調查的單位是省政府社會處；……只我一個上了山，這是我第一次接觸到臺灣山地社會的經過。」〔註1〕吳錦發藉此真實地與原住民族接觸的機緣下，真實地見識到原住民真實的生活樣貌。

> 那一個月在山上各個部落間奔走，和我們原住民同胞生活在一起，
> 使我大大的開了眼界，它給我心靈上的衝擊是無與倫比的，他使我
> 幸運的比一般愛作白日夢的大學生提早看到了我們社會的真相，它
> 也使我首次離開漢民族的視野，體會到這個島上另一種民族的思考
> 和看法。〔註2〕

　　吳錦發乃坦承到山地進行田野調查，真實接觸原住民族前，對於原住民

〔註1〕 吳錦發，〈悲情的山林序〉，《悲情的山林》（臺中：晨星出版社，1987年1月），頁1。

〔註2〕 吳錦發，〈悲情的山林序〉，《悲情的山林》（1987年1月），頁1～2。

乃存在著族群刻板印象，「在那一個月之前，我對臺灣原住民觀念是非常『吳鳳式』的，我以爲臺灣的原住民眞的就是如小學課本中描述的，是茹毛飲血，出草馘首，野蠻不開化近於野獸的種族，而且他們之得以開化，完全是我們漢民族賜予他們的大恩大德。」〔註3〕吳錦發在眞實接觸過原住民族後，方可瞭解原住民的族群境況。

> 及至我在那山地的一個月走下來，我才發現：他們竟出乎我想像之
> 外的，是如此優美的種族，他們崇尚自然，歌詠山林，敬重朋友，
> 頌讚愛情，甚至，更令我訝異的，他們在家庭中對父子親情的平等
> 對待態度，是如何的和我們漢民族講究壓制的權威崇拜不同；他們
> 對部落族人利害一體的關懷情義是如何優越於我們漢民族「自掃門
> 前雪，休管他人瓦上霜」自私自利的極端個人主義思想……。〔註4〕

諸多外族與漢族，對於原住民族，均存在著汙名化的刻板印象，對於原住民乃極度不公平。關於原住民族文化範疇，乃充滿著諸多豐富多元又深具獨特性的神話傳說與口傳文學。吳錦發即自我反思著，諸多原住民所承受的汙名化思惟，乃有所謬誤。

> 你能想像擁有「那女人幻化爲一棵芭蕉樹，在晨風中搖曳，清清掉
> 落幾顆晶瑩的露珠」這麼淒美傳說故事的民族，我們敬稱他們爲「野
> 蠻」是如此虛妄的一件事嗎？〔註5〕

吳錦發更眞實地體會到原住民族眞情眞意、有情有義的眞性情，舉例而言，諸如，「你能想像一個一百零三歲的老阿婆，由他當里幹事的曾孫扶著走二個小時的山路，爲的只是和我這個『貴客』喝幾竹筒米酒，唱幾首已近絕傳的泰雅魯情歌，是何等的情義嗎？」〔註6〕老阿婆乃親自爲吳錦發演唱原住民族曲調，「多年前，在南澳鄉的深山中，那個一百零三歲泰雅的老阿婆在黑夜的石板屋裡唱出悲涼的歌聲：我已經很老了，我即將靜靜的在山林裡死去，晚上你們將聽到從黝黑的森林裡吹來的風聲。我的孩子們，你們不要怕，那是我回來看你們了！」〔註7〕在原住民耆老的歌聲中，乃傳唱出原住民族的族群悲歌。吳錦發在眞實見證著原住民的眞摯情意後，「那一個月的經驗與思

〔註3〕 吳錦發，〈悲情的山林序〉，《悲情的山林》（1987 年 1 月），頁 2。
〔註4〕 吳錦發，〈悲情的山林序〉，《悲情的山林》（1987 年 1 月），頁 2。
〔註5〕 吳錦發，〈悲情的山林序〉，《悲情的山林》（1987 年 1 月），頁 2。
〔註6〕 吳錦發，〈悲情的山林序〉，《悲情的山林》（1987 年 1 月），頁 2。
〔註7〕 吳錦發，〈悲情的山林序〉，《悲情的山林》（1987 年 1 月），頁 7。

考，使我痛心的感受到身爲橫霸的漢民族一員是如此的羞恥，對於臺灣的原住民同胞，我們虧欠他們的是那麼多！」〔註8〕吳錦發乃深刻地萌發著漢族的原罪情懷。

> 文明與野蠻的標準在哪裡？「德政」？德政的基礎在哪裡？把人趕上山，而指其爲「蕃」的道義在哪裡？不能讓其「安其居」、「樂其群」，假「開發」之名兒一再強令遷村使他們流離失所的同胞之情在哪裡？不得以山的名字登記戶口，一律改爲漢姓漢名的「民族平等對待」之理在哪裡？〔註9〕

吳錦發由此闡述在編選「臺灣山地小說選」的原始創作動機，「如果……我當時想，我們還是一個有歷史良知的漢民族知識份子，我們應該誠心誠意的重新檢討以往我們對待原住民的種種態度，甚至，我認爲我們必須加倍的關心我們原住民同胞，應爲我們祖先在歷史上的行爲向他們『贖罪』！這種自省後的認知，變成了我今天編選這本『臺灣山地小說選』的原始動機。」〔註10〕原住民文學編撰，即代表著吳錦發對於原住民族的關切之意。

> 「臺灣山地小說選」，只是我對臺灣原住民的回報與贖罪行動的第一個實踐，往後我將在各方面呼籲同道，大家一起來關心我們原住民的同胞，使我們「臺灣的心」能更寬容的、慈愛的也包含我們原住民同胞的心靈。〔註11〕

吳錦發甚至於分析諸多原住民文學創作的漢族作家，還以客家籍作家爲主；或許即由於客家籍作家在歷史淵源上，乃因地處於原住民族鄰近地帶，而產生較爲頻繁的原漢族群接觸機會。在此因緣際會下，客家籍作家對於原住民族的關切與認知較多；進而有諸多客家籍漢族作家所撰寫的原住民文學應運而生。

> 客家籍作家對山地爲背景的小說表現較多，大概和客家人在歷史淵源上和原住民接觸頻繁有關係吧；臺灣在開墾之初，漳、泉一帶的閩籍移民來得比較早，佔據了大部分平原地區，粵籍的移民隨後才到，只能選擇較近山腳的偏僻地區落腳，因此在生存競爭上和原住民的關係比較密切，所以客籍作家多有描寫山地背景的著

〔註8〕　吳錦發，〈悲情的山林序〉，《悲情的山林》（1987年1月），頁3。
〔註9〕　吳錦發，〈悲情的山林序〉，《悲情的山林》（1987年1月），頁3。
〔註10〕　吳錦發，〈悲情的山林序〉，《悲情的山林》（1987年1月），頁3。
〔註11〕　吳錦發，〈悲情的山林序〉，《悲情的山林》（1987年1月），頁5。

作。〔註12〕

　　根據吳錦發的觀點，由漢族所撰寫原住民文學，不免流於隔靴搔癢之狀，「基於這樣的認識，我當然更急切的希望看到年輕的原住民知識份子能自覺自救，自己勇敢的站出來，爲自己族人的將來好好思考，大家心連心手牽手，共同來爲原住民美好的明天奮鬥。」〔註 13〕吳錦發乃努力地提攜後進，以期有更多優秀原住民族作家出現。

> 我們文壇近年來的確出現了兩位傑出的原住民作家，那就是高雄醫
> 學院畢業，現在正在服憲兵役的布農族作家田雅各，和排灣族詩人
> 莫那能，他們出現，我認爲是臺灣文壇近幾十年來不得了的大事，
> 他們優美的文字描寫，豐富的詩的節奏感，以及有尊嚴的人性吶
> 喊，對日漸腐朽、墮落、浮華、膚淺的臺灣文學，無疑是一記暮鼓
> 晨鐘，他們的文學是眞正的人的文學，我們以擁有這樣的臺灣原住
> 民作家感到驕傲，也感到汗顏。〔註 14〕

　　吳錦發乃眞實地記述著，在接觸原住民族的文化樣貌與生活實況後，對於原住民所產生的族群觀點與分析視角，方可更眞實地切近原住民族群文化特色。再加上後殖民理論的印證，尙可更深入地分析原住民族處境，「後殖民理論的引進，對於九○年代臺灣研究的相關學科訓練造成很大的衝擊。……這是因爲後殖民理論的到來，喚醒各個學科訓練研究者的歷史意識，使他們開始警覺到自己的領悟與臺灣史上的殖民地經驗有緊密的連繫。」〔註 15〕原住民文學乃應運而生，再加上後殖民理論分析，對於原住民族群處境分析，乃深具指標性的時代意義。

二、原住民族之族群意識

（一）原住民族燕鳴之寂寞賽夏

　　吳錦發在〈燕鳴的街道〉中，乃展現出原住民少女幼瑪的族群意識，彷彿對於自身原住民身分，甚至於山地家鄉，均存在著一股複雜卻無奈的情緒。幼瑪那句「家？什麼家？……只會向我要錢的家」，乃道盡原住民的經濟

〔註12〕吳錦發，〈悲情的山林序〉，《悲情的山林》（1987 年 1 月），頁 4。
〔註13〕吳錦發，〈悲情的山林序〉，《悲情的山林》（1987 年 1 月），頁 5～6。
〔註14〕吳錦發，〈悲情的山林序〉，《悲情的山林》（1987 年 1 月），頁 6。
〔註15〕陳芳明，〈膚色可以漂白嗎？〉，法農，《黑皮膚，白面具》（2005 年 4 月），頁 12。

困境與生活壓迫，使其對於家鄉產生矛盾的情緒。

> 「其實我可以多待一天，用不著急著走的！」我說。「你說要在那種鬼地方再多待一天？」她輕搖著腿說。「什麼叫鬼地方？那是你自己的家鄉！」我有點不悅起來。「走啦！」她似乎很厭煩提到「家鄉」這個字。……「幼瑪，不是我說妳，妳——今天好像不喜歡你的家？」「家？什麼家？媽的，只會向我要錢的家——」「我是說整個家鄉！」「怎麼會？不喜歡，這回我就不會帶你上山來玩了！」〔註16〕

原住民少女幼瑪在與漢族朋友的對話中，展現出身為賽夏族原住民，不為人知的辛酸與無奈。幼瑪對於平地男人總充滿著不良印象，彷彿飽受平地漢族的欺壓；甚至於由那句「寂寞……整個賽夏都是寂寞的」，彷彿道盡原住民族在現代社會中的族群困境。

> 「但是我看妳祭典一完就顯得寂寞了！」……「寂寞……是啊，整個賽夏都是寂寞的！」……「所以到平地我們得不斷地找男人啊！」……「但……，媽的，你們這些平地男人，卻常常弄得我更加寂寞！」她咬牙切齒地說。「我不是那些平地男人！」我說。……「我是說我、也、是、半、個、山、地、人。」我一字一句斬釘截鐵地說。「……」她刁鑽地笑著打量我「好，你是半個山地人又怎麼樣？」……「我說我了解，了解妳的寂寞，妳苦命，妳恨妳的家，妳恨……」……「啊——寂寞，整個賽夏都寂寞——」向在祭典中仰天長嘯的賽夏一樣，她拉長聲音喊了一聲，聲音在空曠的峽地中迴響著。〔註17〕

吳錦發藉由原住民少女幼瑪的遭遇與心境，推敲出原住民集體族群意識與受辱經驗，彷彿原住民被殖民者的心理分析，「以往的殖民心理學把殖民者隱藏起來，研究者以科學的面貌出現，關心的是殖民地的心理狀態，而研究者自身的殖民發言位置只是缺席的存在。」〔註18〕此即由原住民心境，分析原住民在族群壓迫與種族歧視下，努力地在平地社會中的夾縫求生存，卻無奈地面對族群生存困境，卻無計可施的落寞與孤獨。

〔註16〕吳錦發，〈燕鳴的街道〉，《悲情的山林》（臺中：晨星出版社，1987年1月），頁281～282。

〔註17〕吳錦發，〈燕鳴的街道〉，《悲情的山林》（1987年1月），頁282～283。

〔註18〕陳光興；法農，〈法農在後／殖民論述中的位置〉，《黑皮膚，白面具》（2005年4月），頁42。

三、原住民族青年形象

（一）原住民族幼瑪之爽朗滄桑

　　吳錦發在〈燕鳴的街道〉中，描述著熱情奔放的原住民少女幼瑪的生活際遇，「我看著她大口喝酒，大聲朗笑，唱歌，並不時地把那一頭黑瀑的長髮舞得四散飛揚。」〔註 19〕幼瑪爽朗開懷的形象，彷彿即為原住民族形象。在原住民祭典中，甚至於熱情地親吻朋友，「沒等我反應過來，她竟雙手伸上來，繞住了我的脖子，重重的吻壓了過來。『跳舞不敢，吻我不敢，上床你敢不敢？』她依舊瞪著我。」〔註 20〕此項舉動即使漢族朋友極為驚訝，而回想起當初認識幼瑪的情境。

> 　　結識幼瑪是一次極其偶然的機會，那時我還在電影公司工作，有一
> 回選了一家餐廳出外景；缺少一位彈電子琴的臨時演員，便情商了
> 那間餐廳的電子琴師；那便是幼瑪。〔註21〕

　　幼瑪的工作疏誤，乃激怒小劉對幼瑪惡言相向，甚至於以種族歧視言語加以諷刺，而造成幼瑪怒不可遏；豈料，在數日後幼瑪居然與小劉在一起，「幾天後的傍晚，我下工回家，路過西門町的一家旅館，卻看到小劉帶著幼瑪，正要走進旅館去。小劉是有名的花花公子，……以後便聽人家說，她和小劉同居了，但是不到一個月，她又和別的女人一般被小劉拋棄了。」〔註 22〕幼瑪敢愛敢恨，熱情開朗的態度，且帶點淡淡哀愁，彷彿原住民內心深處般的族群精神。

> 　　日復一日，我慢慢地發現，她似乎是一個很容易陶醉在音樂裡的人，
> 她喜歡彈奏哀傷的曲調，彈奏的時候，常常閉著說眼，談到哀傷的
> 地方，便忍不住地伴著琴音哼了起來。有一次，我還看到她利用休
> 息的時間走進盥洗室去，出來的時候，眼眶還紅著，顯然是剛剛哭
> 泣過。〔註23〕

　　幼瑪乃帶有喜好喝酒的形象，甚至於還愛跟朋友開玩笑。但在開玩笑之際，又帶著淡淡哀愁存在，彷彿即為原住民族處境般，存在著諸多無奈與飽

〔註 19〕 吳錦發，〈燕鳴的街道〉，《悲情的山林》（1987 年 1 月），頁 273。
〔註 20〕 吳錦發，〈燕鳴的街道〉，《悲情的山林》（1987 年 1 月），頁 275。
〔註 21〕 吳錦發，〈燕鳴的街道〉，《悲情的山林》（1987 年 1 月），頁 275～276。
〔註 22〕 吳錦發，〈燕鳴的街道〉，《悲情的山林》（1987 年 1 月），頁 276。
〔註 23〕 吳錦發，〈燕鳴的街道〉，《悲情的山林》（1987 年 1 月），頁 276～277。

受滄桑。此即諸多原住民，曾面臨的族群困境。

> 「喝酒！」他把酒端過來。「喝酒不好吧！」她挑釁地盯著我。「我
> 是說妳，傷口還沒好！」……「叫我喝那麼多酒，妳不怕我？」我
> 故意戲謔她。「怕什麼？」她笑了起來。「敢讓你走進我房間來就不
> 怕你什麼了！」……「一向是這樣，進到這房間，就是我的男人
> 了！」〔註24〕

在原住民少女幼瑪眼中，諸多平地男性均覬覦其美色，故幼瑪曾言，「我
太了解男人，尤其你們平地男人，你們想的都是同一回事！」〔註25〕縱然如
此，仍有真心對待她的漢族朋友。在故事的最後，男主角乃給予幼瑪溫暖，
「我悄悄地伸出右手，把她的肩慢慢地擁過來，愈擁愈緊，像緊緊地擁著整
個她的……，不，整個賽夏的孤獨一般。」〔註26〕此即彷彿給長期受到種族
歧視與族群壓迫的原住民族伸出援手般。

四、原住民族之種族歧視

（一）原住民族幼瑪之族群受辱

吳錦發藉由原住民少女幼瑪，在工作受挫與面對種族歧視，所帶來的語
言羞辱；象徵諸多原住民族與漢族、其他族群接觸時，均可能會面臨族群壓
迫所帶來的羞辱。因此，漢族口中「笨死了。笨山地仔！」對於原住民族乃
充滿著輕蔑的羞辱，讓原住民情何以堪。

> 第一次我對她的印象並不深刻，只知道那名長髮的少女那晚動作好
> 似不伶俐，一個簡單的動作竟 NG 了好幾次，後來拍得攝影師小劉
> 惱了。恨恨地咒了一句話：「笨死了。笨山地仔！」「你說什麼？」
> 聽到這句話的她，卻把琴猛地一彈，霍地站起來，插著腰對著小劉
> 吼道。……「媽的，什麼玩意，叫他來道歉！」她卻猛抽著煙，氣
> 得渾身發抖，不停地喃喃地說。〔註27〕

原住民少女幼瑪，在被辱罵「笨山地仔」後，所展現的剽悍形象，與數
日後在旅館的形象，著實地令人疑惑，「她到底是怎麼樣的一個女人呢？可以
噬人一般罵人，事後又可以輕易地陪人上床的女人，到底擁有怎麼樣的一顆

〔註24〕吳錦發，〈燕鳴的街道〉，《悲情的山林》（1987 年 1 月），頁 285。
〔註25〕吳錦發，〈燕鳴的街道〉，《悲情的山林》（1987 年 1 月），頁 285。
〔註26〕吳錦發，〈燕鳴的街道〉，《悲情的山林》（1987 年 1 月），頁 292。
〔註27〕吳錦發，〈燕鳴的街道〉，《悲情的山林》（1987 年 1 月），頁 275～276。

心靈？」〔註28〕此即象徵著原住民，努力適應社會的方式之一。

> 我想起她那天晚上在那家餐廳裡被人罵一句「笨山地仔」，而氣得發
> 抖，大嚷著要人家向她道歉的剽悍的形象，以及過了幾天後在旅館
> 門口害羞地低頭哀憐的神情。她這兩種形象形成不可解的矛盾，在
> 我腦海中糾纏爭鬥起來。〔註29〕

當幼瑪與朋友在飲酒吵架時，脫口而出對漢族男人的觀點，乃引來朋友
不滿，而雙方爆發口角，幼瑪甚至於啜泣起來，說道當初曾被羞辱地稱之為
「山地母狗」的語言傷害，乃揭露原住民遭受種族歧視的不平等對待與輕蔑
歧視眼光。

> 「妳把男人都看成什麼？」我把聲音提高起來。「狗！」「我不是狗！
> 自己不當母狗，公狗不會找上來！」我大聲地吼。……「我——對
> 不起，不該罵妳是母狗。」……「我——我們都不是狗！」……「你
> 不是，我……是！」她抽泣起來。……「我們是狗，那個女人就是
> 這樣罵我，我們是山地母狗！」她轉身對著我喊。〔註30〕

當幼瑪再次遇見小劉時，竟被小劉霸王硬上弓地羞辱著，小劉對著幼瑪
喊出，「臭蕃仔，死蕃仔」一語，同樣地針對幼瑪的原住民身分進行人身攻
擊；又再次地羞辱到原住民族的種族形象。

> 小劉被她一喝，頗感意外似地，一時愣住了，隨即又笑涎涎地說：
> 「真辣！幾個月不睡，她騷勁就來了，喂，吳的，你他媽像個男子
> 漢一點，別盡撿穿過的鞋子穿……。」話沒說完，幼瑪拿起一杯酒
> 當著他的臉，潑了上去。酒潑到小劉的眼睛裡，痛得她哇啦哇啦大
> 叫起來。「我操你媽，我操你媽……臭蕃仔，死蕃仔，老子今天不弄
> 死妳才怪！」說著倏地衝上前去，一把抱住她，硬要把她拖到房間
> 裡去。〔註31〕

當幼瑪慘遭小劉的語言與行動羞辱時，其他漢族朋友乃幸災樂禍地羞辱
著幼瑪，彷彿象徵著原住民族所承受的集體族群羞辱。小劉口中說道，「這蕃
仔原來是我的貨」，簡直就不將幼瑪當人看待，那句「蕃仔」不外乎展現出對
原住民族的種族歧視之意。

〔註28〕 吳錦發，〈燕鳴的街道〉，《悲情的山林》（1987 年 1 月），頁 276～277。
〔註29〕 吳錦發，〈燕鳴的街道〉，《悲情的山林》（1987 年 1 月），頁 276～277。
〔註30〕 吳錦發，〈燕鳴的街道〉，《悲情的山林》（1987 年 1 月），頁 286～287。
〔註31〕 吳錦發，〈燕鳴的街道〉，《悲情的山林》（1987 年 1 月），頁 288。

幼瑪大叫著踢打他，叱罵他，喝酒的伙伴們卻笑著上前去幫他把她
扛起來，響應把她扛進房間裡去，酒女們也在一旁譁笑叫好。……
「喂！你大聲什麼？媽的，這蕃仔原來是我的貨，你有沒有搞清
楚？」小劉握著拳頭走上來。……「你別他媽藉酒裝瘋，你把她看
成聖女啊，我告訴你，她我玩得都不想玩了，你還把她當做寶？老
子今天想玩她，還算是她的運氣！」小劉轉過身，輕佻地摸著她的
臉蛋說。〔註32〕

幼瑪面對著漢族朋友集體的言語與肢體羞辱，僅能泣不成聲又無奈地面
對，而選擇自暴自棄地甘於受辱，彷彿原住民在承受種族歧視之餘，僅能莫
可奈何認命地面對此族群困境。

「放開他！讓這禽獸來好了！」幼瑪抽泣著說。邊說竟開始脫起衣
服來。「你們都來好了！你看你們有多少人，我一個一個……」說著
說著竟語不成聲地蹲下去哭泣著說。〔註33〕

吳錦發在〈燕鳴的街道〉中，藉由原住民少女幼瑪所承受的族群壓迫與
種族歧視，彷彿象徵著原住民族集體受辱的族群經歷，彷彿法農所述，原住
民族需擁有集體宣洩管道，方可紓解族群壓迫與種族歧視所產生的族群壓
力，「集體宣洩這個概念。所有社會、所有團體都存在著，而且應該存在著一
條渠道，一個出口，好讓那些以攻擊形式累積起來的能量得以釋放。」〔註34〕
此即再現原住民所默默承受族群不平等待遇時，僅能莫可奈何地接受這一切
甚不公允的族群對待。

五、原住民族之族群壓迫

（一）原住民族之弱勢哀歌

吳錦發在〈靜靜流淌過心底的哀歌〉中，曾舉例諸多原住民所承受的不
公平待遇，諸如「東埔村挖墳事件」，即在觀光開發利益當前之際，罔顧原住
民祖墳的立足之地，乃將原住民族尊嚴完全糟蹋。

東埔村挖墳事件，愚昧不仁的南投縣信義鄉公所的行政官僚，竟為
了觀光開發機化，任由不肖商人把布農族人的祖墳挖掘毀棄，並使

〔註32〕吳錦發，〈燕鳴的街道〉，《悲情的山林》（1987年1月），頁288～289。
〔註33〕吳錦發，〈燕鳴的街道〉，《悲情的山林》（1987年1月），頁290。
〔註34〕法農，〈黑人的實際經驗〉，《黑皮膚，白面具》（2005年4月），頁241。

> 其屍骨露天曝曬棄置荒野！我簡直難以相信，在八〇年代號稱民主
> 國家的臺灣，竟然可以容忍這樣的事件發生，這已不是行政官僚昏
> 庸無能的問題了；這件事徹底地說明了，我們這社會從官僚到民間
> 都已經完全腐敗墮落、殘酷不仁。……挖人祖墳，曝人屍骨，想著
> 就打從心底發寒，我想像不出人間還有那個地方會容許這樣的事發
> 生。〔註35〕

湯英伸事件，諸多學者專家均十分關注，「對於這件案子，在訴訟的過程
中，曾經有許多學者專家在報紙上熱烈討論過。」〔註36〕仍無法避免一個年
輕原住民生命的流逝。縱然原住民遭受種族歧視的遭遇仍舊存在，但終因湯
英伸事件而受到正視。

> 十九歲的曹族青年湯英伸因為翔翔洗衣店命案，經過長時間訴訟，
> 終於被最高法院駁回，死刑確定，於五月十五日執行槍決的新
> 聞。……在執行死刑的前夕，更有大批山地知青、宗教界人士、文
> 學家、人類學家在自立晚報副刊登廣告呼籲司法界「槍下留人」，但
> 最後仍挽不回湯英伸寶貴青春的生命。……這件案子背後牽連的平
> 地社會對山地青年因種族歧視而帶來壓迫的事實。〔註37〕

吳錦發認為諸多漢族作家，在進行原住民文學創作時，「十六位漢族作家
也是令人欽佩的，他們大都在作品中呈露了強烈的人道訊息，對於臺灣原住
民今日的處境都賦予了深切的關懷與同情。」〔註38〕吳錦發還秉持著人道精
神，深切地反思原住民族群困境。

> 或深切地檢討了我們當前的山地政策，或者反省了平地人對原住民
> 同胞的種種誤解，他們都是富於良心的作家，他們呼籲平地同胞應
> 該誠心誠意善待我們原住民同胞的苦心，值得我們尊敬。〔註39〕

在原住民文學創作中，諸多漢族作家乃關懷著原住民族的際遇與將來，
彷彿法農所述，人類對於少數弱勢族群原住民的重視與關懷乃甚為重要，「引

〔註35〕吳錦發，〈靜靜流淌過心底的哀歌〉，《願嫁山地郎》（臺中：晨星出版社，1989
　　　　年3月），頁6。
〔註36〕吳錦發，〈靜靜流淌過心底的哀歌〉，《願嫁山地郎》（1989年3月），頁7。
〔註37〕吳錦發，〈靜靜流淌過心底的哀歌〉，《願嫁山地郎》（1989年3月），頁7。
〔註38〕吳錦發，〈靜靜流淌過心底的哀歌〉，《願嫁山地郎》（1989年3月），頁10～
　　　　11。
〔註39〕吳錦發，〈靜靜流淌過心底的哀歌〉，《願嫁山地郎》（1989年3月），頁10～
　　　　11。

領人類成為主動的，在他的循環中維持對造就人類世界的基本價值的尊重，這就是那些在反省之後準備行動者的第一緊急要務。」〔註40〕漢族作家即努力思考著如何再現原住民族現代處境，協助原住民改善生活際遇。

（二）原住民族湯英伸之人道反思

吳錦發在 1987 年 7 月發表〈摒棄教條，尋回人道──「湯英伸案」的沉思〉於《臺灣文藝》第 106 期，乃深刻沈思原住民青年的湯英伸事件，「湯英伸被最高法院駁回，湯英伸被判死刑確定等待處決的消息在報紙上刊出的同時，……這個消息使我震驚莫名，足足有一個星期之久無法持續我的工作，生平第一次，我對文學產生『厭棄』的感覺，心底一直有一句話不斷湧現出來，使我毫無力量來抗拒，駁斥它。那句話一直這樣重複著：現在有一個曹族的青年面臨被槍決的命運，這些東西可有什麼力量來挽回他的生命！」〔註41〕不僅吳錦發關注於原住民族命運，諸多學者專家均努力地為湯英伸訴願。

> 有一群人已先我而「行動」了，在自立晚報刊出「槍下留人」的廣
> 告，連著三天，我所有的注意力都關注在這幅廣告上，這些「臺灣
> 社會最後的良心者」一定不知道，我當時是如何崇拜他（她）們。……
> 感佩他們為原住民做出的貢獻，而是有感於：他們在我們這個封閉
> 落伍的社會裡，感勇敢地站在「人」的立場，發出人道的吶喊，我
> 覺得，將為我們，更重要的，也為我們的子孫，開啓一到可能的「救
> 贖」之門！〔註42〕

吳錦發對於湯英伸事件，彷彿深刻地感同身受於原住民族命運，「我清清楚楚地體會到文字世界面對現實社會的無能，我的『文字世界』和『現實世界』被這個案件活生生地割裂開來，……特別是要「眼睜睜看著我關心的人，接受血淋淋的痛苦而無能為力的現實。」〔註43〕湯英伸縱然犧牲性命，卻也喚醒社會對於原住民族議題的關注。

> 湯英伸被執行死刑完畢之後，問題並沒有結束，……許多專家、非
> 專家提出了各式各樣的看法，但是關心臺灣山地問題的胸懷則

〔註40〕法農，〈黑人和承認〉，《黑皮膚，白面具》（臺北：心靈工坊出版社，2005 年 4 月），頁 327。

〔註41〕吳錦發，〈摒棄教條，尋回人道〉，《願嫁山地郎》（臺中：晨星出版社，1989 年 3 月），頁 314。

〔註42〕吳錦發，〈摒棄教條，尋回人道〉，《願嫁山地郎》（1989 年 3 月），頁 315。

〔註43〕吳錦發，〈摒棄教條，尋回人道〉，《願嫁山地郎》（1989 年 3 月），頁 314。

> 一。……湯英伸死了，但是他的死，第一次把臺灣的「山地問題」
> 提升到「臺灣結」「中國結」同等的地位來供人討論，從這個角度來
> 看，湯英伸的死倒不是完全沒有價值，無怪乎，有某個山地朋友告
> 訴我，「湯英伸是原住民的抗暴英雄」！〔註44〕

　　原住民族群困境，諸多學者專家均將此歸諸於經濟因素，「有人主張：造成今日臺灣原住民境遇如此悲慘的原因，是帝國主義造成的！由資本主義為主體形成的『市場經濟』，把山地的經濟體系納入了龐大的『消費體系』底層，造成了資本社會壓迫原住民族的事實。」〔註45〕不僅在現今社會，原住民族面臨經濟壓迫與帝國主義霸權衝擊外，過去原住民族乃同樣飽受殖民霸權的多重壓迫。

> 臺灣漢民族欺壓原住民的史實，可不是近代臺灣資本經濟結構形成
> 之後才開始的，遠在清代臺灣開墾之初，這項事實就已經存在了，
> 事實上，臺灣漢人對原住民族的侵凌史，和臺灣土地的開發史一樣
> 長遠，這可從類如：郁永河的遊記及一八三五年的噶瑪蘭通判柯培
> 元的長詩「熟番歌」等文獻資料中得到證明。〔註46〕

　　根據吳錦發的觀點，對於湯英伸事件所帶來族群衝擊與影響甚鉅，「湯英伸對我生命的衝擊是巨大的，它帶給我的痛苦與創傷也是深遠的，我想我一輩子都無法忘懷它！」〔註47〕吳錦發還關注到作家陳映真，對於原住民族議題的激烈言論，對於原住民族而言，乃有失公允。

> 陳映真先生最近在自立晚報的座談會上用「全面娼妓化」……他的
> 用意是為了突顯今日山地社會問題的嚴重性、迫切性，以喚起大家
> 的注意，但用「全面娼妓化」這樣的名詞，在未幫上原住民之前已
> 先種種的傷害了他們的自尊！畢竟「全面娼妓化」還不是一個中性
> 的名詞，況且討論社會問題，重視的是有一分證據說一份話。……
> 這句話帶給原住民的衝擊有多大。〔註48〕

〔註44〕吳錦發，〈摒棄教條，尋回人道〉，《願嫁山地郎》（1989 年 3 月），頁 316～317。
〔註45〕吳錦發，〈摒棄教條，尋回人道〉，《願嫁山地郎》（1989 年 3 月），頁 317。
〔註46〕吳錦發，〈摒棄教條，尋回人道〉，《願嫁山地郎》（1989 年 3 月），頁 318。
〔註47〕吳錦發，〈摒棄教條，尋回人道〉，《願嫁山地郎》（1989 年 3 月），頁 319～320。
〔註48〕吳錦發，〈摒棄教條，尋回人道〉，《願嫁山地郎》（1989 年 3 月），頁 319。

　　當吳錦發在原住民盲人詩人莫那能詩中，讀到原住民族悲慘命運，「我讀到莫那能的這首詩，……莫那能哪，莫那能，這個世界，這個時代，上帝是不是眞的睡著了！」〔註49〕但追根究底，乃要改善外來族群與漢族，對於原住民族的族群接觸境況，「中國人一項如何對待少數民族！……一次又一次使少數民族『血流漂忤』！……要解決山地問題，教條是行不通的。」〔註50〕眞實著眼於原住民族眞實的社會境況，方可眞實改善原住民生活困境。

六、原住民族之祭典

（一）原住民族賽夏矮靈之燕鳴

　　吳錦發在〈燕鳴的街道〉中，描述原住民賽夏族矮靈祭典的舉行，「這狂烈的祭典，已經持續兩個夜晚了，場子裡祭神的舞蹈越發地狂野起來，這是三天的祭典中最高潮的時刻。山風狂野地吹著，舞圈外燃著火堆，赤紅的火焰。」〔註51〕連著三日的祭典，使原住民盡情地歌舞，享受著祭典的歡愉氛圍。

> 代表各個氏族的巨大舞帽，由一名健壯裸露上身的賽夏高舉著，繞著圈子邊跑邊舞。……他的後面跟隨著一長排老老少少，男男女女穿著傳統盛裝的賽夏，手拉手，緊隨著狂野地舞著，並從喉間猛烈地迸出歌聲來。……他們的舞步單純而原始，隨著吆喝歌聲及身上的鈴鐺聲，一重兩輕，腳掌猛踩地上，好似要把整座山給撼動一般。〔註52〕

　　在平地工作而返鄉參與祭典的原住民少女幼瑪，在賽夏族矮靈祭典中，盡情地享受歌舞的熱鬧，「幼瑪這時就在那獻神的舞群中，忘情地隨著她的族人們狂舞著。突然間，舞群中有人撮口長長尖叫一聲，舞勢跟隨著變了；快速地轉起圈來，高舉著舞帽在前頭跑的賽夏也拼命地繞圈跑起來，舞圈愈轉愈快，領頭的賽夏，已經張口困難地喘氣了。……轉動到最快速的當兒，一聲女性的尖叫，舞勢又緩緩地慢了下來，回復到原來的樣子，沈渾的，緩慢地，唱一句，和一句，舞步劃一地重重頓在地上。」〔註53〕在賽夏族「巴斯

〔註49〕吳錦發，〈摒棄教條，尋回人道〉，《願嫁山地郎》（1989 年 3 月），頁 321。
〔註50〕吳錦發，〈摒棄教條，尋回人道〉，《願嫁山地郎》（1989 年 3 月），頁 318。
〔註51〕吳錦發，〈燕鳴的街道〉，《悲情的山林》（1987 年 1 月），頁 272。
〔註52〕吳錦發，〈燕鳴的街道〉，《悲情的山林》（1987 年 1 月），頁 272。
〔註53〕吳錦發，〈燕鳴的街道〉，《悲情的山林》（1987 年 1 月），頁 272～273。

達矮」祭典，族人們均使出渾身解數地舞動著。

> 這個賽夏人稱為「巴斯達矮」的祭典，把整座山都山的狂野起來，
> 滿坑滿谷遠從各地來的遊客也按奈不住了，有人紛紛加入舞群裡
> 去，照相機的鎂光燈不停的閃著，舞群的前面有兩個年輕的賽夏，
> 隨著舞群慢跑著，一個人提著整打的米酒，另一個負責把酒瓶蓋打
> 開地過去給舞群中的賽夏，接過米酒的，仰首便猛灌幾口，然後把
> 酒瓶往旁邊傳，每人幾口，男女老少不拘。〔註54〕

　　幼瑪即帶著漢族朋友，返鄉共同參與原住民族祭典，隨著「連著三天的
瘋狂祭典之後，我和她都顯得疲憊不堪，要走兩三公里的小山路到山腳下的
村莊搭車，對我們不啻是項苦行。」〔註55〕由此描述可知，在原住民部落的
聯外道路乃交通不便，使原住民返鄉之途，乃極為辛勞。

第二節　鍾理和懷想中的原住民族奶奶

一、原住民族之形象

　　鍾理和在〈假黎婆〉中，描述原住民奶奶的故事。縱然原住民奶奶無法
帶給鍾理和，有關於漢族知識與故事，卻可帶來原住民族所特有的神話傳說
故事。對於漢族客家籍作家鍾理和而言，此即為另一種不同的族群體驗。

> 她是「假黎」——山地人，我說用她的人種的方式，並不意味她愛
> 我們有什麼缺陷或不曾盡職，只是說我們有時不能按所有奶奶們那
> 樣要求她講民族性的故事和童謠；她不能給我們講說「牛郎織女」
> 的故事，也不會教我們唸「月光光，好種薑」，但她卻能夠用別的東
> 西來補償，而這別種東西是那樣的優美而珍貴，尋常不會得到的。
>
> 〔註56〕

　　對於鍾理和而言，奶奶的「假黎」身分，並不會改變其對於奶奶的觀點。
但身為假黎的奶奶，卻擁有著不同的特徵，諸如獨特髮型、紋身……等文化
特徵，均見證著奶奶的原住民身分，由此描述假黎婆如何展現族群文化特色
與族群獨特性。但假黎奶奶卻隱含著族群自卑感在內，彷彿法農所述，「近年

〔註54〕吳錦發，〈燕鳴的街道〉，《悲情的山林》（1987 年 1 月），頁 273。
〔註55〕吳錦發，〈燕鳴的街道〉，《悲情的山林》（1987 年 1 月），頁 280。
〔註56〕鍾理和，〈假黎婆〉，《悲情的山林》（臺中：晨星出版社，1987 年 1 月），頁 2。

來，有些實驗室研發一種將黑皮膚漂白的血清；……好讓不幸的黑人得以漂白，如此一來，黑人就不用在承受身體詛咒的重量。我的身體圖式之下描繪了歷史——種族的圖式（un schema historic－racial）。」〔註57〕由此見證原住民乃努力地融入漢化社會的現象。

> 她的個子很小，尖下巴，瘦瘦的，有些黑，時常把頭髮編成辮子在頭四周纏成所謂「番婆頭」；手腕和手背刺得很好看的「花」（紋身）。
> 我所以知道她是「假黎」，是在我較大一點的時候，雖然如此，這發現對我並不具任何意義。把她放在這上面來看她、想她、評量她，不論在知識上或感情上，我都無法接受的，那會弄混了我的頭腦。
> 我僅知道她是纏著番婆頭，手上有刺花的奶奶，如此而已。我只能由這上面來認識她、親近她、記憶她！〔註58〕

在鍾理和心中，對於奶奶還存在著喜好唱歌的回憶，「奶奶時時低低地唱著番曲，這曲子柔婉、熱情、新奇、它和別的人們唱的都不同。她一邊唱著，一邊矯健地邁著步子；她的臉孔有一種迷人的光彩，眼睛栩栩地轉動著，周身流露出一種輕快的活力。我覺得她比平日年輕得多了。」〔註59〕當奶奶吟唱著原住民族歌曲時，彷彿重新找回原住民的感覺，而使奶奶倍感年輕與活力。

> 她的歌聲越唱越高，雖然還不能說是大聲，那裡面充滿著一個人內心的喜悅和熱情，好像有一種長久睡著的東西，突然帶著歡欣的感情在裡面甦醒過來了。有時她會忽然停下來向我注視，似乎要想知道我會有什麼感想。這時她總是微笑著，過後她又繼續唱下去。
> 〔註60〕

奶奶的原住民族曲調吟唱，卻因族群語言隔閡，而使鍾理和無法融入奶奶的世界，「傍晚時分了，開始我覺得自己好像在半天裡飄，身子沒有著落。忽然我聽見有一種聲音，它似乎來自下方的地面，也似乎很遠很遠。漸漸地，這聲音越來越清楚了，好像已接近地面。這聲音我覺得很熟，後來我便聽出這是奶奶的聲音：她在唱歌，唱番曲。」〔註61〕甚至於造成原漢語言隔

〔註57〕法農，〈黑人的實際經驗〉，《黑皮膚，白面具》（2005年4月），頁195。
〔註58〕鍾理和，〈假黎婆〉，《悲情的山林》（1987年1月），頁3。
〔註59〕鍾理和，〈假黎婆〉，《悲情的山林》（1987年1月），頁12。
〔註60〕鍾理和，〈假黎婆〉，《悲情的山林》（1987年1月），頁12。
〔註61〕鍾理和，〈假黎婆〉，《悲情的山林》（1987年1月），頁9。

閣所造成的壓力；彷彿被隔絕於奶奶的原住民族世界般，而使鍾理和要求奶奶不要再唱。

> 唱歌時的奶奶雖是很迷人的，但我內心卻感到一種迷惶，一種困擾，我好像覺得這已不是我那原來的可親可愛的奶奶了。我覺得自她那煥發的愉快裡，不住發散出只屬於她個人的一種氣體，把她整個的包裹起來，把我單獨地淒冷地遺棄在外面了。〔註62〕

關於奶奶的娘家親戚，曾有奶奶的弟弟到家中工作過；不但說著一口流利的客家話，甚至於完全沒有原住民族特有的剽悍勇猛氣質，唯一可見證原住民身分，即有孤拔與頭巾。原住民文化乃逐漸凋零與消逝，因此原住民文化保存乃為刻不容緩。

> 奶奶的娘家，我知道有兩個哥哥，一個已死了，留下一個兒子；還有一個弟弟。這個弟弟少時曾在我家飼牛數年，因而說得一口好客家話；而且他的臉孔誠實和氣，缺少山地人那份剽悍勇猛之象，所以倘不是他腰間繫支「孤拔」，頭上纏著頭布，我是不會知道他是假黎的。我和他混得特別熟，特別好。〔註63〕

當奶奶娘家的原住民親戚來訪時，奶奶彷彿戰戰兢兢地面對著，彷彿冀望原住民親戚，可在此留下好印象；奶奶甚至於說出「雖然他們是假黎，……可不是要飯的呢！」彷彿道盡原住民所保有的族群尊嚴與骨氣，尤其在多元族群社會中，更努力地保持著族群自尊。

> 當他們來看奶奶時，我發覺奶奶對他們好像很不放心，處處小心關照；吃飯時不讓他們喝太多的酒，不讓他們隨便亂走，晚上便在自己屋裡地面上鋪上草蓆讓他們在那上面睡。顯然可以看出奶奶處理這些的苦心和焦躁；她要設法把它處理得無過無不及，不亢又不卑，才算稱心合意，有一次他們要走時家裡給了他們一包鹽和一斗米。奶奶讓他們帶走那包鹽，卻把那斗米留下來。……然後我問當我舅舅來時我媽給不給他們東西？「雖然他們是假黎，」奶奶以更少淒楚更多悲憤的口氣說，「可不是要飯的呢！」〔註64〕

當奶奶娘家的親戚來訪時，因過節而喝醉酒，即引發奶奶的怒氣；彷彿

〔註62〕 鍾理和，〈假黎婆〉，《悲情的山林》（1987年1月），頁12。
〔註63〕 鍾理和，〈假黎婆〉，《悲情的山林》（1987年1月），頁7。
〔註64〕 鍾理和，〈假黎婆〉，《悲情的山林》（1987年1月），頁7。

為原住民的失態而感到憤怒，「『孀兒，孀兒，』我媽跟進屋裡來苦苦勸解：『是我們給他喝的；過節啦，多喝點沒有什麼關係！天黑啦，明天再讓他走吧！』經過一番勸解，奶奶總算不再說什麼了，但仍靜靜地流淚。」〔註65〕所幸經由苦勸後，奶奶才停止怒氣。

> 又有一次，她弟弟夫婦倆和她姪子來看她，恰好那天是過節的日子，大概是端午節吧？那晚上家人沒有遵照奶奶的吩咐，讓他們盡量喝酒，結果年輕姪子喝得酩酊大醉，不肯老實坐著，到處亂闖，嘴裡嚕嗦，又不知怎麼砸了個碗。他叔叔兩手捉住他，把他硬拖進奶奶房裡。我奶奶氣得流淚，也不說話，拿起一隻網袋——我想是她姪子的——扔在年輕人的面前，一面連連低低但清清楚楚地嚷著說：
> 「黑馬驢！黑馬驢！」〔註66〕

數年後，奶奶娘家的親戚再度來訪時，彷彿歲月催人老般，已白髮蒼蒼地令人快要不認得。此刻最顯而易見的特徵，即為身著日式服裝，宣告著原住民在日治時期，成為日本殖民霸權皇民化運動下的被殖民者；當初原住民特徵，已不復可見。

> 哥哥說後不久，奶奶的弟弟到我家來了，但如果不是他自己自我介紹，我幾乎不認得了。這不但因為他人已老，而是他的裝束和外貌已經改觀；他腰間已不繫「孤拔」，而穿著一套舊日軍服；頭髮也剪掉了，因而已不再纏頭布了；頭髮剪得短短，已經白了，腮幫子也因為牙齒掉落而深深陷下去；唯一不變的似乎祇有他的眼睛和臉孔的溫良語氣，以及一口客家話。〔註67〕

奶奶娘家的原住民親戚，乃經歷著諸多生活困境，「他又說他大哥只生了這一個兒子，卻不想是這樣子的，這已經是完了；二哥呢，沒有一個子息；他自己也只生了一個女兒——已嫁了。『這都因為我爺爺從前砍人家的腦袋砍得太多了，所以不好呢！』」〔註68〕此時山地原住民部落，已面臨經濟困境而造成原住民生活困頓。

> 當我問及那位姪子時他搖搖頭後這樣說。他告訴我這位姪子酗酒、嫖妓、懶惰、不務正業。據說他們那裡（指山地社會）也有「不好

〔註65〕鍾理和，〈假黎婆〉，《悲情的山林》（1987年1月），頁8。
〔註66〕鍾理和，〈假黎婆〉，《悲情的山林》（1987年1月），頁7～8。
〔註67〕鍾理和，〈假黎婆〉，《悲情的山林》（1987年1月），頁14。
〔註68〕鍾理和，〈假黎婆〉，《悲情的山林》（1987年1月），頁15。

的女人」了呢，（這應該說是娼妓吧！）這是從前沒有的。〔註69〕

在鍾理和筆下的假黎與奶奶娘家原住民親戚的生活際遇轉變，彷彿得以窺見原住民族群，面對經濟生活壓迫、族群壓迫與種族歧視下，乃產生法農所謂的「集體愧疚感」，「所有個體都應該將他的劣等要求、他的衝動，轉嫁到他所屬那個文化的惡靈頭上。這種集體罪疚感是由約定俗成被稱爲代罪羔羊者所承擔。」〔註70〕原住民族即逐漸遭遇著被殖民者的多重殖民際遇，生活乃逐漸陷入困頓之慘況。

二、原住民族之種族歧視

在鍾理和口中的假黎原住民奶奶，即承受著原住民慘遭種族歧視的待遇，諸如流傳在漢族口中，容易遺棄孩子的女人均爲假黎婆；但原住民奶奶乃將遺棄寶寶的女人身分，換成「福佬婆」。

> 我長大了，我知道每一個做母親的都要對自己的寶寶們解釋她怎樣的撿起他們來，不過在她們的敘述中，那個扔孩子的女人都是「假黎婆」，而我奶奶則把她換上了「福佬婆」（閩南女人）。但直到這時爲止，我還不知道我奶奶是「假黎婆」。〔註71〕

直至某日，鍾理和才在無意間得知，奶奶的原住民身分，「有一天，媽和街坊的女人聊天，忽然有一句話吹進我的耳朵。這是媽說的：『假黎是不知年紀的，他們只知道芒果開花又過了一年了。』這句話特別引起我注意，因爲我覺得它好像是說我奶奶，但我也不知道是否一定這樣，……所以當我看見奶奶時便問她是不是假黎。『不是吧？』我半信半疑地問。」〔註72〕當鍾理和質疑奶奶的原住民身分時，即引起原住民奶奶自卑地詢問，是否會因此改變對於奶奶的觀感呢？

> 「你怎麼覺得不是呢！」奶奶笑眯眯地說，眉宇之間閃著慈愛的溫馨、柔軟的光輝。她把右手伸給我看，說道：「你看你媽有這樣的刺花嗎？」這刺花我是早就知道的，卻不知道它另有意義，這意義到此時才算明白。雖然如此，我仍分不出奶奶是不是假黎。我看看她的臉孔，又看看她身上穿的長衫。她的臉是笑著的；她的長衫是我

〔註69〕 鍾理和，〈假黎婆〉，《悲情的山林》（1987 年 1 月），頁 15。
〔註70〕 法農，〈黑人與精神病理學〉，《黑皮膚，白面具》（2005 年 4 月），頁 289。
〔註71〕 鍾理和，〈假黎婆〉，《悲情的山林》（1987 年 1 月），頁 4。
〔註72〕 鍾理和，〈假黎婆〉，《悲情的山林》（1987 年 1 月），頁 6。

　　自有知覺以來就看見她穿在身上的。我覺得我有些迷糊了。「你知
　　道奶奶是假黎。」奶奶攀著我的下領讓我看她的臉，「還喜歡奶奶
　　嗎？」〔註73〕

　　在鍾理和眼中，縱然對於奶奶是否爲原住民身分，乃絲毫不以爲意；對
於原住民身分的奶奶而言，便戰戰兢兢地面對著自身的原住民形象，彷彿法
農所述，假黎婆乃努力地維護自我的原住民族群形象，「道德意識意味著一種
分離、一種意識斷裂，明晰的那一部分會與黑暗的那一部分相互對立。要有
道德，就必須讓黑暗、幽冥、黑鬼從意識中消失。所以，一個黑人無時不刻
都在與自己的形象戰鬥。」〔註74〕此即源自於原住民族，長期以來經歷過種
族歧視的輕蔑眼光，而存在著族群自卑的集體意識存在。

三、原住民族之部落景象

　　鍾理和在因緣際會下，曾與奶奶一同進入山中去尋牛，「我奶奶對這些地
方似乎很熟，彷彿昨天才來過；對那深幽壯偉的山谷似乎一點不覺得希罕和
驚懼，也不在乎爬山。」〔註75〕奶奶彷彿展現出原住民過人的體力，與對於
山地部落的極度熟悉感。

　　有一次，我二姑丟了一頭牛，第二天奶奶領著我往山谷幫忙找牛去
　　了。時在夏末秋初，天高氣爽，樹上蓄著深藏的宵靜和溫馨，山野
　　牽著淡淡的紫煙。我們越過「番界」深進山腹。我們時而探入幽谷，
　　時而登上山巔，雖然都是些小山，但我已覺得夠高了。由那上面看
　　下來，河流山野都瞭若指掌。我頭一次進到如此深地和高山，我非
　　常高興，時時揚起我的手。〔註76〕

　　當假黎奶奶帶著鍾理和登上山頂時，乃興奮地向孫子介紹山地家鄉，「登
上山頂時她問我是不是很高興？然後指著北方一角山坳對我說，她的娘家就
在那裡，以後她要帶我去她的娘家。那是一個陰暗的山坳，有一朵雲輕飄飄
地掛在那上面，除此之外我什麼都沒看見。」〔註77〕原住民嫁入平地社會後，
對於山地原住民部落，仍存在著濃厚的懷鄉情懷。

〔註73〕鍾理和，〈假黎婆〉，《悲情的山林》（1987年1月），頁6。
〔註74〕法農，〈黑人與精神病理學〉，《黑皮膚，白面具》（2005年4月），頁289。
〔註75〕鍾理和，〈假黎婆〉，《悲情的山林》（1987年1月），頁12。
〔註76〕鍾理和，〈假黎婆〉，《悲情的山林》（1987年1月），頁11。
〔註77〕鍾理和，〈假黎婆〉，《悲情的山林》（1987年1月），頁12。

第三節　胡臺麗部落意象中的原住民族

　　胡臺麗收錄在《悲情的山林》中的〈吳鳳之死〉與收錄在《願嫁山地郎》中的〈願嫁山地郎〉，乃爲胡臺麗原住民文學創作的代表性作品。胡臺麗還分析諸多原住民族議題，諸如原住民形象、種族歧視、族群壓迫、文化習俗、神話傳說、愛情故事……等諸多層面。胡臺麗曾自述，撰寫原住民文學作品〈吳鳳之死〉，乃由於「民國六十八年七月初，筆者隨當時正在阿里山曹族收集人類學田野資料的劉容貴小姐上山，短短幾天間所見所聞感觸頗深。歸後嘗試以小說的形式寫成這篇『吳鳳之死』，希望眞確的反映我接觸過的曹族山胞的感情，以及他們在當今社會所面臨的問題，並讓讀者有機會從另一個角度來看『吳鳳之死』。」〔註78〕胡臺麗由眞實接觸原住民族的經驗，描述原住民觀點與生活境遇。

一、原住民族議題

（一）原住民族傳說之田野調查

　　胡臺麗在〈吳鳳之死〉中，描述原住民山地交通不便，頭目僅可帶著漢族朋友步行，「……不過那段路一天只有一、兩班車，我怕你們趕不上。而且從達邦到我村子裡也還要走半個鐘頭，不如走這條小徑來得保險、直接。」〔註79〕原住民山地部落交通改善，方爲重要之務。

> 「又見到青蔥的山林，又回到我可愛的故鄉，帶著我的愛人啊，踏著先人的足跡。」他情不自禁的吹起口哨應和著頭目的歌聲。以前頭目常在那間狹窄的請示，壓低聲音，輕輕撥弄吉他唱著這首自作的曲子。〔註80〕

　　在頭目的歌聲中，可見縱然山地部落生活不便於都市生活，但原住民乃同樣熱愛著山地部落的一切；或許在原住民回到山地部落後，方可自由自在地生活著；諸多原住民在平地社會受挫後，均選擇回歸部落生活。胡臺麗在〈願嫁山地郎〉中，描述漢族女孩華前往山地部落中，進行田野調查研究工作，而展開一場原漢族群間的愛情故事。關於魯凱族原住民研究已曠時甚

〔註78〕胡臺麗，〈吳鳳之死〉，《悲情的山林》（臺中：晨星出版社，1987 年 1 月），頁 74。

〔註79〕胡臺麗，〈吳鳳之死〉，《悲情的山林》（1987 年 1 月），頁 78。

〔註80〕胡臺麗，〈吳鳳之死〉，《悲情的山林》（1987 年 1 月），頁 78。

久，故引發華的研究興趣。由此再現原漢族群間的族群接觸，所產生的諸多議題。

> 第一次來茂林的時候下著雨，屏東縣政府的陸科長幫我忙，坐文化工作隊的車上來。……茂林是魯凱族下三社群所在地。我研一時參加李亦園先生主持的山地行政評估計劃，接觸到魯凱族，發現魯凱族研究已斷了十幾年沒人做了。我對自己期許很大，論文打算做魯凱族，希望建立某方面的權威。我便在正式田野工作開始前來茂林探測。〔註81〕

當華進入茂林進行田野調查之際，即尋求當地原住民協助，此時什賀乃成為最佳人選，「有位朋友來過茂林，建議我找什賀幫忙，說這個人很熱心。……我覺得他態度很好，很自然，像是樂意付出不計較報償的人。我以前遇到一些田野報導人給我一點幫忙，但期望許多回饋，令我心存戒懼。我判斷什賀不是這樣的人。他的頭腦也很清楚，對於我提出的問題能抓住要點回答。」〔註82〕華甚至於要拉近與原住民的關係，而聲稱自己為基督徒，「我告訴他我是基督徒，這是我的田野工作策略之一。他那時還沒被聘為牧師，是傳道人。我知道教會是山地社會的重要影響因素，我想用基督徒的身分進田野，如果能籠絡到這個人幫忙會有利於資料收集。」〔註83〕華即為了研究而居住於山地部落。

> 我知道我這個人一向有點理想主義。做論文選擇與階層有關的題目是因為看到兩篇報導文章，一篇是談山胞雛妓問題，另一篇是農業問題，都涉及階層剝削。我做論文，包括談這個戀愛是含有相當理想主義色彩。〔註84〕

華對於魯凱族的研究，即以深具歷史沿革的部落研究為主，「魯凱族的下三社中我選擇十七世紀形成部落至今未遷移的多納村，研究魯凱族的貴族制變與演變。什賀為我介紹多納的一些領導人物，我就在那裏住下。老實說，剛開始的時候心情比較孤單，有點壯士行，西出陽關的感覺。」〔註85〕華在

〔註81〕　胡臺麗，〈願嫁山地郎〉，《願嫁山地郎》（臺中：晨星出版社，1989年3月），頁259。
〔註82〕　胡臺麗，〈願嫁山地郎〉，《願嫁山地郎》（1989年3月），頁259。
〔註83〕　胡臺麗，〈願嫁山地郎〉，《願嫁山地郎》（1989年3月），頁259～260。
〔註84〕　胡臺麗，〈願嫁山地郎〉，《願嫁山地郎》（1989年3月），頁261～262。
〔註85〕　胡臺麗，〈願嫁山地郎〉，《願嫁山地郎》（1989年3月），頁260。

研究之際，即逐漸萌發原漢族群愛情，乃在無形中應運而生。

> 我和什賀聊的很愉快，彼此很能溝通的感覺。我以研究者的身分和
> 他相處很坦然。後來又有一次機會參觀春日鄉一位牧師的聘牧儀
> 式，什賀和我聊到很晚，好像捨不得結束。第二天我回臺北，感覺
> 自己怪怪的，意識到有感情在發展。這是我當初沒想到的，因為我
> 那時已經有個固定男友，在新加坡，等我畢了業過去。再返茂林，
> 我們聊得更愉快啦！他說和我在一起他會變得很聰明，我也覺得跟
> 他實在很投合。〔註86〕

關於原住民族文化研究，不僅希望有機會在研究之餘得以傳承外，彷彿
薩依德所述，「其次，這些侵入涉及到迄今為止仍單方面地被宗主國核心地區
所主導之經驗、文化、歷史和傳統的相同領域。」〔註87〕若可由原住民族族
群自覺而發起研究，再加上漢族深入研究，方可使原住民文化得以更完整地
保存。

二、原住民族形象

（一）原住民族之頭目特徵

胡臺麗在〈吳鳳之死〉中，描述原住民青年「頭目」形象，彷彿漢族對
於諸多原住民族所存有的刻板印象般，輪廓深邃、氣宇非凡。在漢族同學眼
中，卻呈現孤傲的形象。但在「頭目」孤傲形象背後，乃隱含著原住民社會
適應議題。

> 一下車，「頭目」從一間店鋪跳出，重重的拍了他一下。……次日淑
> 貞談到她對「頭目」的印象：「不是蓋的，頭目長得真好看，尤其是
> 那對深邃的眼睛，迷死人。不知怎的──讓我想起童話中的白馬王
> 子，就是黑了些。」「頭目」的確氣宇不凡，在師專念書的時候，一
> 班裡就數他的相貌身材最英挺。只是有些人批評他太孤傲，眼睛像
> 長在額頭上。「頭目」這個綽號不記得是誰取的，大概也只有這層含
> 意吧！〔註88〕

原住民「頭目」大多與原住民較可自在地相處，「同樣的，頭目也無意

〔註86〕胡臺麗，〈願嫁山地郎〉，《願嫁山地郎》（1989 年 3 月），頁 260～261。
〔註87〕薩依德，〈心路歷程與反對勢力的出現〉，《文化與帝國主義》（2001 年），頁
451。
〔註88〕胡臺麗，〈吳鳳之死〉，《悲情的山林》（1987 年 1 月），頁 76。

和那些『書蟲』為伍，經常和幾個嗜好相同的山地生在一起，談笑無礙。」〔註89〕在漢族朋友眼中，頭目彷彿存在著淡淡哀愁，彷彿原住民族群所散發出的族群氛圍，默默地承受著族群壓力般。但多數時間，頭目仍較為習慣與原住民朋友相處。此物以類聚狀況，在諸多原住民身上乃時有所聞。

> 如果不是被安排在同一間寢室的上下鋪，他怕也沒有機會和頭目深交。其實，頭目並不是沉默寡言難以親近的人，只是他總像有什麼顧忌或受到什麼壓力，無法和班上同學打成一片。〔註90〕

頭目的表哥與舅舅，同樣具備原住民的豪邁性格，黝黑皮膚、豪爽性格、熱情好酒，再加上頭目舅舅親切的山地口音，立即拉近與漢族朋友的距離，頓時打成一片地相談甚歡，由此展現原住民平易近人、熱情親切的族群形象。

> 頭目的表哥大川，粗粗壯壯，皮膚黑裡透紅，像是飽允了醇酒般的陽光。……頭目的爸爸到鄰舍去喝喜酒去了。「那個酒鬼還是不回來的好，我昨晚經過吊橋的時候，閉著眼，兩秒鐘就過來了。比平常不知快多少倍！你爸爸喝得醉醺醺的，一不小心就會被抓下去。」說話的是頭目的舅舅，與大川相反，他精瘦矮小，講起話來比手畫腳，有夾有濃厚的山地口音，十分有趣。他剛從林場退休，有的是串門子的閒情逸致。路過聞到酒菜香味，不請自到。〔註91〕

頭目表哥已歷過平地工作與漢化過程的洗禮，言談中儼然聽不出山地口音，「大川答話時目光炯炯，操一口令人訝異的標準國語，抑揚頓挫，一點兒也不含糊。他說他受過傳教士訓練，後來改做裝潢生意，每逢山上工作忙的時節便回來幫忙，其餘時間都在平地。」〔註92〕頭目表哥彷彿即為現今原住民青年的寫照般，努力地在平地求生存，僅在過年過節方會返鄉同歡。因此，原住民部落的人口外流情況，乃日趨嚴重。

三、原住民族之種族歧視

（一）原住民族之吳鳳歧視

胡臺麗在〈吳鳳之死〉中，描述頭目所承受的漢族朋友眼光，彷彿即為

〔註89〕胡臺麗，〈吳鳳之死〉，《悲情的山林》（1987年1月），頁79。
〔註90〕胡臺麗，〈吳鳳之死〉，《悲情的山林》（1987年1月），頁79。
〔註91〕胡臺麗，〈吳鳳之死〉，《悲情的山林》（1987年1月），頁84。
〔註92〕胡臺麗，〈吳鳳之死〉，《悲情的山林》（1987年1月），頁84～85。

原住民所承受的種族歧視，「對於頭目在音樂、體育方面的突出表現，班上不少同學的反應是『番仔嘛，只有運動和歌唱細胞特別發達。』語氣中帶有『唱唱跳跳算不上什麼正經事』的意味。」〔註 93〕漢族社會對於原住民族，總存在著音樂與運動層面的突出表現，而忽略原住民族諸多優秀族群特質；甚至於對原住民族存在著諸多汙名化刻板印象。

> 細想起來，他最初和頭目接近也是受好奇心的驅使。小時候總聽阿公說他們住的地方原先有很多「番仔」出沒，後來退到山裡面去了。「番仔」在阿公的形容下兇悍得很，穿獸皮吃生肉，而且會出草殺人頭，聽説「番仔」打仗肯拼命，連日本仔都怕他們。因此每當大人說「番仔」來抓小孩子，他就會乖乖就範。「番仔」就像老虎那麼可怖。〔註 94〕

在諸多漢族觀點中的原住民族，總存在著早期原始落後、出草馘首、凶猛如虎的謬誤印象；甚至於與國際間少數民族加以聯想，「長大一些，他喜歡看白人和紅番作戰的影片，模模糊糊的把番仔和紅番聯想在一起，白人是好人，騎在駿馬常遭埋伏的印第安人暗算。他每回都期待好人把壞人打敗，他也很少失望過……。」〔註 95〕甚至於將吳鳳故事中的原住民族，塑造成極度野蠻形象，乃有失公允。

（二）原住民族之族群隔閡

當華向眾人宣布，「『我要和什賀結婚。』她認真地說。什麼，聽到這消息的人都難掩驚訝之色，我也不例外。」〔註 96〕諸多漢族對於原住民族，因族群隔閡而存在著族群印象的偏差。因此，對於嫁入山地簡直為無法想像之事。

> 膩了吧，你汲汲於尋求異文化的浪漫刺激。山地，玩個三、五天很過癮；定居，你是在說笑吧？遇見山上俊男美女談個戀愛詩情畫意；論及婚嫁，你是不是腦筋有問題？〔註 97〕

諸多漢族對於原住民族的文化隔閡，而造成對於原住民族產生極度謬誤的族群刻板印象，更無法接受原漢族群間的婚姻結合；對於原住民族而言，

〔註 93〕胡臺麗，〈吳鳳之死〉，《悲情的山林》（1987 年 1 月），頁 79。
〔註 94〕胡臺麗，〈吳鳳之死〉，《悲情的山林》（1987 年 1 月），頁 79。
〔註 95〕胡臺麗，〈吳鳳之死〉，《悲情的山林》（1987 年 1 月），頁 79。
〔註 96〕胡臺麗，〈願嫁山地郎〉，《願嫁山地郎》（1989 年 3 月），頁 258。
〔註 97〕胡臺麗，〈願嫁山地郎〉，《願嫁山地郎》（1989 年 3 月），頁 258。

儼然又成為種族歧視的展現。

四、原住民族之族群壓迫

（一）原住民族之血汗就業

胡臺麗在〈吳鳳之死〉中，藉由頭目表哥大川所述，展現出原住民族在漢族觀點與包裝下，彷彿成為觀光產業下的商品化產物。又舉例蘭嶼達悟族丁字褲文化，卻被視為不登大雅之堂；甚至於將山地原住民女性，視為日本觀光客的觀光賣點之一，叫原住民情何以堪。

> 酒後吐真言。偉仁記得那晚喝到後來大川有些醉了，聲音也變得暗啞：「發揚山胞文化並不是把我們打扮得漂漂亮亮讓觀光客欣賞啊！蘭嶼男子穿丁字褲被認為有傷風化，國慶日禁止他們在總統府前慶賀；而日本觀光客被帶到花蓮看山胞跳舞，晚上有山地小姐陪宿，大家就能夠容忍！」〔註98〕

原住民在就業市場上，乃承受著諸多工作壓迫的茶毒；甚至於有諸多原住民孩童即成為廉價童工，飽受雇主的剝削，還日以繼夜地超時工作著。原住民彷彿為工廠經濟賣命的工具般，毫無人權可言。

> 他忽然有一股衝動，想到巷口那家工廠看看是不是還在工作。聽淑貞說那家老闆上星期得意洋洋的從南部一個山胞村落帶回一批國小國中畢業的孩子，每個月只要寄兩、三千塊給他們父母就可以叫他們日夜為他賣命。〔註99〕

諸多原住民均成為資本主義下的犧牲者，在血汗工廠中為臺灣經濟發展而賣命著，換來卻僅為廉價的對待，毫無尊嚴與未來的工作前景。對於原住民融入平地社會中，所面臨工作壓迫與雇主剝削，乃為時有所聞。

（二）原住民族之山地就業

胡臺麗在〈願嫁山地郎〉中，乃以什賀為例，諸多原住民均從事高勞力低收入的工作，彷彿承受著被殖民生活處境，「瑪諾尼將『依賴』視為被殖民者的屬性，『自卑感』當作殖民者存有的基本性質，而法農則認為這兩種情節互為一體在被殖民者身上體現。」〔註100〕什賀即如同諸多原住民般，在從事

〔註98〕胡臺麗，〈吳鳳之死〉，《悲情的山林》（1987年1月），頁91～92。
〔註99〕胡臺麗，〈吳鳳之死〉，《悲情的山林》（1987年1月），頁92。
〔註100〕陳光興，〈法農在後／殖民論述中的位置〉，法農，《黑皮膚，白面具》（2005

諸多勞力工作，飽受被殖民壓迫困境後，決定返鄉服務，諸多平地原住民均承受著工作壓迫困境。

> 什賀的心在茂林。他小學四年級時接觸基督教，畢業時本有機會免費保送中學，但父親不贊成。他先在外面做了許多年勞力工作，當完兵決定讀神學院，共唸了十年，取得牧師資格後決心回鄉奉獻。
> 〔註 101〕

原住民族後代，乃同樣面臨著就業上的經濟困境，「目前茂林青年大都在國中或高中畢業以後進入平地工廠做技術性不高的工作。華與什賀如果有孩子必定遭遇比平地小孩困難的求學環境。」〔註 102〕縱然華與什賀乃滿懷理想地面對未來，但對於原住民族未知的未來與族群困境，乃當嚴正看待。

> 什賀的理想是擴建教會，蓋兩層樓，一層禮拜，一層做教室與圖書室，可以輔導青少年課業。他說：「教會在山地社會扮演的角色相當重要，無論在價值觀還是在生活力面。譬如說我們這個地方酗酒很屬害，感謝上帝，許多人信主後這現象減少了。這個工作雖然辛苦，但我蠻喜歡的，有實實在在做事的充實感。」華願意協助什賀，最好還能找份教書工作並繼續人類學研究。假使生了孩子，她覺得至少可以在山地唸小學。〔註 103〕

現代原住民在就業市場上，彷彿在夾縫中求生存般，努力地謀生，卻無奈地面對著諸多族群壓迫與種族歧視的眼光與待遇，彷彿法農所述，原住民乃承受著少數民族弱勢困境，「自我和世界一種具決定性的結構化——它是決定性的，因為它在我的身體和世界之間建立起實在的辯證。」〔註 104〕如何協助原住民提升經濟生活，以改善族群困境，乃為當務之急。

五、原住民族之文化習俗

（一）原住民族之庫巴文化

胡臺麗在〈吳鳳之死〉中，描述原住民族的「庫巴」，「夏日午後的山村澄明透澈。『庫巴』」默默地竚立在在村社的入口。一根根粗壯的木箸撐開一

年 4 月），頁 45。
〔註 101〕胡臺麗，〈願嫁山地郎〉，《願嫁山地郎》（1989 年 3 月），頁 270。
〔註 102〕胡臺麗，〈願嫁山地郎〉，《願嫁山地郎》（1989 年 3 月），頁 270。
〔註 103〕胡臺麗，〈願嫁山地郎〉，《願嫁山地郎》（1989 年 3 月），頁 270。
〔註 104〕法農，〈黑人的實際經驗〉，《黑皮膚，白面具》（2005 年 4 月），頁 195。

把厚實的茅草傘面，遮住明晃晃的陽光。」〔註105〕對於原住民而言，庫巴彷彿即爲天神棲身之處，即深具其神聖地位。

> 「傘頂那叢青青的木槲是天神落腳之處啊！祂是搭了神梯架在『庫巴』前的神樹上下來的。」順著頭目的手指方向望去是一株不甚顯眼的小樹，有一圈矮竹籬繞著，怕它逃跑似的。怎麼會是神樹呢？
> 「庫巴」像是剛建好，生生澀澀的不沾歲月的痕跡。〔註106〕

「庫巴」所代表不僅爲原住民族的傳統文化建築，其乃象徵著原住民族的精神信仰中心。頭目乃深深地追憶著，慘遭祝融之禍的庫巴；縱然現今族人擁有著全新庫巴；但過去那舊有的庫巴，乃留下諸多難忘的回憶給原住民族人。

> 「唉！舊的『庫巴』去年燒掉了。你們沒看到那把火把半邊天煽得通紅，像是要熔化了一般。火舌迅速地延伸到『庫巴』，如同一隻饑餓的猛獸大口大口的吞噬咀嚼，還發出吱吱咯咯的聲響。大家搶救不及，到後來只應餓的望著『庫巴』掙扎的慘狀，見它傾倒、萎縮，終於化爲一堆焦炭與灰燼。」頭目像在追念一個逝去的老友，語調溫柔的悲愴。〔註107〕

頭目自述著自幼對於庫巴所存有的回憶與感情，「我小時候喜歡上離地面約二尺的庫巴避暑，我躺在木板上，山風就像這樣輕輕地拂過，從低垂的茅草屋簷望去，是河谷對岸這座大岩壁，那麼貼近。又那麼遙遠。……還有那些征戰的故事，血淋淋的敵人頭盛裝在藤籠中，祭火自『庫巴』的爐臺生起，戰士們圍爐飲酒高歌，天神就在這時由赤榕樹頂下降——。」〔註108〕諸多原住民傳說故事，也流傳在庫巴聚會中，庫巴彷彿即爲原住民口傳文學傳遞中心。

> 頭目耐性地娓娓道來：「……男孩子十一、二歲開始就要更在住在『庫巴』接受打獵、作戰的訓練，並聽老人講解我們部落的歷史和傳統禮儀禁忌。我們的文化大部分就是靠這樣的教育方式傳下來的。」〔註109〕

〔註105〕胡臺麗，〈吳鳳之死〉，《悲情的山林》（1987年1月），頁81。
〔註106〕胡臺麗，〈吳鳳之死〉，《悲情的山林》（1987年1月），頁81。
〔註107〕胡臺麗，〈吳鳳之死〉，《悲情的山林》（1987年1月），頁81。
〔註108〕胡臺麗，〈吳鳳之死〉，《悲情的山林》（1987年1月），頁81～82。
〔註109〕胡臺麗，〈吳鳳之死〉，《悲情的山林》（1987年1月），頁82。

庫巴所象徵即為原住民族的歷史與光榮，誠如頭目耐性地娓娓道來：「別的曹族部落也有『庫巴』，但是都先後衰落廢棄了，目前只剩達邦部落和我們有『庫巴』，而我們的『庫巴』建立的年代比達邦早許多呢！它的存在象徵我們部落的歷史悠久和茁壯不屈啊！」〔註110〕與庫巴同具有族群精神象徵意義的神樹，卻因原住民部落現代宗教信仰，而遭受到衝擊。

> 不，神樹沒有被燒掉。為什麼這麼矮小呢？啊！老的那株七、八年
> 前讓人砍掉了。那個時候部落裡許多人都信了天主教、基督教，認
> 為神樹是迷信，把它砍掉了。不過砍掉以後部落裡連續發生了一些
> 不幸的事，大家怕是觸怒了天神，有補種了這株新的。……達邦的
> 「庫巴」前看看，那株樹軀幹粗壯，雖然每年豐年祭的儀式都會把
> 枝垂砍掉只剩下代表五大家族細枝。〔註111〕

關於神樹遭到砍伐的不幸，著實地使原住民族警覺，重新正視神樹的重要性。頭目舅舅在酒酣耳熱之際，娓娓道出關於原住民的狩獵事蹟，彷彿現代獵人般地遊走於山林中。

> 頭目的舅舅喝得最多，話也源源流出。他最愛談打獵的事。他說部
> 落以前的獵區非常大，包括平地，後來讓漢人佔去了，便只在山裡
> 活動。有一回他發奇想，花了一個月時間從這邊山走到很遠的山區，
> 一路打獵，一路設陷阱。回程的時候果然發現不少野獸掉到陷阱裡
> 去，只是啊——差不多都腐爛了。說罷哈哈大笑，又吞下一杯酒，
> 還說要他和淑貞多留幾天，帶他們到山裡打獵去！〔註112〕

在頭目舅舅的熱情邀請下，希望漢族朋友有機會也可參與豐年祭典，共同熱鬧一下；甚至於要求大川拿出番刀，供漢族朋友偉仁與淑貞見識一下。此外，還志得意滿地分享著，族中英雄狩獵故事的豐功偉業。

> 「豐年祭的時候你們應該再來，在庫巴前可以唱唱跳跳直到天亮，
> 場中又自己釀的一桶米酒，讓人喝個痛快。」「把番刀舉出來讓偉仁
> 他們見識、見識。」大川說。他記得那把刀的刀尖微微彎曲，刀鋒
> 已經鈍了，有條麻繩編的背帶可以掛在肩上。「頭目」又拿出一頂鹿
> 皮帽，帽頂插著兩、三根飛揚的鷲羽，據說很不容易取得。「頭目」

〔註110〕胡臺麗，〈吳鳳之死〉，《悲情的山林》（1987 年 1 月），頁 82。

〔註111〕胡臺麗，〈吳鳳之死〉，《悲情的山林》（1987 年 1 月），頁 82～83。

〔註112〕胡臺麗，〈吳鳳之死〉，《悲情的山林》（1987 年 1 月），頁 85。

的舅舅眉飛色舞地說起昔日部落中兩位英雄人物的故事——他們的
皮膚硬得像石頭一樣，和別的部落作戰時敵人發三十幾箭都沒有射
人。〔註113〕

　　胡臺麗在〈吳鳳之死〉中，描述著關於原住民族庫巴的精神象徵意義，
與時代變遷所帶來的衝擊，彷彿殖民文化強勢地衝擊著原住民族弱勢文化，
「此種強大之文化侵略的一個極為特異之層面，也就是來自殖民或邊緣地區
的知識份子以『帝國』的語言寫作，又同時感到他們自己與大眾對帝國之反
抗形成了有機的關聯，並使他們自己在正面遭逢宗主國文化時，進行修正主
義式和批判性的任務。」〔註114〕此外，還藉由原住民熱情分享，將原住民的
狩獵故事逐一陳述，見證著原住民文化習俗的演變軌跡。

（二）原住民族之原漢婚禮

　　胡臺麗在〈願嫁山地郎〉中，描述原住民青年什賀與漢族女孩華的婚禮，
在婚禮進行時，「我們依照魯凱族婚俗，圍住新娘，向她的未婚年月告別。經
常出入排灣、魯凱村落，有多次惜別會經驗的將灌了一口啤酒唱道：『我從來
沒想到過離別的滋味是這樣凄涼……我說過我不會哭，在不知不覺中淚成行
——。』」〔註115〕回憶起整個婚禮的過程，可知原漢族群婚禮，即需兼顧原漢
族群間的婚禮習俗。

> 什賀來臺北迎親，一下國光號車就和華轉往第二殯儀館向華的母親
> 致祭、道別。這麼不巧，華的母親在她訂婚後第三天突然跌一跤去
> 世了。有的猜測華的母親可能不滿她的婚事，心情不好才會過去。
> 也有人說華與母親犯沖，或認為是男方訂婚時連司機共來了十三人
> 造成的。這些都帶給華心理上極大的壓力。她雖然不信這些，但因
> 為是漢人，難免受影響有些自責。〔註116〕

　　漢族女孩華的家長固然反對，「什賀非常體諒華父母的心境。他說他了
解華的父母因他是山地人並且神學院畢業沒正式學位而反對他們交往。」
〔註117〕在華的家長對此門婚事的反對下，「華曾經對我說：『我母親原來很反

〔註113〕胡臺麗，〈吳鳳之死〉，《悲情的山林》（1987年1月），頁85。
〔註114〕薩依德，〈心路歷程與反對勢力的出現〉，《文化與帝國主義》（2001年），頁
　　　449。
〔註115〕胡臺麗，〈願嫁山地郎〉，《願嫁山地郎》（1989年3月），頁262。
〔註116〕胡臺麗，〈願嫁山地郎〉，《願嫁山地郎》（1989年3月），頁262。
〔註117〕胡臺麗，〈願嫁山地郎〉，《願嫁山地郎》（1989年3月），頁265。

對這件婚事。她雖然知道什賀是好人，可是一直覺得他是山地人，沒錢又沒技術。在她觀念裏女兒最好找個有錢有地位可以依恃的人。她問我到底圖什賀那一點。爸媽覺得我以前男友的條件比什賀好太多了。』……我和什賀約定每晚為這事禱告，希望上帝促成。」〔註118〕在尊重年輕人選擇下，原漢婚禮乃順利舉行。

> 我父親是山東人，軍隊退伍，在臺灣沒什麼親戚。我請爸媽找幾個老朋友商量。男方來求婚的人包括鄉長、一位山東籍的鄉民代表和一位國小老師。沒想到爸媽沒什麼阻難，很快就答應了。訂婚那天媽媽心情相當不錯，只有在我和什賀離家去茂林時她才十分激動，還掉眼淚。〔註119〕

當原漢族群聯姻要舉行之際，必須兼顧不同族群間的婚禮習俗，「什賀他們原希望過年期間結婚，因山地人口外流。年節放假才比較熱鬧。漢人習俗是百日內要結婚，否則得等三年。妹妹結婚不久，媽說過一年內不可以嫁兩個女兒，我們便把婚期延到四月。」〔註120〕最後這場原漢婚禮總算熱鬧地舉行，「嵐霧散去，山村教堂內的風琴奏起結婚進行曲。……這位令華傾心的男子想必有白馬王子的俊姿吧！我只能說他容貌端正、態度誠懇。但是皮膚偏黑，身材中等，不是令女人一見傾心的類型。」〔註121〕縱然如此，什賀家即屬於頭目貴族階級，舉行婚禮必然有其習俗要遵循。

> 他們家在萬山屬於貴族頭目系統。頭目家的男子如果與平民結婚是很失顏面的事，而且子女的身分會降為平民。現在雖然沒這麼嚴格，但繼承家屋家名的長男還是一定要遵守。什賀是次子，但是他表現傑出很受父母看重。他母親哭著對他說：老二，你一定要找頭目，你不是有好幾個女朋友是頭目家的嗎？他說動一些親戚幫他開導母親，告訴她華是平地人不分貴族、平民階級，不必管她是不是頭目。〔註122〕

當這場原漢婚禮舉行之際，兼顧原漢族群婚禮習俗外，還要相互配合與調整，諸如「魯凱族的習慣是結婚時先在女家熱鬧，新娘接到男家再熱鬧一

〔註118〕胡臺麗，〈願嫁山地郎〉，《願嫁山地郎》（1989 年 3 月），頁 262～263。
〔註119〕胡臺麗，〈願嫁山地郎〉，《願嫁山地郎》（1989 年 3 月），頁 263。
〔註120〕胡臺麗，〈願嫁山地郎〉，《願嫁山地郎》（1989 年 3 月），頁 263。
〔註121〕胡臺麗，〈願嫁山地郎〉，《願嫁山地郎》（1989 年 3 月），頁 264。
〔註122〕胡臺麗，〈願嫁山地郎〉，《願嫁山地郎》（1989 年 3 月），頁 264。

次，但我們這邊是女方請回門酒。什賀父母打算和他一起來迎親，我父親說路太遠了，而且我們不可能太熱鬧，怕他們失望。」〔註123〕在山林間的婚禮乃熱鬧地舉行，「那些穿著黑底黃口魯凱服飾的年輕男女。他們撫動吉他唱出美妙的詩歌。……教堂外金色陽光遍灑茂林村的小街小巷。……眾人都等待著，等待婚禮掀起另一個高潮。」〔註124〕在魯凱族婚禮習俗下，什賀與華乃展開蛻變。

> 華和什賀正在蛻變。褪除西服的什賀搖身一變爲魯凱頭目的打扮。
> 黑底綴著黃綠色人頭及蛇紋珠飾的短衫外披白貝肩帶；頭飾正中嵌
> 了一圈虎豹牙，再插兩根鷹羽立即有飛揚之姿。這位儀態萬千的魯
> 凱新娘眞是華嗎？白紗禮服相形之下太單調了。華依照一套她非常
> 喜愛的古式禮服訂製了墨綠底繡著白花的連身袍裙，胸前是黃色亮
> 麗的肩飾並掛著幾串琉璃珠鍊。頭飾有三層，最頂端包條紅絨布，
> 外圍一串祝福早生貴子的檳榔，還有一圈花環。〔註125〕

當漢族女孩華嫁入山地部落後，即遵照魯凱族原住民婚禮習俗進行著婚禮，「我身旁的幾位魯凱族婦女認爲這婚禮算是相當隆重。由於男方是頭目身分，而華的學歷很高，他們尊重她，把她視爲頭目。聽說老人家商量爲華取一個頭目的名字，這樣在稱呼上融入魯凱的階層社會裏，更容易接納她爲魯凱媳婦。」〔註126〕婚禮即在山林間隆重地舉行著。

> 她將被迎入什賀家的所在地萬山村。萬山村口的歡迎行列相當壯
> 觀，禮車就在歌舞聲中滑入。啊！兩個年輕人分別把新娘和伴娘揹
> 起來了。幾位歌聲嘹亮的男士領頭，新娘和伴娘浮在人翼之上，遊
> 行隊伍快速地步下長長的石階。接近男家時，什賀抱起華衝向門
> 口。等一等，新娘得用雙手觸摸一把家傳寶刀才能入門。什賀的母
> 親蹲跪親吻華的手，再掀去她頭上的紅巾。女家這次沒有收聘禮，
> 但門外還是象徵性地展示兩個陶罐、琉璃珠飾、圓貝肩帶……還有
> 一條被。〔註127〕

在山地舉行原住民族婚禮，「入夜了，歌舞更加熱烈，鄰近的男女青年盛

〔註123〕胡臺麗，〈願嫁山地郎〉，《願嫁山地郎》（1989年3月），頁263。
〔註124〕胡臺麗，〈願嫁山地郎〉，《願嫁山地郎》（1989年3月），頁265。
〔註125〕胡臺麗，〈願嫁山地郎〉，《願嫁山地郎》（1989年3月），頁266。
〔註126〕胡臺麗，〈願嫁山地郎〉，《願嫁山地郎》（1989年3月），頁267。
〔註127〕胡臺麗，〈願嫁山地郎〉，《願嫁山地郎》（1989年3月），頁266。

裝赴會。新娘、新郎一直隨舞圈轉，華的父親、弟妹也應邀共舞。四步舞誰
不會跳？可是我們這些臺北來的女賓受到糾正：女子跳舞上身要儘量挺直不
動，保持端莊肅穆。」〔註 128〕對於原住民青年男女而言，此即爲一場相親活
動。漢族朋友乃有感而發說道，「我跳一下就不敢跳了，因身旁的魯凱女孩建
議我換位置：『妳個子高把我比矮了。』原來這舞會有相親的味道。未婚的女
孩耳邊垂著銀飾吸引男孩的注意。跳到後來男孩會插到他看上的女孩身邊。
年紀大的蹲坐在舞圈外，暗暗注意自己孩子屬意的對象是誰。清晨三、四點
他們盡興而歸。萬山只剩下一片蟲鳴。」〔註 129〕在原住民族婚禮中，乃存在
著新娘哭泣習俗。

> 華在婚禮過程中沒有流淚，當地人感覺是唯一的缺憾。魯凱新娘很
> 少不哭泣的。「昨天，華姐姐沒有哭。我們這裏的小姐即使是嫁給自
> 己最喜歡的，還是會難過。一想到以前不少追求者對她那麼好，結
> 婚後身分不同，再見面時和以前態度完全不一樣了。想著想著會傷
> 心的哭起來，有的哭得聲音都沙啞了。」〔註 130〕

在婚禮前新人還會道別舊情人，「也許是魯凱族未婚男女交往的形式太美
太浪漫，結婚對象的選定卻太嚴格、太遵從傳統階級觀念，因而特許女孩子
婚禮前到以往經常在她家歌唱聊天表示愛意的男友家哭別，紓解內心的哀痛
與惆悵。」〔註 131〕原住民族婚禮，方爲青年男女道別舊情人的機會，「普通情
況下新娘在晚上的舞會中一定會哭。她會扶靠在過去男友肩上邊跳邊哭訴。
大概是說：今生和你沒緣，下輩子如果有緣再嫁給你。或者說你雖找過我但
無心娶我，現在我嫁給別人，我知道你心裏很難過，可是我比你更難過。她
的哭聲讓人聽了很心酸。」〔註 132〕漢族女孩華在魯凱族婚禮中的表現，乃深
受族人讚揚。

> 「我們魯凱新娘很不好做。大家都說華姐姐昨天表現得不錯。譬如
> 那個頭飾非常重，一個晚上跳下來不頭昏腦脹才怪。我們戴一、兩
> 個小時就受不了，拿掉一層。華姐姐一直戴著。老人家說山上長大
> 的受不了，都市長大的卻不吭一聲。我們很佩服華姐姐。」「還有，

〔註 128〕 胡臺麗，〈願嫁山地郎〉，《願嫁山地郎》（1989 年 3 月），頁 267。
〔註 129〕 胡臺麗，〈願嫁山地郎〉，《願嫁山地郎》（1989 年 3 月），頁 267。
〔註 130〕 胡臺麗，〈願嫁山地郎〉，《願嫁山地郎》（1989 年 3 月），頁 268。
〔註 131〕 胡臺麗，〈願嫁山地郎〉，《願嫁山地郎》（1989 年 3 月），頁 268。
〔註 132〕 胡臺麗，〈願嫁山地郎〉，《願嫁山地郎》（1989 年 3 月），頁 268。

被揹在背上也不好受。女孩要上身挺直，等於是跪在那裏，腳好酸
喔！華姐姐努力做好，可是背有一點駝。」〔註133〕

這場原漢族群婚禮，終究在幾經波折下，終於順利地完成，「寧靜的山村。
華就這樣留下當牧師娘了？……茂林村內她是第一個平地嫁入的新娘，另有
十來個外省籍退役軍人娶魯凱女子定居當地。」〔註134〕漢族女孩嫁入山地原
住民部落的原漢族群聯姻，乃爲鮮少可見的現象。

六、原住民族之傳說故事

（一）原住民族之吳鳳傳說

胡臺麗在〈吳鳳之死〉中，乃由原住民青年頭目的追憶，描述自幼喜愛
在庫巴聆聽著，諸多族人所流傳下來的原住民族故事，「我彷彿聽到死者的靈
魂隱從土中長出來的呀！」〔註135〕除了原住民祖先誕生傳說外，關於洪水傳
說故事，均流傳於部落中。

> 頭目耐性地娓娓道來：「據說在遠古的時代有一隻大鰻橫臥溪中，使
> 得溪水暴漲，人們就逃到玉山避難。洪水退後，各部族往山下遷移，
> 有一個強大的部族選定了我們這塊地形險要的山腹地定居，建立了
> 『庫巴』，以後加入的部族都以這一個『庫巴』爲部落政治、宗教中
> 心。」〔註136〕

關於原漢族群對於吳鳳傳說故事，乃存在著迥異的觀點與說法。當漢族
朋友淑貞提及吳鳳故事時，即引起原住民朋友的激烈反應。在漢族所塑造的
吳鳳故事中，原住民族被賦予野蠻、落後的汙名化刻板印象。

> 淑貞脫口而出：「吳鳳算不算你們的英雄？」……「吳鳳怎麼會是我
> 們的英雄？」他把「我們」兩個字咬得特別重。「讓我解釋給你聽。
> 我們在部落裡很少有人提到吳鳳的事情，還是上了中學以後我才在
> 學校聽到的。班上同學把我當成罪人似的說：『你們殺了吳鳳！』我
> 氣得和他們打了起來，還被記了過。」大川說。〔註137〕

原住民青年頭目，自述在求學階段，均承受著漢族朋友，將原住民族視

〔註133〕胡臺麗，〈願嫁山地郎〉，《願嫁山地郎》（1989年3月），頁269。
〔註134〕胡臺麗，〈願嫁山地郎〉，《願嫁山地郎》（1989年3月），頁269～270。
〔註135〕胡臺麗，〈吳鳳之死〉，《悲情的山林》（1987年1月），頁81～82。
〔註136〕胡臺麗，〈吳鳳之死〉，《悲情的山林》（1987年1月），頁82。
〔註137〕胡臺麗，〈吳鳳之死〉，《悲情的山林》（1987年1月），頁86。

爲原始野蠻的汙名化刻板印象。對於原住民族而言，眞心看待原住民族的外族乃寥寥可數，此即爲當初頭目退出合唱團的因素之一。

> 「我也有過這樣的經驗。偉仁，不瞞你說，在平地念書我受到很大的壓力，像你是眞心把我當知心朋友看待，可是大多數人還是把我們看成野蠻無文化的『番仔』。說起吳鳳──你記不記得我退出合唱團的事？」……「我退出的理由你大概不清楚。很簡單，指導老師選了一首歌頌吳鳳的歌練習，準備參加合唱比賽，我不願意唱，便退出了。」〔註138〕

原住民青年頭目自述，當初在校園中看到吳鳳故事的話劇，將原住民塑造爲會隨意獵殺人頭的野蠻形象。對於原住民而言，此即爲種族歧視的族群壓迫。

> 淑貞說道，「記得小學五年級的遊藝會，我們班上排演吳鳳的故事，坐在我旁邊的王國華被選中演吳鳳，常常在下課的時候壓低喉嚨說：『你們不可以殺人頭……如果一定要的話，明天一早去樹下等……』他還假裝被射中，搗著胸口，向後翻倒，大叫啊！啊！啊！害我們笑得都快斷氣了。但是正式演出的那一天，我坐在臺下卻笑不出來。尤其是看到吳鳳穿紅衣、戴紅帽，騎在一匹馬上緩緩走出，而埋伏在一棵樹後的番人發箭把他射死，興奮地跑上前去，發現眞相，扯髮捶胸，痛哭失聲的時候，我也幾乎哭了。」〔註139〕

在漢族學者研究文獻記載中，關於吳鳳故事中的原住民形象塑造，乃有失公允，「不堪其暴，遂起殺戮入山之無賴漢人數人；以尚有以身免著，乃追之，長驅入社口庄，包圍公廨。獲一人頭，歸社檢視之，則吳鳳之首級也，因懼而棄之。未幾，主帥患天花死……爾來病毒傳播全社，死者無算，請入夜則家家無不見妖，皆以爲由吳鳳之靈作祟。……令人尚恐其（吳鳳）怒不息，常緘口不敢談鳳事。」〔註140〕若單純以漢族記載中的吳鳳故事分析，乃有失公允；必須由原住民族觀點分析，以平衡吳鳳故事的眞實性與可信度。

> 頭目的舅舅說他曾經聽人說起吳鳳是達邦部落分出去的住在山美地方的人殺的，和他們部落沒什麼關係，並且他不太相信他們會錯殺

〔註138〕胡臺麗，〈吳鳳之死〉，《悲情的山林》（1987 年 1 月），頁 86。
〔註139〕胡臺麗，〈吳鳳之死〉，《悲情的山林》（1987 年 1 月），頁 80。
〔註140〕胡臺麗，〈吳鳳之死〉，《悲情的山林》（1987 年 1 月），頁 83。

> 好人。通事常常代表漢人的立場和他們買賣交涉，吃虧的總是他
> 們。此外，曹族獵人頭的習俗，一直到日據時代才停止，並不像一
> 般說的吳鳳死了以後就沒了。〔註141〕

關於原住民族觀點中的吳鳳故事，與漢族所流傳的版本乃大相逕庭。在原住民大川眼中，乃激動地說道：「目前流傳的吳鳳故事我實在不能接受。什麼騎白馬，穿紅衣，我們山地有豬、有羊，就沒有馬；而我們的服裝也是紅的，看見紅衣人不會亂殺。你們有沒有參觀過嘉義市的吳鳳廟？裡面有個陳列室，櫃子中擺設一些我們曹族的日常器物和敵首籠。有一面牆上掛著好大一幅畫，色彩鮮豔極了，吳鳳穿紅衣，戴紅帽，騎在白馬上，相當生動。可是我越看越不舒服，不但不感動，甚至恨不得把他撕下來。」〔註142〕除了吳鳳故事外，關於原住民族馘首習俗，原漢族群觀點仍有所差異。

> 「那麼，你們是怎麼停止獵首習俗的？」淑貞不甘心。……「時代
> 變了，自然就停止了。」頭目說。「就像以前我們常常和別的部落戰
> 爭，等社會秩序建立，有了法律約束，彼此就相安無事。而且臺灣
> 大多數的部落原來和我們一樣都有獵首的風俗，後來全停了，也沒
> 聽說是受了什麼人的感化。就像漢人女子古時候要纏足，認為很美，
> 我們的祖先也是把獵首看成很英勇的行為。一方面為取悅天神，祈
> 求五穀豐收，人口繁盛；另一方面在部落戰爭激烈的環境中證實一
> 個人有保衛鄉土、洗刷恥辱的能力。」〔註143〕

關於原住民族馘首習俗，乃在吳鳳事件爆發後，即停止獵殺漢族首級。此即由於原住民山地部落間，乃流傳著繪聲繪影的傳言，「那是因為天花蔓延，死了許多人，晚上家家戶戶看見『妖』，以為是吳鳳的死靈作祟，害怕極了。從此不敢殺漢人，也不願意多談吳鳳的事。一個族人早已搶先對族人解釋過了。」〔註144〕諸多原住民傳說故事，乃需原住民的現身說法，方可平衡原漢觀點的異同之處。

> 「吳鳳死以後我們並沒有停止獵人頭。」頭目的舅舅說。「對的，我
> 在你們族裡面四處訪查，發現的確是這樣，連傳言中殺死吳鳳的山
> 美社人都有繼續獵首的記錄。」偉仁似乎見到作者權威性的點著

〔註141〕胡臺麗，〈吳鳳之死〉，《悲情的山林》（1987年1月），頁87。
〔註142〕胡臺麗，〈吳鳳之死〉，《悲情的山林》（1987年1月），頁87。
〔註143〕胡臺麗，〈吳鳳之死〉，《悲情的山林》（1987年1月），頁87～88。
〔註144〕胡臺麗，〈吳鳳之死〉，《悲情的山林》（1987年1月），頁89。

頭。「可是，吳鳳死以後你們獵的都是其他部族的人頭，而停止獵漢
人頭。」作者得意地補充說明。「那是因為——」頭目的舅舅招架不
住，沉默下去。〔註145〕

反觀漢族對於吳鳳故事的記載，乃有所差異，諸如「最早的漢人記錄也
大不相同：曹族屢次想殺阿豹厝兩鄉人，而吳鳳採取拖延的計策，一方面要
他們緩期，另方面要兩鄉人走避。日子一久，曹族人發現吳鳳一直用計謀欺
騙他們，憤怒之下便要殺他。」〔註146〕在吳鳳口中原住民族，即為野蠻難馴，
此乃以漢族觀點，所產生的刻板印象所致。

曹族人準備要和吳鳳攤牌，談判前一天吳鳳對家人說：「番人的兇性
很難馴服，我會先曉以大義，對方如不聽，一定會將我殺死。」他
並且吩咐家人預先糊一些紙人騎在紙馬上手提番首：「我死後，把這
些燒掉，並呼叫『吳鳳入山』，我的死靈定會把番害除掉。」次日，
吳鳳果真被殺，他的家人並依言行事。〔註147〕

關於文獻記載中，原住民族馘首習俗，「以後常有曹族人見吳鳳乘馬持刀
入山，見到的人大多生病而死，因此相當害怕。當時有曹族女子嫁到平地，
聽到燒紙人紙馬的事情便回去告訴部落的人，使他們更加恐懼，就在石前立
發誓：永遠不敢在嘉義縣殺人。」〔註148〕此番歷史記載，依照現代觀點，難
道漢族吳鳳同樣擁有巫術嗎？

吳鳳也用巫術嗎？對於害怕死靈的曹族人應當有相當的威力！作者
推測吳鳳死後剛巧有嚴重的天花流行，繼任的通事便藉機強調是吳
鳳死靈作祟的緣故，迫使曹族人在懼怕的心理下發誓永不殺漢人。
〔註149〕

根據原住民族觀點而言，當時「漢番的激烈衝突由於番大租的施行，漢
人無法任意奪取番人的田地，便在吳鳳死後緩和了下來。再加上那時曹族內
部衰微，受到布農族三面包圍，開始蠶食他們的土地，他們忙著防衛，根本
沒有餘力對抗漢人。」〔註150〕原住民族自然而然地逐漸減少馘首事件的發

〔註145〕胡臺麗，〈吳鳳之死〉，《悲情的山林》（1987年1月），頁88～89。
〔註146〕胡臺麗，〈吳鳳之死〉，《悲情的山林》（1987年1月），頁89。
〔註147〕胡臺麗，〈吳鳳之死〉，《悲情的山林》（1987年1月），頁89～90。
〔註148〕胡臺麗，〈吳鳳之死〉，《悲情的山林》（1987年1月），頁90。
〔註149〕胡臺麗，〈吳鳳之死〉，《悲情的山林》（1987年1月），頁90。
〔註150〕胡臺麗，〈吳鳳之死〉，《悲情的山林》（1987年1月），頁90。

生，至於是否與吳鳳事件有關，乃有待考證。

> 沒有資料可以否定吳鳳具有犧牲小我的決心，只是這種決心與行為
> 在當時漢番關係惡劣的環境裡，恐怕很難讓曹族人瞭解更進而改變
> 對侵占他們土地的漢人的敵意。……因為這則故事隱射他們是粗魯
> 殘暴、沒有文化、有待感化的民族？還是因為他們在現今社會中受
> 到不公平的待遇，便把怨氣發洩到一個具體的故事上？〔註151〕

　　原住民族對於死亡觀點，乃存在著不同見解；諸如原住民最擔心死於非
命，因如此一來將會形成惡靈，將危害部落安危。在原住民傳統觀念中，認
為人類靈魂，乃存在著善靈與惡靈的差異。

> 「頭目，你想人死了以後有沒有知覺？」他思念阿公，隨口問道。
> 「我不知道。不過我們族人相信人活著有兩種靈魂，一種住在身體
> 裡面，它如果離開身體，人就死了，然後靈魂會飄到一個地方，永
> 遠在那裏，和世界不發生關係。另一種靈魂在人活著的時候可以自
> 由進出體內體外，人死以後脫離肉體，但是並不離開人間，在原來
> 住的村社中遊蕩。我們最怕碰到死於非命，譬如自殺、他殺、溺死、
> 或被毒蛇咬死的人的這種靈魂，它們會害人。」〔註152〕

　　胡臺麗在〈吳鳳之死〉中，最主要以闡述吳鳳故事的原漢觀點差異為
主，由此平衡原漢族群間的觀點差異，即以薩依德所提出「對位式閱讀」去
平衡原漢族群間的觀點差異，「首先，經由歷史中一個新的整合性或對位式的
取向，即因為西方和非西方的經驗由帝國主義串聯在一起，故視其經驗為彼
此互涉的。」〔註153〕此外，乃由諸多原住民傳說故事，闡明原住民族的精神
象徵。

七、原漢族群之愛情故事

　　胡臺麗在〈願嫁山地郎〉中，描述原住民青年什賀與漢族女孩華的原漢
族群愛情故事，開頭即以山地情人歌曲為始，「心上人：我為你頭痛，我為你
感冒，我為你發高燒。送到屏東仁愛醫院，原來是相思病；想你相思病，愛
你愛到老，我的心上人。嗨，心上人，他在笑啊，笑得甜蜜蜜，穿著一件山

〔註151〕胡臺麗，〈吳鳳之死〉，《悲情的山林》（1987年1月），頁91。
〔註152〕胡臺麗，〈吳鳳之死〉，《悲情的山林》（1987年1月），頁77。
〔註153〕薩依德，〈勾結、獨立與解放〉，《文化與帝國主義》（2001年），頁505～506。

地衣服，一陣一陣鈴鈴響。」〔註154〕華乃述說著這段愛情故事，「華居然動了真情！她要嫁給山地人。……華穿著一襲粉紅色的洋裝坐在石階上。婚禮前夕，四野的蟲鳴伴著她講述這段愛情故事。」〔註155〕最後，華乃順利地嫁入山林，縱然當初曾引來眾人質疑。當漢族女孩華決定要嫁入山地後，「華決心嫁到山地？她不是去山地收集人類學田野資料寫她的碩士論文，怎麼會在學位拿到以後作這樣的決定？」〔註156〕果然引來眾人驚嘆的眼光，聽聞當初曾有人為研究而嫁給少數民族，「曾聽說有位美國女人類學者為收集資料之便嫁給一個部落頭目，可是研究一結束就要求離婚。」〔註157〕不過，真心嫁入山地部落的華，即重新展開全新的山地原住民部落生活。

第四節　劉還月族群意象中的原住民族

一、原住民族之田野調查

　　劉還月在〈流浪的土地游牧民族〉中，描述在訪談謝緯醫師遺孀時，曾在謝醫師多次組成山地醫療隊經歷中，接觸過原住民族的經驗。起初，原住民即由於族群隔閡而不敢就醫，但逐漸瞭解後，乃一次取多人藥物，由此展現山地醫療的貧乏。

> 一九八二年冬，我到埔里、南投去採訪已過世的謝緯醫師的遺孀楊瓊英女士，告訴我這個故事。謝緯醫師生前曾組織過好幾次山地醫療服務隊，起先由於先住民們不了解他們的意願，竟然不敢接受服務，後來漸漸了解他們不是「壞人」之後，才敢前來看病，但一個人來看病，卻要帶好幾個親友的藥回去的情形發生。〔註158〕

　　劉還月由此瞭解原住民族族群特色外，也由此思考原住民的族群處境，彷彿法農般，「在他的作品中，無論表達出對殖民的和／或非西方民族感到敵意的經驗有多少，他們並未感到自己是站在西方傳統文化之外。」〔註159〕諸

〔註154〕胡臺麗，〈願嫁山地郎〉，《願嫁山地郎》（1989 年 3 月），頁 258。
〔註155〕胡臺麗，〈願嫁山地郎〉，《願嫁山地郎》（1989 年 3 月），頁 258～259。
〔註156〕胡臺麗，〈願嫁山地郎〉，《願嫁山地郎》（1989 年 3 月），頁 258。
〔註157〕胡臺麗，〈願嫁山地郎〉，《願嫁山地郎》（1989 年 3 月），頁 258。
〔註158〕劉還月，〈流浪的土地游牧民族〉，《願嫁山地郎》（臺中：晨星出版社，1989 年 3 月），頁 200。
〔註159〕薩依德，〈心路歷程與反對勢力的出現〉，《文化與帝國主義》（2001 年），頁

多文本中即再現原住民族處境，尤其現代原住民，所面臨的族群困境與生活
議題，均尚待正視與改善。

二、原住民族之歷史

　　關於原住民族歷史發展，諸多說法乃眾說紛紜，但多數認為臺灣原住民
族乃屬於南島語族，且原住民族經歷過多次遷徙後，方定居下來。原住民即
逐漸發展著族群文化，甚至於呈現著多元文化面貌與獨特性。

> 　　今天我們所謂的「山胞」。大都是泛指明鄭拓臺前的臺灣先住民，而
> 這些臺灣先住民在源流上，屬於南島系民族中的原馬來人。所謂「南
> 島系」民族，雖然眾說紛紜，莫衷一是，……他們的祖先原居於中
> 國大陸南方，由於戰亂、天災原因，這個族系曾經三次向南遷徙，
> 遍佈在南太平洋一帶。……臺灣山胞所屬的「原馬來人」是屬於第
> 二批南遷的，……懂得穀類的種植，同時也開始使用簡單的織布機
> 織布，由此可見他們並非全然的「野蠻民族」。〔註160〕

　　南島語族的原住民遷徙至臺灣後，即深具有歷史意義，「南島民族北遷至
臺灣，源起自何時，儘管沒有明確的史料資料，不過日據時代曾在花蓮崗山
挖到一批石棺，經考據後，研訂為阿美族人使用的器物，年代則為七百年至
七百五十年前左右，由此可見在宋代末葉（甚至更早），南島民族便遷至臺
灣。大約在五百年前，更有平埔族人出現在臺灣北部的全包里（今金山）海
岸一帶的記載，而所謂的平埔族，並非單只一個族，而是屬於平埔族系的九
族通稱。」〔註161〕原住民族早期乃分為高山族與平埔族。

> 　　明鄭拓臺之前，臺灣的先住民又分為「高山九族」，以及「平埔九
> 族」，所謂高山九族即是指今天我們較熟悉的泰雅族、賽夏族、布農
> 族、曹（鄒）族、魯凱族、排灣族、卑南族和雅美族，而平埔九族
> 則是指西拉雅族、安雅族、巴布拉族、巴宰海族、貓霧捒族、道卡
> 斯族、凱達加蘭族、雷朗族以及噶瑪蘭族。〔註162〕

　　關於高山族與平埔族歷史遷徙，「許多歷史學家都相信，由於高山九族比

457。

〔註160〕劉還月，〈流浪的土地游牧民族〉，《願嫁山地郎》（1989 年 3 月），頁 201。

〔註161〕劉還月，〈流浪的土地游牧民族〉，《願嫁山地郎》（1989 年 3 月），頁 201～
202。

〔註162〕劉還月，〈流浪的土地游牧民族〉，《願嫁山地郎》（1989 年 3 月），頁 202。

平埔九族更早來到臺灣，由平埔九族來到臺灣之前，他們也居住在平地，直
到平埔九族遷至臺灣，才把高山九族趕到較內陸的地方或是淺山之中，後來
漢人開始來臺拓墾時，平埔族被逼遠離海岸線，往內陸遷徙，在此情形下，
高山九族只好往更深的山區或是較偏遠，無平埔或漢人住的地方遷徙，而平
埔族人雖往內陸遷，不過大多仍居於平地，不但跟漢人較有往來，而且還常
常有漢人向平埔族人『租地墾殖』的史料出現。」〔註163〕原住民族即長期處
於被殖民弱勢地位。清代政府的治臺策略，即以禁止的高壓統治為主。

> 明鄭之後，清廷雖然把臺灣歸入版圖，但一直是臺灣為海盜窩，視
> 臺民為「匪」，對臺灣的政策大都也採「禁！禁！禁！」的態度，其
> 中最明顯的莫過於在清康熙二十三年（西元一六八四年）頒布的「嚴
> 禁渡海令」，嚴屬禁止大陸沿海居民遷臺，禁止人民攜眷到臺灣，清
> 廷的目的完全是想利用眷屬當「人質」；壓迫臺灣的漢人，以防他們
> 「造反」。〔註164〕

　　根據諸多歷史文獻記載可知，諸多原住民均逐漸漢化於漢族，尤其為平
埔族，「來臺灣墾殖的都是一些尚未成年的青年，他們到了臺灣之後，才發覺
大多數的土地都已有人開墾，他們單憑赤手空拳實在很難討生活，只好向平
埔族或先來的漢人『租地墾殖』，不少人甚至乾脆入贅地主，平埔族人在長期
接受漢人文化、風俗的影響，也逐漸同化而失去他們原有的風俗。」〔註165〕
平埔族乃逐漸融入漢族文化中。

> 日人據臺後，為了解決山胞問題，實施山地政策，乾脆把漢化較久
> 的熟番（大多數為平埔族人），規劃為漢人，因此今日在臺灣，除了
> 極少地方仍有平埔族人聚集，保留少許的平埔文化和風俗（如平埔
> 夜祭）之外，平埔族人和漢人實在已經不能分割了。〔註166〕

　　對於早期即居住於高山地域的原住民族，乃較可保持原住民文化特色，
「高山九族至今仍較完整地保持他們原有的血統、風俗及文化，完全因為他
們長期被逐放到山區，缺少跟漢人交往以及通婚的機會，當然也就沒有機
會受漢文化的薰陶及影響了，而在高山九族中，又因為他們的族系，居住的

〔註163〕劉還月，〈流浪的土地游牧民族〉，《願嫁山地郎》（1989 年 3 月），頁 202。
〔註164〕劉還月，〈流浪的土地游牧民族〉，《願嫁山地郎》（1989 年 3 月），頁 202～
　　　　203。
〔註165〕劉還月，〈流浪的土地游牧民族〉，《願嫁山地郎》（1989 年 3 月），頁 203。
〔註166〕劉還月，〈流浪的土地游牧民族〉，《願嫁山地郎》（1989 年 3 月），頁 203。

地方及社會結構不同，因此每族都有不同的風俗及文化，儘管至今能完整保存的已經相當少了，但我們不難從其中窺知他們的社會結構和生活習性。」〔註167〕現代原住民族文化研究，高山族乃保有較多歷史文化史料，可提供族群研究的參考依據。

三、原住民族之種族歧視

關於原住民族所遭遇到的種族歧視，即源自於漢族對於原住民族刻板印象，諸如時有所聞的酗酒議題，在漢族作家劉還月眼中，乃深刻地分析原住民酗酒因素；但僅以四項因素囊括原住民酗酒現象，乃有待商榷。

> 相信一定有不少人對先住民的印象是：都是一些酒鬼！不錯，酗酒的確已成了現在先住民最嚴重的問題之一。一般說來，一個正常的人會酗酒以及喜歡上一些令人迷醉、可以刺激感官的麻醉物品，不外乎下列四個原因：一、對現實的強烈不滿；二、缺乏安全感；三、對未來生活不抱任何希望或希望渺小；四、意志薄弱、缺乏主見。今天有不少山胞酗酒，幾乎都脫離不了這些因素。〔註168〕

若再往前推論原住民族早期的飲酒現象，乃基於慶典或婚禮場合方可飲酒，飲酒乃為神聖之事；並非現今酗酒即為逃避生活壓力之故。關於原住民飲酒現象的轉變，乃存在著諸多不同因素。

> 事實上酗酒並不是先民的「傳統」，當我們重新翻閱他們的過去歷史時，會發覺過去幾百年來，酒在山地社會出現的機會，最多只在豐年祭或是在婚禮，祭祖的場合中，而他們飲酒的目的是為了表現「親善」（如泰雅族人的「共飲」）或是恭賀之意，因此在過去幾百年來，酒在他們心目中的地位是崇高的神聖的。〔註169〕

劉還月即基於漢族中心主義思維，分析原住民族明智未開的現象外，乃大聲疾呼大家對於原住民族所遭遇的族群壓迫有所正視，進而尋求改善原住民族群困境的契機。當時即有學者提出，原住民族是否有種族滅絕之疑慮？

> 我們必須痛心的指出的是：即使直到今日，先住民缺乏知識、教育的情況並沒有改善多少，而他們也是和我們一起共同生活在這塊土地上的人啊！缺乏知識、缺乏教育所代表的不只是無知罷了，更隱

〔註167〕劉還月，〈流浪的土地游牧民族〉，《願嫁山地郎》（1989年3月），頁203。
〔註168〕劉還月，〈流浪的土地游牧民族〉，《願嫁山地郎》（1989年3月），頁212。
〔註169〕劉還月，〈流浪的土地游牧民族〉，《願嫁山地郎》（1989年3月），頁212。

> 含了許多不幸、不公平，甚至更有學者專家提出「山胞有被滅種危
> 機」的呼籲，在這種情況之下，我們豈能再坐視不管，再任他們自
> 生自滅呢？〔註170〕

劉還月乃冀望以此報導文學，喚醒更多人對於原住民族群議題的重視，再現原住民族在現代多元族群社會中，如何地在夾縫中求生存，如何地為族群文化的未來努力著，冀望有更多人共同為改善原住民生活困境而努力。縱然對於原住民生活處境與刻板印象，仍有尚待商榷之處；但對於關懷原住民族群的立意乃極為良善。

四、原住民族之族群壓迫

早期原住民即面臨生產技術落後，求生不易的經濟困境，「早期的山地同胞大都以漁獵維生，不事耕種，農耕技術自然落後，臺灣光復後，政府實施山地管理政策，劃定山地保護區，禁止漢人進入，其原始目的雖在於禁止漢人進入山地為非作歹，先住民卻也因此喪失許多與平地人學習的機會，農耕技術便是一例，今天山地有許多田地荒廢或種植一些經濟價值不高的作物的原因便出於此。」〔註171〕原住民不僅生產收成不佳，再加上漢族巧奪豪取，簡直使原住民經濟困境雪上加霜。

> 然而，在攻於心計的平地人來看來，卻是最好利用的弱點，於是往
> 往幾瓶酒再加上一些小利，便可以把幾甲的土地騙到手，即使在山
> 地保護區內，山地人無權出售土地，平地人也要設法把地上所有物
> 弄到手，有些先住民甚至地上物都抵押給別人了也不知道，還每天
> 替平地人耕種，收成卻悉數被平地人取走，而他們的所得幾乎不到
> 總價值的十分之一呢！這些失去土地的先住民，不到都市求發展，
> 又有何處可去呢？〔註172〕

原住民面對經濟困境，仍樂天知命地生活著，「最悲慘的還在於政府實施山地保護法之後，平地人仍不肯停止的巧奪豪取。由於過去幾百年來，先住民大都缺乏儲蓄的觀念，無論是食物或是金錢都以夠用、夠吃為原則，下一

〔註170〕劉還月，〈流浪的土地游牧民族〉，《願嫁山地郎》（1989 年 3 月），頁200～201。

〔註171〕劉還月，〈流浪的土地游牧民族〉，《願嫁山地郎》（1989 年 3 月），頁209。

〔註172〕劉還月，〈流浪的土地游牧民族〉，《願嫁山地郎》（1989 年 3 月），頁209～210。

餐沒東西吃，再另外設法，這原是他們之命樂天的生活習慣。」〔註173〕原住民長期處於經濟困境，「先住民在長久面對貧困，忍受落後的情況下，文明社會中的任何產物理所當然地就成了先住民追求的對象了。其中又以表象的物質最易得到且最具誘惑力。」〔註174〕原住民族純樸的族群性格，竟成為被欺騙的因素之一。

> 山村落後問題會特別嚴重，緣由於先住民生性憨直，也就是平地人所謂的「好騙」。先住民好騙，除了其個性使然之外，長久以來缺乏法律常識、數學觀念，再加上缺乏教育……等等因素都有絕對的關係。〔註175〕

劉還月主觀地認為原住民飽受欺騙的因素，即為教育落後所致。當年諸多原住民學習態度低落，導致教育程度落後；進而造成原住民明智未開，甚至於影響原住民日後的就業與經濟生活。但此種說法即基於漢族中心主義，而有失公允。實際上，所幸近年來原住民此種受騙現象已逐漸改善。

> 先住民那麼容易受騙，是教育也是知識上的問題，儘管政府在劃定山地管制區之後，在山地設立了許多的中、小學，但是，至今仍有相當多數的老一輩認為「教育無用」，最多也只允許孩子認得幾個字，會算簡單的加減乘除之後，便要他們回到山野工作，對於自幼生長在山野的孩子來說，山林的吸引力比起枯燥的教室裡，還是大的太多了，因此至今仍有半數的學生在半逃學半上課的情況下讀完小學，這樣的受教育方式，除了可以讓他們學會寫自己的名字之外，又還能學會什麼呢？〔註176〕

關於原住民族在現代多元族群社會中，乃由於原漢人口比例懸殊，而被迫面臨諸多族群生活困境，「這些年來，有不少學者、專家討論過山地同胞今天所面臨的問題，……先住民為了謀生活的過程中而產生的種種問題，其中被最多人討論過的莫過於男性出賣勞力，女性出賣身體這個問題。」〔註177〕多數原住民族議題，均不離經濟困境問題。

〔註173〕劉還月，〈流浪的土地游牧民族〉，《願嫁山地郎》（1989 年 3 月），頁 209。
〔註174〕劉還月，〈流浪的土地游牧民族〉，《願嫁山地郎》（1989 年 3 月），頁 210。
〔註175〕劉還月，〈流浪的土地游牧民族〉，《願嫁山地郎》（1989 年 3 月），頁 211。
〔註176〕劉還月，〈流浪的土地游牧民族〉，《願嫁山地郎》（1989 年 3 月），頁 215。
〔註177〕劉還月，〈流浪的土地游牧民族〉，《願嫁山地郎》（1989 年 3 月），頁 208～209。

> 既然先住民不能在文明社會中與平地人一爭長短，卻也無法回到山
> 地，繼續過著傳統的生活方式，這並不是單純的能否抗拒誘惑的問
> 題，而在於文明帶來許多環境以及政策的改變，諸如山地開發、國
> 有林地、禁獵、兵役、教育……等等，根本不可能在任他們遺世獨
> 立。先住民面臨了今天這般進無法爭、退無可守的難題，一連串的
> 問題也就迫在眼前而無法解決了。〔註178〕

　　諸多原住民為了在多元族群社會中的夾縫求生存，「儘管從清廷時代，對
嚴禁人口販賣，但一直到臺灣光復，甚至直到今天，販賣人口的案件仍層出
不窮，而被販賣的有百分之八十是先住民，出賣他們的往往都是他們的父母
或長輩，這些身為人父、人母的甘心把自己的子女販賣或押租給他人，最大
的又因往往在於一筆『鉅款』。……於是男童便淪為奴工，女童則成了雛妓，
開始了他們漫長的黑暗都市生活。」〔註179〕原住民出賣勞力、身體，以從事
高勞力低收入的工作，導致原住民生活困境乃不斷上演。但迫於經濟壓迫的
原住民，即人在屋簷下不得不低頭地面對著。

> 男性先住民必須到都市出賣勞力維生，女性先住民出賣身體，最基
> 礎地問題必然出在他們無法在山地討生活及禁不住繁華的誘惑這兩
> 個層面上，前者除了因為土地政策的改變這個原因之外，更因為過
> 去先住民甚少有土地所有權的觀念，總以為自己部落所屬的土地便
> 是自己的土地，日人據臺時，為了討伐山地，曾發動過幾次大規模
> 的攻擊，迫使不少先住民流離失所，一直到了臺灣光復，原先被討
> 伐而失去的土地卻落在漢人手中，也就是說，不少先住民在日據時
> 代以及光復初期喪失了許多土地，而再也無法自給自足。〔註180〕

　　劉還月在分析原住民女性賣淫的因素時，乃認為原住民實為被欺瞞所
致；甚至於諸多漢族對於原住民族偏誤的刻板印象，即認為原住民本性淫蕩，
而缺乏貞操觀念，乃過於偏頗而極不公允。事實上，原住民乃為恪守族群禮
教的族群。

> 先住民婦女賣淫的原因，顯然跟前述的人身販賣，虛榮心以及社會
> 競爭力有絕大的關係，除了這些之外，有許多婦女是被平地人「騙」

〔註178〕劉還月，〈流浪的土地游牧民族〉，《願嫁山地郎》（1989 年 3 月），頁 208。
〔註179〕劉還月，〈流浪的土地游牧民族〉，《願嫁山地郎》（1989 年 3 月），頁 211。
〔註180〕劉還月，〈流浪的土地游牧民族〉，《願嫁山地郎》（1989 年 3 月），頁 209。

下山的。有些人總認爲先住民本性淫蕩，缺乏貞操觀念，其實不然，過去先住民雖有一夫多妻或近親通婚的案例發生，但這卻是原始的山地社會所允許的現象，此外，幾乎每個族係對超過社會允許而發生的姦淫事件的男女都訂有極嚴苛的制裁辦法，而大多數的族人都能堅守本分，不敢稍做出違反族規的事情來，由此看來，更證明了在山地社會的體制下，他們比一般的平地人更能堅守禮教。〔註181〕

　　劉還月乃分析諸多原住民女性被迫賣淫，最主要因素即爲不肖人口販子所致。不僅欺瞞原住民女性，甚至於連原住民家長均加以欺騙，導致諸多原住民雛妓議題產生。

爲何有那麼多的山地女孩賣淫呢？無論是在斗南的臺灣婦職或臺北的廣慈博愛院婦職所的資料中，我們可以發覺山地籍的妓女跟平地的妓女的比例一直都是七比三左右，甚至還更多，而且年齡也更小，記錄上最小的竟然只有八歲，……她們被騙了，不但她們被騙，連她們的父母也被騙，那些泯滅天良的「三七仔」把這些少女弄下山的辦法，不是騙他們去紡織廠工作，就是去做下女，等到下了山，她們在保鏢的淫威之下，再加上父母遠在深山裡，根本無力反抗，便只好開始朝秦暮楚的皮肉生涯了。〔註182〕

　　關於原住民族酗酒議題，劉還月認爲此即源自於日治時期，「日人據臺之初，許多抗日志士紛紛躲入山中，因此臺灣的山地一直使日人相當頭痛，除了用武力討伐之外，日人更對先住民施以籠絡政策，籠絡的物品大多是煙和酒，希望能藉著煙和酒的麻醉達到容易控制的目的。而這正是先住民染上酗酒惡習的濫觴。」〔註183〕現代原住民，乃以飲酒來麻醉族群壓迫與經濟困境的苦楚。

在一百或五十年前，一個先住民可以憑著精湛的狩獵技術謀取一家的溫飽，但在今天，他們雖然有著一樣強壯的身體，卻缺乏工業社會的謀生技能，因此他們大都只能以做出賣體力過活，根據統計，山胞從事的行業中，以漁業爲主，依次爲製造業、營建業……等，

〔註181〕劉還月，〈流浪的土地游牧民族〉，《願嫁山地郎》（1989 年 3 月），頁 214。
〔註182〕劉還月，〈流浪的土地游牧民族〉，《願嫁山地郎》（1989 年 3 月），頁 214～215。
〔註183〕劉還月，〈流浪的土地游牧民族〉，《願嫁山地郎》（1989 年 3 月），頁 212～213。

> 而這些都屬於沒什麼升遷機會，工作條件及環境都較差的「次級
> 勞力」，當然待遇就差，待遇差就無法改善生活，生活條件不良，
> 便使得他們不想工作，反而只想藉著酒或其他東西來麻醉自己了。
> 〔註184〕

　　原住民族在多元族群社會中，乃面臨諸多族群壓迫，所產生的生活困
境，導致原住民即以飲酒，暫時逃避這一切生活困頓。諸多原住民乃由於心
理因素而產生酗酒現象。

> 光復以後，先住民有更多機會與平地人接觸，然而這接觸對於改善
> 他們的文化、教育、醫療、衛生……等諸多方面都市有益的，但卻
> 因謀生技能及生活水平的差異，他們一直無法取得經濟上的助益，
> 甚至還成為被平地人「侵略」的對象，尤其是經過比較之後，他們
> 的生活素質及生存環境跟平地人的差距更大，不滿現實，缺乏安全
> 感……等等心理因素很容易便產生了，酗酒似乎也成為他們「必
> 然」之路。〔註185〕

　　原住民不論在平地社會求生存，還是在山地部落生活，均面臨著莫大的
壓力，「這二、三十年來，山地不斷面臨著優勝劣敗，物競天擇的挑戰，非但
把更多人逼近酒海中，酗酒更成了今日他們最大的死結。」〔註186〕諸多原住
民甚至於將酗酒轉化為英勇展現，乃導致原住民族飲酒議題的產生。

> 飲酒不僅是中、老年人，甚至普及到最有競爭力的青年人，以及一
> 些還未成年的孩子，更嚴重的是，由於長期的逃避心理使然，他們
> 甚至把逃避轉化為一種「競賽」心理，酗酒竟成了「英勇」「豪氣」
> 以及「有出息」的展現，如此一來，他們怎能不天天飲酒呢？〔註187〕

　　劉還月乃探討原住民族宗教議題，諸多外來宗教進入山地部落後，少數
不良教會所灌輸的錯誤觀念，即對於原住民部落產生衝擊與影響。如何改
善原住民在傳統精神信仰與現代宗教間的平衡與正確觀點，即為重要議題
之一。

　　天主教及基督傳入山地，大致上對山地是利多於弊，至少有幾個優

〔註184〕劉還月，〈流浪的土地游牧民族〉，《願嫁山地郎》（1989 年 3 月），頁 211～
　　　　212。
〔註185〕劉還月，〈流浪的土地游牧民族〉，《願嫁山地郎》（1989 年 3 月），頁 213。
〔註186〕劉還月，〈流浪的土地游牧民族〉，《願嫁山地郎》（1989 年 3 月），頁 213。
〔註187〕劉還月，〈流浪的土地游牧民族〉，《願嫁山地郎》（1989 年 3 月），頁 213。

> 良的宗教團體，……更做了醫療、教育……等方面的協助，但這其
> 間卻有些不良教會混充其中，向幾年前在臺東的山地青年「愛上帝，
> 不服兵役」荒謬思想的教會，非但是山地之瘤，更是製造罪惡的淵
> 藪啊！〔註188〕

　　劉還月乃冀望藉此報導文學，使更多人得以認知原住民族群困境，「希望
每個人都能在這樣一個粗糙地報導中確認那些與我們同在一塊土地上的先住
民，今天的處境是有多麼難堪，有多麼悲切……。」〔註189〕最重要的即為如
何正確地協助原住民，改善現代原住民族群的生活困境。

五、原住民族之文化習俗

（一）原住民族之社會組織

　　關於原住民族部落社會組織，可分為父系社會與母系社會；隨著不同族
群乃存在著不同社會組織架構，諸如泰雅族即可分為血緣團體與地緣團體，
同樣肩負著凝聚族人的功能所在。

> 以泰雅族來說，他們的社會結構以父系社會為一個部落的骨幹，而
> 一個部落大都只有兩、三百人而已，彼此都有血緣關係，但是由於
> 泰雅族人常遷徙，血緣團體和地緣團體的範圍常不一致，因此，真
> 正具有重要性的團體除了小家庭之外，就是「祭團」，祭團的主要功
> 能是共同祭祀，共食及共同狩獵。〔註190〕

　　賽夏族乃以氏族團體為主，類似於漢族家族觀念。氏族團體即具有共同
的「圖騰」與生活責任。氏族圖騰團體，即為凝聚賽夏族的重要力量。此即
為賽夏族重要的社會組織制度。

> 賽夏族的部落組織，則為以「圖騰」為主體的父系社會，他們同姓
> 氏的族人並不一定住在一起，但確有共同的圖騰名號，絕對不准讓給
> 外氏族的人，同氏族的人如犯罪或負債情事，其氏族人負有連帶責
> 任，而若有人被害，同氏族人更必須負起為其復仇的義務。〔註191〕

　　鄒族即以共耕團體制度來凝聚族人，乃同樣為父系社會，「鄒族也是一個

〔註188〕劉還月，〈流浪的土地游牧民族〉，《願嫁山地郎》（1989 年 3 月），頁 215。
〔註189〕劉還月，〈流浪的土地游牧民族〉，《願嫁山地郎》（1989 年 3 月），頁 216。
〔註190〕劉還月，〈流浪的土地游牧民族〉，《願嫁山地郎》（1989 年 3 月），頁 203～
　　　　204。
〔註191〕劉還月，〈流浪的土地游牧民族〉，《願嫁山地郎》（1989 年 3 月），頁 204。

弱小民族，因此較少爲人知。他們的社會組織爲典型的父系結構，各氏族都分開獨立，同氏族大都同住在一起，實施共耕制，一個氏族的最高中心爲『伊莫』，建在粟倉及獸骨架，而成爲家族的表徵。」〔註192〕部分原住民族乃以父系社會爲主，部分原住民族乃以母系社會爲主，諸如阿美族。

> 阿美族一直居住在東海岸平地一帶，是最早接受漢文化及農耕技術的一族，實施母系社會制度，男子大多入贅，土地及房屋都由母系繼承，儘管如此，氏族間的活動或祭典卻仍由男性參加，也就是說，在家族內，以女性爲主，若代表家族出去參與他族活動時，則由男性代表，職權劃分得相當清楚。〔註193〕

卑南族乃爲母系社會，還擁有一系列勇士訓練過程，即可成爲勢力最大的原住民族群；如今諸多原住民族傳統制度，乃不復見當年的徹底落實，而逐漸流於形式化。

> 卑南族的社會結構，大致上與阿美族相類似，不僅他們要具了少年會所制度。所謂的少年會所，就是少年養成教育的地方，通常他們分爲兩個階段，第一階段是九歲的少年，進入少年會所接受教育以及自衛訓練，十七歲的少年則加入青年會所，參加過一次盛大的狩獵儀式之後，即算是成年；在過去幾百年來，由於他們訓練嚴格，制度完善，因此一直能夠在東部建立霸權。如今成年狩獵祭的儀式雖然仍然存在，但早已流於形式化了。〔註194〕

排灣族乃爲階級分明的族群，有貴族與平民階級之分，即可以雕刻與刺繡加以區分，因此排灣族的雕刻與刺繡乃特別發達。如今在現代社會中，排灣族的階級之分縱然仍存在，但也已逐漸淡化。

> 排灣族的雕刻藝術及刺繡，最爲人們所稱道，他們能在各族間獨樹一格，發揚這些民間藝術，最主要的原因是因爲實施階級化，社會基礎上他們把人民劃分爲貴族與平民兩階層，他們都相信貴族是太陽的子孫，平民卻是百步蛇的後代，因此貴族的世世代代都是貴族，平民永遠是平民，貴族爲了與平民區分，便要求在住所雕刻，衣服上也要有精美的刺繡，如此一來，貴族繁衍越多，雕刻及刺繡藝術

〔註192〕劉還月，〈流浪的土地游牧民族〉，《願嫁山地郎》（1989 年 3 月），頁 205～206。

〔註193〕劉還月，〈流浪的土地游牧民族〉，《願嫁山地郎》（1989 年 3 月），頁 206。

〔註194〕劉還月，〈流浪的土地游牧民族〉，《願嫁山地郎》（1989 年 3 月），頁 206。

也就越發達了。〔註195〕

關於魯凱族社會組織與文化習俗，「魯凱族雖然單獨的一個族群，但其血統、社會結構、生活習性以及刺繡及雕刻藝術，和排灣族幾乎完全相同，因此不少史學家間信他們是由同一族劃分出來的。」〔註196〕魯凱族由排灣族所分出的說法，乃過於武斷而有待商榷。

（二）原住民族之祭典占卜

關於原住民族祖靈崇拜信仰，即為祭典中重要的精神依據，諸多原住民族均有其深具獨特性的文化祭典存在，諸如泰雅族祭典儀式，必定有祭祖儀式，以表達對於祖先的崇敬信仰。

> 在泰雅人心目中，祖先非但是族人的守護神，更是道德行為及社會
> 規範的審判者兼執行者，因此不論是接受賠償、獵得野味、結婚喜
> 事、農事耕作，都一定要舉行祭祖儀式，這種祭祖儀式除了表示信
> 服、敬畏祖先之外，更藉著它來維繫族人感情及安定社會。〔註197〕

關於賽夏族矮靈祭，乃為賽夏族重要祭典。但此祭典活動，即為祭祀矮人族以祈求豐收，但「賽夏族的人口一直都在三千人以下，對於外來的侵略或文化一直沒有力量抗拒，因此今天的賽夏，除兩年一度的矮人祭外，其餘的風俗及文化幾乎被漢人同化。」〔註198〕不過，現代賽夏族的豐收祭，乃逐漸演變為矮靈祭，成為賽夏族最具代表性的文化祭典。

> 賽夏族的矮靈祭則流傳到現在，最有代表性的祭舞，賽夏在高山九
> 族中，一直都是僅次於雅美族的少數民族，而且曾先後數次遭到泰
> 雅族人的侵襲，土地日益縮減，生活相當艱難，而傳說中的矮人族
> 的巫術可以使農作物豐收，於是賽夏族人特別請了矮人來幫忙，沒
> 想到矮人雖然幫助了賽夏人豐收，卻也藉機汙辱了賽夏婦女，賽夏
> 族人相當生氣，又懼於矮人的巫術，只好設計把所有的矮人墜入深
> 淵，事後賽夏族人害怕矮人巫術厲害，在原有的豐收祭上加入了矮
> 人祭，最後竟然變成了以祭矮人為主的矮靈祭。〔註199〕

〔註195〕劉還月，〈流浪的土地游牧民族〉，《願嫁山地郎》（1989年3月），頁206～207。

〔註196〕劉還月，〈流浪的土地游牧民族〉，《願嫁山地郎》（1989年3月），頁207。

〔註197〕劉還月，〈流浪的土地游牧民族〉，《願嫁山地郎》（1989年3月），頁204。

〔註198〕劉還月，〈流浪的土地游牧民族〉，《願嫁山地郎》（1989年3月），頁205。

〔註199〕劉還月，〈流浪的土地游牧民族〉，《願嫁山地郎》（1989年3月），頁204～

　　除了原住民族祭典活動外，原住民族還有諸多占卜儀式，以瞭解天神與祖靈的旨意，以做為行事的重要依據之一；而占卜的儀式與意義，乃隨不同族群而有所差異。

> 布農族分佈的地點以南投鄉的仁愛、信義，及高雄縣的三民、桃源為
> 主，素以驍勇、善戰出名，也是以父系為主體的社會結構。巫師是布
> 農族人的領導中心，每次出草或作戰之前，一定得舉行繁雜的占卜儀
> 式，占卜的種類包括鳥占、火占、飲占及夢占等，如果得到的全部是
> 吉兆，族人則可以出草或與外族作戰，凶兆則不准行動。〔註200〕

　　原住民族乃具有諸多不同祭典儀式與占卜活動，但劉還月乃簡單舉例說明，諸多原住民族祭典與占卜活動；甚至於其中所隱含的族群文化精神，方為重要的探討視角所在。

（三）原住民族之文化習俗

　　劉還月對於原住民族文化習俗，乃簡單地舉泰雅族文面習俗為例，分析原住民勇士與善於織布的原住民女性，方有機會得到刺青機會；但此項文化習俗現今已逐漸凋零與消逝。

> 在臉上刺青（俗稱黥面），也是泰雅族特有的習俗，女子黥面則表示
> 待嫁，男子則表示威勇，表現威勇的方式，需要參加過出草而獵得
> 人頭。一般來說，當一個泰雅族男子成年參加第一次出草時，一同
> 出草的族人都會幫忙該名男子獵取人頭，這點正顯示泰雅人相親相
> 愛，相互提攜的精神。〔註201〕

　　關於雅美族文化習俗，即由於地處偏遠，而得以完整地保存原住民文化習俗。雅美族現今乃稱之為達悟族，最重要的文化象徵，即為飛魚祭與拼板舟的海洋族群文化，還擁有諸多獨特文化習俗。

> 雅美族分佈的地點，一直都在孤懸於海外的蘭嶼，甚至有和漢人或
> 其他種族交往的機會，而且在早年，由於交通不發達，蘭嶼島上的
> 食糧又不足，捕魚成了雅美族人的特長。雅美族人雖然缺少米食，
> 但附近海域的魚鮮卻補之不盡，用之不竭，島上盛產的水芋，成了
> 他們的主食，由於這魚和薯芋等產量都很豐盛，此外他們配戴各種

205。
〔註200〕劉還月，〈流浪的土地游牧民族〉，《願嫁山地郎》（1989年3月），頁205。
〔註201〕劉還月，〈流浪的土地游牧民族〉，《願嫁山地郎》（1989年3月），頁204。

首飾、衣帽更成特異的風格。〔註202〕

　　劉還月乃感嘆於原住民文化消逝，「世界上任何一個種族，都可能因為社會的進步、社會的潮流的改變而喪失了許多傳統風格及文化。」〔註203〕現今多元族群的社會中，原住民族經常批判外來文化，對於自我族群文化的衝擊與影響；進而大聲疾呼原住民文化傳承與保存的重要性，「結果是一個尚未實現、尚未完成的文化，一種苦惱憤怒的堅持，經常是毫不批判地譴責外來的（經常是西方的）敵人之斷片式語言來表現自己。」〔註204〕如何協助原住民族保存其原住民文化，即成為重要的當務之急。

第五節　葉智中部落意象中的原住民族

一、原住民族之田野調查

　　葉智中在〈我的朋友住佳霧〉中，描述伊林重回平地生活後，逐漸淡忘佳霧山林部落生活後；在一次偶然情境下，看見臺灣土著音樂研究書籍，才偶然勾起伊林對於原住民族的回憶，也逐漸引發伊林對於原住民的關注與興趣。

> 我皺了皺鼻樑感到頗無趣，低頭看見手上捧的是「臺灣土著音樂研究」，在這之前，我差不多已經忘了佳霧。我將他翻開找到固依的族類，上面附有簡介和圖片。……在佳霧的那段回憶就這樣讓我毫無心理準備地又闖入我的新鮮人生活。以後，我偶爾也會去架上翻那本書，那裡還有幾冊類似的書籍。〔註205〕

　　伊林還回憶起，當年關於山地原住民部落回憶，「似乎冥冥中山地和我密不可分，我後來漸漸記起，好像祖母告訴過我，祖父曾被日本人徵調去參加圍剿高砂族（日本人對臺灣同胞的稱呼）的島內戰役，被困在山上好幾天沒吃沒喝。」〔註206〕原來在日治時期，伊林家人即曾在山地部落生活過，難怪

〔註202〕劉還月，〈流浪的土地游牧民族〉，《願嫁山地郎》（1989年3月），頁207。

〔註203〕劉還月，〈流浪的土地游牧民族〉，《願嫁山地郎》（1989年3月），頁207。

〔註204〕薩依德，〈心路歷程與反對勢力的出現〉，《文化與帝國主義》（2001年），頁463～464。

〔註205〕葉智中，〈我的朋友住佳霧〉，《悲情的山林》（臺中：晨星出版社，1987年1月），頁336。

〔註206〕葉智中，〈我的朋友住佳霧〉，《悲情的山林》（1987年1月），頁336～337。

伊林乃備感親切。

> 而在我出生後不久，警校剛畢業的父親分發到宜蘭山區的小派出
> 所。那裡沒有電，一切簡陋，母親說剛到那時廁所還是自己挖的。
> 記憶中好像還看過山地人獵回來的山豬呢！但是在我三歲時，父親
> 就調下山了。〔註207〕

伊林還回想起當初，固依曾親切地希望伊林可回到佳霧山林部落去看看，「固依站起來用手掌緊握了我一會兒，對我說：『什麼時候，我們回去看達加溪。』我眼中似乎又泛起了達加溪谷升起的嵐霧，我說：『會的。』」〔註208〕果然在闊別山林部落三年後，又重新回到佳霧山林部落。

> 這次上山，是因為昨天放完暑假回到寄遇處，收到固依的一封信：
> 我剛收到家裡寄來的召集令，下下個禮拜就要入伍了。明天回佳
> 霧，今天晚上收拾東西，準備跟臺北的一切說聲再見。翻到你的住
> 址，決定寫這封信給你。我們曾經是好朋友，以後永遠還是好朋
> 友。……但是聽你說話，覺得你又好像沒有變，和在佳霧時的你差
> 不多。……對了，下個月第一個禮拜天是佳霧豐年祭，如果你有空，
> 可以回去看看我們那個在達加溪邊的村子。〔註209〕

關於佳霧山林部落，對於伊林而言，乃充滿著諸多獨特回憶與感情，山地部落彷彿即為原住民族避難所般，「對帝國主義的文化反抗經常採取我們所稱之本土主義的形式，用來做為一個私人避難所。」〔註210〕在現今社會中的漢族與外族，若可對於原住民族增加一點關注之情與關懷之意，即可改善原住民族的現代生活困境。

二、原住民族形象

葉智中在〈我的朋友住佳霧〉中，乃以漢族青年的角度，描述原住民形象與部落景象。首先，以客運車上所見到的原住民開頭，「我坐在鄰著深谷靠車窗的位置，又有了像第一次上山來時的震撼感受。這一條據說是由勞苦功高的榮民開闢的穿山公路，沿著底下亙古未曾乾枯的達加溪谷蜿蜒而上。」〔註211〕

〔註207〕葉智中，〈我的朋友住佳霧〉，《悲情的山林》（1987 年 1 月），頁 336～337。
〔註208〕葉智中，〈我的朋友住佳霧〉，《悲情的山林》（1987 年 1 月），頁 340。
〔註209〕葉智中，〈我的朋友住佳霧〉，《悲情的山林》（1987 年 1 月），頁 341～342。
〔註210〕薩依德，〈勾結、獨立與解放〉，《文化與帝國主義》（2001 年），頁 499～500。
〔註211〕葉智中，〈我的朋友住佳霧〉，《悲情的山林》（1987 年 1 月），頁 294～295。

誠如諸多漢族朋友般，對於原住民山林部落，總懷想著神秘的浪漫色彩。

> 這山是固依的家鄉，……三年前，也是夏天，當我剛被聯考拒絕
> 後，我半固執、半帶點浪漫色彩地，又提了簡單的行李、兩本赫塞
> 的書和日記本，就搭上了上山的客運車。……我看了一眼站牌上帶
> 點文藝腔的地名，那也是吸引我上山的原因之一，上面寫著：佳
> 霧。〔註212〕

漢族青年在通往山林部落的客運車上，乃見到諸多原住民朋友，由此介
紹諸多原住民形象，「除了包括我在內的幾個平地人，車上的乘客大多是黝黑
深目的固依的族人。我前面的兩個中年婦女正用她們的語言快樂的交談，我
仍認出其中幾個單字，這點令我自己也感到驚訝。而她們有時以夾用著幾句
漢語，那些是在她們傳統語言中沒有的名詞，例如：遠洋漁船、電視、高雄
什麼的。」〔註213〕諸多漢族文化與生活，已逐漸滲透於原住民族生活中。當
山地朋友泰雄告知漢族朋友伊林，在山地部落有工作可進行時，其隨即上山
展開山林生活。在伊林眼中的泰雄，乃深具有原住民黝黑的特色，但其並非
原住民族，而僅爲在山上生活的漢族。

> 泰雄告訴我他們山上有工作。一抬眼就看到瘦瘦黑黑的泰雄。第一
> 眼看見泰雄就猜他是個山地人，但他不是。正確地說，他只是住在
> 山地的漢人。……原來他父親是從滇緬邊區撤退下來的軍人，政府
> 在山上給他們一塊地建了個村子，種菜爲生，也就是柏楊在「異域」
> 書中所稱的「孤軍」，那些曾讓我在一口氣讀完後的深夜感動得淌著
> 淚的英雄。〔註214〕

原來泰雄在泰國出生，膚色較爲近似母親，「在泰國出生的泰雄才不過和
我同年。……泰雄的膚色與她媽媽比較近似，都是近黑褐色的。他帶我逛逛
他的村子時，告訴我她的母親是大陸西南的鍋鍋人。」〔註215〕在此處的諸多
婦女，均爲西南邊境或緬甸的少數民族女子。

> 走了一圈，我看到許多深膚色的婦女，下身穿著過膝的長窄裙，上
> 面繪著彩色的橫條紋。我從泰雄口中證實了她們大多是西南邊境或
> 是緬甸的土著女子，而且是這個村子裡的工作主力。因爲村子裡大

〔註212〕葉智中，〈我的朋友住佳霧〉，《悲情的山林》（1987年1月），頁295。
〔註213〕葉智中，〈我的朋友住佳霧〉，《悲情的山林》（1987年1月），頁294～295。
〔註214〕葉智中，〈我的朋友住佳霧〉，《悲情的山林》（1987年1月），頁296。
〔註215〕葉智中，〈我的朋友住佳霧〉，《悲情的山林》（1987年1月），頁297。

> 部分的男主人都和武雄的父親一樣，像一座報廢的坦克車。泰雄告
> 訴我這個村子裡的年輕人大多下山進了工廠，他昨天剛把她哥哥的
> 兵役召集令寄了去。〔註 216〕

葉智中在〈我的朋友住佳霧〉中，描述諸多原住民形象，諸如原住民青年喝酒、打牌，「晃到了晚上，就和幾個放暑假回來、在山下唸高工的小夥子一起喝酒、一起打牌。其中有個小夏，牌技與手氣似乎都特別好。」〔註 217〕部落中僅有寒暑假，方可經常見到諸多血氣方剛的原住民青年。

> 他騎了一部野狼，在銀色的油箱上，有一個碗大的凹陷。小夏說是
> 有一次在山上時，被下面的人用杉木將他頂倒，幾個人狠狠毆打他
> 一頓。他把手上摸著的牌打了出去，揭起衣服給我看殘餘的瘀血
> 痕。下面幾公里處的年輕人結了仇，從小學就開始打起來，但是他
> 馬上又很快樂地述說：過了不久，他招了幾個人，如何英勇的去討
> 了回來。並且，隨即又自摸胡了一把，我們其餘三個人都「幹！」
> 了一聲。〔註 218〕

在原住民青年談論中的原住民女子，被稱之為「山地婆」，彷彿被視為精神異常且愛好男色的形象，對於原住民族乃為汙名化的種族歧視；甚至於曖昧地看待之。

> 酒喝多了的王老大，開始天南地北地扯談了起來。他聊到了山上有
> 個精神不太正常的女人時，說：「那個山地婆啊，有一次半夜，我喝
> 醉了酒，正好碰到她，硬要拖我上她家。結果我進了她的房門，發
> 現有好幾個男人躺在床上不動了。我拔腿就跑……」說著，幾個男
> 子就曖昧地笑了起來。〔註 219〕

當漢族伊林在山林正式工作後，深刻地感受到體力與原住民果然有差異，「後來，杜場長和我都知道，我的工作能力實在比不上山上的那些漢子。她便派我鋤鋤地、澆澆水什麼的，而我的工資的確也比別人少。」〔註 220〕漢族由於體力不如原住民族，在山地勞力工作，薪資反而不如原住民。伊林乃在此工作機會，認識原住民朋友固依。

〔註 216〕葉智中，〈我的朋友住佳霧〉，《悲情的山林》（1987 年 1 月），頁 297。
〔註 217〕葉智中，〈我的朋友住佳霧〉，《悲情的山林》（1987 年 1 月），頁 298～299。
〔註 218〕葉智中，〈我的朋友住佳霧〉，《悲情的山林》（1987 年 1 月），頁 298～299。
〔註 219〕葉智中，〈我的朋友住佳霧〉，《悲情的山林》（1987 年 1 月），頁 300。
〔註 220〕葉智中，〈我的朋友住佳霧〉，《悲情的山林》（1987 年 1 月），頁 303。

> 幾天來一直瞪大眼睛看我，卻一直沒有交談過一句話的固依，在吃
> 過午飯遞上一根煙後，才聽見他說話──一種帶鼻音的怪腔調國
> 語，但我們無滯礙地聊了起來，他的話不多，但我們聊了很多，他
> 比我還小一歲，這令我稍稍詫異，他的身體已成長如此精壯，除了
> 直透出少年生命力的眼睛之外。他在屏東鄉郊的一所農工職校就
> 讀，暑假回來就在山上這裡那裏打著零工。他對我來自的城市頗感
> 興趣，但對我來此的目的好像有些不解的樣子。〔註221〕

　　原住民青年固依乃極為納悶，為何會有漢族青年選擇到山地部落來工作
呢？對於伊林乃相當好奇，還幫他取個原住民族名字──伊林。伊林還跟原
住民朋友一同飲酒同歡。

> 「伊林！」是固依！下午他剛給我個他們族裡的名字。他帶來了幾
> 瓶啤酒。好久沒有喝啤酒了，住在泰雄家時喝的都是五加皮、紅標
> 米酒什麼的。上次大喝啤酒時是在放榜那天晚上，我與父親吵了嘴
> 出來，我們幾個又聚在孫B宿舍巷子口的小麵攤上切盤小菜下酒。
> 一群人中只有基歪考上了。我們大伙給他慶祝。〔註222〕

　　伊林在進到山地原住民部落前，始終帶有漢族對於原住民族的刻板印
象，總認為原住民婦女必定有刺青紋面；實際上，並非全部原住民族，均
有刺青紋面的文化習俗；就算有此刺青紋化習俗的原住民族，如今也未必
可見。

> 我以為山地婦女是有刺青紋面的。曾經在一張給外國人看的旅遊觀
> 光照片上，看見一張山地老婦滿是皺紋的臉，一道青紫的顏色由左
> 頰經過萎縮的嘴唇，延伸到右頰。但這村子上，就算非常老的婦
> 女，也沒有看到刺青的。我向固依求證，原來他們這個族是不紋面
> 的。〔註223〕

　　在原住民部落中，固依還提到諸多原住民女性，早期乃會嫁給來山地開
墾的老榮民們，以求得經濟生活溫飽；此即由於部分外省籍族群，乃居住於
山地部落中所致。

　　我們走到一間小雜貨店，在門前的幾張桌子中揀了一張坐下來，固

〔註221〕葉智中，〈我的朋友住佳霧〉，《悲情的山林》（1987年1月），頁304。
〔註222〕葉智中，〈我的朋友住佳霧〉，《悲情的山林》（1987年1月），頁305。
〔註223〕葉智中，〈我的朋友住佳霧〉，《悲情的山林》（1987年1月），頁313。

> 依買汽水給我解暑氣。我竟然從雜貨店老闆口中，聽到濃重的北方
> 口音，在此時此地，真令人感到意外。固依解釋說，他是以前開山
> 路的榮民，後來領了退役金就到村裡開了這小雜貨舖，而且買了個
> 村裡的女人做老婆。固依指指裡面，我看見黑木櫃檯桌上，有個胖
> 胖的女人在她粗壯的雙臂間打盹。〔註 224〕

在山地部落中，原住民年輕人彷彿極為悠哉地生活著，彈唱歌曲加上啤酒助興；甚至於還會以臺語交談，令漢族朋友非常地驚訝，雙方極為歡樂地把酒言歡。

> 旁邊桌有個年輕人彈著吉他唱流行歌曲，另一桌有三個年輕人正喝
> 著冰啤酒。固依和他們隔桌打招呼，並請將我介紹給他們。其中一
> 個竟然用發音稍怪異彆扭的臺語和我攀談了起來，原來他曾經在平
> 地的工廠做了兩年工。我稱在他臺語講得「真讚！」他不好意思地
> 笑了，一定要我和他乾一杯。〔註 225〕

原住民少女乃展現出溫柔，且富有生命力形象，「她和固依一樣小我一年，看起來相當成熟，比我迷戀的小珍身上的那種瘦削、青蒼的美，她是健康；生機的，而圓熟的胸，似乎隱然透露出一股無限含蘊的力量。」〔註 226〕當她與伊林相遇時，雙方很快地成為朋友。

> 「我叫比都愛。」她向我笑著，很溫柔又聚生命力的聲音。「我叫伊
> 林。」「伊林？」她笑得更燦然了。她有和他族人一般的淺棕色的皮
> 膚，但在她身上看來顯得相當細緻，有如一尊陶。「是我替他取
> 的。」固依得意地說。〔註 227〕

伊林在原住民青年固依與比都愛的熱情招待下，努力地學習著原住民族語言，「他倆競相教我他們族裡的話。我很用心地學，把常備在襯衣口袋裡的小記事本拿出來（那是我用來「捕捉靈感」的東西），以注音符號拼寫上去。他們初任老師，好像興致勃勃。我突然想聽他們族裡的歌，便慫恿比都愛教我，她大方地唱了起來。」〔註 228〕此乃展現原住民熱情的性格；比都愛甚至於熱情邀約伊林回來部落參與豐年祭典。

〔註 224〕葉智中，〈我的朋友住佳霧〉，《悲情的山林》（1987 年 1 月），頁 314。
〔註 225〕葉智中，〈我的朋友住佳霧〉，《悲情的山林》（1987 年 1 月），頁 314。
〔註 226〕葉智中，〈我的朋友住佳霧〉，《悲情的山林》（1987 年 1 月），頁 316。
〔註 227〕葉智中，〈我的朋友住佳霧〉，《悲情的山林》（1987 年 1 月），頁 316。
〔註 228〕葉智中，〈我的朋友住佳霧〉，《悲情的山林》（1987 年 1 月），頁 322。

> 這時候喝點酒是合適且必須的。我們往泰雄家騎去，一路上我腦子
> 裡都縈繞著剛才的歌聲。還有比都愛邀我一定要來參加他們的豐年
> 祭，我答應後，她臉上露出燃燒似的滿意的笑容。〔註229〕

比都愛與姊姊在國中畢業後，即選擇返回山地部落開起美容院；諸多原住民在年輕時，即必須就業工作賺錢，以改善家中經濟生活。原住民青年男女的交往對象，在山林中往往即會選擇以原住民為主。

> 我們邊聊邊陪比都愛回家，她從初中畢業就和姊姊在村子裡開了間
> 美容院。她們拉著手，使我感到有一絲的窘迫。「你姊姊不是在家
> 嗎？」「沒有，她陪卡邦下山去了，我趁著店裡沒有客人，才出來一
> 下呢！今天輪到我打掃教會。」「卡邦，是誰？」我勉強答上腔。「卡
> 邦是我姊姊的男朋友，他前幾天喝醉酒騎車，結果『ㄔㄨㄚ丶』一
> 下，衝到山谷裡去了，幸好勾到一棵大樹上。」……「卡邦——愛
> 喝酒了。」〔註230〕

在比都愛的言談中，可得知原住民青年，仍存在著喜好喝酒的習慣；還呈現山地原住民部落交通不便與醫療資源缺乏議題，導致原住民就醫，即成為一種困擾，僅能依靠巡迴醫療車的醫療資源，乃極度不便。

> 「姊姊陪他下山換藥。我們山上最不方便的就是沒有醫生，連衛生
> 所都在平社，很不方便。每次只要有人生病，都要坐很遠的車，如
> 果是急病就麻煩了。」「真的一點醫療設備都沒有嗎？」「村子裡有
> 間衛生室，可是連護士都沒有，而且設備也沒有。另外就是偶爾來
> 一次的巡迴醫療車，不是生急病的，都等到那一天才看病。」固依
> 說。「等明年蘭花畢業，我們村子裡就有了第一個護士了。」〔註231〕

伊林對於先前所聽聞的原住民女子傳聞，乃再度詢問固依，「路上，我費神地用了許多辭彙，暗示著王老大所提到的那個『瘋婆子』，固依說剛才已經過她家，她的丈夫跑遠洋漁船死在國外，她叫『玫瑰』。」〔註232〕此原住民女子，乃由於丈夫出意外，即造成精神上的異常。此外，當伊林在部落中，遇見諸多原住民孩童，乃將伊林視為教師般；此即由於山地教育資源缺乏，導致若有山地服務隊來到山林，即被原住民孩童視為教師般，引起山地孩童的

〔註229〕葉智中，〈我的朋友住佳霧〉，《悲情的山林》（1987年1月），頁323。
〔註230〕葉智中，〈我的朋友住佳霧〉，《悲情的山林》（1987年1月），頁316～317。
〔註231〕葉智中，〈我的朋友住佳霧〉，《悲情的山林》（1987年1月），頁317。
〔註232〕葉智中，〈我的朋友住佳霧〉，《悲情的山林》（1987年1月），頁317。

喜悅與興奮。

> 我們到他家門口時，已經有一群小孩子圍在那裡了，其中一個剛才
> 在教堂嬉戲的小孩，鼓足了勇氣上前來問我：「你是不是老師？」「老
> 師？」我不解地回頭看著固依。固依解釋說：「前幾年暑假以來，有一
> 個大專的山地服務隊來我們山上，幫我們帶孩子做功課、玩遊戲；辦
> 媽媽教室，還做點家庭訪問。後來聽說好像經費不足，這兩年就沒
> 來了。」「小朋友都叫他們老師？」我問。固依點點頭。〔註233〕

當伊林見到固依的原住民父親，乃展現出日治時期的日式教育軌跡，固
依的父親，不時以日語與伊林交談，「父親也受短暫的日本教育，常常對我說
日本時代如何如何，他主張教育孩子要嚴格，才會讓別人稱讚有教養。他有
時也使用點日本話，父母親互喚名字也是用日語，而我們叫父親：『多桑』，
所以我能辨得他父親一點點意思。」〔註234〕固依的原住民父親，乃十分熱情
地以酒拉近與伊林的距離。

> 固依的父親做在餐桌旁等我，看起來不高的身材卻頗結實。臉孔紅
> 紅的，看起來是等不及就自己先喝了，桌上幾盤菜旁邊立著一罐米
> 酒已開了瓶。「歐基桑！」我如平常一樣，習慣性地脫口叫喚。他以
> 為我會日語，很高興地跟我說了一大堆話，夾雜著日語和國語。……
> 而且顯然他父親並沒有講我不會日語的話聽進去，仍自顧自地說，
> 我只好：「嗨！嗨！」地漫應著。〔註235〕

固依的母親即親切和氣的招待客人；甚至於拿出壓箱寶貝，原住民特別
喜愛的飛鼠肉來招待伊林，「我頗為驚奇，生平第一次吃這東西。」〔註236〕
但此即令伊林感到極為驚訝，由此見識到原住民文化的獨特性。

> 固依的母親也是個和氣的人一面阻止固依父親的話頭，一面還勸我
> 吃這吃那的，而且還一直謙說：「我們山上沒有什麼好菜可以招
> 待……。」固依指著桌上的一鍋燉肉叫我嚐，我嚼起來感覺味道很
> 特殊，還算好吃。他看我疑惑的樣子，對我眨著眼睛，說：「這是飛
> 鼠肉。」〔註237〕

〔註233〕葉智中，〈我的朋友住佳霧〉，《悲情的山林》（1987 年 1 月），頁 317～318。
〔註234〕葉智中，〈我的朋友住佳霧〉，《悲情的山林》（1987 年 1 月），頁 318。
〔註235〕葉智中，〈我的朋友住佳霧〉，《悲情的山林》（1987 年 1 月），頁 318。
〔註236〕葉智中，〈我的朋友住佳霧〉，《悲情的山林》（1987 年 1 月），頁 319。
〔註237〕葉智中，〈我的朋友住佳霧〉，《悲情的山林》（1987 年 1 月），頁 318～319。

　　吃下飛鼠肉的伊林，即興起生態保育的觀念，飛鼠乃為保育類動物，為何可吃飛鼠肉呢？原住民朋友則說，由於平地人希望購買，原住民即補獵飛鼠供給，此供需平衡鏈即造成飛鼠狩獵文化存在。

> 「這不是不多見了嗎？為什麼還要捕捉牠們呢？」我想起了「自然
> 生態保育」。他父親也夾了一塊入口，說：「有平地人要買，我們就
> 捉！而且從我們祖先就開始抓這些東西了，我們靠這個生活。」說
> 著，又夾了一塊到我的碗裡，然後替我的杯子也斟上酒。我立刻很
> 識大體地，在他還沒邀我喝之前先敬他一杯。〔註238〕

　　伊林展現對於佳霧山地部落的喜好，「我後來又常上去佳霧，去看達加溪谷，去看那棟石板屋，去看村民的日常生活，當然也忍不住去看比都愛。有時固依在家，有時他去上工。我想固依應該知道，如果我沒去上工，大概就是往佳霧跑。」〔註239〕伊林對於佳霧總存有獨特感情。此外，對於原住民青年樂天知命形象，總可在固依身上看到，「固依就在門前，對著山谷舉起了喇叭，一股澈澈亮亮的氣流從銀色的銅管中蜿蜒游出。那僅是一首時下流行的歌曲。」〔註240〕伊林總結在山林部落生活，乃極為滿意。

> 來山上已近一個月，日子差不多都令人滿意，自給自足過了下去。
> 固依常來小屋聊天，我從他那裡知道了許多關於他們神秘的民族，
> 而他也喜歡問我關於平地的事。……我不知道小妹到底是否站在我
> 這邊，她對我的行為認為很不應該，但字裡行間似乎又溢出些嚮
> 往。〔註241〕

　　縱然伊林在山林部落中，過著悠遊自在的生活，但總不免感受到山林部落的淡淡哀愁，「也許，我會一直在山上住下去，或者起碼再住久一點，我和泰雄、固依一起（還有比都愛），一直很快樂，除了因為沒什麼消遣，漸感到有些難耐之外，我計畫寫的小說始終沒有動筆。……不過，我詩裡面的『一抹淡淡的輕愁』，卻越抹越濃了。若不是發生了一件事，我可能不會那麼快就離開佳霧。」〔註242〕漢族朋友在山地部落生活，終究還是無法適應。

〔註238〕葉智中，〈我的朋友住佳霧〉，《悲情的山林》（1987年1月），頁319。
〔註239〕葉智中，〈我的朋友住佳霧〉，《悲情的山林》（1987年1月），頁323。
〔註240〕葉智中，〈我的朋友住佳霧〉，《悲情的山林》（1987年1月），頁324。
〔註241〕葉智中，〈我的朋友住佳霧〉，《悲情的山林》（1987年1月），頁324～325。
〔註242〕葉智中，〈我的朋友住佳霧〉，《悲情的山林》（1987年1月），頁325。

三、原住民族之種族歧視

　　葉智中在〈我的朋友住佳霧〉中，描述諸多漢族對於原住民族的種族歧視，諸如諸多漢族對於原住民，總存在著汙名化刻板印象，像「山胞」、「蕃仔」……等稱呼，再加上吳鳳傳說、皮膚黝黑、獵人頭的野蠻部族，均帶有輕蔑的眼光存在。

> 事實上，山地人對我來說，是認識相當有限的。來到此地，除了同車上山的之外，還沒有真正的碰到一個山地人，只見到那個像孤島的佳霧村。印象中所爲山地人，大概只有在烏來跳舞的「山胞」，或臺語所說的「蕃仔」，還有殺了吳鳳、皮膚黝黑、會獵人頭的野蠻部族，另外就是常在報上看見的像這樣的標題：「城市紙醉金迷、如花山胞失身」等等。〔註243〕

　　當伊林在山林部落工作一陣子後，漢族家人與朋友總認爲那將不會有出息，而力勸他返回平地社會生活，「那封信果然來自小珍。……她還提到很關心我的現況，說在山上做工總是不好。……她希望我趕快回到城裡，找一家有名氣的補習班，再度振作起來。」〔註244〕連當初對佳霧抱有諸多喜愛的伊林，也逐漸對於山林生活感到難耐。

> 此後的日子越來越枯燥難耐，我感覺我不能再待下去了。……我想，再留在山上也沒有什麼意義了，況且此時農場的工作也暫告一段落。甚至我心裡明白，我實在無法成爲他們中的一份子，於是我決定下山回家，準備重考幾天後，只有泰雄送我上車。臨上車門，泰雄拍我的肩膀說：「你不屬於山上，還是回平地的好。」我向他苦笑。〔註245〕

　　甚至於連原住民朋友，也逐漸認爲伊林乃不屬於山地，還是屬於平地社會。至於對固依對於伊林的特殊感情，即始於他與固伊三哥乃具有相像之處。固依乃在酒酣耳熱之際，酒後吐真言地說出原住民內心深處的感受，認爲無人能真正了解原住民族的生活困境。

> 我想起了在我離開佳霧的前一天晚上，固依帶了酒來到小屋，令我很訝異。我們面對著喝酒，沒說什麼話。……固依的話漸漸多了起

〔註243〕葉智中，〈我的朋友住佳霧〉，《悲情的山林》（1987年1月），頁301。
〔註244〕葉智中，〈我的朋友住佳霧〉，《悲情的山林》（1987年1月），頁329。
〔註245〕葉智中，〈我的朋友住佳霧〉，《悲情的山林》（1987年1月），頁335。

來，而且語無倫次，後來轉為低低的喃喃自語，最後竟然躺在床上
摀著眼眶哭了起來。……開始說：「伊林，你知道我為什麼喜歡你嗎？
因為你跟我三哥很像，他也愛寫詩，他去臺東念師專以後，常常寄
一些我也看不懂的詩來給我看，他說他找到了大學的樂趣。但是自
從他四年級以後，他就不再寫詩了。他寄給我的信上說：『沒有人關
心我們山地人，除非我們自己關心自己。固依，我必須對我們的土
地負責，用關懷和愛去擁抱它』……」〔註246〕

　　在固依眼中的伊林，彷彿原住民眼中的漢族與外群，永遠無法了解原住
民族群困境，「隔了一會，他又說：『你大概永遠不會了解我們，你還是適合
去作你的平地人』」〔註247〕諸多原住民在平地社會的夾縫中求生存後，又重新
回到山地部落去尋求立足之地。

　　　「我了解你，固依，同時我也開始了解你們的村子。」「不，你不知
　　道，你不了解我們的苦悶，你不了解……」他一直重複這些話。他
　　又嗚咽著告訴我這裡的青年在山上是如何打發時間的，我終得承認
　　我仍不了解這個民族。〔註248〕

　　關於原住民愛好飲酒的形象，即為漢族與外族對於原住民族的刻板印
象。其實，在原住民部落的實際情況，過去原住民族乃由於祭典、婚禮……
等慶祝活動才飲酒；如今原住民卻因經濟生活困頓，甚至於為山林生活無聊，
乃飲酒作樂，而成為原住民休閒娛樂，打發時間的消遣活動之一。

　　　「你以為我們天生愛喝酒？這裡的年輕人常常覺得很無聊，在山上
　　什麼娛樂也沒有，什麼都很不方便。我們常常幾個人在一起，什麼
　　是也做不了，只好喝酒。如果酒也喝膩了，連看著地上的螞蟻走成
　　一排，都覺得很好笑。有一次，在我國三的時候，我和一個同學喝
　　了酒，實在找不出好玩的事，就一個人騎一輛摩托車，面對面互衝
　　過來。」〔註249〕

　　在現代社會中，漢族對於原住民仍存有較為輕蔑的稱呼，諸如伊林在尋
找固依與比都愛時，房東太太「番仔」的稱呼，乃存有對原住民族的汙名化，
尚待族群平等觀念的改善。

〔註246〕葉智中，〈我的朋友住佳霧〉，《悲情的山林》（1987年1月），頁342。
〔註247〕葉智中，〈我的朋友住佳霧〉，《悲情的山林》（1987年1月），頁342。
〔註248〕葉智中，〈我的朋友住佳霧〉，《悲情的山林》（1987年1月），頁343。
〔註249〕葉智中，〈我的朋友住佳霧〉，《悲情的山林》（1987年1月），頁343。

> 我循著地址，在一個小巷中的出租公寓中找到比都愛的住處，但房
> 東的歐巴桑告訴我：「伊兩個番仔轉去山頂啦。」我放在口袋中的手
> 搖下剛帶上的生活費，……決定不回學校，立即就上山。〔註250〕

葉智中在〈我的朋友住佳霧〉中，乃舉諸多例證來闡述現代原住民，在
社會中所遭受到族群不平等待遇、族群壓迫與種族歧視，彷彿殖民心理學所
述，「以往的殖民心理學把殖民者隱藏起來，研究者以科學的面貌出現，關心
的是殖民地的心理狀態，而研究者自身的殖民發言位置只是缺席的存在，現
在箭頭同時指向殖民者，預設的是殖民者與被殖民者的辯證相互建構性，殖
民『關係』從此成為論述的焦點。」〔註251〕由此冀望喚起大眾對於原住民族
的尊重，以追求原漢族群平等待遇。

四、原住民族之工作壓迫

當漢族伊林好奇原住民經濟生活與就業情況如何，而提出疑問時，「我問
固依：『你們村子裡的人，都靠什麼維持生計的？』」〔註252〕此即使原住民就
業議題與工作壓迫困境，正式浮上檯面。多數原住民，大多在從事高勞力低
收入工作，而產生經濟上的弱勢與困境。

> 「其實村裡大多數的人都有山地保留地。」「山地保留地？」「政府
> 留給山地人使用的國有地。但適合種菜的地下面，」他指我們工作
> 的農場：「我們這裡的坡地太陡、灌溉又不良，除了少數一些旱田以
> 外，大部分就是一些造林地區或者種一些果樹，村子裡的人有的打
> 打零工，有的養鹿、種香菇什麼的。大部分的家庭都有孩子在平地
> 的工廠做工，如你所說的。」〔註253〕

由於在山地原住民部落謀生不易，因此諸多原住民均選擇到平地去工
作，進而造成山地人口外流嚴重的問題產生。原住民均努力地在夾縫中求生
存，冀望在原漢多元族群社會中，爭得一席立足之地。

> 他對我笑了笑，接著說：「也有很多人搬到平社去，那裡生活比較容
> 易。我有個哥哥就住在平社。」……「我有三個哥哥。大哥在隔壁

〔註250〕葉智中，〈我的朋友住佳霧〉，《悲情的山林》（1987 年 1 月），頁 344。
〔註251〕陳光興，〈法農在後／殖民論述中的位置〉，法農，《黑皮膚，白面具》（2005
　　　　年 4 月），頁 42。
〔註252〕葉智中，〈我的朋友住佳霧〉，《悲情的山林》（1987 年 1 月），頁 319〜320。
〔註253〕葉智中，〈我的朋友住佳霧〉，《悲情的山林》（1987 年 1 月），頁 320。

　　鄉的林班工作；結了婚住在平社的是二哥；三哥……三哥是師專畢
　　業。」〔註254〕

　　固依自述他很早即決定要到平地去謀生，以尋求更好的經濟生活。但原
住民在平地社會就業前，總先選擇到平地就學，以避免被漢族欺騙；由此可
知，在原住民心中，即擔憂被漢族欺騙的心理狀態，乃為「一朝被蛇咬，十
年怕草繩」的心理因素所致。縱然在固依口中，對於原住民部落的仇恨，此
即為原住民自卑心態所致。

　　「從那天起，我就決定要去臺北賺錢。但是去臺北之前，我要先下
　　山去讀高中，這樣才不會被人騙。」……我忽然轉過頭去問他。「固
　　依，你愛佳霧嗎？」他將煙頭彈向屋頂，直截的説：「我恨它！」但
　　是我想，他説謊。〔註255〕

　　原住民在平地就學，每逢寒暑假也會選擇回到山地部落打工。由於山地
部落的經濟困頓，而勞力即為財力象徵，努力勞動方有收入進帳。原住民族
人均很努力地在山地部落中，付出勞力以換取金錢，進而改善經濟生活。

　　「你每年暑假從屏東回來都要工作？」「我們這裡，一個人力就是一
　　筆錢，大部分的人都不算勤勞，但是也沒有人有辦法不工作的，像
　　我每年回來就是去打零工，偶爾替來爬山的人做嚮導。」〔註256〕

　　漢族伊林眼中，乃認為原住民到平地社會就業後，即選擇沈淪，此即汙
名化的刻板印象。豈知，原住民在原漢多元族群共處的社會中，即由於族
群壓迫、工作壓迫與種族歧視，乃被迫從事高勞力低收入的社會中低階層
工作。

　　「不，你聽我説——把火柴遞給我——你們的青年到都市裡往往就
　　沈淪了。男的被工廠、漁船公司什麼的壓迫、剝削、榨取勞力；女
　　的，我聽説常被欺騙賣……呃，出售原始的……」「賣春。」「對！
　　這報上常有的。」「我知道。」我們都各自有著杯中淡黃色的液體，
　　又陷入了沉默。〔註257〕

　　在平地社會工作的原住民，不僅要承受族群壓迫、工作壓迫與種族歧視
外，甚至於還會經常產生職業傷害，「小夏的左手除了拇指，其餘四指都沒了

〔註254〕葉智中，〈我的朋友住佳霧〉，《悲情的山林》（1987年1月），頁320。
〔註255〕葉智中，〈我的朋友住佳霧〉，《悲情的山林》（1987年1月），頁343～344。
〔註256〕葉智中，〈我的朋友住佳霧〉，《悲情的山林》（1987年1月），頁321。
〔註257〕葉智中，〈我的朋友住佳霧〉，《悲情的山林》（1987年1月），頁310。

一半。小夏淡淡地說是他畢業後在平地的工廠給機器咬掉的。」〔註258〕社會上諸多高風險的危險工作，均由原住民擔任；但仍有原住民善用歌唱或運動技能，從事相關工作。

> 聽說他們還參加過電視臺的「山胞才藝歌唱比賽」，還衛冕了幾個禮拜，只可惜我沒看那節目。比都愛問我她這樣打扮好不好看。……
> 我說：「還是穿山地服好看。」〔註259〕

當固依與比都愛在平地社會工作時，看在伊林眼中，還是認為身著山地服飾的他們較為合適。固依與比都愛為了生存，很快地適應平地都市生活，「固依一手提著電吉他一手提著小喇叭的黑箱子，用勁的肌腱在他堅毅的肩胛處有力的浮突著。想起剛才並沒有聊得很多，但我知道他們已經適應了臺北的生活，過得蠻快樂的。」〔註260〕當臺上歌手那首老歌「願嫁漢家郎」，「臺上那個女歌手正呢呢喃喃地唱著一首纏綿的老歌『願嫁漢家郎』。」〔註261〕此即象徵著諸多原住民渴望嫁給漢族，彷彿得以提升族群地位般的族群意識。

五、原住民族之部落景象

當伊林在前往佳霧部落前，「泰雄指著上方不遠處的一個村子告訴我，那是山地人的部落。我好奇地往那邊看去。『那裡叫做什麼？』『那裡才是真正的佳霧。』……直到此時，我尚未見過固依。」〔註262〕漢族朋友即如伊林般，對山林原住民部落充滿著想像空間。但在原住民朋友眼中，山何嘗不就是山，「我感到微微不被了解的自適，又彷彿有點急欲辯解似地說：『你看，這令人迷醉的山和水……』……他將雙臂交叉在胸前，好似很不以為然地說：『這山就是山。』」〔註263〕諸多漢族對於山林部落，總存在著神秘浪漫的想像。

> 「後來你就上山來了？」「後來我就上山來了。」「你為什麼上山來？」看來他似乎對這個問題一直很有興趣。我笑著嚥下一大口

〔註258〕葉智中，〈我的朋友住佳霧〉，《悲情的山林》（1987 年 1 月），頁 345。
〔註259〕葉智中，〈我的朋友住佳霧〉，《悲情的山林》（1987 年 1 月），頁 340。
〔註260〕葉智中，〈我的朋友住佳霧〉，《悲情的山林》（1987 年 1 月），頁 341。
〔註261〕葉智中，〈我的朋友住佳霧〉，《悲情的山林》（1987 年 1 月），頁 341。
〔註262〕葉智中，〈我的朋友住佳霧〉，《悲情的山林》（1987 年 1 月），頁 297～298。
〔註263〕葉智中，〈我的朋友住佳霧〉，《悲情的山林》（1987 年 1 月），頁 304～305。

　　酒，所手背拭去嘴角的泡沫，索性就說給他聽吧！雖然我自己也不
　　太明白。〔註264〕

　　如同伊林所述，對於山林原住民部落，乃充滿著美麗的想像，「這佳霧眞
好，也許你自己不覺得。你們這裡的風景眞是壯美！都是山，讓人的心胸整
個開闊起來，全然忘懷塵世的煩惱。」〔註265〕但現今卻飽受所謂現代文明的
衝擊，產生諸多部落文化變遷。

　　「雖然我還沒去過你們村子，不過我常從報上看到有關你們山地人
　　的報導。上面說，你們本來很純樸的，但就因爲如此，當你們開始
　　接觸現代物質文明的時候，便被『腐蝕』了。」……「這是所謂『文
　　明的汙染』……」固依的眼睛直視著我。〔註266〕

　　當伊林感嘆著，山林原住民部落的變遷與衝擊外；原住民何嘗不感嘆於
傳統族群文化的消逝。如何延續原住民的族群文化能量，乃爲刻不容緩之事，
彷彿薩依德所述，「相同的文化能量，其信息是我們必須戮力將所有人類從帝
國主義中解放出來；我們所有人必須寫出我們的歷史和文化，以一個全新的
方式重新加以刻畫；儘管對我們中的一些人，歷史充滿了奴役性，我們分享
相同的歷史。」〔註267〕在現代文明入侵山林部落後，原住民傳統文化型態也
應運改變。

　　「所以你們的許多傳統都失去了，而被教堂、平地人給物質化了。
　　許多傳統手工藝品，甚至日常用品都和骨董商換了米酒。你們本來
　　不是每年有豐年祭？據說全省的山胞豐年祭都變成徒具形式，有的
　　草草了事，有的甚至不舉行了。」「過不久就是豐年祭了，幾年來鄉
　　公所都是舉行全鄉運動會。」「你看，政府主張的『山地平地化』實
　　際上是一種『文化的迷失』！」好一個「文化的迷失」，乾一杯！
　　〔註268〕

　　觀光文化入侵山林原住民部落，使原本純淨自然的山林環境，乃逐漸產
生變遷。漢族伊林對於山林部落的想像與觀點，看在固依眼中彷彿過於理想
化，因此決定要帶伊林親自見識一下，佳霧部落的眞實面貌。

〔註264〕葉智中，〈我的朋友住佳霧〉，《悲情的山林》（1987年1月），頁306。
〔註265〕葉智中，〈我的朋友住佳霧〉，《悲情的山林》（1987年1月），頁309。
〔註266〕葉智中，〈我的朋友住佳霧〉，《悲情的山林》（1987年1月），頁309。
〔註267〕薩依德，〈勾結、獨立與解放〉，《文化與帝國主義》（2001年），頁498。
〔註268〕葉智中，〈我的朋友住佳霧〉，《悲情的山林》（1987年1月），頁309～310。

> 「就拿平社來說吧，我就不喜歡平社。我上山來的時候經過那裡，都
> 是觀光客；洗溫泉的、到山地藝品店買紀念品的、特產店買香菇、
> 野生動物肉，俗氣極了。那些珍禽異獸是你們山地的寶藏，大自然
> 美的象徵。可是你們卻受唯利是圖的商人蠱惑，廉價地把山地的美
> 景出賣了！」「你把山地的事情想的太理想化了，伊林！」〔註269〕

　　伊林與山林原住民部落的第一次接觸，乃始於固依的邀請，「固依轉頭對
我說：『也許你還是有點不太了解我們山地人，有沒有興趣明天帶你去佳霧？』
我很欣然地同意了。但是在微醺的腦子裡，對剛才一知半解的理直氣壯，尚
不感覺到很尷尬。我耽心他喝了酒，能不能騎車？『沒問題！這點啤酒。』
他拋下這句話，摩托車一下子就上了路。」〔註270〕當伊林進入山林部落時，
乃充滿著諸多疑惑。

> 拐過一座香菇寮，我們就進入了佳霧，這個神祕的部落。將車子停
> 妥在固依的家門口，這是一棟水泥平房，半敞著門，門裡面有些陰
> 暗，沒有人在的樣子。他似乎沒有要請我進去坐的意思，領著我走
> 往門前大樹下搭著的一個平臺走去。〔註271〕

　　當伊林到達佳霧部落後，首先映入眼簾的平臺，乃令他感到疑惑，「這平
臺有些奇怪，是整根整根粗竹桶編起來的，離地約有半公尺高，大小約有九
尺見方，像一張大雙人床。固依解釋說，這是他們夏天休憩用的，山上的武
後太陽熱得炙人，村人們往往在這裡聊天或睡著午覺。他問我要不要休息一
下。『不必了，我們走吧！我急著想看看你們村子。』」〔註272〕伊林還是急著
見識一下原住民部落。

> 這個村子的房舍都和固依家差不多，有的平房，有的二樓洋房，而
> 且街道垂直縱橫，約四五十戶左右。看來是規劃過的，這和平地的
> 小新興社區並沒有太大的不同。而且門前大部分都有像固依家門前
> 的那種涼臺。〔註273〕

　　在原住民部落中，平臺乃為族人休憩的重要空間。原住民中年男女，乃
悠閒地在平臺中休息，「有的臺子上，幾個中年男女在上面或坐或臥的閒聊，

〔註269〕葉智中，〈我的朋友住佳霧〉，《悲情的山林》（1987年1月），頁310。
〔註270〕葉智中，〈我的朋友住佳霧〉，《悲情的山林》（1987年1月），頁311。
〔註271〕葉智中，〈我的朋友住佳霧〉，《悲情的山林》（1987年1月），頁311。
〔註272〕葉智中，〈我的朋友住佳霧〉，《悲情的山林》（1987年1月），頁311。
〔註273〕葉智中，〈我的朋友住佳霧〉，《悲情的山林》（1987年1月），頁312。

嚼著檳榔乾，有的抽煙，甚至有的地上也散著幾個紅標瓶子。固依和他們打招呼。」〔註274〕看在伊林眼中的原住民部落，與想像中的山林部落，仍有所差距。

> 對於他們的房屋，我有些失望。在進這個村子前，我甚至曾聯想到一堆堆類似印第安式的五彩帳篷，但根本沒有。我問他：「你們本來住什麼啊？」「石板屋。你想看石板屋是不是？」我自然點頭。「村裡還有一家。」我們往上走去。這真是偉大！整棟屋子都是由大大小小的片狀漆黑色石板蓋起來的。沒有設門板，我一眼往裡望去，甚至地板也是一片片的石板。我赤腳踏在上面，一股沁涼由腳心向上，接著心臟有如被一隻冰冷的手掌緊緊地一握。「真棒，這才是傳統文化，比那些洋房美麗，有味道多了。」〔註275〕

當伊林見到真正可代表原住民文化精神的石板屋時，乃極為開心。但在聽聞此石板屋即將被拆除，乃感到極為失落；不過聽聞固依解釋實際狀況時，方較為釋然地接受此事，此即象徵著原住民文化的逐漸凋零。

> 「過不久就要拆了。」「為什麼？」我著急了起來，「那麼以後我再來就看不到了！」「這房子看起來不錯，但是對住在屋裡面的人就不一定了。從上次遷村以來已經過了幾十年，來個大點的颱風、地震什麼的，可就不保險了。」的確，剛才那樣的想法有些自私，保存傳統的石板屋，就只為了給我這個文明人看？「不過以後你再來也許還能看到遺跡。這屋的主人是我堂哥，他不知哪裡學來的方法，打算在新蓋的平房上，用石板做瓦，水泥牆也用石板裝飾起來，外表看起來還很像。」〔註276〕

伊林在山林部落中，已見識到現代化軌跡，「村裡大部分的人家已有電視機，天線倨傲地矗立在四處的屋頂上，但固依說這裡收訊不良，只能勉強收到兩臺。家家門口都停著幾部摩托車，有些家也擁有了雜牌的音響設備，冰箱也算普遍。不過，客廳中大部分除了這些東西和桌椅外，就別無它物了。事實上，如此電器化的偏遠山區，已經讓我吃驚的了。」〔註277〕漢族伊林在見識過山地部落後，彷彿認為原住民族的山林生活過得還不錯；豈知，原住

〔註274〕葉智中，〈我的朋友住佳霧〉，《悲情的山林》（1987年1月），頁312。
〔註275〕葉智中，〈我的朋友住佳霧〉，《悲情的山林》（1987年1月），頁312。
〔註276〕葉智中，〈我的朋友住佳霧〉，《悲情的山林》（1987年1月），頁312～313。
〔註277〕葉智中，〈我的朋友住佳霧〉，《悲情的山林》（1987年1月），頁313。

民在山林生活，乃經常依靠補助來生活。

> 「你們好像過得還不錯嘛！」「其實不是。」他知道我和所指。「你
> 不要看這些電器產品，買這些生活用品並不花很多錢，而且大家都
> 需要。困難的是大部分的家庭孩子多，每一家都只是勉勉強強地養
> 家活口。雖然沒有餓死的，但低收入也不少。」「低收入戶？」「就
> 是每個月接受政府補助的。」〔註278〕

當伊林見識到逐漸現代化的原住民部落後，乃產生山林部落生活過得不
錯的假象；但在深入探究後，乃逐漸見識到山林部落的貧窮假象，諸如「後
來我在路旁居然發現一間簡陋的彈子房。裡面有幾個平頭的男生，正為著一
個破了的檯子專心地撞球。」〔註279〕伊林在身歷其境後，方可真正感受到原
住民部落的經濟困境。

> 兩根球桿在五個人手上傳來傳去，上面該有的牛皮的桿頭都已經磨
> 掉了，一根只剩禿禿的銅套子；另一根連銅套子都沒有，桿頭挫成
> 一輪小菊花。我原來對撞球有嗜好的，放學後常和孫 B、屁頭他們
> 躲著教官偷偷摸摸地去敲幾桿。但是對這樣差勁的設備，我實在不
> 想駐足太久。……「這就是我所說的『文明的汙染』！」〔註280〕

不僅是撞球間簡陋，就連比都愛的美容院方為家庭式的極度陽春；在山
地原住民部落的物質生活方面，乃為極度缺乏，也顯示原住民族的經濟困境；
甚至於造成原住民人口的大量外流。

> 比都愛的小美容院只有一面鏡子、一張椅子，剪髮、燙髮都在這
> 裡。另外旁邊還有一張躺椅，在水槽邊，大概是洗頭用的。牆上還
> 貼了幾張外國模特兒的照片。我們到達時，已有一個婦人坐在椅子
> 上，翻著一本陳舊的美容雜誌。〔註281〕

山地部落中還可見到宗教滲透，「然後我來到教堂門口，這裡是部落中的
活動中心。門前地上有幾個頭大大的，睫毛長長的小孩子赤著腳在追逐，看
見我便好奇地停下來瞪著我。」〔註282〕在部落中原住民孩童，乃對於外來朋
友充滿著好奇心。

〔註278〕葉智中，〈我的朋友住佳霧〉，《悲情的山林》（1987年1月），頁313～314。
〔註279〕葉智中，〈我的朋友住佳霧〉，《悲情的山林》（1987年1月），頁314～315。
〔註280〕葉智中，〈我的朋友住佳霧〉，《悲情的山林》（1987年1月），頁314～315。
〔註281〕葉智中，〈我的朋友住佳霧〉，《悲情的山林》（1987年1月），頁317。
〔註282〕葉智中，〈我的朋友住佳霧〉，《悲情的山林》（1987年1月），頁315。

今天不是禮拜天，所以教堂裡沒有信徒，兩條長條椅子空盪盪地發著
亮，大約可以容納八十個人左右。我問他牧師是不是個大鬍子老外，
他說：「不，牧師是村裡的人。」……「他到山那邊的村子去了，那裡
是在今天做禮拜的。張牧師在四個村子之間輪流講道。」〔註283〕

當伊林在佳霧山地部落巡禮後，「我們走到村後的一塊高地，從這裡可以
俯視深青色的達加溪，在底下的岩層上湍流、切割。向前很清楚地望見泰雄
他們的村子，以及一大片一大片的荒地，陷在光禿禿地露出赭色的坡地。」
〔註284〕伊林對於原住民族的狩獵小徑，乃充滿著好奇；如今卻恍如廢墟般，
乃見證著原住民傳統部落技能的衰微。

飯後，固依指著屋邊的一條小路告訴我，那原是他們族裡的打獵小
徑，現在是登山者的步道。從步道走進去，走過一做跨越達加溪的
吊橋，可以到對面山上的老佳霧村，幾十年前他們從那裡遷過來。
我興奮地想看看他們的舊部落，他說：「別開玩笑了，要走兩、三個
小時，走到那裡天都快黑了。而且路徑又小又有很多叉路，摸黑走
山路很危險的。舊部落也沒有什麼好看的，除了倒塌的屋子，什麼
都沒有。」我腦海昇起了一座廢墟的形象。〔註285〕

當伊林真實地見識到，佳霧山林原住民部落後，「我感到迷惑了，想到躺
在樹蔭下飲酒唱歌的村民，這個民族到底該說是懶散還是勤勉呢？他們對生
活的感受到底是樂天還是苦澀？」〔註286〕諸多原住民形象與原住民部落景
象，彷彿均帶給伊林震撼。闊別三年後，再回到佳霧的伊林，乃別有一番體
會與感受。

我知道前方看不見的深谷中，達加溪正鳴響著，為傍晚的山村製造
一山的霧氣。……三年不見，這個村子並沒有什麼明顯的大變化，
但是由建築物和商舖店招以及四處觸目的高彩色的油漆顏色，可以
感受文明更浸染了此地。我抬頭像那上方的佳霧，相信那裡也是。
〔註287〕

當伊林三年後再度前往佳霧山地部落後，見到昔日原住民朋友，令人備

〔註283〕葉智中，〈我的朋友住佳霧〉，《悲情的山林》（1987年1月），頁315。
〔註284〕葉智中，〈我的朋友住佳霧〉，《悲情的山林》（1987年1月），頁319～320。
〔註285〕葉智中，〈我的朋友住佳霧〉，《悲情的山林》（1987年1月），頁319。
〔註286〕葉智中，〈我的朋友住佳霧〉，《悲情的山林》（1987年1月），頁321。
〔註287〕葉智中，〈我的朋友住佳霧〉，《悲情的山林》（1987年1月），頁344。

感親切，「我忍不住往上面固依的村子走上去。果然比都愛還在佳霧，她看見我時不相信的表情就像三個月前在西門町時一樣。我們聊著聊著，走到上次我們一起唱歌、眺望山色的地方。」〔註288〕當伊林重回佳霧部落後，重新回憶起關於原住民部落的記憶，還跟比都愛談起未來的展望。

> 我又要求她唱那首古老的歌謠，在這夜裡聽起來有些苦楚的歌聲，她唱到一半就斷了。她伏在我的肩上嗚咽地說：「固依走了，我該怎麼辦？」……但隨即她又笑了，她不厭其詳地告訴我她的計畫：等她在臺北存夠了錢，她打算回來佳霧在教會辦一個幼稚園，為主傳福音。「固依呢？」「他要回來選鄉長。」她說。〔註289〕

當伊林闊別三年後，再見佳霧部落彷彿景物全非般，變遷極大，「現在仍無法相信自己是身在佳霧，三年前和三年來的種種似乎一下子都近了。……但據比都愛說，村子裡也變了些，佳霧也正加快著文明的腳步。」〔註290〕不論在山地部落或平地原住民，均面臨著現代文明的衝擊與影響。因此，逐漸消失的山林十字架，彷彿象徵著逐漸消弭的原住民文化。

> 我們坐客運一路下山，車子彎來彎去，在穿出一片山林之後，比都愛拍我的肩膀：「快看，這裡是最後看得見佳霧的地方了。」我回頭望向山腰上的教堂屋頂十字架，啊佳霧。車子一轉彎，十字架消失了，但橫在視線前，鑲著陽光的一大片山林的深綠色中，隱隱浮起了整個佳霧的影像。而只有達加溪的流水，一直在我身旁蜿蜒旋繞下去。〔註291〕

諸多原住民在經歷過平地社會的衝擊後，「而年輕人依舊往山下跑，但許多下山的年輕人在平地混了幾年又回到山上來，似乎已成了佳霧青年的成年禮了。」〔註292〕現代原住民即在傳統文化與現代文明的激盪中，努力地求生存。

六、原住民族之豐年祭典

當伊林在佳霧山地部落中，有幸參與原住民族豐年祭，乃真實見識到原

〔註288〕葉智中，〈我的朋友住佳霧〉，《悲情的山林》（1987 年 1 月），頁 345。
〔註289〕葉智中，〈我的朋友住佳霧〉，《悲情的山林》（1987 年 1 月），頁 345。
〔註290〕葉智中，〈我的朋友住佳霧〉，《悲情的山林》（1987 年 1 月），頁 346。
〔註291〕葉智中，〈我的朋友住佳霧〉，《悲情的山林》（1987 年 1 月），頁 345。
〔註292〕葉智中，〈我的朋友住佳霧〉，《悲情的山林》（1987 年 1 月），頁 346。

住民如火如荼地展開部落的一大盛事「豐年祭」，「那個禮拜天是佳霧的豐年祭。村長屋頂的擴音機——這時平常全村唯一一支電話的傳呼器，一早便播放著他們的傳統歌謠，感覺很有喜慶的味道。我也一早就趕到村子裡去，許多男女身上穿著平常難得穿上的傳統服裝，令我很好奇。」〔註293〕在準備參加豐年祭典的部落男女服飾，均有其獨特之處。

> 男人全副裝扮整齊的很少，大多數只是在日常服飾上套件披肩。女人則較繁複些，頭上戴著一頂奇怪的帽子，上面用串珠、貝殼、小鈴、甚至豬牙裝飾得很華麗。他們衣服上的彩繡最吸引人，在沉鬱的黑色布底上，以金黃色調為主線條的豐富圖案透出一種熾烈的神秘氣息；規則的幾何圖形、人頭、狩獵的勇士、互執著手舞蹈的群眾、野鹿、百合花、還有似乎被他們視為神祕百步蛇。〔註294〕

原住民族傳統服飾上，存在著諸多族群獨特圖騰，即象徵著特殊的族群精神意義，「這些富想像力的紋飾與他們眼窩中閃著的欣喜眼光，以及嚼著檳榔乾的豐潤的笑容，都正顯露著節慶的氣氛。」〔註295〕在原住民男女老少的精心打扮下，族人均盛裝出席著原住民族豐年祭典。

> 比都愛穿著傳統的過膝連身長裙，部過沒有戴上那種特異的帽子，她烏髮上戴的是一環各色野花編成的花冠。玫瑰頭上也有一頂。……比都愛看見我們……問我們好不好看：我們固依互視一下後，搖著頭表示：看起來很好笑。她的衣服也很好看，上面有很多種不同的串珠，也有亮片，居然還有日本錢幣。他們的取材似乎很自由，不考慮什麼是傳統和非傳統，只要漂亮好看，隨編織者自由選材來表現。比都愛告訴我們這件是他祖母繡的，特色是背後有一隻大蝴蝶。〔註296〕

不僅原住民男女老少的原住民傳統服飾，各有其獨特性外，比都愛還替伊林準備一條充滿獨特性的原住民領帶，使伊林見識到原住民傳統文化，結合在現代產品上的文化創意，卻也令伊林感到不可思議。

> 一條黑色、質料普通、卻也是我一生僅見的領帶。她走到我的面前舉起它，我望著在我眼前微晃的這條東西感到不可思議。它居然也

〔註293〕葉智中，〈我的朋友住佳霧〉，《悲情的山林》（1987 年 1 月），頁 325。
〔註294〕葉智中，〈我的朋友住佳霧〉，《悲情的山林》（1987 年 1 月），頁 325～326。
〔註295〕葉智中，〈我的朋友住佳霧〉，《悲情的山林》（1987 年 1 月），頁 326。
〔註296〕葉智中，〈我的朋友住佳霧〉，《悲情的山林》（1987 年 1 月），頁 326。

> 用此彩色的串珠、亮片繡上了線條、圖案，我不知是該感到好笑還
> 是詫異，不敢接過來，只是直瞪著它，彷若看著一根原始的圖騰柱，
> 這是傳統文化？西洋的領帶？看他們自適的樣子，天！這超乎我想
> 像的包容力的民族。〔註 297〕

　　熱情的比都愛，將領帶繫在伊林身上時，「在我仍驚詫之際，比都愛開始
把領帶繫在我的藍襯衫上。……繫好後我低頭撫著這條形狀就像他們的百步
蛇圖形的東西，感到有些不適，比都愛直笑著說好看。」〔註 298〕伊林卻對於
原住民圖騰感到詫異與不適應。現代社會中的豐年祭典，也逐漸演變成融入
運動會的元素存在。

> 擴音機中，村幹事要各選手到村長門口集合，今天也是在平社舉行
> 全鄉運動會的日子。……從每人強勁的肌腱間似乎展現出這個古老
> 民族勃勃的生命力。〔註 299〕

　　當原住民男女老少，均準備就緒後，運動會與豐年祭典，乃隨即展開，
「胖村長仍將車子停在會合的兩隊人馬的領頭位置，回頭問大家準備好了
嗎？當他圈著手指，帶著濃濃山地腔調的喊了聲：『OK？走吧！』隊伍興奮地
向下開拔。」〔註 300〕原住民族豐年祭典的歌舞昇平，乃就此展開。關於原住
民族的結婚典禮，同樣有歌舞昇平景象。

> 有人傳過小米酒，我連喝了幾口這種浮著酒渣的灰白液體，冰涼辛
> 辣一直衝向胃底。抿著唇，我抬頭看著眼前輕晃的人群。場中牽著
> 手跳舞的大圈子中，一對盛裝的年輕男女，不用說一定是新郎新娘
> 了。他們倆靜靜地拉著手，全套黑底的傳統服飾感覺相當沈重，在
> 他們身邊，相同盛裝的年長者，想必是雙方父母。〔註 301〕

　　當伊林參與原住民族結婚祭典時，乃共同參與原住民的八步舞，「他們的
八步舞步很簡單，再配合上歌聲，我立即就能熟習了。我把注意著腳步的視
線抬起，才發現有許多賓客是閉著眼跳舞的，彷彿純然融入單調、舒緩的這
圓圈的運轉。有年長的人唱起了古老的民歌，大家跟著和起來，樂曲起伏不
大，更多人吟吟哦哦地閉起了眼睛，一首結束，一個少女領頭唱起一首時下

〔註 297〕葉智中，〈我的朋友住佳霧〉，《悲情的山林》（1987 年 1 月），頁 326～327。
〔註 298〕葉智中，〈我的朋友住佳霧〉，《悲情的山林》（1987 年 1 月），頁 327。
〔註 299〕葉智中，〈我的朋友住佳霧〉，《悲情的山林》（1987 年 1 月），頁 327。
〔註 300〕葉智中，〈我的朋友住佳霧〉，《悲情的山林》（1987 年 1 月），頁 328。
〔註 301〕葉智中，〈我的朋友住佳霧〉，《悲情的山林》（1987 年 1 月），頁 332。

的流行曲，大家仍然以相同的節奏、相同的步伐和著唱，歌聲一直持續不斷。」〔註302〕在歌舞進行中，由年者者的古曲與原住民少女的現代流行歌曲，交織著傳統與現代的融合。

> 圓圈中央擺滿鮮菜肉肴的大桌子旁立著一個青年，固依說是新郎的哥哥。他一直倒酒和飲料，或奉上檳榔給跳舞的客人。不斷有人加入圈子，也不斷有人退下歇息，據說這舞是要通宵跳下去的。……我的確沒到醉的地步，睞著眼睛看著場中圓形的與其說是歡樂無寧說是肅穆的結婚儀典。〔註303〕

不論原住民族豐年祭典與結婚祭典，均彷彿為原住民族的全族同歡活動，族人均會共襄盛舉，共同享受著歡樂時刻。原住民族的祭典，在各個原住民族群間，又有其異同之處。

第六節　阿盛、陳其南、明立國、陳列、楊渡文學中的原住民族書寫

壹、阿盛蘭嶼意象中的原住民族

一、原住民族形象

阿盛在〈腳印蘭嶼〉中，乃描述蘭嶼機場所見的景象。原住民婦女向觀光客討煙來抽，原住民青年乃極力反對。因原住民青年不願族人被視為乞討者般地看待，故極力反對。由此見證原住民生活經濟困境與原住民形象的多元面貌。

> 叫喊的是一個二十多歲的年輕人，他正面對著那個分發香菸的人。小小的候機室裡無聲數秒鐘。「你叫什麼叫？」「不要給她們香菸！」「為什麼？我的自由啊！」「你有錢去別的地方花！不要給她們香菸，誰要你的香菸？」「奇怪，她們要啊！干你什麼事？」年輕人虎著臉，似乎氣極了，一時講不出話來，也許他在思考使用恰當的國語。〔註304〕

〔註302〕葉智中，〈我的朋友住佳霧〉，《悲情的山林》（1987年1月），頁332～333。

〔註303〕葉智中，〈我的朋友住佳霧〉，《悲情的山林》（1987年1月），頁333。

〔註304〕阿盛，〈腳印蘭嶼〉，《願嫁山地郎》（臺中：晨星出版社，1989年3月），頁246。

　　當觀光客給予原住民老婦人香菸，卻存在著輕視眼光，造成原住民青年極力反對，而雙方乃爆發口角。此種現象即象徵著原漢族群間的族群接觸過程，乃帶有輕視眼光，對於原住民族的種族歧視，乃將使其產生族群自卑感。

> 「她們要抽菸，你兇什麼？」「這是……輕視！輕視！」「我的自由！你管不著！」看樣子是賭氣，那個人又從褲袋中摸出一包香菸，丟給蹲在年輕人旁近的老婦人；老婦人伸手撿拾，年輕人抬腳踏住香菸，並且對老婦人說了一句雅美話。年輕人彎身抓起腳下的香菸，用力丟給那個人。「臭香菸！臭臺北人！」年輕人回頭對另外幾位老婦人說了幾句雅美話，走出大門。〔註305〕

　　阿盛在〈腳印蘭嶼〉中，乃描述原住民老婦女乞討著香菸的景象，彷彿象徵著原住民族，在多元族群社會中的絕對弱勢處境，必須努力地祈求，方有謀生機會的族群困境。此即見證原住民族，乃存在被殖民者，彷彿法農所述「被殖民想像」，「本土化運動以『自我再發現運動』的形式被召喚出來重新發現未被殖民主義汙染的自我以及真正的文化傳統，用以置換深刻入侵的殖民想像。」〔註306〕近代原住民族運動乃應運而生，冀望喚醒原住民族群自覺的族群集體意識再現。

二、原住民族之種族歧視

　　當漢族觀光客給予原住民老婦女香菸之際，卻流露出鄙視眼光，與充滿種族歧視的口氣，「蘭嶼人都是番，山地番就是這樣。你看，番成那個樣子！」「生番生番，煮不熟的番！」此即充滿著種族歧視，令人不勝欷噓。此諸多族群歧視言論與原住民族自卑感，彷彿法農所述黑人自卑心態般，「善良而仁慈的上帝不會是黑色的，他應該是一位有著紅潤臉頰的白人。從黑到白，這就是變化的路線。是白人，也就富有，也就俊美，也就有智慧。」〔註307〕漢族中心主義的作祟，使原住民族飽受種族歧視之苦。

> 那個人則坐在椅子上，與一些候機的旅客大聲說話。「什麼跟什麼嘛！這種事沒見過！」「她們坐在機場就是要討香菸嘛，一包才二十

〔註305〕阿盛，〈腳印蘭嶼〉，《願嫁山地郎》（1989 年 3 月），頁 246～247。

〔註306〕陳光興；法農，〈法農在後／殖民論述中的位置〉，《黑皮膚，白面具》（2005 年 4 月），頁 55。

〔註307〕法農，〈有色女和白男〉，《黑皮膚，白面具》（2005 年 4 月），頁 127～128。

塊錢，讓她們抽個過癮嘛！」「蘭嶼人都是番，山地番就是這樣。你看，番成那個樣子！」「生番生番，煮不熟的番！」「下次再來，買一箱來發給她們。哈，好過癮！」那個人的閩南腔國語似乎不夠用了，或者，他在設法尋找刻毒的字眼。「何必罵人生番？給幾支香菸何必氣勢凌人？你很熟嗎？成熟嗎？」〔註308〕

在蘭嶼還巧遇從臺灣來的漢族朋友，「我在距離海岸五十公尺的礁石上垂釣。海濤濺了一身溼，於是轉換到較高的礁石上，她就坐在那兒，手上沒有釣桿。……十分鐘之內，得到的資料包括姓婁、彰化人、新竹師專畢業一年又十個月，在蘭嶼教小學二、三年級、月薪一萬五千四百八十元、父母俱在、兄弟姊妹各一，另外，未婚。」〔註309〕在雙方對話中，無意間流露出對於蘭嶼的寂寞感受。

「怎麼跑到蘭嶼來教書？」「當學生的時候來過，從此喜歡上這裡。這裡好，人好，風景好，空氣好，學生好。」「可是，寂寞。」「不見得，『橋牌上擎學生國王的眼睛寂寥著』，都市人才寂寞。」我到這離島來度假，卻跑到海邊來對一個陌生女孩炫耀自己能背誦許多詩句，這不就叫「無聊？」她凝視遠方。美，風景確實美得令人有心痛的感覺。〔註310〕

當漢族朋友對著臺灣來的漢族老師，質疑蘭嶼原住民學生不好教學時；反而遭到質疑臺灣漢族學生更加難教。雙方對話中，「聽說蘭嶼的學生不好教，很笨？」此即對於原住民族，充滿著汙名化的族群刻板印象。

「聽說蘭嶼的學生不好教，很笨？」「都市人的無知話。他們不過是活得比較人性化一點，上國中以前不學ABC，不被逼著學鋼琴、小提琴，不會玩電動玩具，如此而已，怎會不好教？臺北那些小大人好教了？」〔註311〕

在蘭嶼教書的漢族老師，反而認為人性化的原住民學生反而好教，彷彿認為原住民朋友性格較為真誠，反而更能真摯地相處。原住民族純樸自然的族群性格，反而更令人善於親近、但反觀諸多漢族對於原住民族，長期以來均存在著野蠻、落後的汙名化刻板印象。

〔註308〕阿盛，〈腳印蘭嶼〉，《願嫁山地郎》（1989年3月），頁247～248。
〔註309〕阿盛，〈腳印蘭嶼〉，《願嫁山地郎》（1989年3月），頁250～251。
〔註310〕阿盛，〈腳印蘭嶼〉，《願嫁山地郎》（1989年3月），頁251～252。
〔註311〕阿盛，〈腳印蘭嶼〉，《願嫁山地郎》（1989年3月），頁252。

三、原住民族之社會議題

關於蘭嶼原住民族核廢料議題，當地原住民居民縱然反對者眾，卻也無力改變核廢料問題。在雙方對話中，如此美好的海洋景象，被核廢料所汙染，乃甚爲可惜。蘭嶼核廢料的議題，即成爲原住民生活中的重要議題，原住民反核運動與諸多族群運動，彷彿法農解放運動中所述，冀望尋求族群間的平等待遇，「解放運動在文化與政治上建立起被殖民者應享有的平等待遇的權利。」〔註 312〕反核運動乃成爲蘭嶼全島，族群集體運動般地深具重要性。

> 「妳談談核廢料儲藏問題好嗎？聽說很多人反對。反對……沒有用的。」「當然我反對，可是又能怎樣？你們來這兒踏腳印，事不關己，我卻是心在這兒。光是那麼多水泥堆到蘭嶼來，就夠殺風景了。這在外國，像蘭嶼這種地方，維護原狀都唯恐來不及了，哪裡會把核能垃圾丟過來？」〔註 313〕

蘭嶼核廢料議題，在原住民族數十年來的反核過程中，乃努力克服與解決，卻又無力改善。原住民族僅能以彷彿法農所述的「防衛性國族主義」，努力地進行反核運動，「民族──國家的結構終究在各地搭建起來，最後證明是新殖民主義的主要構成。在沒有其他選擇的條件下，防衛性的國族主義於是成爲對抗殖民者唯一的統合性力量。」〔註 314〕原住民族即處於邊緣弱勢處境，無奈地承受著諸多族群不平等壓迫，使族群困境乃日益嚴重。

四、原住民族之文化習俗

阿盛分析原住民青年，不願自我族群的老婦女接受施捨，即基於原住民族群尊嚴所致。現代社會中，諸多原住民青年即產生族群認同迷思，乃一心嚮往著臺灣與漢族文化；在臺灣卻又身處飽受族群壓迫的無奈處境。

> 「蘭嶼的青少年，瞧不起上一代，又一心想到臺灣。妳看，蘭嶼的本土文化會中斷嗎？」「我的看法是會，妳……說說看吧。」「不會，你說得不對。這裡的青少年多半很厭惡本島來的自以爲高人一等的

〔註 312〕薩依德，〈對權勢說真話〉，《知識分子論》（臺北：麥田人文出版社，1994年），頁 132。

〔註 313〕阿盛，〈腳印蘭嶼〉，《願嫁山地郎》（1989 年 3 月），頁 252。

〔註 314〕陳光興，〈法農在後／殖民論述中的位置〉，法農，《黑皮膚，白面具》（2005年 4 月），頁 52～53。

　　遊客，……包括你……他們受遊客影響很小。反倒是遊客的驕傲往
　　往被此地的老土著利用了。這牽涉到施與受的問題，青少年不滿自
　　己的長輩平白受人施捨，這是極好的心理。至於土著文化，自然有
　　些有心人在保存。」〔註315〕

　　所幸現代原住民青年，乃努力地傳承著原住民文化，「據我所知，許多年
輕雅美人都承繼了上一代的雕刻、陶作造舟等等技術，還有的讀過書的年輕
人打算撰寫蘭嶼史，他們勸老人們不要出售有歷史價值的古物。你看呢，這
些事你知道嗎？」〔註316〕在蘭嶼教書的漢族老師，甚至於認為諸多研究學
者，對於原住民文化的瞭解，乃遠不及原住民族人。

　　「你知道頭髮舞嗎？」「知道。」「蘭嶼祭典上，男人戴起銀帽子，
　　蘭嶼不產銀，銀從哪裡來？」我搖搖頭。「張武明知道，他住在紅頭
　　村，二十八歲，懂得不少……別以為學問好的人都在臺北，臺北有
　　太多混樣子的專家學者和一知半解的人。」〔註317〕

　　阿盛在此〈腳印蘭嶼〉中，乃見證著蘭嶼原住民文化現象，原住民族的
文化保存、核廢料、種族歧視議題，均為尚待正視與改善的原住民族議題。近
年來原住民族，即不斷以族群運動方式，試圖重新再現原住民文化復振的契
機，「本土化運動以『自我再發現運動』的形式被召喚出來重新發現未被殖民主
義汙染的自我以及真正的文化傳統，用以置換深刻入侵的殖民想像。」〔註318〕
原住民青年如何努力地傳承原住民文化，乃為文化保存的當務之急。

貳、陳其南蘭嶼文化中的原住民族

一、原住民族之文化習俗

　　對於蘭嶼達悟族原住民而言，飛魚的重要性，彷彿即為生活必需品，「臺
灣東部蘭嶼島上的雅美人，向來即認為飛魚是所有魚類中最美味可口的。……
但飛魚和汽車對於雅美人和現代人而言，分別都市頂重要的生活必需品，這
是毫無疑問的。」〔註319〕達悟族人為了捕獲飛魚，乃努力地製造拼板舟；但

〔註315〕阿盛，〈腳印蘭嶼〉，《願嫁山地郎》（1989年3月），頁253。
〔註316〕阿盛，〈腳印蘭嶼〉，《願嫁山地郎》（1989年3月），頁253。
〔註317〕阿盛，〈腳印蘭嶼〉，《願嫁山地郎》（1989年3月），頁253～254。
〔註318〕陳光興，〈法農在後／殖民論述中的位置〉，法農，《黑皮膚，白面具》（2005
　　　　年4月），頁55。
〔註319〕陳其南，〈飛魚與汽車〉，《願嫁山地郎》（臺中：晨星出版社，1989年3月），

其實飛魚的滋味並未如想像中的美好。

> 你可曾看過飛魚？看過飛魚的人，你可曾吃過飛魚？吃過飛魚的
> 人，您覺得味道如何？會不會像雅美人一樣譽爲大海中最美味可口
> 的魚類？我敢打賭，百分之九十九的人不會喜歡飛魚。雖然臺灣沿
> 海盛產飛魚，但漁民很少捕魚，在魚市場上更難得一見。顯然雅美
> 人的口味跟我們很不一樣。〔註320〕

關於達悟族原住民，對於飛魚的獨特情感，「雅美人又爲何對飛魚情有獨
鍾呢？也許不同的人類學家有不同的看法，但我以爲主要原因是雅美人認爲
飛魚是神聖的生物之故。爲什麼飛魚又會變成了神聖的生物呢？」〔註321〕飛
魚對於達悟族原住民而言，不僅爲普通魚類，而爲充滿神聖意義的魚類。

> 雅美人説，因爲飛魚有能力振翼飛出海面之故。原來在雅美人的分
> 類觀念中，魚類應該是在水中游，鳥類才該在空中飛的。但飛魚卻
> 突破了這個界線，也就否定了雅美人對自然界的認識，因此，飛魚
> 對雅美人而言是神聖的，就像龍對中國人而言是聖物一樣。總之，
> 玄學的宇宙觀和宗教信仰最後改變了雅美人的味覺生理作用，而開
> 始嗜食飛魚起來。這已無法從科學知識或理性作用加以解釋了。
> 〔註322〕

達悟族原住民乃努力地建造拼板舟，僅爲了要捕獲飛魚，「沒有飛魚，雅
美人也許就部會造大船；沒有大船，雅美族的工藝技術就要比現在落後幾
個世紀。」〔註323〕達悟族拼板舟，即成爲蘭嶼原住民族重要的文化工藝創作
成果。

> 雅美人爲了捕撈飛魚，特別建造了可乘坐八人或十人以上的大船。
> 爲了建造這些大船，雅美人要花費一兩年的時間準備，用最原始的
> 工具到深山裡頭砍伐巨樹，再切成厚厚的船板，一塊塊地從處女林
> 中搬運到海邊的住家附近，然後加以組合，拼合成一艘艘充滿了均
> 衡之美的雅美船。〔註324〕

頁 217～218。
〔註320〕陳其南，〈飛魚與汽車〉，《願嫁山地郎》（1989 年 3 月），頁 219。
〔註321〕陳其南，〈飛魚與汽車〉，《願嫁山地郎》（1989 年 3 月），頁 219。
〔註322〕陳其南，〈飛魚與汽車〉，《願嫁山地郎》（1989 年 3 月），頁 219。
〔註323〕陳其南，〈飛魚與汽車〉，《願嫁山地郎》（1989 年 3 月），頁 218～219。
〔註324〕陳其南，〈飛魚與汽車〉，《願嫁山地郎》（1989 年 3 月），頁 218。

在飛魚祭典中，應運而生的拼板舟外，就連水芋與羊豬，均爲祭典中的重要祭品。尤其是大船下水祭典，同樣爲達悟族重要祭典，即充滿著原住民族文化精神象徵；甚至於爲凝聚原住民族的重要文化儀式之一。

> 雅美族的拼板舟（不是獨木舟），不僅在工藝技術方面具有相當的水準，即使在藝術成就上也可比美其他民族。大船的下水儀式更是雅美社會中最盛大的祭典，船上堆滿了辛苦種植數年的水芋。工作犧牲的豬羊也著實耗盡了船主數年不眠不休的辛勞。這一切全都爲了捕撈飛魚。〔註325〕

在探討原住民族文化習俗時，應深入思考原住民文化精神所在。關於達悟族原住民的飛魚與拼板舟文化，均深具其族群文化意義。縱然現代社會中，原住民族祭典儀式乃有所遞變；但對於族人而言，均存在著凝聚族群意識之要務。

參、明立國田野調查中的原住民族

一、原住民族之田野調查

明立國在〈恆春思想起〉中，描述在田野調查過程時，在山地部落進行訪談所見到的部落景象與原住民族的熱情親切，「我在山的轉角找到了這戶潘姓的人家。……也許是男主人矮胖的身子與一口道地的閩南語，把我拉入另一個與所預期的世界完全不同的相像空間。……這是一個不同我過去所有經驗中的阿美族世界，雖然同樣是樸實寧靜的農舍，可是其中確有著那麼不同的氣息在流動。」〔註326〕明立國訪談的對象，即爲原住民潘太太。

> 潘太太五十八歲，身材看起來要比他先生高大些，從輪廓及外形上，很容易可以看出來她是阿美族人。他說著閩南語，是道地的閩南語，走過那麼多阿美族部落，我還不曾聽到有阿美族人的閩南語比她更標準、更流利過，如果不看到她本人，不事先知道她的背景，只憑語言發音來推斷，我會認爲她就是閩南人，口音裡一點也沒有阿美族語的餘韻，這是不容易克服的一件事，除非只有一個可能——她從小就說閩南語。〔註327〕

〔註325〕陳其南，〈飛魚與汽車〉，《願嫁山地郎》（1989年3月），頁218。

〔註326〕明立國，〈恆春思想起〉，《願嫁山地郎》（臺中：晨星出版社，1989年3月），頁142。

〔註327〕明立國，〈恆春思想起〉，《願嫁山地郎》（1989年3月），頁143～144。

　　在潘太太身上即可看見漢化的痕跡，「在主人的促聲下喝了杯茶，我問起了這個地區有關阿美族人的一些生活情形。……『大部分的族人都搬到臺東去了，住在這裡的都比較年輕，港口那邊我知道還有一些老人。現在年輕一輩都不會講阿美族語了，聽也許還能聽幾句。』」〔註328〕在此番言論可知，諸多原住民均已逐漸漢化，與原住民部落人口外流的嚴重。

> 潘太太色褐健朗的臉上，……流動著楓香的痕跡，看著她，幾乎從她身上感受到了一種生活在不同文化中而患得的蒼茫與孤寂，在這裡，沒有人跟她說阿美族話，也沒有人喚著她阿美族的名字——kimui（金妹）！〔註329〕

　　當潘太太談著原漢族群夫妻相處時，可知當夫妻間有嫌隙時，語言隔閡竟也成為化解怒罵的方式之一。潘太太乃熟稔閩南語，可見其漢化之深；相較之下，其媳婦生硬的山地腔，仍十分明顯。在諸多原漢族群聯姻家庭中，乃努力地跨越著原漢族群隔閡。

> 「有時候我婆婆發脾氣，用阿美族話來罵我公公，可是他也聽不懂。」媳婦是對面山上的排灣族人，嫁來潘家才兩年多，說話當中還免不了帶有點生硬的山地腔。潘太太笑一笑，微微露出一點自得的神情說：「阿美族話我還會說，但是深一點的就不行了。這地區除了一位老阿婆之外，像我這樣大歲數的人已經沒有人會說了。」他還是那麼習慣地說著閩南語。〔註330〕

　　當潘太太唱起阿美族曲調時，乃重新找回阿美族的感覺，「在態度上，我第一次覺得他像是個阿美族人，是由於我說想請她唱一些阿美族的歌謠，而引來她的一陣大笑，我第一次聽她這麼放聲的大笑，而且是那麼『阿美族式』的笑——粗曠、高亢而明亮。」〔註331〕對於潘太太而言，「很明顯的，她流露出一種與先前完全不同的神態，一種我非常熟悉的、阿美族人的神態。她整個人忽然開朗了起來，說話的聲調也高了起來，好像那雨中的田野，顯得綠意盎然、生氣勃發。」〔註332〕潘太太重新找回阿美族的感覺，乃令人充滿活力。

〔註328〕明立國，〈恆春思想起〉，《願嫁山地郎》（1989 年 3 月），頁 143。
〔註329〕明立國，〈恆春思想起〉，《願嫁山地郎》（1989 年 3 月），頁 145。
〔註330〕明立國，〈恆春思想起〉，《願嫁山地郎》（1989 年 3 月），頁 145。
〔註331〕明立國，〈恆春思想起〉，《願嫁山地郎》（1989 年 3 月），頁 145。
〔註332〕明立國，〈恆春思想起〉，《願嫁山地郎》（1989 年 3 月），頁 146。

> 「以前有一位警察來家裡喝酒，也曾經路過我唱的歌，錄好他還放
> 給我聽，真有趣味！」……「我想聽阿美族古老的歌。」……在我
> 的要求下，起先她唱了二首穿雜著日本歌詞的阿美族民謠。她說在
> 日據時代都流行唱日本歌，傳統的老哥年輕的一輩都不願意學，這
> 二首是用阿美族傳統的調子套上日本歌詞的歌，雖然歌詞是日本
> 話，可是還是阿美族古老的調子。〔註333〕

當潘太太唱起祖先古調後，彷彿唱出祖先的心聲與現代原住民的生活困境，「爸爸媽媽呀！我們是這麼愁苦的相聚在這裡，爸爸媽媽呀！我們的身世怎麼會這樣呢？」〔註334〕潘太太乃認真地唱著屬於原住民族曲調，彷彿可藉此重新再現原住民族文化精神，「伴隨此而來的，為一整組更進一步的肯定、收復與認同，……追求真確性、追求一種比殖民歷史所提供者更合適的民族起源、……伴隨著這些去殖民化認同的民族主義預告，總會出現一種對本土語言幾乎是魔術般地啟示、擬似煉金術般的重新發揚光大。」〔註335〕原住民族古調與母語，彷彿有助於原住民尋求原住民族精神再現。

> 接著她說要唱一首真正阿美族古老的歌。她還記得她阿公阿婆以前
> 每次喝酒的時候都會唱這首歌。這是父母親教訓孩子們的歌。調子
> 的速度很慢、很沈緩，而且每一段句子都拖得很長。她以差不多每
> 一秒鐘一拍的速度歌唱著，開始的第一句稍短一點，有十一拍，後
> 來每一句都有二十五拍到三十拍之間，甚至有的長達三十多拍，使
> 得她中途必須停下來喚口氣，然後，才能夠把它繼續接著唱下去。
> 〔註336〕

明立國還提及另一位唱起古調的原住民，「我一直無法忘記那彈著月琴的阿美族人，他不會說阿美族語，唱了一段『思想起』之後，似乎是由於酒喝得還不夠而泛起一絲怯意，他低下了頭，不怎麼自在的撥弄著琴絃。」〔註337〕諸多原住民在漢化後，乃重新回顧自我的原住民族文化，「人不會（或是潛意識的排斥害怕）忘記自己原來的名字和母語，縱然他已經生活在另一個國度，另一個不同生活空間。這是因為捨棄自己原來的老家和母語之

〔註333〕明立國，〈恆春思想起〉，《願嫁山地郎》（1989年3月），頁146。
〔註334〕明立國，〈恆春思想起〉，《願嫁山地郎》（1989年3月），頁147。
〔註335〕薩依德，〈葉慈與去殖民化〉，《文化與帝國主義》（2001年），頁422～423。
〔註336〕明立國，〈恆春思想起〉，《願嫁山地郎》（1989年3月），頁147。
〔註337〕明立國，〈恆春思想起〉，《願嫁山地郎》（1989年3月），頁141。

後，他必然要承受生命的蝕根之苦吧？」〔註338〕原住民彷彿有近鄉情怯的心境產生。

> 她哭了！才開始唱了三句她就哭了。最後幾個字，她哽咽著、顫抖著、用著幾乎全身的力氣，才在嗓門間擠壓出那麼一點微弱得幾乎聽不到的聲音。……她眼神看起來是那麼的迷濛而遙遠，她好像是回到家裡，看到了爸爸媽媽，看到兄弟姊妹，看到了阿公阿媽在喝酒，在唱著這首歌，歌調依然還是那麼的沈緩……。〔註339〕

在原住民族古調中，彷彿可看見原住民族命運，「唉，我的好兄弟姊妹們呀！這是無法改變的命運呀……孩子們，你們要好好的上進，要聽老人的話，……我是這樣希望的。爸爸媽媽呀！兄弟姊妹呀！請您們告訴我該怎麼做……。」〔註340〕原住民族在歌聲中，彷彿透露出族人生活困境與族群滄桑歷史。

> 一位住在花蓮海岸線的一個小小的漁村裡的加里灣族老人告訴我說，他們原來住在宜蘭市的平原上，那裡有三十六個社，每一社差不多都有二三千人，自從漢族不斷移民過來之後，由於經常在生活上起衝突，因此族人開始一批批的乘著竹筏，順著東邊的海岸線，往南尋找適合牠們生存的樂土。我在文獻上印證了老人所說的話，也在字裡行間看到了戰爭……遷徙……墾荒……戰爭……遷徙……墾荒……這一幕一幕可歌可泣，周而復始的民族滄桑史。〔註341〕

原住民族古調中，彷彿可見到族群性格隱含其中，「它不像一般阿美族的歌曲——旋律線起伏很大，……節奏明朗輕快，適合伴隨著舞蹈進行再加上阿美族人喜歡做高音域的表現，而使得歌曲聽起來都帶有亮麗、活潑而充滿生命力的一種色彩。」〔註342〕原住民族古調中，彷彿展現出族群文化精神所在，彷彿薩依德所述，「文化意指所有這些實踐的方式：諸如描述、溝通和再現的藝術，有其獨立於經濟、社會和政治領域的相對自主性，且經常以美學的形式存在，而其主要的目的之一便是樂章。」〔註343〕明立國即接著採訪另

〔註338〕明立國，〈恆春思想起〉，《願嫁山地郎》（1989 年 3 月），頁 144～145。
〔註339〕明立國，〈恆春思想起〉，《願嫁山地郎》（1989 年 3 月），頁 147。
〔註340〕明立國，〈恆春思想起〉，《願嫁山地郎》（1989 年 3 月），頁 147～148。
〔註341〕明立國，〈恆春思想起〉，《願嫁山地郎》（1989 年 3 月），頁 154。
〔註342〕明立國，〈恆春思想起〉，《願嫁山地郎》（1989 年 3 月），頁 148～150。
〔註343〕薩依德，〈導論〉，《文化與帝國主義》（2001 年），頁 2。

一戶族人，採集原住民族古調。

> 主人夫婦留下我吃午飯之後，帶著我去拜訪另外一戶的阿美族，……這戶人家也姓潘，主人一看上去就知道是個阿美族人，年五十三，也是一口道地的閩南語。他會唱歌，還會彈月琴，但是已經不會說阿美族話了。〔註344〕

當此戶原住民族人演唱古調時，「他一直也沒有把阿美族民謠練好，談的跟唱的老是合不攏，一個是阿美族的曲調，一個是漢族的樂器，不知道是本質上的差異，還是搭配不良的關係，聽起來總覺得有點彆扭。」〔註345〕漢族樂器與古調的結合，似乎仍有不甚和諧之處；彷彿原漢族群間，尚有諸多尚待磨合之處。

> 我這是頭一次看見阿美族人彈月琴，頭一次聽到阿美族人唱思想起，那種感覺好像看見阿美族人在家門口說著一口道地的閩南語是一樣的，總覺得是唐突而不順當的一件事。〔註346〕

當原住民演唱著古調時，乃重新詮釋族群文化精神，「阿美族人的臉孔，他們在細竹搭起的茅屋裡唱著歌、聊著天，他們說著那麼好聽，非常有旋律性的阿美語，歌聲是那麼的沈緩，那麼充滿著生命力。」〔註347〕在古調中，原住民族彷彿再現原住民文化精神的生命力，重新尋回族群文化的存在感，重新找到自我族群的歷史地位。

> 一九〇〇年，日本民族學者伊能嘉矩等人，曾依地理分布的觀點，將阿美族分為：恆春阿美、卑南阿美、海岸阿美、秀姑巒阿美，以及奇萊阿美（及南勢阿美）五大群，短短的數十年時間，難道恆春阿美族，就已然無法堅持他們生存的信念，放棄了生活在這塊祖先開闢出來的土地上的權利，悄然自民族歷史的舞臺上引退了嗎？〔註348〕

在古調中不僅可尋回族群文化精神外；甚至於連族群歷史，均可由此探究，「一個臺東的阿美族朋友說，他曾經用阿美語和陳達交談過，會不會這首『思想起』的來源也和陳達的身世一般，和阿美族有著尚待考證的一些關

〔註344〕明立國，〈恆春思想起〉，《願嫁山地郎》（1989年3月），頁151。
〔註345〕明立國，〈恆春思想起〉，《願嫁山地郎》（1989年3月），頁152。
〔註346〕明立國，〈恆春思想起〉，《願嫁山地郎》（1989年3月），頁153。
〔註347〕明立國，〈恆春思想起〉，《願嫁山地郎》（1989年3月），頁153。
〔註348〕明立國，〈恆春思想起〉，《願嫁山地郎》（1989年3月），頁154～155。

係？」〔註349〕在阿美族歌聲中，彷彿見證著文化變遷的軌跡，「文化的變遷和民族的交融。」〔註350〕明立國總在阿美族古調歌聲中，回憶起原住民形象，「每當思想起恆春的阿美族人，如訴的歌聲總會沈緩地響起，歌聲中我看到了那位潘先生兀自自彈著月琴……。」〔註351〕原住民族古調的保存，方可見證原住民文化精神的傳承。

肆、陳列族群意象中的原住民族

一、原住民族形象

陳列在〈同胞〉中，乃描述記憶中的原住民，如同諸多漢族刻板印象中的原住民族形象，直至親眼見到原住民，「那是我第一次曉得教科書上所說的『山胞』的模樣，而且很可能就是傳說中殺害吳鳳的曹族後裔的模樣。讓人掛念的卑微和渴盼。過去概念中的那些或兇殘或愚昧的形象，似乎一下子變得無聊起來。」〔註352〕對於吳鳳故事中的原住民，與現實生活中的原住民形象乃差距甚大。薩依德乃提出所謂的「對位式閱讀」，以平衡原漢族群間的觀點差異。

> 初次看到他們是在我讀初三的一個早晨。他們安靜地坐在市場入口的旁邊，坐在吆喝嘈雜的聲音裡，背後是騎樓下同樣安靜的牆壁和一堆空菜筐。在喧鬧的市集中，他們的膚色和服飾顯得突出而孤獨。〔註353〕

陳列乃由原住民形象，來推敲部落景象與原住民族群處境，「中間的那個孩童伏在女人的膝蓋上，睡著了，兩張大人的臉則斜仰著，其中的某些難以說清的神情，令人不忍終看。人們在他們眼前匆匆走過，只偶爾有些眼光游移到他們身上，以及他們面前擺放的一些獸角、獸器官和沒開花的蘭花上。……一路揣測著他們如何在凌晨離開他們位於某個山上的部落，背後孩子和準備售賣的希望，在黑暗的山間趕路。」〔註354〕陳列還提到自己軍中同袍原住民朋友，總將錢寄回家中。

〔註349〕明立國，〈恆春思想起〉，《願嫁山地郎》（1989 年 3 月），頁 154。
〔註350〕明立國，〈恆春思想起〉，《願嫁山地郎》（1989 年 3 月），頁 154。
〔註351〕明立國，〈恆春思想起〉，《願嫁山地郎》（1989 年 3 月），頁 155。
〔註352〕陳列，〈同胞〉，《願嫁山地郎》（臺中：晨星出版社，1989 年 3 月），頁 224。
〔註353〕陳列，〈同胞〉，《願嫁山地郎》（1989 年 3 月），頁 223。
〔註354〕陳列，〈同胞〉，《願嫁山地郎》（1989 年 3 月），頁 223～224。

> 好多年後，我有了一位來自花蓮泰雅族的朋友。我們在澎湖的軍中
> 同睡一間寢室，有時並且因深夜溜至營外的海邊喝酒而一起挨
> 刮。……當他總是在關餉的隔日把半數的錢寄回家時，我的虧欠感
> 就莫名其妙的來了。〔註355〕

陳列眼中的原住民，「我往往在繁忙的市街和山邊水涯，看到他們這樣地活著時顯露的令人怦然心動的臉孔。在我看來，他們的臉孔之所以給人異樣的感覺，並非由於鮮明的輪廓，而在於其中所說明的生之勇氣。」〔註356〕原住民努力求生存的勇氣，乃展現在現代原住民身上。

> 在桃園復興鄉的溪谷邊，他拎著袋子在朝露的草叢中尋找蝸牛，較
> 醒目的是他穿著電力公司的整齊制服。那是許多人仍在睡眠的時
> 候，他那一身灰色的服裝融合在薄霧籠罩下的山水裡，顯得恰切。
> 活著的可貴。〔註357〕

在平地社會努力求生存的原住民，相較於在山地部落中的原住民老人，「對於這些流落的子弟和正漸流散的傳統，那些，那些留守家園的父老會有怎樣的心情呢？這可能不是我們能夠確知的，但想來，他們在堅持中總不免會有些期許和惶惑吧，因為他們也和每個人一樣地有需求，有恐懼。」〔註358〕對於原住民族的命運與未來，充滿著諸多期許與牽掛；諸如部落老人的子女，乃同樣努力在尋找立足之地。

> 我從他拿出的信上，知道他的兩個兒子都在參與建國北路的築路工
> 程，女兒則和一位退役的士官住在屏東的一個海邊小鎮。我們坐在
> 屋外的一截木頭上繼續喝酒，喝一口米酒，配一口他買回的一盒五
> 元的黏黏的三色冰，用生硬的語言和笑聲交談。〔註359〕

陳列認為原住民族，經歷過日治時期的族群殖民壓迫後，導致原住民產生認命與安分守己的族群性格；甚至於逐漸產生對於殖民者文化的認同迷思，誠如薩依德所述，「假如主要的、最具官方色彩的、最具強制力和壓迫性的認同，是具有疆域、海關、執政黨與權威體制、官方版的敘事與形象的國家，假如知識份子認為這種認同有待不斷地批評與分析，則其他以相似方式

〔註355〕陳列，〈同胞〉，《願嫁山地郎》（1989年3月），頁224。
〔註356〕陳列，〈同胞〉，《願嫁山地郎》（1989年3月），頁226～227。
〔註357〕陳列，〈同胞〉，《願嫁山地郎》（1989年3月），頁228。
〔註358〕陳列，〈同胞〉，《願嫁山地郎》（1989年3月），頁228。
〔註359〕陳列，〈同胞〉，《願嫁山地郎》（1989年3月），頁229。

被建構起來的認同，也有待類似的探究及質疑。」〔註360〕原住民族甚至於遭遇過，族群屠殺的霧社事件，導致原住民乃安於現實生活。

> 他們有受騙被欺以及因狠勇抗日而遭集體屠殺的過去，因此他們變得戒懼而乖順。他們的醉歌和不善積蓄，可能是因他們強烈關心解決目前這一刻，覺得活著並不需要很大的想像力，覺得今天過得安心而值得慶祝就夠了。〔註361〕

陳列曾目睹諸位原住民孩童，由於父母親無暇照顧，而獨自遊戲於路邊，「在蘇花公路的和平站，我曾看到五六個大概五歲不到、赤身裸體的小孩在傾盆大雨中的路邊水溝追逐嬉戲。那是一群自然的孩子『有幸能夠經常體會自然，但往往也要隨自然的意思生死的孩子。』因為他們的父母無暇或沒想到要去照顧。」〔註362〕陳列又舉一對原住民姊弟為例，說明原住民山地部落的交通不便，導致原住民孩童必須辛苦地就學。

> 我也曾在某個夏初的黃昏，陪伴一對小姐弟坐在立霧溪的水邊靜觀水勢，盤算著如何涉渡因午後的一場雷雨而稍漲的河水。他們放學後，坐車再走路，已花掉將近一個鐘頭，但他們還有六個小時的山路要走。我摸著清冷的流水，想到知識的求取對這對小生命未免太過習難，而，什麼又叫學習的平等和生活的機會？〔註363〕

當陳列遇見一個阿美族女孩，在相談甚歡後；陳列突然醒悟到，原漢族群間乃並無差異，即同為臺灣這塊土地上的同胞，應擁有平等的族群權益，縱然原漢族群間乃存在著族群隔閡。

> 我遇過一位要考大學的女生，從她的特徵，我知道她是阿美族的。我很想知道她所熟知的事物和想法，因此我試著接近她，但總覺得中間橫亙著一些芥蒂。當我們隨便地聊著其他的事情時，我終於了解到，那不是誰接受誰的問題。一開始，我們就不應是對立的；我不可以因她的身分才產生興趣。在我們一起看到的事物中，在我們同樣感受到的悲喜中，我們才彼此相像，彼此分享經驗，並且成為，同胞。〔註364〕

〔註360〕薩依德，〈挑戰正統與權威〉，《文化與帝國主義》（2001 年），頁 583。
〔註361〕陳列，〈同胞〉，《願嫁山地郎》（1989 年 3 月），頁 230。
〔註362〕陳列，〈同胞〉，《願嫁山地郎》（1989 年 3 月），頁 230～231。
〔註363〕陳列，〈同胞〉，《願嫁山地郎》（1989 年 3 月），頁 231。
〔註364〕陳列，〈同胞〉，《願嫁山地郎》（1989 年 3 月），頁 231～232。

陳列細膩地觀察原住民族的族群百態與族人面貌後，即體悟原住民族不再為漢族傳統刻板印象中的原住民，彷彿薩依德所述「意識型態」追求，乃努力地再現真實的原住民形象，「民族主義的根本教訓：必須去追尋意識型態的基礎，以達到比任何過去所知的更廣泛之統一性。」〔註365〕現實生活中，真實的原住民族，即同於漢族與外族般，同為族群平等的臺灣同胞。

二、原住民族之族群壓迫

原住民族長期以來所面臨的族群壓迫，可由土地自主權的流失與住所的遷徙進行探討。原住民族因外族壓迫而導致遷徙至深山居住，在山地部落中努力地求生存；自從山地部落經濟生活已無法自給自足後，原住民僅能選擇重新進入平地社會生活，重新在多元族群社會中，尋求立足之地。

> 文明曾經節節進逼，將他們從住了好幾個世紀的平地擠上山去，使他們在深山野地裡發展出特殊的狩獵技能，或者像阿美、雅美兩個海洋民族那樣地向山邊的水田、溪流或大海討取生活所需，甚或在新來的幾批人群中失掉蹤影，無從識辨，只讓那一段退卻的辛酸留下石牌、古亭（鼓亭）、頭城之類的地名，在時間裡漸失其歷史意義，成為很少人會去探究的古老紀事。〔註366〕

現代多元族群社會中的原住民族，乃必須以人口弱勢處境，努力地與漢族競爭，「現在，文明總算又把他們引向更廣闊的外面來；他們終於可以不必再守著獵槍，守著山上的墾殖地了。許多人走進工廠機關內，有些人在臺灣海峽的某些雙拖漁船上，更有的人遠至阿拉伯沙漠中的工地出賣力氣。」〔註367〕原住民族在現代社會中的艱難困境，即要面對諸多族群議題的衝擊與影響。

> 現代文明四面八方衝擊而來，人本就難以站立原地，不管是情勢所逼還是出於自願，總有一些要割捨，有些要去抓握。也許，最基本的，這是他們求生存的問題。他們將會步步地放棄孤立，從祖傳的單一技能的仿效中探頭學習，一如學習應付大自然那樣地學習支配自己。〔註368〕

〔註365〕Davidson, Africa in Modern History, p.156。薩依德，〈反抗文化的主題〉，《文化與帝國主義》（2001年），頁395。
〔註366〕陳列，〈同胞〉，《願嫁山地郎》（1989年3月），頁226。
〔註367〕陳列，〈同胞〉，《願嫁山地郎》（1989年3月），頁226。
〔註368〕陳列，〈同胞〉，《願嫁山地郎》（1989年3月），頁226。

原住民族在絕對弱勢的族群處境中，「當他們如此這般地在傳統與現代的夾縫中努力呼吸著時，他們勢必會有所疑懼。但這不是很需要介意的。人唯有在有知覺地活著，在擔負和委屈之後所感到的迷惘和毅力中，才能顯出人所以為人的魅力。」〔註369〕現代原住民族即努力地在多元族群社會中，尋求一席立足之地。

三、原住民族之部落景象

陳列在〈同胞〉中，描述原住民軍中同袍，曾直言要帶他一同去狩獵，縱然此舉尚未真正實現；卻也藉此機會，使陳列對於原住民部落有進一步的認知；陳列甚至於曾目睹原住民朋友的工作環境，乃充滿著職業風險。

> 他退伍的時候，握著我的手說，將來我們一起去打獵，最好是扛一
> 條山豬回來。但是，他一直沒帶我去打獵。再見到他是在他家鄉的
> 一處山腳；他和幾個人正受雇在把一細細的竹子扛到卡車上。砍起
> 的竹子從陡急的山坡急流而下，滑行和落地的轟然聲響驚心動魄，
> 使工作中的他們顯得極為弱小。〔註370〕

隨著現代社會的變遷，原住民狩獵活動也逐漸式微，因此陳列曾言，「我也知道，我們不可能去打獵了，甚至於突然開始討厭起想像裡的打獵這種事，以及討厭起自己。對於狩獵，我總以為那是一件十分迷人的事：扛著槍，搜尋追逐於高山深澤間，夜裡便在林中升起營火，對坐烤肉，交談美麗勇氣等等。」〔註371〕在漢族眼中的原住民狩獵活動，彷彿結合著寓教於樂地充滿樂趣。

> 或許也真如一些研究者說的，對所有的山胞而言，狩獵是生產與遊
> 戲混而不分的一種活動，所以當他們以獵維生時，由於人類天生的
> 興奮欲望容易獲得滿足，工作是一件極大的樂事。〔註372〕

實際上，狩獵活動對於原住民族而言，即為充滿著險峻危難的工作環境；當年原住民冒著生命威脅上山狩獵，僅為求得三餐溫飽。原住民族的山居生活，乃為不得不的無奈選擇。因此，狩獵活動在原漢族群觀點中，乃有迥然不同的意義與觀點。

〔註369〕陳列，〈同胞〉，《願嫁山地郎》（1989 年 3 月），頁 226。
〔註370〕陳列，〈同胞〉，《願嫁山地郎》（1989 年 3 月），頁 224～225。
〔註371〕陳列，〈同胞〉，《願嫁山地郎》（1989 年 3 月），頁 225。
〔註372〕陳列，〈同胞〉，《願嫁山地郎》（1989 年 3 月），頁 225。

但我坐在那塊石頭上的時候，想到的卻是，狩獵原是他們過去謀生
的一種方式罷了，而對於謀生的事，尤其是他人不得不然的謀生的
事，我實不該僅僅想像它的樂趣。那樣的日子其實也是苟且而充滿
限制的：危疑的山野、不足的糧食、疲累、寒冷。而，事實上，他
們也非原本就住在山裡。〔註373〕

陳列曾描述遇見泰雅族人，經歷二小時路程方得以返家，由此可見山地
部落的交通不便。山地部落景象，即為荒蕪一片的荒涼落後景象；居住於此
的原住民族，經濟生活更為困頓貧窮，彷彿原住民族的族群困境般。

在太魯閣一個廢棄不用的公路局售票站內，一位獨飲的泰雅族中年
人招手要我進去，最後則跟著他走兩個多小時的山路，回到他家
裡。那是搭建在海拔四百多公尺處的兩間木屋，附近另有的三四戶
已空無一人。他在更高處的斜坡有一塊種著地瓜和竹子的地，有時
則採割一種肥厚的葉子，賣給山下的商人包豬肉。〔註374〕

山地原住民部落景象，看在陳列眼中，彷彿「文明好像很遠，隔著黑暗
中的峭壁叢林。我似乎跨過了許多世代，處身於一個黑暗的自然統治的歲月，
覺得他的存在近似一種自我的放逐，和周圍的鳥獸蟲蛇有著類似的生活，一
樣堅韌地生存、守候和死亡。」〔註375〕在山地部落中的荒蕪遍野，彷彿見證
著原住民族群艱困的族群環境。在看似神秘又陌生的原住民部落景象，乃全
然出於原漢族群的族群隔閡所致。

但是，這一切都既不原始，也不神秘。如果我們認為如此，那全在
於我們不瞭解他們和自己。他們殊異的文化有他們獨特的生存歷史
和背景。我們不能用一般的價值標準和行為禮儀去衡量。〔註376〕

縱然由於原漢族群隔閡產生，漢族對於原住民族的歧異眼光，但「如果
我們依然覺得他們原始和神秘，那必定是因為我們先已準備了神秘的心理，
希望在日常的沈悶無聊之外看到一些陌生的事物，以尋得刺激性的滿足。他
們也和我們一樣地有權利，只是他們不清楚。」〔註377〕其實，原漢族群乃同
為平等族群與同胞。

〔註373〕陳列，〈同胞〉，《願嫁山地郎》（1989年3月），頁225。
〔註374〕陳列，〈同胞〉，《願嫁山地郎》（1989年3月），頁229。
〔註375〕陳列，〈同胞〉，《願嫁山地郎》（1989年3月），頁229～230。
〔註376〕陳列，〈同胞〉，《願嫁山地郎》（1989年3月），頁230。
〔註377〕陳列，〈同胞〉，《願嫁山地郎》（1989年3月），頁230。

這或許是文明交會時必然會有的碰撞和損傷，但我們也不必就因而推出勝優敗劣的定論，把他們看成遠古時代的活標本，抱著觀光心態，在他們之間高視闊步，指點拖捨，或以主觀的準據去強力進行一些措施，徒然打擊他們的尊嚴和自信，升高他們的物慾，讓他們還沒有分得過時的微量財富時，就已嚐到了精神的痛苦。重要的應是，設法保存並發揚一些令他們驕傲的東西，讓他們在疲憊軟弱時能夠回頭去靜靜審視。〔註 378〕

陳列在〈同胞〉中，乃藉由諸多原住民，鋪陳出原住民族形象與部落景象；冀望藉由此報導文學，再現原漢族群平等的真實景況。由此使原住民族群處境，得以有機會被正視與改善；進而有機會改善原住民族的族群命運與生活困境。

四、原住民族之祭典

陳列曾自述，參與現代阿美族豐年祭祭典的過程，「有一次，阿美族在花蓮市區的綜合運動場舉行豐年祭。整個節目是安排展示給人看的，轟鬧走動的觀眾使祭典缺少了許多虔誠以及和人文環境相調諧的氣氛。」〔註 379〕現代原住民族祭典，由於加入太多現代元素，使傳統原住民族祭典氣氛，均有所失落。

一大圈盛裝舞蹈的婦女把幾個裸著胸膛的男人圍在中間。站在中央的那位主唱的歌者卻無視於這一切，臉孔漠然地昂首注視遠方。他高歌時完全投入的表情，使人覺得他必定是在訴說著他的愛與祈求，向祖先訴說，向心中某個不輕易揭示的角落，那也許是他覺得親近而恐懼的神靈，也許是生命的況味，或者是他曾對之諄諄教誨過的幾位族中少年。歌聲迴盪在簡單的杵聲和舞步的重複裡，很深很醇。深情的民族。〔註 380〕

陳列縱然無法瞭解，在原住民族祭典中的曲調，「我聽不懂歌裡的意思，但歌聲使我覺得我們很接近，相信其中包含有血淚、歡笑的一直傳延到現在的過去。」〔註 381〕在原住民族祭典中，原漢族群彷彿一家人般地和諧平等共

〔註 378〕陳列，〈同胞〉，《願嫁山地郎》（1989 年 3 月），頁 231。
〔註 379〕陳列，〈同胞〉，《願嫁山地郎》（1989 年 3 月），頁 228～229。
〔註 380〕陳列，〈同胞〉，《願嫁山地郎》（1989 年 3 月），頁 229。
〔註 381〕陳列，〈同胞〉，《願嫁山地郎》（1989 年 3 月），頁 229。

處，此即諸多原漢族群，對於族群接觸的冀望。

伍、楊渡部落意象中的原住民族

一、原住民族形象

楊渡在〈山村筆記〉中，描述通往山地部落的客運中，諸多原住民形象，「坐在客運車站裡，等待通往巴陵的車。泰雅族人約莫十來人，也在等候。一個老人穿著草綠厚外套，提一包菜肉食物，站在站牌下張望，看年紀，約莫是祖父，所以額外帶著一包餅乾，彷彿要給孫子的禮物。」〔註382〕由此展現原住民在回到部落時，將帶回些許物資；但在車站中的原住民，乃在平地社會中謙卑地自處著。

> 整個候車站裡，雖則有交談，然而合起來卻是低低的中音；雖則偶爾抬頭張看班車，但更多時候是俯首的姿勢；身體也謙卑地垂著，少有張臂抬腿的大動作；構成一幅安靜、謙卑、俯首的圖景。在平地社會中，山地人大都是這樣的吧。彷彿是陰沈的雲覆壓下的稻子，畏怯、瘦削、幽暗，時或仰望天空，而又低垂著頭。〔註383〕

原住民孩童，乃極為熱情地與人相處，「他正就讀幼稚園小班，會說簡單的國語，以及流俐如水的泰雅母語。……他像小老師一般教我泰雅語，糾正我的發音，偶爾也不勝其煩，嘆一口氣，似乎嫌我很笨。」〔註384〕楊渡很快地與原住民孩童打成一片，在楊渡眼中的原住民族，總為謙卑、熱情、善良的形象。

> 然而我也曾遇見一個在城市裡當警察的山地人，謙卑、善良、羞怯，像個小公務員。幫妻子提著行李，牽一個小孩，要回家鄉探望父母，一再地在向我強調，山地人是很優秀的民族，村子裡有很多人像我一樣唸過大學，彷彿大學是一件了不起的事，而這些人都很有成就，成為民眾服務站人員或幹事……，都是很優秀，很厲害。〔註385〕

楊渡在東部旅行時，曾巧遇熱情好客的原住民，「多年以前，我曾獨自沿

〔註382〕楊渡，〈山村筆記〉，《願嫁山地郎》（臺中：晨星出版社，1989 年 3 月），頁181～182。

〔註383〕楊渡，〈山村筆記〉，《願嫁山地郎》（1989 年 3 月），頁 182。

〔註384〕楊渡，〈山村筆記〉，《願嫁山地郎》（1989 年 3 月），頁 184。

〔註385〕楊渡，〈山村筆記〉，《願嫁山地郎》（1989 年 3 月），頁 184。

著東海岸旅行，路過靜埔，便逗留在那兒同阿美族人跳豐年祭。」〔註386〕在
此遇見的原住民青年，乃訴說著原住民在平地的諸多挫折與未婚妻的離去。
此即彷彿諸多原住民，均在平地社會中，飽受壓迫而歷經滄桑的族群處境。

> 他們的善良與好客，對他們而言是全然陌生的我，不僅有酒喝，有
> 豐富的夜宴，也有一個最優美的夜晚；那一夜我同一個山地青年跑
> 到秀姑巒溪出海口的沙灘上，望著升起的月光，映滿東海岸銀片的
> 海濤，談著他的人生遭遇，在平地社會的挫折，以及那踏入社會，
> 可能再也不會回到山村的未婚妻……。〔註387〕

　　楊渡乃徹底感受著，原住民族的熱情與親近，與漢族朋友儼然打成一
片，「次日我還跟他在沙灘看著從城市回來參加豐年祭的青年們，在海裡游
泳、捕魚、歡唱，玩了好一陣子。走在馬路上，他們一個個同說招呼說笑，
宛如我是村中的一員。」〔註388〕當漢族真正地接觸原住民族，方可真正地瞭
解原住民特質。

> 那時我才真正明白，我根本不了解山地人，正如隔著物與火光，瞧
> 見的那張臉一樣。我更不了解他們的生命、他們的歷史、他們的汗
> 水、他們在大地上生存的故事、以及他們同足下的土地的關係。
> 〔註389〕

　　當原住民訴說著傳統文化技能與生活時，彷彿再現原住民族生活特色，
即如楊渡所述，「每當聽著山地人敘述他的生活與狩豬的故事時時，那沈埋在
荒涼的山村，廣漠的夜霧，……我試著要去察看那一張浮動的面貌，卻常為
背後的生命與歷史的迷霧所壟罩，而感覺著更大的迷惑。多麼不容易呵，要
了解別人的生命，更何況了解那陌生的族群的生命。」〔註390〕現代山地原住
民，儼然為理所當然的平地人，原住民族命運與發展脈絡又將如何演變，均
為值得思考議題。

> 然而，山地人的生命之根是什麼呢？他們又承繼著什麼樣的歷史血
> 脈呢？他們同足下的土地關係如何呢？我試著追溯，卻看見更大的
> 迷霧在歷史上飄移。原來山地人並不是「山地人」，而是十足的平地

〔註386〕楊渡，〈山村筆記〉，《願嫁山地郎》（1989 年 3 月），頁 186～187。
〔註387〕楊渡，〈山村筆記〉，《願嫁山地郎》（1989 年 3 月），頁 186～187。
〔註388〕楊渡，〈山村筆記〉，《願嫁山地郎》（1989 年 3 月），頁 187。
〔註389〕楊渡，〈山村筆記〉，《願嫁山地郎》（1989 年 3 月），頁 189～190。
〔註390〕楊渡，〈山村筆記〉，《願嫁山地郎》（1989 年 3 月），頁 190。

人。在四、五千年以前。〔註391〕

　　當年原住民族的生命之根，乃逐漸地在臺灣這塊土地上扎根，「在四、五千年以前。……可以較爲確定的是山地人也是移民者，屬於福建大陸沿海一代的南島系民族。據學者研究，南島語系由亞洲大陸塊漂泊而出，往南遷徙流離，以至於菲律賓、印尼、馬來西亞一代，而臺灣這沈睡之島便是那時被喚醒的。」〔註392〕原住民族強勁的生命力與民族命脈，即流離漂泊至今。

　　　　而生命之根，還是在山林裡。他們可以帶著一把鹽巴，入山行列，
　　　　而沒有死亡之虞，隨時可以打到飛鼠和松鼠來吃，在深山裡，他們
　　　　又自在又心安。但是，隨著林務局的大量砍伐，森林生態系統逐漸
　　　　破壞，現在野獸都快消失殆盡了。山林無可倚靠，他們只得流離而
　　　　出到城市裡討生活。這漂泊流離的民族呀，祖先是從平地向高山移
　　　　動，如今，又從山村流向了平地。〔註393〕

　　現代社會中的原住民族，乃迫於生活困境而在都市的夾縫中求生存，「當族群的生命之根變動了了，而且由半原始的狩獵農耕社會走向狡詐複雜唯利是圖的資本主義社會，其適應將是多麼的困難。背負著挫敗流離的歷史，膚受著騎士的目光而成長，又盲然失去生命之根的山地人，被迫走入全然陌生的平地社會討生活。」〔註394〕在平地求生存的原住民，乃飽受族群壓迫與種族歧視的欺凌。

　　　　男人在社會的最底層賣著體力與肌肉，礦工、漁民、捆工、建築工
　　　　等等，兒女人則更像是被圍捕的野獸，在貧窮與色情陷阱的逼迫
　　　　下，走入暗巷，出賣最原始的肉體，華西街高達四十％的山地少
　　　　女，就是血淋淋的證據。因爲山地人口只佔臺灣總人口數二％不到
　　　　呀！〔註395〕

　　原住民在平地社會中的諸多遭遇，乃令人不勝欷噓。原住民諸多從事高勞力低收入工作，努力地在平地社會的夾縫中求生存，彷彿薩依德所述，「敘事從依賴和卑劣的地位一直向前推展到民族主義復振、獨立國家形成、文化

〔註391〕楊渡，〈山村筆記〉，《願嫁山地郎》（1989年3月），頁191。
〔註392〕楊渡，〈山村筆記〉，《願嫁山地郎》（1989年3月），頁191。
〔註393〕楊渡，〈山村筆記〉，《願嫁山地郎》（1989年3月），頁195。
〔註394〕楊渡，〈山村筆記〉，《願嫁山地郎》（1989年3月），頁195。
〔註395〕楊渡，〈山村筆記〉，《願嫁山地郎》（1989年3月），頁195。

自主性，並焦慮地與西方世界合夥。」〔註396〕在實際生活中，諸多原住民在平地社會中的受挫經驗，經常導致原住民，重新選擇回歸部落以尋求慰藉。

二、原住民族之種族歧視

當楊渡看著客運站中，開往山地部落的原住民朋友，竟產生漢族中心主義思維，認為原住民進入平地，即彷彿鄉下人進城般的景象。在漢族眼中的原住民族，彷彿薩依德所述，關於被殖民者「東方」乃被視為有「差異」的居民般，「我所要辯論的是，『東方』本身就是個建構的實體，認為它有地理性的空間與其本土居民——根本上『差異』的居民，而我們可以根據那個地理空間上所特有的某一宗教、文化或者種族的本質，來界定他們，這種說法同樣是個高度爭議性的觀點。」〔註397〕在原住民孩童眼中，這一切彷彿平等如常地自然而然。

> 鄉下人進城，山地人下山，竟是這樣的相似。是離開自己熟悉的土
> 地使然？抑或是弱者遇見強者的自卑呢？畢竟，我是不曾見過城市
> 人下鄉時而變得謙卑呀。然而，孩子們是無視於這一切的。在他們
> 心中，人是一團完整而又模糊的形象。山地與平地，城市與鄉村，
> 種族與種族，強勢與弱勢，貧與富，一切的差序都尚未開始，在那
> 尚未築起藩籬心中，人有其完整而平等的面貌，所以他們清亮的眼
> 睛看著各式各樣的人。〔註398〕

原住民乃遭遇諸多被平地人所欺騙的經驗，「但我又深恐那幻想的破滅，以及過度崇敬知識人，轉而被知識人所欺騙、欺負。因為過度的崇拜，常常是被崇拜者變得教狂、蠻橫的原因之一。」〔註399〕漢族與外族對於原住民族而言，彷彿強勢文化入侵，使原住民族弱勢文化產生莫大衝擊，彷彿薩依德所述，「在所謂西方或宗主國世界，以及第三或前殖民世界中的人，都分享了一個相同的經驗，即高度或古典的帝國主義時代，仍繼續以不同的方式在當今具有相當大的文化影響。」〔註400〕在平地社會求生存的原住民，即經常遭遇著種族歧視所產生的族群壓迫。

〔註396〕薩依德，〈心路歷程與反對勢力的出現〉，《文化與帝國主義》（2001 年），頁
463～464。
〔註397〕薩依德，〈晚近發展面面觀〉，《東方主義》（1999 年 9 月），頁 469。
〔註398〕楊渡，〈山村筆記〉，《願嫁山地郎》（1989 年 3 月），頁 183。
〔註399〕楊渡，〈山村筆記〉，《願嫁山地郎》（1989 年 3 月），頁 184。
〔註400〕薩依德，〈帝國、地理與文化〉，《文化與帝國主義》（2001 年），頁 39。

> 我遙渺地想起在城市裡討生活的山地友人。他們大約也都有過人的
> 完整而平等的面貌，夢，和遠景。然而，在求學過程中，卻要為一
> 句輕蔑的「蕃仔」而大打出手。為了自尊，為了血脈，為了民族，
> 他以一當十，不斷打下去，直到成長。〔註401〕

在現代社會努力求生存的原住民，乃經常遭遇族群歧視所產生的精神壓迫，經常會產生逐漸被殖民同化的趨向，「種族中心論的概念在後現代／後殖民情境中益顯捉襟見肘，跨國族差異政治取而代之，文化價值歷經邊界協商，形塑『中介空間』（in－between space）、灰色地帶，以此比喻後殖民文化變遷，傳神地描繪了殖民與被殖民文化的撕裂與糾葛，也指向跨界主體建構的不斷滋生、演繹。」〔註402〕諸多原住民寧願選擇努力地漢化，以隱藏自我的原住民族群身分；進而產生族群認同迷思，默默地承受著原住民生存困境。

> 成長意味著忍受，無言地承著異樣的眼光，甚至努力變得像漢人，
> 努力地掩飾自己的血脈，民族、記憶，深深地埋著挫敗、屈辱、自
> 卑以及無邊的孤寂。他們在心中築起心的圍牆，來維護那碎了又
> 碎、裂了又裂的自尊。孤獨地在社會中工作，適應，遺忘。〔註403〕

在原住民眼中的族群壓迫，乃使族群平等蕩然無存，「『這樣成長起來，不變成不良少年已是萬幸了，何況是酗酒？』一個山地友人曾經對我說。那人間所當有的完整而平等的面貌，也在這過程中，一寸寸割裂，永遠不返了。」〔註404〕諸多原住民，均承受諸多令人心碎的成長過程。

> 我又畏懼於他的成長，他要走著山地人坎坷的路，在冷眼與歧視中，
> 打架、委屈，讀傷心的吳鳳故事，最後擁有著心的藩籬、碎裂的自
> 尊，無邊的孤獨。而且失去了人完整而平等的面貌。〔註405〕

當楊渡告知母親曾在山地部落中生活，竟換來母親的質疑。此番言論即存在著漢族對於原住民族，所普遍存有的族群刻板印象。此即由於族群隔閡所產生的族群偏見，乃有失公允。

〔註401〕楊渡，〈山村筆記〉，《願嫁山地郎》（1989 年 3 月），頁 184～185。
〔註402〕黃心雅，〈「翻譯」法農，權力、慾望與身體的中介書寫〉，法農，《黑皮膚，
　　　　白面具》（2005 年 4 月），頁 21。
〔註403〕楊渡，〈山村筆記〉，《願嫁山地郎》（1989 年 3 月），頁 185。
〔註404〕楊渡，〈山村筆記〉，《願嫁山地郎》（1989 年 3 月），頁 185。
〔註405〕楊渡，〈山村筆記〉，《願嫁山地郎》（1989 年 3 月），頁 185。

> 孰料，返回家鄉，母親竟然説：「你獨自住在山地部落，也不怕被割
> 頭。」我爲那句話深感震驚。怎麼也無法想像那麼友愛樸直的山地
> 人，在母親的腦海中竟是這種形象。我當即回答她：「山地要比城
> 市安全一百倍。那裡，沒有小偷，也沒有強盜。怎麼會殺人頭？」
> 〔註406〕

不僅楊渡母親，諸多漢族對於原住民族刻板印象，均源自於吳鳳故事的偏誤，「從而我前所未有地痛恨起國小課本裡的吳鳳故事。吳鳳不僅是一個日本人製造來統治山地的政治神話，更是分化平地人與山地人的感情，從而使山地人自卑，而各自築起藩籬的手段。我的母親一生從未遇見過山地人，偏見便是由此而來的。」〔註407〕原住民族長期以來，均經常面對族群壓迫的生活困境。

> 如今我們所見的山地人，便是劫餘的後代了。在山村的夜霧中，硬
> 著火光的那一張輪廓分明的臉，便是背負著幾百年的流離遷徙，戰
> 鬥死亡的歷史。那被壓迫者的自尊與自卑，分明寫在他的嘴唇上，
> 他説：「山地人是優秀的民族。」〔註408〕

原住民在族群壓迫與種族歧視下，乃產生族群認同迷思；甚至於在平地社會，飽受族群壓迫與種族歧視後，選擇回歸部落去尋求生計，彷彿薩依德所述，原住民即產生所謂的「文化抗拒」，「文化抗拒的首要任務之一便是重申主權、重新命名並重新定居於土地之上。」〔註409〕原住民選擇重新回歸部落的族群主權與土地上。在現代多元族群社會中，原住民族仍有諸多族群議題尚待改善。

三、原住民族之部落景象

楊渡描述山地部落景象時，乃感受到原住民部落的友善，「然而在山地行走，我有一種特別的放心。那零星散布在山巔海傍的小部落，都宛如是個親密友愛的家庭。即使這是我第一次踏入上巴陵，也一無惶恐或陌生，就算是找不到友人，我總認爲，山地人一定會收留我。」〔註410〕楊渡在此方感受到原住民族的親切善良。

〔註406〕楊渡，〈山村筆記〉，《願嫁山地郎》（1989 年 3 月），頁 187。
〔註407〕楊渡，〈山村筆記〉，《願嫁山地郎》（1989 年 3 月），頁 187。
〔註408〕楊渡，〈山村筆記〉，《願嫁山地郎》（1989 年 3 月），頁 194～195。
〔註409〕薩依德，〈葉慈和去殖民化〉，《文化與帝國主義》（2001 年），頁 422。
〔註410〕楊渡，〈山村筆記〉，《願嫁山地郎》（1989 年 3 月），頁 187～188。

何況，這兒的人是這樣善良。你可以隨時走進一個家庭的廚房裡，
去問他你的友人住在哪處。部落是這樣小，零星百戶不到的人家，
早已互相熟識比鄰而居數十年了。〔註411〕

　　楊渡對於原住民族，乃存有著親切善良的印象，甚至於冀望著原漢族群可和平共處，「然而新生的一代，應該擁有全新的命運。我恍惚看見一個遙遠的夢：我們的孩子與山地的孩子坐在小學的操場上玩沙，學習著泰雅語正如他們學習著國語和閩南語，然後，他們站起身，攜著小手相前奔跑⋯⋯。向前奔跑，去打破那命運的鐐銬。」〔註412〕在現實社會中，原漢族群仍存在著諸多族群議題尚待改善，諸如原住民在平地社會的就業議題。

當農村逐漸轉變，那更底層的純靠勞力的工作，卻又由山地人遞補
起來，向礦工、漁民、捆工等等。山地八〇年代建築與七〇年代平
地的相像，彷彿也見證著遞補與轉變。〔註413〕

　　楊渡對於原住民在平地社會底層的生活困境，即深刻地記載著原住民在夾縫中求生存；山地原住民更是在困境中努力地掙扎著。因此，要如何協助原住民族進行法農所謂的「去殖民化」，乃為當務之急，「法農的理論和恐怕甚至是行上學的反帝國主義去殖民化之敘事，徹底被標示著解放的腔調與變化；這遠遠勝過消極回應式的本土防衛性。」〔註414〕要如何改善原住民族群困境，即為重要的族群議題之一。

我彷彿看見一層層的架構覆壓在山地人的頭上。底層是山地人，再
上來是農村，再上來是小鎮城市，然後是大都會。而大都會竟是寫
滿英文、日文，蓋滿美式大樓和辦公室的所在。我彷彿看見那細密
無比的網絡，深深覆蓋在人民的身上。在整個世界經濟的壟罩下，
山地人匍匐爬行著，掙扎著。而所謂的進步，我深深地懷疑，其實
只是下一層拾著上一層的餘唾、殘勝的骨頭，掙扎著往前爬行的過
程。山地壟罩在霧漆裡，而山地人是否要永遠在霧中前行，永無盡
頭呢？〔註415〕

　　原住民族在山地部落生活，乃為當年被外族驅趕所致，「山地人之向深處

〔註411〕楊渡，〈山村筆記〉，《願嫁山地郎》（1989年3月），頁186。
〔註412〕楊渡，〈山村筆記〉，《願嫁山地郎》（1989年3月），頁185。
〔註413〕楊渡，〈山村筆記〉，《願嫁山地郎》（1989年3月），頁189。
〔註414〕薩依德，〈葉慈和去殖民化〉，《文化與帝國主義》（2001年），頁435。
〔註415〕楊渡，〈山村筆記〉，《願嫁山地郎》（1989年3月），頁189。

遷徙，也正是被後來的移民者所擊敗的緣故吧。如今，烏日村已沒有一絲一毫山地人住過的痕跡，僅留有一個地名叫做『番仔腳』，見證著曾有山地部落而已。」〔註416〕原住民族的生存空間，乃在歷史洪流中飄盪至山地部落。

> 然而，泰雅人流離遷徙並沒有結束。有清一代，隨著閩南人的大舉移民，他們隨著野獸生禽深山移動，在中央山脈的深谷峻嶺間翻爬。有的向東移入花蓮，有的向北遷徙，又分成三路：一支進入和平北溪流域；一支向東北，進入蘭陽溪上游；一支則向北，翻越大雪山，進入新竹、桃園、臺北等縣的中央山脈地帶。我在復興鄉上巴陵一代所遇見的，便是那翻越大雪山的族群。〔註417〕

原住民族在與不同族群的族群接觸歷史上，即由於少數族群的弱勢處境，而飽受族群壓迫，「在移民者的生存之戰中，福佬人、客家人取得絕對性的勝利，原住民族被迫在中央山脈尋找生存的土地。戰鬥與壓迫並沒有結果，有清一代，山地人口銳減半數。一個清代官員走過部落廢墟，概嘆其十室九空。而且，有些壓迫者為湮滅殺伐的證據，竟然連婦女小孩一併殺絕，放火焚毀整個部落。」〔註418〕當年原住民族祖先，或許料想不到現代原住民族處境，「當泰雅族的祖先推動木舟，從福建沿海漂泊而出，懷著尋求幸福樂土之夢，可曾想見，他的子民竟走入這樣的境地？歷史到底要走向哪裡呢？」〔註419〕現代原住民族，仍努力地在多元族群社會中求生存。

> 留在故鄉的族人們也有深心的惦念與祝福，每當稻穗成熟時，那遙遠的民族記憶便飽滿地在心中甦醒，幾十年前，族人一起收穫，圍著圓圈歡舞的人們，如今都流向城市。他們只在山村唱著呼喚的歌。〔註420〕

原住民族命運，彷彿原住民族曲調般所述，「有一首悠揚而感傷的卑南歌謠『美麗的稻穗』是這樣的：多美麗呀！我們金色的稻穗，我們的田園。我們到了，快收割了。啊——快寫信，寫信告訴遠方的孩子！快告訴在金門馬祖的孩子！」〔註421〕原住民族文化尚待老少族群共同地努力來傳承，因此部

〔註416〕楊渡，〈山村筆記〉，《願嫁山地郎》（1989 年 3 月），頁 193～194。

〔註417〕楊渡，〈山村筆記〉，《願嫁山地郎》（1989 年 3 月），頁 194。

〔註418〕楊渡，〈山村筆記〉，《願嫁山地郎》（1989 年 3 月），頁 194。

〔註419〕楊渡，〈山村筆記〉，《願嫁山地郎》（1989 年 3 月），頁 195～196。

〔註420〕楊渡，〈山村筆記〉，《願嫁山地郎》（1989 年 3 月），頁 196。

〔註421〕楊渡，〈山村筆記〉，《願嫁山地郎》（1989 年 3 月），頁 196。

落原住民老人，乃努力地守候著部落。

> 像蒲公英的種子，每個部落的青年向著城市流浪。但我相信，他們
> 一定會記得，那為在火堆邊的臉也一定會記得，幾千年前，是山地
> 人首先喚醒這美麗沈睡的島嶼，使得這島嶼有了人的族印、勞動的
> 手痕，以及新生命的啼哭與奔騰。山地的朋友呀！千萬不要遺忘。
> 〔註422〕

不論原住民族過去與未來的族群命運將如何，「黎明時分，禱祝之歌在濤
聲中昂然高唱。人們為在火堆邊向祖靈祈求平安和祝福，也像這生存過的土
地道別。……渡海來臺的泰雅族人具研究曾在西部平原住過。嗣後沿著烏
溪，經埔里、國姓，向深山移動，在北港溪與北勢溪的源頭上游，獵捕生
存。」〔註423〕原住民族乃隨著歷史洪流遷徙著，諸多原住民仍在平地社會與
山地部落中，努力地為族人生活而努力著，縱然諸多族群困境尚待改善，諸
多族群議題尚待解決。

四、原住民族之神話傳說

楊渡在〈山村筆記〉中，曾描述原住民族神話傳說故事，相傳歷史中的
原住民，乃可輕鬆愉快地獲取食物；族人們乃和諧愉快地相處在一起，部落
景象乃極為美好，此即象徵著原住民內心深處的冀望。

> 長老說：「我聽老人家說過，在東邊，太陽住的地方，是一塊沒有冷
> 風和野獸的地方。只要你隨手一摘，就有水果，野獸會跑到你的面
> 前，讓你割下一塊肉吃，明天還會再跑回來，每天都有吃的東西，
> 也不怕會被大獸吃掉，因為每一個生命都和平相處，好像親人，在
> 那裏，太陽也不會下山，沒有夜晚，沒有霧，沒有發抖的人……。」
> 〔註424〕

在神話傳說故事中的原住民族，所呈現的美好圖像，彷彿為原住民族先
民，對於原住民生活美好景象的嚮往。縱然僅為傳說故事，卻也反映出原住
民族先民，對於未來生活的美好想像；也映照出現代社會中，原住民族縱然
身處艱難的族群困境，對於族群未來命運，仍充滿著美好的冀望。

〔註422〕楊渡，〈山村筆記〉，《願嫁山地郎》（1989年3月），頁197。
〔註423〕楊渡，〈山村筆記〉，《願嫁山地郎》（1989年3月），頁193。
〔註424〕楊渡，〈山村筆記〉，《願嫁山地郎》（1989年3月），頁192～193。

第七節　李慶榮、鄭寶娟、劉春城、吳富美、林文義 文學中的原住民族書寫

壹、李慶榮田野調查中的原住民族

一、原住民族之田野調查

　　漢族研究團對在山地部落的田野調查，乃如火如荼地進行著，此次田野調查研究團員，諸如，「宋龍飛是東北人，……目前，他在故宮博物院做事，並主編『故宮文物』雜誌。他說，他以前在中央研究院做事時，常往山地跑，去做田野工作。那時，高業榮是跟著他跑得。現在，反而是他要跟著高業榮跑了。」〔註 425〕此行研究人員，即努力地步行至研究探勘地區。

> 　　下午三點十分，終於走到獵寮。這段路程，薩龍柏克本來說是兩個
> 小時可到，但，我們卻走了五個多小時。獵寮的牆，是由一塊塊很
> 薄的石板疊成的。上面蓋了油布，算是屋頂。整個獵寮，大概只有
> 六、七個榻榻米那麼大。獵寮的靠裡面的一角，堆滿了木柴，中間
> 有一圓形的窪地，那算是爐子，爐子上面擺了一口大鐵鍋。牆上掛
> 著十幾條飛鼠的尾巴，另外，還掛了三、四隻槍的腳爪。獵寮後面
> 的地上，我還看到山羊的頭骨，和一些山豬的毛。但，獵寮裡面，
> 卻沒有主人。〔註 426〕

　　此次原住民族田野調查活動，漢族與原住民族朋友，均胼手胝足努力地進行著田調活動。大家彷彿一家人般一起共同生活著，「蘇秋大概累極了，將睡袋打開，就在睡袋裡面睡了起來。……很快，天就黑了。有一些人忙著到下面的山溝去提水，有一些人忙著做飯，也有兩個人，卻又提著獵槍，出去打獵。……他們說：『晚上，森林裡到處是黑的，警察是不會來的。因為即使警察聽見了槍聲，也會看不見我們在什麼地方。』」〔註 427〕大家為了田野調查，便努力地在野外求生。

> 　　這次出來，是要去看古老的原住民的石刻。有石刻的地方，因為一
> 天走不到，所以，只好把昨天住的地方，當作中途站，今天，我們

〔註 425〕李慶榮，〈十五人一家〉，《願嫁山地郎》（臺中：晨星出版社，1989 年 3 月），頁 106。

〔註 426〕李慶榮，〈十五人一家〉，《願嫁山地郎》（1989 年 3 月），頁 115～116。

〔註 427〕李慶榮，〈十五人一家〉，《願嫁山地郎》（1989 年 3 月），頁 116。

把睡袋和背包都留在獵寮，才準備輕裝去看石刻。〔註428〕

當田野調查活動終於到達目的地後，「我們終於到達這座魯凱族人所稱的阿穆穆碌山。這是高雄縣茂林鄉最北的一座山。……我們所要看的石刻，就在阿穆穆碌山的山腰，是在一塊看起來有兩層樓高的大石頭上面。高業榮拿軟尺量了一下，這塊像秋海棠葉的形狀的石頭，從南到北，有十一公尺四寬；從東到西，有六公尺九寬；高度有十公尺五。」〔註429〕大家終於見到期盼已久的古代文化遺產——石刻。

> 這塊石頭的正面，幾乎刻滿了由點狀形成的，而不是線條形成的各種形狀。刻的都是人，特別是人頭，和一些圖案。此外，完全沒有花草和鳥獸。由石刻的刻痕都是圓的，而不是尖的情形來看，我認為是用石頭做的工具所刻的。所以，應該是石器時代的產物。同時，也是十分珍貴的古代文化的遺產。〔註430〕

當大家對於石刻充滿興趣之際，卻在石刻旁發現令人疑惑的告示，「但，我發現就在這塊石刻的旁邊，由高雄縣政府所樹立的一塊殘破的木牌上面，卻寫著什麼疑似古物等等字樣的告示。也就是說，他們還不敢決定，這一石刻是不是古物。看了以後，我覺得他們做事也真馬虎。既然不敢決定，為什麼不找敢決定的人來看一看呢？」〔註431〕漢族政府對於古代原住民族文化遺址的維護工作，仍有待加強。

二、原住民族形象

李慶榮在〈十五人一家〉中，以三萬字長文，描述原漢不分族群，應互相融合、和平共處的期待。首先，漢族朋友進入山地原住民部落，「一行十人，又繼續向高雄縣的六龜前進。下午三點，來到六龜。並在高業榮的引導下，把車子開到一家原住民的家門口。然後，大家下車，一起進去那家屋子。」〔註432〕原住民薩龍柏克，乃深具原住民特質。

> 屋裡只有一位中年男子，黑黑的，身體很結實，大概有一百六十七、八公分高，他的眼睛炯炯發光，鼻子很挺，一看，就容易使人猜到他是原住民。……高業榮跟他很熟。而薩龍柏克，也就是用原住民

〔註428〕李慶榮，〈十五人一家〉，《願嫁山地郎》（1989年3月），頁118。
〔註429〕李慶榮，〈十五人一家〉，《願嫁山地郎》（1989年3月），頁122。
〔註430〕李慶榮，〈十五人一家〉，《願嫁山地郎》（1989年3月），頁122。
〔註431〕李慶榮，〈十五人一家〉，《願嫁山地郎》（1989年3月），頁122～123。
〔註432〕李慶榮，〈十五人一家〉，《願嫁山地郎》（1989年3月），頁92。

的話來發音的他的名字。〔註 433〕

薩龍柏克乃極為沈著冷靜，「薩龍柏克和高業榮談話時，很冷靜、很不動聲色，好像對什麼都滿不在乎的樣子。以前，我也接觸過一些原住民，但，卻很少看見原住民中有像薩龍柏克那樣沈著的。薩龍柏克的客廳很小，無法容納我們十個客人。」〔註 434〕薩龍柏克的客廳，還展現出山林獵人的戰利品。

> 薩龍柏克正在吃晚飯。桌子旁邊擺著大約四、五十斤重的野獸的肉。我問他是什麼肉，他說是羌的肉。看情形，他那裡也是聯絡站，獵人打了獵物以後，可以拿到他那裡賣，有人要買野味的，也可以到他那裡買。〔註 435〕

身為嚮導的薩龍柏克，乃極為老實誠懇，「我覺得奇怪，難道薩龍柏克在替雇他們的人省錢嗎？在都市，如果碰到這種情形人家還求之不得呢。因為要幫別人代雇車輛，不是可以逮到賺回扣的機會嗎？」〔註 436〕此即展現出薩龍柏克的樸實形象。

> 但，我想，薩龍柏克真是老實。如果是都市的人，他們怎麼還會勸人不要拖拖拉拉，他們還巴不得雇主們拖拖拉拉呢。因為多拖一天，嚮導們不是可以多拿一天的錢嗎？再一想，我又覺得用「老實」來形容薩龍柏克他們，並不恰當。應該是這樣說：薩龍柏克他們長久以來所過的生活，已使他們養成對別人要忠厚，要好心地互相對待的習慣。所以，他才好心地勸我們不要拖拖拉拉。〔註 437〕

在漢族社會中的主雇關係，「一般的情形，雇主和被雇的人之間，應該都只有金錢關係。但，如果純粹金錢關係，薩龍柏克就會巴不得我們在下面休息、不要上去。因為要是這樣，就可以減少他們的麻煩，他們就不必再花精神、花力氣來照顧我們。現在，薩龍柏克他們不是這樣，而卻一直勸我們上去。所以，他們對我們的勸，那裏面包含的，就不是金錢，而是情分了。」〔註 438〕薩龍柏克在主雇關係中，乃以人情味為主，展現出原住民族熱情好客的形象。縱然狩獵生活已逐漸式微，薩龍柏克還是以狩獵維生。

〔註 433〕李慶榮，〈十五人一家〉，《願嫁山地郎》（1989 年 3 月），頁 92。
〔註 434〕李慶榮，〈十五人一家〉，《願嫁山地郎》（1989 年 3 月），頁 93。
〔註 435〕李慶榮，〈十五人一家〉，《願嫁山地郎》（1989 年 3 月），頁 96。
〔註 436〕李慶榮，〈十五人一家〉，《願嫁山地郎》（1989 年 3 月），頁 97。
〔註 437〕李慶榮，〈十五人一家〉，《願嫁山地郎》（1989 年 3 月），頁 111。
〔註 438〕李慶榮，〈十五人一家〉，《願嫁山地郎》（1989 年 3 月），頁 121。

高業榮說：「他叫做薩龍柏克。柏克，就是頭目的意思。沒有兩下
子，他能夠被叫做柏克嗎？同時，他除了會魯凱的，附近的別的族
的話他也會，有這些條件，他才能夠成為頭目的。」我說：「薩龍柏
克，山上的獵物越來越少了，現在，打獵已經不好打了吧！」他說：
「是呀！」〔註439〕

當漢族朋友體會到山地部落經濟狀況後，即建議薩龍柏克改行，「我勸他
改行，他問我改什麼呢？我說：『你的房子可以改成客棧，供登山的人住宿、
吃飯。你自己還可以當嚮導，帶人登山呀！而且，你家裡還有電話，正可以
同遠地的登山團體聯絡。』薩龍柏克答應會考慮。」〔註440〕諸多原住民族的
傳統美德，再加上山地部落經濟生活貧窮，乃導致原住民節儉的個性。

薩龍柏克很節儉。有一次，在山上，他看見孟勇吃飯時，將飯粒掉
在地上，他便教訓起孟勇來。他說：「你這樣，以前，給老人家看見
了，是不行的，一定會要你把飯粒撿起來，不能將飯粒隨便亂丟。」
我想，這是因為以前他們的族人的生活太過艱苦的緣故，所以，才
養成他們族人這種節儉的習慣。大概也由於節儉的觀念，他怕我花
錢。〔註441〕

漢族對於原住民族愛好飲酒的習慣，即為選擇性的飲酒，並非有酗酒惡
習，「在山上，薩龍柏克曾經向我說過：『在家裡，我是不喝酒。因為我不喝
酒，才能要求我的小孩不喝酒。如果我自己喝酒，卻要小孩不喝酒，小孩會不
聽的。』因此，我向薩龍柏克說：『有小孩在家裡，今天請不要準備酒。』他
向我點點頭。」〔註442〕最令原住民薩龍柏克感到驕傲，即為其狩獵成果。

早上，煮菜時，有人接著鍋裡的飛鼠湯，以留戀的口吻說：「恐怕這
是最後一次吃飛鼠肉了！」薩龍柏克說：「沒關係，以後，要吃，可
以找我。」我問薩龍柏克：「你現在還靠打獵生活嗎？」他說：「我
的兒子，現在，就在山上打獵！」我問他：「你自己呢？」他說：「我？
算起來，光是山豬，我就打過五百頭以上。」〔註443〕

此外，「薩龍柏克吃完晚飯，便領著我們，到另一條街的他姊姊的家裡。

〔註439〕李慶榮，〈十五人一家〉，《願嫁山地郎》（1989年3月），頁133。
〔註440〕李慶榮，〈十五人一家〉，《願嫁山地郎》（1989年3月），頁133～134。
〔註441〕李慶榮，〈十五人一家〉，《願嫁山地郎》（1989年3月），頁135。
〔註442〕李慶榮，〈十五人一家〉，《願嫁山地郎》（1989年3月），頁136。
〔註443〕李慶榮，〈十五人一家〉，《願嫁山地郎》（1989年3月），頁133。

他告訴我們，他姊姊叫露絲露絲。當然，這一名字，也只是魯凱族的話的音譯。到露絲露絲那裡，爲的是要替露絲露絲錄影。」〔註444〕薩龍柏克姊姊露絲露絲，同樣展現出熱情誠懇、和藹可親，又認眞配合的形象，「露絲露絲是一位年輕婦人，大概一百五十七、八公分的身高，很壯健，也很和藹。錄影時，她很認眞，而且，對同樣的一個動作，人家一再要求他重新再來時，他都能夠很和氣地照做。」〔註445〕隨興熱情地唱起原住民族歌曲的露絲露絲，所唱出的原住民族歌曲，乃似於客家山歌。

> 後來，露絲露絲還唱起她們魯凱族的歌來。我聽了，大大地驚訝。
> 因爲她所唱的歌的拖音和轉折方式，還有，起頭的「嗨」的招呼的
> 拖長的聲調，竟都同我們客家人唱的山歌十分相似。〔註446〕

當原漢族群共處時，乃可見識到原住民迅速確實地就地取材，順利完成生活用品製作。此即象徵著原住民文化技能與社會適應能力。因此，此次田野調查團隊，得以順利地在野外求生。

> 露絲露絲快手快腳，找了一把柴刀，割一些茅草，三下兩下，就編
> 好了一把掃把出來。並隨即拿起掃把，將房屋打掃乾淨。薩龍柏克
> 也用刀子砍了一些竹枝，做了筷子，分別遞給大家。宋龍飛感慨地
> 對我說：「誰說原住民沒有文化，這不就是他們的文化，很快，他們
> 把掃把也做出來了，筷子也做出來了！」〔註447〕

當原住民露絲露絲提及家庭狀況時，「露絲露絲說：『我有六個孩子。老大今年已經廿九歲。其中，有五個是以前丈夫生的，一個是現在的丈夫生的。』宋龍飛說：『你以前的丈夫，是你族裡的人吧！』露絲露絲說：『是呀！他卅一歲就死了。』……『病死的。』」〔註448〕露絲露絲在前任丈夫病死後，爲了生活而改嫁外省籍的現任丈夫。

> 我問她：「你現在的丈夫是那裡人呢？」露絲露絲說：「山東人，姓
> 張。當時，我本來是不想再結婚了的。就這樣，不是也很好嗎。後
> 來，老一輩的人勸我，說像這樣高興時就交交朋友的生活，雖然也
> 很自由，但是，老了怎麼辦呢？以後，才由人家介紹，同現在的丈

〔註444〕李慶榮，〈十五人一家〉，《願嫁山地郎》（1989年3月），頁97。
〔註445〕李慶榮，〈十五人一家〉，《願嫁山地郎》（1989年3月），頁98。
〔註446〕李慶榮，〈十五人一家〉，《願嫁山地郎》（1989年3月），頁98。
〔註447〕李慶榮，〈十五人一家〉，《願嫁山地郎》（1989年3月），頁105～106。
〔註448〕李慶榮，〈十五人一家〉，《願嫁山地郎》（1989年3月），頁112。

夫結婚。」〔註449〕

　　當初露絲露絲的外省籍丈夫，即爽快地答應扶養露絲露絲一家人，「我說：『張先生是軍人吧！』露絲露絲說：『已經退役兩年半了。當時，他還是軍人。我們結婚時，我們曾要媒人向他提出條件，要他能夠負擔我和我的五個孩子的以後的生活。他答應了。他說，他有眷糧，吃飯沒有問題。』」〔註450〕外省籍丈夫也十分善待露絲露絲與前夫所生的孩子，露絲露絲乃極為滿意現任丈夫。

　　　　蘇秋問她：「他對你以前丈夫生的孩子好吧？」露絲露絲說：「很好，
　　　　他對哪個孩子都一樣看待，沒有分是他生的，還是不是他生的。孩
　　　　子也把他當爸爸看待。」宋龍飛問她：「你覺得這前後兩個丈夫，哪
　　　　一個丈夫比較好？」露絲露絲說：「兩個都好！」露絲露絲在提到她
　　　　的兩個丈夫時，說得很自然，不像我們社會的有些舊式女人那樣忸
　　　　怩。套一句宋龍飛的話來說，這又是他們的文化。她們是沒有「一
　　　　女不嫁二夫」的封建包袱。〔註451〕

　　在漢族眼中的原住民族，彷彿在露絲露絲眼中，絲毫沒有漢族傳統封建思想「一女不嫁二夫」的觀念。諸多原住民嫁給外省籍的現象，在山地部落乃時有所聞。此外，關於原住民族狩獵活動，即如薩龍柏克所述，將不顧一切地努力狩獵。

　　　　我問薩龍柏克說：「這個地方，根本就沒有路，怎麼能走呢？」薩龍
　　　　柏克說：「我們打獵時，常常都不會管有路還是沒有路，要走就
　　　　走。」我說：「像這種懸崖，打到獵物以後，也扛著獵物下去嗎？」
　　　　薩龍柏克說：「有時，懶得扛，就將獵物從懸崖上丟下去，自己再走
　　　　下去撿。」〔註452〕

　　當原住民在狩獵時，即會就地取材去烹煮取食；甚至於將狩獵重點，均熱情地逐一與漢族朋友分享，「他們說，好打得很，先在樹林裡，用手電筒照，照到以後，獵物呆呆的，不會動，也不會飛走。」〔註453〕現代原住民，仍將狩獵當作生活技能之一。

〔註449〕李慶榮，〈十五人一家〉，《願嫁山地郎》（1989年3月），頁112～113。
〔註450〕李慶榮，〈十五人一家〉，《願嫁山地郎》（1989年3月），頁113。
〔註451〕李慶榮，〈十五人一家〉，《願嫁山地郎》（1989年3月），頁113。
〔註452〕李慶榮，〈十五人一家〉，《願嫁山地郎》（1989年3月），頁123。
〔註453〕李慶榮，〈十五人一家〉，《願嫁山地郎》（1989年3月），頁106。

> 晚飯，就是在石頭結成的爐子上煮的。飯後，有兩個人出去打獵。
> 晚上九點鐘，那兩個人提了兩隻打死的飛鼠回來，每一隻都像二、
> 三斤重的雞那麼大。……因此，只要瞄得準，往往一槍就可以打得
> 下來，他們把飛鼠殺來煮湯，當宵夜。還在屋門口把木柴堆成一堆，
> 並升起火來。大家就端出椅子，圍著火坐下來聊天。〔註454〕

原住民就地取材地為大家準備山地野味，「晚飯，我們多了兩道菜，一道
是清炒的新鮮蔬菜，青菜是露絲露絲在獵寮門口的菜地裡摘的；還有一道是
新鮮的飛鼠肉。他們是用煮湯的方法，來煮飛鼠肉。同時，煮的時間也嫌不
夠。所以，吃起來覺得肉很老。」〔註455〕漢族即由此見識原住民的野外求生
與傳統生活技能。在同行的原住民中，乃同樣皮膚黝黑、身材壯碩。

> 在聊天中，知道除了薩龍柏克姊弟兩人以外，其他三位原住民，一
> 個叫達海，他比薩龍柏克還黑，矮小，大概不到一百六十公分高，
> 但很結實，樣子很成熟，大概已經卅多歲。一個叫孟勇，大概有一
> 百七十四、五公分高，六十多公斤重，很白，看起來像廿歲左右。
> 還有一個叫畢迪魯，他同孟勇差不多高，差不多體型，也差不多年
> 齡，但，比較黑、比較少講話。〔註456〕

孟勇與畢迪魯乃展現出熱情幽默、能歌擅曲的形象，「孟勇和畢迪魯都很
能唱歌。不管別人聽不聽，他們一直在唱。唱國語歌曲、唱河洛歌曲、也唱
他們原住民發音的歌曲，甚至還唱他們自己編出來的用國語發音的歌曲。
而且，詞句還編得很好、很逗趣。而且他們有唱得那麼自然，那麼習慣。」
〔註457〕甚至於還展現出原住民自然大方的形象。

> 孟勇說:「是呀！我們經常都是這樣編的呀！別人也是這樣呀！甚至
> 以前的老人家，也是這樣的呀！」可見唱歌、編歌，是他們族人的
> 生活，也是他們族人的習慣。……在恆春唱「思想起」的陳達。陳
> 達也是喜歡自己編歌詞給自己唱的人，他還因此而出名。恆春是原
> 住民很多的地方，莫不是陳達的這種作風，也是從原住民的生活中
> 學來的嗎？〔註458〕

〔註454〕李慶榮，〈十五人一家〉，《願嫁山地郎》（1989年3月），頁106。
〔註455〕李慶榮，〈十五人一家〉，《願嫁山地郎》（1989年3月），頁116。
〔註456〕李慶榮，〈十五人一家〉，《願嫁山地郎》（1989年3月），頁107。
〔註457〕李慶榮，〈十五人一家〉，《願嫁山地郎》（1989年3月），頁107。
〔註458〕李慶榮，〈十五人一家〉，《願嫁山地郎》（1989年3月），頁108。

漢族朋友眼中的原住民族，經常存有自卑的刻板形象；卻不存在於在薩龍柏克、露絲露絲、孟勇、達海、畢迪魯身上，「孟勇……還很風趣，態度也很從容。……像達海、畢迪魯，也在旁邊幫腔，態度也很大方。而使我印象深刻的，是他們在我們面前，一點都沒有自卑感。……但是，在他們五位原住民的身上，我可看不到有我們這種可鄙的文化存在。」〔註459〕此處的原住民，即展現出自信、自在地的族群形象；甚至於真誠熱情地對待漢族。

> 今天，他們都曾背過比我們重很多的東西，體力的消耗也比我們大得很多，所以，一定需要吃比我們多的肉。但，他們不分彼此，沒有分這個是我的東西，那個是你的東西。他們沒有獨自把飛鼠肉吃掉，卻無私地把所有的飛鼠肉，都公開出來給大家一起吃。這種胸襟是多麼使人感念啊！〔註460〕

漢族朋友乃徹底地感受到，原住民族朋友熱情真誠的款待，簡直即將漢族朋友視為一家人般的相處，著實地令漢族感動，彷彿薩依德所述，原住民族乃逐漸修正族群意識，與漢族和諧共處，「此種強大之文化侵略的一個極為特異的層面，也就是來自殖民邊緣地區的知識份子以『帝國』的語言寫作，又同時感到他們自己與大眾對帝國之反抗形式形成了有機的關聯，並使他們自己在正面遭逢宗主國文化時，進行修正主意識和批判性的任務。」〔註461〕原住民甚至於還為漢族朋友取原住民族名字，即展現出原漢族群一家的胸襟。

> 當聊到高山。高業榮說：「原住民鎖住的周圍的山，都被他們起了名字。因為他們打獵時，往往會發生爭端，如果沒有名字，究竟是在哪一座山上打獵所發生的爭端，理論起來，就會講不清楚。」以後，又講到名字。達海說：「我們五個人，用魯凱族的話交談，當談到你們時，私下，都不叫你們本來的名字。」……「我們已經另外給你們起了名字。」〔註462〕

露絲露絲乃將原住民家人的名字，逐一套用在漢族朋友身上，彷彿儼然將漢族朋友視為一家人般地看待，彷彿原漢族群正在建立全新的族群關係，

〔註459〕李慶榮，〈十五人一家〉，《願嫁山地郎》（1989年3月），頁108。
〔註460〕李慶榮，〈十五人一家〉，《願嫁山地郎》（1989年3月），頁117。
〔註461〕薩依德，〈心路歷程與反對勢力的出現〉，《文化與帝國主義》（2001年），頁449。
〔註462〕李慶榮，〈十五人一家〉，《願嫁山地郎》（1989年3月），頁126。

「現在箭頭同時指向殖民者，預設的是殖民者與被殖民者的辯證新戶建構性，殖民『關係』從此成為論述的焦點。」〔註463〕此原漢族群一家的想法，乃透露出多元族群融合的觀念。

> 露絲露絲指著大家，一個一個地用魯凱的話念起我們的名字。當只到我時她說：「你就叫顧律祿。」我說：「顧律祿是什麼意思？」薩龍柏克說：「名字嘛，沒有含意的。」露絲露絲卻加以解釋。她說：「我們是用我們親人的名字來叫你們。」薩龍柏克說：「對！這些名字，本來就是我們的親人的名字。」高業榮也加以解釋。他說：「也就是說，他們已經把我們當作自己的親人來看待。」聽了，我好感動。原來，他們五個魯凱族人，在私底下，都已把我們當作了他們的親人。〔註464〕

在原漢族群相處過程中，乃感受到原住民真誠的關懷與付出，「他們對我們，是毫無做作地不畏不亢。他們親近我們、關心我們、幫助我們，也很願意跟我們打成一片。這種關係，他們和我們的關係，是一種什麼關係呢？哦！也許，那就叫做像一家人一樣吧！」〔註465〕漢族朋友甚至於以一家人的關係，來形容這群原住民；充分地描述原住民族的優點與特質，進而與漢族社會進行比較。

> 路上，有時會遇到從對面來的汽車，往往，老遠就看見對面的汽車會閃比較寬一點的路旁邊停住，來讓我們的汽車通過。錯車時，還向我們友善地點頭招呼。這時，我想起，都市，搶紅燈的汽車，橫衝直撞的旁若無人的樣子，同現在禮讓的情形，真的有強烈的對比。〔註466〕

在山林部落與原住民族朋友相處的日子，即令漢族朋友回味無窮而極為懷念，「我想，我們都會懷念，在山上，我們都有魯凱族的名字的日子。」〔註467〕原漢族群跨越族群隔閡與鴻溝，乃可彷彿一家人般地和平又融洽地共處。

〔註463〕陳光興；法農，〈法農在後／殖民論述中的位置〉，《黑皮膚，白面具》（2005年4月），頁42。

〔註464〕李慶榮，〈十五人一家〉，《願嫁山地郎》（1989年3月），頁127。

〔註465〕李慶榮，〈十五人一家〉，《願嫁山地郎》（1989年3月），頁109。

〔註466〕李慶榮，〈十五人一家〉，《願嫁山地郎》（1989年3月），頁133～134。

〔註467〕李慶榮，〈十五人一家〉，《願嫁山地郎》（1989年3月），頁138～139。

　　　我們中間，不管是河洛人、客家人、魯凱族人、東北人、江蘇人，
　　　大家都曾共同的生活得像一家人一樣。每一個人都很好，都講道
　　　德、負責任、敬業、關懷別人、同情別人、互相幫助。……我們這
　　　一家人，甚至比有些人家還能更友愛地相處。〔註468〕

　　漢族朋友接著想起身旁的平地朋友，同樣擁有著原住民血統，「蘇秋是臺
南縣的佳里人。我知道，佳里這個地方，直到現在，仍然住著很多的原住
民。蘇秋的眼睛比較黑、比較深陷。因此，我問她：『你有原住民的血統
吧！』她點點頭，向我笑了一笑。」〔註469〕原住民朋友儼然已逐漸融合於在
現代社會中。

　　對照起當初漢族對於原住民族的刻板印象，「那位跑堂的，接著又加上一
段：『我聽曾到十九林班登山回來的人說，有人睡到半夜，整個人的身體，就
被野獸咬剩一半。』」〔註470〕漢族對於原住民族，乃存在有諸多不甚真實的汙
名化刻板印象；還認為過去原住民文化，即彷彿原始生活般，「我想，在以
前，他們的族人，既沒有文字，也沒有曆法，大概都不計較自己的年齡。」
〔註471〕諸多原住民長期以來，即飽受漢族與外族，所帶來的種族歧視與族群
壓迫。

三、原住民族之部落景象

　　當漢族朋友詢問薩龍柏克，關於原住民老家的真實狀況，如今儼然已荒
涼一片，彷彿原住民族命運般，好似日暮黃昏般地飽受族群弱勢處境。漢族
朋友乃思考著，若原住民族已不居住於高山，那高山族稱呼是否合適？

　　　我問他：「你們老家，現在還有人住嗎？」他說：「都搬走了！那裡
　　　太高了。」這時，我想到「高山族」這個名詞。誰願意到荒涼的高
　　　山上去的呢？他們現在不都紛紛下來平地住了嗎？把他們趕到高山
　　　的，還叫他們是高山族，真沒有道理。〔註472〕

　　現代原住民部落，彷彿充滿著現代化軌跡，各種電器已充斥於山地原住
民部落中，「薩龍柏克的家中有電視，也有電話。……而事先和他聯絡的工具，
准是那架電話。看樣子，高業榮以前上山，也是請薩龍柏克當的嚮導。……

〔註468〕李慶榮，〈十五人一家〉，《願嫁山地郎》（1989年3月），頁138～139。
〔註469〕李慶榮，〈十五人一家〉，《願嫁山地郎》（1989年3月），頁129。
〔註470〕李慶榮，〈十五人一家〉，《願嫁山地郎》（1989年3月），頁95。
〔註471〕李慶榮，〈十五人一家〉，《願嫁山地郎》（1989年3月），頁107。
〔註472〕李慶榮，〈十五人一家〉，《願嫁山地郎》（1989年3月），頁126。

而且，薩龍柏克還將是這次上山的嚮導群的首領。」〔註473〕此次田野調查工作，乃增進原漢族群真實接觸的機會。

> 我就在附近的街上走了一圈，竟發現周圍有不少人家都住著原住
> 民，互相也用原住民的話在交談。蘇秋還告訴我，用原住民的魯凱
> 族的話發音，這個地方，就叫做「拉龜利」。這時，我才知道，六龜
> 這個地方，原來是由原住民的話的發音叫出來的。由於河洛話把
> 「六」唸成「拉」，同時，又把「拉龜利」的最後一個音節的「利」
> 省掉，才用河洛話的發音，翻譯成為現在的「六龜」。這就怪不得即
> 使在六龜的街上，也會住著不少的原住民了。〔註474〕

關於原住民族飲食文化，與福建原住民族，乃有異曲同工之妙。因此，不禁讓漢族學者產生疑惑，「這裡原住民所稱的麻糬的食物，我們卻叫齊巴。這些也都是向畬族人學來的。在臺灣，臺灣的原住民，也吃過這兩樣東西，和畬族人一樣，加上，現在，露絲露絲所說的唱歌的習慣，也和畬族人相像。這樣說來，莫不是臺灣的原住民、和江西、廣東、福建的原住民的畬族，是相通的嗎？想到這裡，不覺對露絲露絲感到親切起來。」〔註475〕在現代化社會中，同樣還是保有著原住民文化軌跡；但漢族山地政策與文化，乃逐漸入侵山地部落。

> 橋邊的樹林裡，矗立著一塊石碑，上面寫著：「林務局白雲山區自然
> 保護區」。另外，還有一張高雄警察局的公告，說明：國有林荖濃溪
> 事業區大廿二到卅一林班，被列為「不得狩獵區」。並寫明這裡的動
> 物，包括有藍腹鷴、灰頭花翼畫眉，紅胸啄花鳥，山羌。不過，諷
> 刺的是，五位嚮導裡面，已有人攜帶了獵槍。……今天的行程，……
> 徒步走兩個小時的路，然後到一處狩獵裡面去住宿的。〔註476〕

原住民山地部落，除了充滿原住民文化遺跡外，漢族與外族文化也逐漸滲入；原住民族文化保存，即為建立新族群想像，而進行原住民族文化復振，「在資本力量的驅動下，殖民主義在擴張的過程中，逐漸將民族——國家建立成中介的作用者，以統合內部差異。一旦民族國家的體系建立起來，強加在地球之上，對於被殖民者而言，剷除外來者／殖民者最能想像的方式就

〔註473〕李慶榮，〈十五人一家〉，《願嫁山地郎》（1989 年 3 月），頁 92～93。

〔註474〕李慶榮，〈十五人一家〉，《願嫁山地郎》（1989 年 3 月），頁 93～94。

〔註475〕李慶榮，〈十五人一家〉，《願嫁山地郎》（1989 年 3 月），頁 99。

〔註476〕李慶榮，〈十五人一家〉，《願嫁山地郎》（1989 年 3 月），頁 103。

是打造／建立新的民族國家。」〔註477〕在山地部落中，除了保存原住民文化外，自然生態方爲極爲重要的維護目標。

四、原住民族之文化習俗

在原漢族群共處時，乃將藉此瞭解原住民族獨特的文化習俗與禁忌觀念，諸如狩獵時不可打噴嚏或放屁，否則乃爲不祥之兆，狩獵活動即會被迫禁止，「這使我想起，昨天晚上煮飯時，我把蕃薯放到飯裡面一塊煮，而露絲露絲和薩龍柏克在裝飯時，卻都故意把蕃薯挑開，不吃蕃薯，大概就是爲了害怕吃了蕃薯會放屁的緣故吧。」〔註478〕諸多原住民均遵守著此傳統禁忌。

> 吃完早飯，準備出發時，薩龍柏克聽到有人放屁。他沉下臉，說：「照規矩，出發前，是不能打噴嚏，也不能放屁的。在以前，我們如果出去打獵，即使以小孩在旁邊打噴嚏或放屁，我們都會把已捆好的行李解開，不出發了。因爲這是一種預兆。如果硬是不信這種預兆，一定要去的話，就必定會有人受傷，或者不能回來。」〔註479〕

對於原住民族狩獵禁忌，乃有其科學根據，「不過，把打噴嚏列爲禁忌，倒是比較有科學根據的。因爲打噴嚏是在表示可能已經感冒，身體已經虛弱，這時，要爬山越嶺，要經過危險的道路，就比較容易出事；要同野獸搏鬥，勝算也會更小，受傷或死亡的機會，也會加大。」〔註480〕此即爲以往山地原住民部落的經濟貧窮所致。

> 這也使我想到，過去，他們族人的打獵生活，是多麼艱苦！他們和野獸搏鬥，必定受到過很大的死傷，但，他們不知道，這是因爲他們的武器不夠精良，因此，同野獸搏鬥起來，勝算也就不大的緣故，所以，才拿各種禁忌來加以解釋。〔註481〕

關於原住民族傳統文化習俗與禁忌，原住民青年均僅參考用，「倒是達海、孟勇、畢迪魯他們年輕的一代，對放屁這種禁忌，並不在意。儘管薩龍柏克不高興，他們仍嘻皮笑臉地若無其事。甚至還針對那些禁忌，特別說一

〔註477〕陳光興，〈法農在後／殖民論述中的位置〉，法農，《黑皮膚，白面具》（2005年4月），頁51。

〔註478〕李慶榮，〈十五人一家〉，《願嫁山地郎》（1989年3月），頁109。

〔註479〕李慶榮，〈十五人一家〉，《願嫁山地郎》（1989年3月），頁109。

〔註480〕李慶榮，〈十五人一家〉，《願嫁山地郎》（1989年3月），頁110。

〔註481〕李慶榮，〈十五人一家〉，《願嫁山地郎》（1989年3月），頁109～110。

些笑話來加以揶揄。」〔註482〕山地部落中原住民老一輩，對於諸多原住民族
文化習俗與禁忌，即較為信仰與遵循，諸如當原住民要渡溪時，乃有祭拜儀
式要遵循。

> 薩龍柏克說，過溪時，要祭一祭。但，找來找去，都找不到可以做
> 祭物的東西。因為大家都沒有帶東西來。高業榮說：「有時候，他們
> 對祭物也是很挑剔的。祭神時，他們要用小米，而不用大米。他們
> 說，大米是他們敵人的東西。所以，他們的神是不要的。但是，臺
> 灣並不出產小米。因此，從這點，有人認為他們的祖先，是從大陸
> 來的，因為大陸才出產小米。」〔註483〕

關於原住民族祭祀用的祭物，平埔族即同樣堅持要以原住民物品為主，
「去年，我在臺南縣的佳里時，佳里的原住民，也曾對我說過，他們祭阿立
祖時，除了鮮花和檳榔，不要別的東西。因為別的東西是漢人的，不是他們
的。」〔註484〕因此，在遍尋許久後，「以後，有人說，菸絲也可以。因此，宋
龍飛拿出一根，把香菸的菸絲剝開來給薩龍柏克，這才解決了祭物的問題。」
〔註485〕宋隆飛的香菸解決此次渡溪祭物問題。最後，當大家均平安歸來後，
薩龍柏克總算鬆一口氣。

> 大家都能夠平安回來，薩龍柏克顯得高興。他說：「昨天晚上，我做
> 的夢不好，我夢見有人從山上張開雙臂，飄了下來。我怕今天會有
> 意外，所以，出發時，我特別小心，過溪祭神時，也特別虔誠。」
> 〔註486〕

原住民在狩獵前，均會以鳥占與夢占，進行狩獵活動的進行與否。當與
大自然接觸時，總抱持著誠心敬意的虔誠心情。「高業榮說，原住民的拜拜很
多，過河要拜河神，上山要拜山神。」〔註487〕諸多原住民族傳統文化習俗與
禁忌，仍有其科學性與現代化之處。

> 當然，他們也有比較科學的東西，像薩龍柏克說得從日影來看時間
> 的做法便是。在溪邊，薩龍柏克說：「以前，我們在沒有鐘錶的時

〔註482〕李慶榮，〈十五人一家〉，《願嫁山地郎》（1989 年 3 月），頁 110。
〔註483〕李慶榮，〈十五人一家〉，《願嫁山地郎》（1989 年 3 月），頁 118。
〔註484〕李慶榮，〈十五人一家〉，《願嫁山地郎》（1989 年 3 月），頁 118。
〔註485〕李慶榮，〈十五人一家〉，《願嫁山地郎》（1989 年 3 月），頁 118。
〔註486〕李慶榮，〈十五人一家〉，《願嫁山地郎》（1989 年 3 月），頁 125。
〔註487〕李慶榮，〈十五人一家〉，《願嫁山地郎》（1989 年 3 月），頁 118。

代，要想知道時間，就往往要跑到溪裡去，插一根竹枝在水裡，然後，看一看太陽投射在竹枝上面所造成的陰影的傾斜度。這樣，就可以知道時間。」這和我們祖先的利用日晷來測定時刻的辦法，不是同樣的原理嗎？〔註488〕

　　根據漢族朋友觀點，即認為原住民族無文字狀況，乃影響甚鉅，「我想，這是因為原住民沒有文字，對問題沒有辦法利用累積的經驗去深入研究的緣故。所以，也就比較落後，對很多問題，都沒有辦法解釋，因此，便只好用神來加以解釋。」〔註489〕原住民族因無文字之故，而造成文明落後與精神信仰，乃過於武斷而有待商榷。

貳、鄭寶娟祭典意象中的原住民族

一、原住民族形象

　　鄭寶娟在〈與阿美們跳一個晚上〉中，乃描述著原住民青年形象，在阿美族傳統祭典活動與原住民傳統服飾下，所隱藏的乃為現代化產物，彷彿薩依德所謂的「文明教化」再現，「在獨立運動的過程中，國族主義同時帶動了社會內在層次運作的本土主義。如果說殖民主義在過去幾個世紀中是以推動『文明教化』任務之名剷除『落後』的本地傳統，取而代之的是全面性的『先進』現代化方案，那麼相對而言，反殖民的國族主義獨立運動則無法繼續信任任何由邪惡的殖民者所推動的事物。」〔註490〕原住民青年即在平地各大都市中，從事著諸多現代化的高勞力低收入工作。

> 看看他們、她們：嬌俏的阿美族少女穿著塑膠皮高跟鞋、玻璃絲襪登場，歌舞服飾下是琳琅滿目的爆炸頭、洋文 T 恤、藍哥牛仔褲。對傳統的依慕及對自身血液的認同，往往不敵這些時代資訊、科技設下的天羅地網。阿美青年在臺北、在高雄、在臺中，是計程車司機、紡織廠領班、修車廠技工、餐廳的歌手，或是大學裡啃書的學生。〔註491〕

〔註488〕李慶榮，〈十五人一家〉，《願嫁山地郎》（1989 年 3 月），頁 119。
〔註489〕李慶榮，〈十五人一家〉，《願嫁山地郎》（1989 年 3 月），頁 119。
〔註490〕陳光興；法農，〈法農在後／殖民論述中的位置〉，《黑皮膚，白面具》（2005 年 4 月），頁 55。
〔註491〕鄭寶娟，〈與阿美們跳一個晚上〉，《願嫁山地郎》（臺中：晨星出版社，1989 年 3 月），頁 240。

　　當鄭寶娟與阿美族人，同在豐年祭中歌舞昇平之際，即觀察到身邊原住民青年形象，乃充滿著原住民族氣息，彷彿僅有山海文化得以成爲個人獨特文化象徵，乃展現出對於原住民形象的刻板印象。

> 我右手邊的阿美青年長得很像李泰祥，……他有一對眼神集中的深
> 邃的眼睛、筆直的鼻樑、線條明確的唇；他的皮膚黝黑、四肢勻稱
> 強健，有如一顆初成長的松。他説他是捕魚人，因爲沒有田可
> 種。……我一開始就認爲這樣一個人的襯底背景，如果不是山，就
> 應該是海。〔註492〕

　　鄭寶娟乃描述著原住民青年，在阿美族豐年祭典活動結束後，彷彿重新回到現實生活，恢復原有的現代化裝扮，完全沈浸在現代化文明產物中；甚至於互留電話。因在原住民族祭典過後，原住民又即將各奔東西，重新回到多元族群社會去面對現實生活。

> 夜慢慢稀薄的時候，阿美們停止了歌舞祭典，男孩女孩紛紛卸妝，
> 回到 T 恤與牛仔褲、蜜絲佛陀與丹頂髮蠟裡。他們與她們互留臺
> 北、臺中、高雄的地址與電話號碼。〔註493〕

　　原住民青年在短暫的山地部落祭典中，乃重新找回屬於傳統原住民族群精神。現代化文明所帶給原住民文化影響極爲深刻，尤其在原住民青年身上特別顯著。此即見證著外來文化，對於原住民文化的衝擊甚鉅，「與此不同，我想呈現態度和指涉的結構在各類不同方法、形式和場所中，四處瀰漫且深具影響力，甚至在官方所設定之帝國的時代開始之前。」〔註494〕隨著豐年祭典結束，原住民又重新回到現實的現代化生活。

二、原住民族之祭典

　　關於阿美族原住民族豐年祭典，根據原住民族文化研究員所述，「沒有月光，也沒有篝火。那位領我到這平地山胞村參加阿美族豐年祭的研究員告訴我：『豐年祭其實不是祭豐年，原意是指在有月光的晚上生火拜月光的祭典。豐年祭是光復後政府更訂的名稱。』」〔註495〕諸多原住民族文化祭典，即深具傳統精神意義。隨著阿美族豐年祭典的展開，幾乎所有族人均會共襄

〔註492〕鄭寶娟，〈與阿美們跳一個晚上〉，《願嫁山地郎》（1989 年 3 月），頁 242。
〔註493〕鄭寶娟，〈與阿美們跳一個晚上〉，《願嫁山地郎》（1989 年 3 月），頁 244。
〔註494〕薩依德，〈運作中的帝國：威爾第的《阿伊達》〉，《文化與帝國主義》（2001年），頁 242。
〔註495〕鄭寶娟，〈與阿美們跳一個晚上〉，《願嫁山地郎》（1989 年 3 月），頁 239。

盛舉。

> 「民眾服務社」前那一塊半甲左右的水泥地上，架起竹竿、掛上百
> 竹燈泡，燈火逼出阿美們臉上的汗水。……第三圈圈一概不著歌舞
> 服裝，老人成圈列席祭典奉座，是「元老」了。〔註496〕

現代阿美族原住民祭典活動，乃有諸多外族、研究人員、觀光客……等
共襄盛舉。在祭典的營火中心將放置小米酒，在歌舞周遭，還可見到諸多田
野調查研究人員採集著原住民文化，努力地進行文化保存，此即有感於原住
民族傳統活動，將逐漸消逝而做準備。如此一來，現代原住民族文化祭典，
即成為一幅獨特景象。

> 成箱成箱的米酒是圓心。來這裡做田野調查工作的人，頸子上掛著
> 攝影機，手裡捧著筆記本和筆，安置了麥克風、錄音設備，對站在
> 一旁的我說：「我們必須假設所有的民俗活動到了我們這一代都要成
> 為絕響，」思考了一下，肯定地說：「在這個變遷急速的時代，這差
> 不多可以說是事實，而不僅僅是假設了。看看他們。」〔註497〕

當阿美族原住民豐年祭典展開之際，「透過擴音機，有人一聲令下，宣布
歌舞開始，程序很像小學開運動會。黃、紅、綠、橙這些最純粹、最猛悍的
顏色，隨身軀的舞動帶起的光影幻象。」〔註498〕諸多族人團團圍住地歌舞昇
平，展現出原住民族祭典的熱鬧景象。

> 場中有人一巡巡斟酒，舞者接過塑膠製的酒杯，欣然飲下半杯。在
> 這場祭典中，酒的原始意義是什麼？……我有自己的想法：酒精未
> 徹底發酵的麻醉作用，或許有助於這股顏色之和化為一場充滿色斑
> 與光斑的夢境。〔註499〕

原住民族祭典均將進行一段時間，諸多族人即在歌舞圈圈中，享受著祭
典的歡慶氛圍。原住民族朋友還會熱情地邀請外族朋友，共同加入歌舞圓圈
中。鄭寶娟即成為此次豐年祭典中，第一位加入歌舞圓圈中的外鄉人。

> 祭典開始於晚上八點，預計凌晨三點結束，臺東長濱鄉南竹湖的阿
> 美們連續三晚的仲夏七月的夢。我在場外巡逡。大圈圈中阿美青年
> 發現了我，圈圈解開一個還，開了一扇門，左右兩隻汗濕的大手一

〔註496〕鄭寶娟，〈與阿美們跳一個晚上〉，《願嫁山地郎》（1989年3月），頁240。
〔註497〕鄭寶娟，〈與阿美們跳一個晚上〉，《願嫁山地郎》（1989年3月），頁240。
〔註498〕鄭寶娟，〈與阿美們跳一個晚上〉，《願嫁山地郎》（1989年3月），頁241。
〔註499〕鄭寶娟，〈與阿美們跳一個晚上〉，《願嫁山地郎》（1989年3月），頁242。

齊把我劃入大圈圈中，我成了這場祭典中的第一個外鄉人。〔註 500〕

當鄭寶娟在歌舞圓圈中共舞之際，不忘觀察著周遭原住民族人，「大圈圈邊戴羽冠的男子二十歲左右、未婚。紮頭巾的男子都在二十五歲上下。如果已婚，跳到一半，往往就有一個黃口小兒趨前喚他爸爸。」〔註 501〕在歌舞圓圈中，未婚與已婚男士裝扮，乃有所不同。

> 我穿著叫不出顏色的棉布襯衣、帆布長褲，在兩邊用服飾標示了身
> 分的阿美男子間，頓時成了搶手貨。戴羽冠的男子說，不要跟紮頭
> 巾的那一種在一起，他們已經結了婚，招惹不得。紮頭巾的男子勸
> 誡我說，千萬不要介入「羽冠族」中，因為他們年少氣盛，非常危
> 險。公然調戲婦女，似乎是阿美男子們表現男子氣概的方式之一。
> 〔註 502〕

在豐年祭典的歌舞圓圈中，仍有資深原住民男性，將指導著原住民青年，如何成為原住民勇士與英雄，彷彿即為原住民文化精神象徵，再現於原住民族祭典中。

> 在大圈圈外，有幾個被稱為「年輕人的爸爸」的壯年男子，以斬釘
> 截鐵的權威語督導年輕人，除了糾正歌聲、舞步的節奏外，也用酒
> 來燃燒他們的血液。「年輕人的爸爸」是舞蹈老師、是精神規範的代
> 言人、也是男子氣概的肉軀代表，教一個男孩如何順利成長為男人。
> 如果傳統不是已被命定成一襲蟲蝕的華衣的話，「年輕人的爸爸」該
> 是何等一種英雄的行業！〔註 503〕

當外族熱情地加入歌舞圓圈中，「舞步跟著『嘿唷唷』、『嗚啦啦』的歌句，汗珠匯成一道鹽水之和竄滿全身。」〔註 504〕外來族群的舞步與歌聲縱然跟不上原住民腳步；卻也可在精神層面上，融入這歡樂的慶典氣氛中。

> 笨拙的舞步、走板的歌聲，在在說明我是個外來客，而這裡頭完全
> 無關學習意願或能力，而是一種文化親和的無能。然而我還是欣賞
> 阿美們在舞步與歌聲中建立起來的秩序，當人們心智與體能擁有共

〔註 500〕鄭寶娟，〈與阿美們跳一個晚上〉，《願嫁山地郎》（1989 年 3 月），頁 242。
〔註 501〕鄭寶娟，〈與阿美們跳一個晚上〉，《願嫁山地郎》（1989 年 3 月），頁 242～243。
〔註 502〕鄭寶娟，〈與阿美們跳一個晚上〉，《願嫁山地郎》（1989 年 3 月），頁 243。
〔註 503〕鄭寶娟，〈與阿美們跳一個晚上〉，《願嫁山地郎》（1989 年 3 月），頁 243。
〔註 504〕鄭寶娟，〈與阿美們跳一個晚上〉，《願嫁山地郎》（1989 年 3 月），頁 243。

同的表演語彙，慢慢的，這種語彙就會衍生成道德、宗教、審美生活的共通準則。〔註505〕

　　在阿美族豐年祭典上，原住民孩童同樣在歌舞圓圈中歡度；但過沒多久，諸多原住民孩童，隨即前往觀賞電視節目。原住民族下一代，對於傳統文化祭典活動的興趣，遠不及對於現代電視節目的興趣。此即展現現代文明，對於原住民族傳統文化的衝擊甚鉅。

　　阿美們的小孩濃眉大眼，臉蛋迎著光源的來向時，兩眸間驟然升起兩朵太陽。小孩們已經失去了「生活中的」歌句舞步，他們必須用學習的方式拾回傳統。「民眾服務社」洋灰廣場對面的人家，正在播放雷射光的電視歌舞節目，小孩兒三三兩兩溜出行伍，溜到雷射光的掃瞄範圍去。我想到我做田野研究的朋友的說法：「所有的民俗活動到我們這一代都可能成為絕響。」〔註506〕

　　反觀原住民族下一代，對於傳統祭典活動的態度，使田野調查者加速對於原住民文化保存的積極性。尤其原住民族弱勢族群文化，更需要加速進行文化保存；否則將加速強勢主流文化，對於少數弱勢文化的衝擊與影響。

　　他必須加速的工作。換錄音帶、按快門、以方位紀錄舞步，筆記本上面佈滿了起而復始的五線譜。他說：「所有的文化，有史以來一直是由兩種或數種文化之間的互動造成。文化雜交與物種雜交繁殖依樣必要，雜交才能避免文化或物種的老化以及彼此間的衝突。……但是，文化雜交有種危險，那就是不同的弱勢文化對一個強勢文化無條件的認同，放棄了自身所有的殊異性，徹地被吞沒了，這造成文化的滅種，而不是互動。」〔註507〕

　　當阿美族原住民族祭典持續地進行中，「歌舞繼續進行。阿美們大力跳舞、大聲唱歌、大口喝酒。他們與『阿美』名實相符，因為他們會唱歌、會跳舞，讓愛陽光與歡笑。他們真美麗。」〔註508〕在漢族作家眼中，原住民文化之美，即在諸多傳統文化習俗中再現，藉此重新詮釋原住民文化精神的重要意涵。

〔註505〕鄭寶娟，〈與阿美們跳一個晚上〉，《願嫁山地郎》（1989年3月），頁243。
〔註506〕鄭寶娟，〈與阿美們跳一個晚上〉，《願嫁山地郎》（1989年3月），頁243。
〔註507〕鄭寶娟，〈與阿美們跳一個晚上〉，《願嫁山地郎》（1989年3月），頁243。
〔註508〕鄭寶娟，〈與阿美們跳一個晚上〉，《願嫁山地郎》（1989年3月），頁243。

參、劉春城懷想中的原住民族奶奶

一、原住民族形象

劉春城在〈贛孫〉中，描述原住民阿嬤形象，「番仔阿嬤是母親認的乾媽，我家搬到東部之初受她照顧很多。她是個平埔族山胞，好像，阿嬤在他們族裡還是個有地位的巫婆呢。」〔註 509〕原住民阿嬤總存在著原住民的深刻輪廓。

> 她恐怕是全世界最可愛的巫婆了。阿嬤個子瘦瘦小小，臉上永遠堆
> 滿笑咪咪的皺紋，最特別的表情是她那突出的山地族下顎，總是一
> 嘟一嘟的用嘴表示同意和讚美，從來沒有看過她生氣的臉。〔註 510〕

原住民阿嬤乃屬於平埔族，漢化地十分徹底；甚至於入境隨俗地祭拜漢族神明，「平埔族山胞在山地各族中漢化最早，與平地人雜居已久，會說流利的日語和閩南語，生活習慣上和漢人已沒有太大的差別，漢人拜的神他們多半也拜，年老的婦人更很少刺青，這也許是我自己的感覺，因為阿嬤嫁給了一個漢人。阿公在我們鎮上是個有名的人物，他叫吳奎新，本是個地主，後來家道中落，娶了阿嬤，反而從女家得到了田地。」〔註 511〕原住民阿嬤嫁給漢族阿公，反而帶來諸多財富；但由於平埔族阿嬤為母系社會，所以漢族阿公彷彿入贅般地與阿嬤結婚。

> 山地人是母系社會，婚俗盛行招贅，阿公大概是浪蕩夠了，田地也
> 揮霍精光，憑媒撮合半娶半嫁的跟阿嬤結了婚。平埔族很多是有田
> 地的殷農，阿嬤家也是地主，嫁妝是十幾甲蔗田和水田，故鄉的人
> 因此傳出了「阿舍嫁某」的笑話，這是後來母親告訴我的。〔註 512〕

阿嬤當年嫁給阿公時，「阿嬤當年是怎麼一份初嫁的少女情懷，多年過去，我們看到的已是一個慈祥健明的山地老婦。」〔註 513〕阿嬤總把家務整理地十分整潔，「阿嬤住在山下田庄，那兒大部分是平埔族山胞，前庭乾乾淨淨的，不像漢人住的地方總有丟不完的垃圾。他們還喜歡種些蓮蕉、大紅花做籬笆，少不了還有高高的檳榔樹圍繞，應在綠水田中顯得非常整潔美麗。」

〔註 509〕劉春城，〈贛孫〉，《願嫁山地郎》（臺中：晨星出版社，1989 年 3 月），頁 305。
〔註 510〕劉春城，〈贛孫〉，《願嫁山地郎》（1989 年 3 月），頁 306。
〔註 511〕劉春城，〈贛孫〉，《願嫁山地郎》（1989 年 3 月），頁 306。
〔註 512〕劉春城，〈贛孫〉，《願嫁山地郎》（1989 年 3 月），頁 307。
〔註 513〕劉春城，〈贛孫〉，《願嫁山地郎》（1989 年 3 月），頁 307。

〔註514〕阿嬤總是熱情地照顧著子孫們。

> 阿嬤三天兩頭就到家裡來，每次到鎮上，阿嬤大甲子籃裡不是塞隻
> 不安分的雞鴨，就是一大把削的整整齊齊的去皮白甘蔗，用一條花
> 布巾蓋得緊緊，這些東西在那時的日據時代末期都是配給物或違禁
> 品，阿嬤走田埂小路七彎八拐才到我家後門的。我最高興阿嬤來，
> 大喊一聲「番仔阿嬤」，阿嬤嘴嘟一嘟，就叫我「憨孫」。〔註515〕

阿嬤總是熱情親切地與孫子們互動著，「阿嬤來了，一句憨孫，馬上提議
幫我編竹籬笆，說做就做，阿嬤找些木板竹片，坐下來用她靈巧的手編了大
半天，將籬笆豎起來才回去。不久，阿嬤晚上來，我拿手電筒帶她去看第一
朵盛開的大麗花，阿嬤嘟著嘴當作不得了的奇蹟般誇讚，又教我在捲曲的片
中抓害蟲。」〔註516〕贛孫總最喜愛去探望番仔阿嬤。

> 母親有話帶給阿嬤，總叫我當通訊兵。我最愛這個差事，可以到阿
> 嬤的田庄玩半天，平時有事沒事，也喜歡去看看番仔阿嬤，……只
> 要母親叫我到阿嬤家去，卻從不視為畏途。〔註517〕

番仔阿嬤與漢族阿公的兒子，同樣在番仔阿嬤的安排下，努力地學習工
作，「阿嬤和阿公只生一個兒子，叫吳泰山，高大、健壯、好看、像阿公，皮
膚很嘿，像阿嬤，人很正直，有問才答不愛說話，像個農夫，我們叫他阿叔。
阿叔生了五個兒子，小學初中畢業以後，經過番仔阿嬤的安排，一個個挨著
秩序到我家店裡學生意，都從最粗重的學徒工作幹起，晚上有空才由哥哥教
他們打算盤。……阿嬤很高興，逢人就誇讚她認的乾女兒孝順。」〔註518〕在
番仔阿嬤的原住民形象，總是親切熱情地深受子孫們的喜愛。

二、原住民族之文化習俗

劉春城在〈贛孫〉中，描述諸多原住民，均存在著吃檳榔的習慣。阿嬤
在平日彷彿漢族般的生活中，彷彿薩依德所述的民族主義中，乃存在著原漢
族群共通歷史與文化融匯，「民族主義的文化水平，致命地受限於其所先設的
殖民者和被殖民者共通的歷史。」〔註519〕阿嬤在漢化之餘，乃同樣存在吃檳

〔註514〕劉春城，〈贛孫〉，《願嫁山地郎》（1989年3月），頁307。
〔註515〕劉春城，〈贛孫〉，《願嫁山地郎》（1989年3月），頁307。
〔註516〕劉春城，〈贛孫〉，《願嫁山地郎》（1989年3月），頁308。
〔註517〕劉春城，〈贛孫〉，《願嫁山地郎》（1989年3月），頁309。
〔註518〕劉春城，〈贛孫〉，《願嫁山地郎》（1989年3月），頁310。
〔註519〕薩依德，〈葉慈和去殖民化〉，《文化與帝國主義》（2001年），頁417。

榔習慣；連同贛孫也經常在阿嬤的檳榔袋中，拿取檳榔食用，而擁有吃檳榔的習慣。

> 到阿嬤家，阿嬤向例很少待在屋子裡，除非坐在屋裡陪阿公說話或在廳裡織布，常常不是到屋後的竹叢挖竹筍，竟是在屋側的豬舍餵豬，不然就是到菜園子種菜或到小溪摸蜆。我一進入開滿大紅花的道場前，立刻大叫一聲番仔阿嬤，阿嬤笑臉迎出來，見我一身泥巴，免不了又是一句憨孫，就帶我到屋前的幫浦打水清洗，我乘機探手到她懷裡那隻繡得很漂亮的檳榔袋討幾顆青仔，咬著甜甜嫩嫩的檳榔蕊吃。〔註 520〕

當贛孫到番仔阿嬤家作客，吃完檳榔心滿意足地要離去時，阿嬤總捨不得地希望贛孫多停留一會兒；贛孫也經常會想起番仔阿嬤的一聲贛孫，可見得祖孫間的深刻親情。

> 邊洗邊吃，我說：「阿嬤，我要回家了。」「憨孫，怎麼才來就要回家呢？」身子也洗了，檳榔也吃了，我也想回家去了，也許那時到阿嬤家去，不過想聽她一聲好幾天沒聽見的一句憨孫而已。〔註 521〕

當朋友得知劉春城會吃檳榔時，乃十分驚訝，「朋友知道我會吃檳榔很意外，他們不知道我有一個番仔阿嬤。偶爾咬著檳榔的時候，口腔熱熱的，心裡暖暖的，耳窩裡總是猶然想起阿嬤那讚美、鼓勵、叫人趕著被深深疼惜的那一聲──憨孫。」〔註 522〕但番仔阿嬤與檳榔，總會使劉春城想起，童年回憶中的番仔阿嬤。

> 臺北待了許多年，我漸漸厭棄都市的一切，時常懷念兒時鄉下的生活，番仔阿嬤是最溫馨的記憶。有一天，我路過一個檳榔攤，看見一個老婦人，恍惚以為是阿嬤，很快地發現不是，上前向她買了一包青仔，心中禁不住灌滿了無限溫柔的懷念。〔註 523〕

贛孫對於番仔阿嬤，總充滿著無限親情，「阿嬤去世時，我已大學畢業，到了臺北工作，家裡沒有通知我，也許他們並不知道我心中對阿嬤那一份特別的感情，要是得到這個消息，我一定趕回去跟她奔喪。」〔註 524〕此乃記載

〔註 520〕劉春城，〈贛孫〉，《願嫁山地郎》（1989 年 3 月），頁 309。
〔註 521〕劉春城，〈贛孫〉，《願嫁山地郎》（1989 年 3 月），頁 309〜310。
〔註 522〕劉春城，〈贛孫〉，《願嫁山地郎》（1989 年 3 月），頁 310〜311。
〔註 523〕劉春城，〈贛孫〉，《願嫁山地郎》（1989 年 3 月），頁 310。
〔註 524〕劉春城，〈贛孫〉，《願嫁山地郎》（1989 年 3 月），頁 310。

著劉春城與番仔阿嬤的親情流露，同時透露出對於番仔阿嬤的無限懷念，還有原住民阿嬤的獨特性與平易近人。

肆、吳富美部落意象中的原住民族

一、原住民族形象

吳富美在〈我從山中來〉中，描述原住民形象，「面對現代化的衝擊，山地社會受到很大的影響，舊有的習俗逐漸崩解，在這個過程中，有人身不由己，迷惘而不知所措，有人隨波逐流，在強勢文化的侵略下，墮落了。」〔註525〕當原住民族老人與原住民青年，面對現代多元族群衝擊時，所呈現的生活狀態，乃有所差異。首先，原住民老人乃堅守著傳統文化藩籬，而被隔絕於現代化文明中。

> 一位頑強的抗拒、排斥一切外來的文明，仍然以悠閒懶散的步調過生活，這類人大都是老年人，他們也許會對電視感到驚奇，不瞭解一個方盒子中竟能送出活鮮鮮而臉上五顏六色的人，也可能會呆呆愣在路旁注目呼嘯絕塵而去的摩托車，可是不管如何，他們還是滿足於日出而作、日落而息的生活，念著今年小米、芋頭、玉米是否有好收成，山上獵物是否跟往年一樣多。〔註526〕

原住民青年在面對現代化文明衝擊後，所萌發的集體族群意識，對於族群命運的自覺意識，將促進其文化保存意識。但諸多原住民青年，即在現代文明的衝擊下，逐漸進入漢化世界，飽受殖民霸權般的族群壓迫，彷彿薩依德所述的「文化霸權」再現，「權力與合法性這對孿生兄弟，前者使人獲得對世界的直接支配，後者則在文化領域運作，兩者是古典帝國霸權之一大特色。」〔註527〕原住民族甚至被漢族欺騙壓迫而苦不堪言。

> 而今天相聚的知識青年，在他們原本純樸自然的心靈接受現代文明的洗禮之後，看到族人的悲劇性命運，和爲生存掙扎的艱辛，便有所醒悟，要發憤圖強，從事尋根工作，回溯追尋探討本族的文化。這些知識青年在檢討山地社會問題時，發現日漸外流的青年，大都年幼即赴平地討生活，忘記了本族語言。而更多的幼童，每在小學

〔註525〕吳富美，〈我從山中來〉，《願嫁山地郎》（1989年3月），頁301。

〔註526〕吳富美，〈我從山中來〉，《願嫁山地郎》（1989年3月），頁301。

〔註527〕薩依德，〈美國勢之勃興：公共領域的論戰〉，《文化與帝國主義》（2001年），頁545～546。

> 畢業當天，一車一車被平地人半騙、半買去充當童工、奴工和雛
> 妓。〔註528〕

現代多元族群社會中，諸多原住民族均擁有著集體族群意識的自覺，對於原住民文化保存，乃存在著一番新思維，「他們痛心扼腕，更意識到這是自己族人面臨行將滅種的危機。有人會關心這些不為人知而無處申訴的苦痛？誰來教育族人保護自己的權益？誰來承先啟後，保存山地文化？他們從反省中體會到，何不從自己做起，進而推動更多的山地族人，把本族的文物、歌謠……介紹給社會，同時整理山地語言和神話傳奇，從事山地醫療服務。然後集眾人的小成就為大成就。」〔註529〕若不積極地進行原住民文化保存，族群文化乃即將隨著耆老的逐漸凋零而消逝。

二、原住民族議題

吳富美在〈我從山中來〉中，描述諸多原漢族群，乃共同關心著原住民族的未來，「高雄，靜謐而華燈初上的夜晚，一群關心山地文化、山地問題的人士，在文化界友人洪田浚的邀請下，聚在串門子藝坊聯誼聊天，他們之中有阿美族、排灣族、布農族、魯凱族，以及僅餘二千多人的邵族山胞，還有幾家報社的記者和幾個平地人。」〔註530〕原住民族在多元族群社會中，如何進行族群文化保存，即為重要的當務之急。

> 當被借設到被稱為「稀有動物」的邵族朋友時，有人建議他多多播
> 種以維護瀕臨絕種的「同類」，也有人提議把他送進博物館，當活
> 化石，一定身價百倍，當事人則不以為忤，因為他已被開慣玩笑。
> 〔註531〕

原住民族除了面對族群壓迫、種族歧視與經濟困境外，還要努力地進行文化保存，冀望有機會將祖先所流傳下來的珍貴文化加以傳承。如何平衡現代文明與傳統文化的激盪，即為現代原住民族的重要議題之一，尚待原住民族共同來努力。

三、原住民族之文化歌謠

當一群關懷原住民文化的原漢族群齊聚一堂，「這次聚會並非漫無目的地

〔註528〕吳富美，〈我從山中來〉，《願嫁山地郎》（1989 年 3 月），頁 301。
〔註529〕吳富美，〈我從山中來〉，《願嫁山地郎》（1989 年 3 月），頁 302。
〔註530〕吳富美，〈我從山中來〉，《願嫁山地郎》（1989 年 3 月），頁 299～300。
〔註531〕吳富美，〈我從山中來〉，《願嫁山地郎》（1989 年 3 月），頁 300。

閒聊，話題最先落在山地歌謠上，談山地歌謠的過去與未來。」〔註532〕眾人即努力地思考，如何進行原住民文化保存，進而分析原住民族歌謠的多元化特色。

> 由於山地樂器特殊，節奏強烈，加上山地人嘹亮高亢的嗓音、寬廣的音域，使得原始山地歌謠呈現除一種迷人的特殊韻味。如再配上變化多端的舞步，山地人每在歌舞中，盡情表現他們的喜怒哀樂、宗教信仰、生活習慣、英雄事蹟、歷史典故，因而彌補了沒有文字的缺陷。〔註533〕

關於原住民族傳統歌謠特色可知，「一般山地歌謠依內容可分為祭祀、迎神送神、民族儀式、出草（狩獵）、飲酒、詛咒、勞動、遊戲、愛情、敘事、搖籃等等，歌唱方式有齊唱、對唱、輪唱和獨唱。音調則隨歌詞內容而有歡樂悠揚或陰沈等變化。」〔註534〕原住民族歌謠的文化意涵，乃十分深遠。

> 在原始的傳統歌舞裡。不管是年輕男女互訴心曲，或是獵人感謝神庇佑、恩賜食物、護佑平安，使他們免於飢餓，都充分顯示，歌舞不僅是娛樂和消遣，更是他們祖先智慧的結晶和精神的依託。但是隨著文明的入侵，山地語言、歌謠、舞蹈等各種文化面貌日漸衰微、沒落，甚至有失傳或成為絕響之虞。〔註535〕

諸多有志之士為了推廣原住民族歌謠所辦理的音樂會，「山地歌謠演唱會在臺灣辦了不少次，但聽證大部分是以看外國秀的心態來欣賞，帶有濃厚的商業觀光性質，沒有實質推廣到社會層面的作用。」〔註536〕原住民族歌謠，乃需要以多元化方式呈現。

> 往後努力的方向，除了整理原始歌謠，展現他們古老迷人的風貌，而要在現代山地歌謠創作上力求表現，考慮配以國語歌詞，把他們特有的生命、精神帶出來。或者保留古曲，改編現代歌詞，儘量保留原來曲調的韻味，都不失是個好方法。……另有人則認為，先唱一段山地唱腔，再來一段國語詮釋，效果會更好。〔註537〕

〔註532〕吳富美，〈我從山中來〉，《願嫁山地郎》（1989年3月），頁300。
〔註533〕吳富美，〈我從山中來〉，《願嫁山地郎》（1989年3月），頁300。
〔註534〕吳富美，〈我從山中來〉，《願嫁山地郎》（1989年3月），頁300。
〔註535〕吳富美，〈我從山中來〉，《願嫁山地郎》（1989年3月），頁300～301。
〔註536〕吳富美，〈我從山中來〉，《願嫁山地郎》（1989年3月），頁302。
〔註537〕吳富美，〈我從山中來〉，《願嫁山地郎》（1989年3月），頁302。

　　諸多有志之士乃想盡各種方式，保存原住民族歌謠，「一位專攻鋼琴和西洋聲樂的排灣族林明德老師……則有意申請成立『山地歌謠研究會。』以發揚山地歌謠，然後再舉辦演唱會。」〔註538〕關於原住民文化保存行動，除了原住民族外，還需要更多有志之士共同來努力。

伍、林文義族群意象中的原住民族

一、原住民族形象

　　林文義在〈孤獨的山地〉中，乃深刻地描述諸多原住民形象，諸如在孤獨山村中，所見到的人生百態與孤獨氛圍。在山地孤獨山村中，最常見到的人物，即為原住民老人與小孩，顯示出山地部落人口外移嚴重的現象。

> 繞了一大圈，這個人口稀少的山地村，看不到幾個年輕人（年輕人都到外地去謀生了吧？），像我曾經路過幾個山地鄉，不是年以老邁的婦人就是瞪著一雙大眼睛看人的山地小孩，一切都孤獨極了。轉身走回派出所，一個山地老人抱著一個嬰兒走出來，蹲下身子，哼著一種小調似的歌，大概是替嬰兒哈尿吧？〔註539〕

　　在經濟困頓的山地部落中，連原住民孩童也必須協助工作；但見到有人進入部落，乃極為好奇地望著。連山地原住民老婦人，乃同樣困惑地望著進入山地部落的漢族朋友。此即由於諸多原住民部落，乃難得有外人進入，乃引起少見多怪的現象產生。

> 幾個山地小孩正在屋子前面收集曝曬完畢的野生菇類，看到我走近，不約而同的停止他們原是匆忙的動作，用明澈、黑亮的大眼睛凝視著我；有個臉上刻著藍色黥紋的老婦人走出來，用山地話向孩子們吩咐些什麼，然後轉過頭來，望著我的眼神同樣疑惑。〔註540〕

　　在孤獨山村所見到的景象，使林文義乃疑惑地思考著，「那些山地的年輕人都到哪裡去了？那些我們島嶼最初原住民的後裔們。」〔註541〕後來，終於在山地部落中見到原住民青年，乃在假日時方為回山地部落，平日則留在平地工廠、漁船與礦坑工作著，原住民青年總擔負著，諸多高勞力低收入的辛

〔註538〕吳富美，〈我從山中來〉，《願嫁山地郎》（1989 年 3 月），頁 302～303。
〔註539〕林文義，〈孤獨的山地〉，《願嫁山地郎》（臺中：晨星出版社，1989 年 3 月），頁 234～235。
〔註540〕林文義，〈孤獨的山地〉，《願嫁山地郎》（1989 年 3 月），頁 234。
〔註541〕林文義，〈孤獨的山地〉，《願嫁山地郎》（1989 年 3 月），頁 235。

勞工作。

> 方才那個騎著老機車青年從我身後騎過來，……休假日才回這裡，
> 平常住廠裡，我在臺塑做工。其他人呢？……他憨直的做個十分認
> 命的表情：有的到西部去做工，有的跑遠洋漁船，有的去做礦工，
> 有的在桃園那一帶燒磚塊。〔註542〕

當林文義要離開山地部落時，諸多原住民均熱情好客地歡送他們離去，
「那個騎機車的山地青年及那幾個大眼睛的孩子們都跑來送行，他們笑出一
排雪白的牙齒，揮舞著手臂，還有那兩個牛鬥派出所的山地警員。曾經在新
竹山地教過書的陳君半個身子都伸出車外，大聲叫著：斯卡也答！斯卡也答
（再見）！」〔註543〕在山地部落中，所見到的原住民，也使林文義回想起諸
多原住民形象，諸如在旅行途中，所遇見羞澀溫柔的原住民女孩。

> 有一次到島南的港都旅行，住在運河右岸的旅社裡，……樓層的服
> 務生用力的敲門，……一個十七、八歲大，輪廓很深的女孩，怯生
> 生的。她是高砂族的，很溫柔體貼，要不要？服務生說。〔註544〕

此即描述原住民在艱困就業環境中，諸多原住民少女，乃淪為雛妓的悲
慘命運；就連諸多原住民青年，均從事著高勞力低收入工作，而飽受工作壓
迫與經濟困境。

二、原住民族之族群壓迫

在平地都市社會中，令林文義印象深刻的原住民青年，乃努力地推銷著
蘭花時；卻由於其原住民身分，而被品頭論足地討論著，彷彿法農所述，白
人歧視著黑人，即如漢族深具漢族中心主義般地，對待著原住民族，「而白人
社會，建立在進步、文明、自由主義、教育、光明、精緻等神話上，其代罪
羔羊正是那反對擴張、反對這些迷思勝利的力量。而這種粗暴的、對抗的力
量，正是由黑人所提供。」〔註545〕漢族一句「番仔呢」所產生的異樣眼光，
乃衍生出種族歧視氛圍，著實地令原住民頹喪地離去。

> 在臺北鬧區，我看到一個賣野生蘭花的山地青年，極力推銷著一株
> 株綠意盎然的蘭花，都市人冷冷地看著他，還有人交頭接耳的品評

〔註542〕林文義，〈孤獨的山地〉，《願嫁山地郎》（1989 年 3 月），頁 235。
〔註543〕林文義，〈孤獨的山地〉，《願嫁山地郎》（1989 年 3 月），頁 235。
〔註544〕林文義，〈孤獨的山地〉，《願嫁山地郎》（1989 年 3 月），頁 235。
〔註545〕法農，〈黑人與精神病理學〉，《黑皮膚，白面具》（2005 年 4 月），頁 289。

> 著他：番仔呢。賣蘭花的山地青年似乎後來顯得頹喪極了，靠在騎
> 樓巨大而冰冷的大理石柱上，茫然地望著高樓林立的鬧區，他微微
> 的皺起眉來，在高樓巨大而冷酷的陰影下，顯得那般的微渺，最後，
> 他扛起他的玉蘭花，消失在擁擠的人潮裡。〔註546〕

當原住民青年賣力地在工地工作時，卻飽受監工破口大罵的工作壓迫，「我經過一處建築工地，幾個山地青年正忙著將一些磚塊扛到鷹架上面去。他們很吃力地順著傾斜四十五度的竹梯顫巍巍走上去，黝黑的身子淌得全身淋漓的汗水，我清楚地聽見站在下面雙手叉腰的監工，大聲地破口大罵，嫌他們動作慢。」〔註547〕在此惡劣工作環境中，原住民青年乃呈現著愁苦面貌，彷彿象徵著原住民族的族群困境般。

> 兩個正在攪拌混泥土的山地青年奮力地揮動著手中的鏟子，相對而
> 視，沒有笑容，竟是一臉憂苦的樣子。我默默地想到：他們一天到
> 晚替城市人蓋房子，什麼時候，他們才會為自己賺到一棟房子？
> 〔註548〕

當林文義在漁港中所見到的原住民船員，「在昏暗的船燈下，那低沈憂傷的歌又起——mianainima nau zi wama noma ta bo ko……我一一望著他們年輕而黝黑的臉顏，好像含帶著高山族深切而無言的憂鬱與辛酸呢。」〔註549〕此處原住民形象，即同樣充滿著憂鬱與愁苦，彷彿象徵著原住民族群命運的困頓。

> 在南方澳漁港看到幾個山地籍的遠洋漁船船員，正齊聚在碼頭邊喝
> 起紅標米酒，他們喝得十分盡情，並且拍起手來，一起引吭高歌。
> 我聽不懂歌的含意，跑去問，他們到了一杯米酒請我：你喝下去，
> 我們再告訴你。我一飲而盡，並且和他們坐在一起，他們還是沒有
> 告訴我哥的含意，只是告訴我，明日他們又要到遠洋去了，要頂著
> 風浪，追捕鮪魚群。〔註550〕

林文義乃極為真實地描述著，曾在山地部落中學原住民校長口中，聽聞諸多原住民青年在畢業後，即集體被送到平地工廠去工作，彷彿殖民者對於

〔註546〕林文義，〈孤獨的山地〉，《願嫁山地郎》（1989年3月），頁235～236。
〔註547〕林文義，〈孤獨的山地〉，《願嫁山地郎》（1989年3月），頁236。
〔註548〕林文義，〈孤獨的山地〉，《願嫁山地郎》（1989年3月），頁236。
〔註549〕林文義，〈孤獨的山地〉，《願嫁山地郎》（1989年3月），頁236～237。
〔註550〕林文義，〈孤獨的山地〉，《願嫁山地郎》（1989年3月），頁236～237。

被殖民者所賦予的工作壓榨，將造成原住民族的族群自卑感產生，「許多歐洲人前往殖民地，是因為那裡有短期致富的可能，除了極少數例外，殖民者是商人，甚至是掮客；那麼，他就掌握了引發原住民『自卑感』者的心理狀態。」〔註551〕如此令人感傷的命運，彷彿象徵著原住民族勞苦困頓的命運。

> 我到臺東的都蘭去探訪一位中學時代的校長，他是本島及少數山地籍的國中校長，是阿美族酋長的後裔。去的時候，剛好是那個山地國中畢業典禮的日子……。他幽幽地告訴我，大多數畢業的山地學生，馬上就要投入社會生產的工作行列。他指著那些車子，平靜卻感傷說：待會兒，那些車子就要把孩子們帶到西部的工廠去工作了。〔註552〕

林文義還以一對無人照顧的小姊弟為例，深刻地呈現原住民父母為經濟生活而努力工作，父親從事礦坑工作，母親同樣必須上班，而原住民小姊弟僅能自立自強地獨自照顧自己，手上玩著陳舊的玩具，乃象徵著經濟生活不佳。

> 我在金瓜石礦區遇見一對小姊弟，他們有一雙山地人特有的，異常烏黑、明亮的眼眸，他們坐在簡陋的屋前玩一隻已經掉去大半身毛的玩具熊，弟弟摔一跤，大聲的哭嚷起來，我剛好路過，把他扶起來，並且用衛生紙幫他擦掉一臉的淚水與鼻涕……。爸爸到礦坑去挖煤炭了……。媽媽在臺北上班。小姊姊囁嚅的說著，聲音愈來愈小，到最後好像要哭出來。〔註553〕

在見識過諸多原住民形象與族群壓迫後，林文義乃感嘆地認為，人口外流嚴重的山地村落，彷彿充滿著孤獨氛圍，僅有部落原住民老人守候著家園；原住民青年則在多元族群社會的諸多角落，出賣勞力卻飽受族群壓迫地，在夾縫中求生存。

> 那片孤獨的山地，許多年輕人都離開了的小村，只有年邁的，仍然不輕易卻又無可奈何向殘酷的現實生活妥協的山地老人，他們默默的守住古老陳舊的家園，種植著他們的玉蜀黍、小米過活。而那些分散在全島各個城市角落的年輕山地人呢？在受漠視甚至侮辱的勞

〔註551〕法農，〈所謂被殖民者的依賴情節〉，《黑皮膚，白面具》（2005 年 4 月），頁191。
〔註552〕林文義，〈孤獨的山地〉，《願嫁山地郎》（1989 年 3 月），頁237。
〔註553〕林文義，〈孤獨的山地〉，《願嫁山地郎》（1989 年 3 月），頁237。

> 動工作裡，在為了生活，出賣肉體的苦痛中，他們是否想起如今已
> 經十分孤獨的山地？〔註554〕

　　林文義乃描述原住民族生活境況與族群困境，冀望藉此喚醒更多族群對
於原住民族議題的正視與改善；甚至於冀望原住民族未來有改善的契機。因
此，由文本再現原住民族生活實況，以尋求原住民族生活改善的契機。

三、原住民族之部落景象

　　林文義在進入山地部落時，不幸遇上道路坍方，而造成交通不便，「有一
次，我們到棲蘭旅行，路過一處叫做牛鬥的地方，我們的車輛無法開進去，
因為往棲蘭的公路坍方了。」〔註555〕對於山地部落交通不便與經常坍方現
象，當地居民均已司空見慣地習以為常。熱情的原住民警察，即招待他們並
說明此道路坍方的修葺狀況。

> 我們焦慮的聚集在牛鬥派出所後面的空地上，等待坍方修復消息；
> 派出所的兩位員警是山地人，熱情地端水果，倒茶水：你們今晚還
> 是住在宜蘭吧，公路不可能那麼快就修好的。山地員警說，我們半
> 信半疑地互相望著。〔註556〕

　　當林文義終於來到山地部落後，眼前所見到的部落景象不僅偏僻，連山
地原住民青年的機車均極為老舊，由此可見山地部落的資源缺乏景象；進而
反映出山地部落與平地都市的城鄉差距甚大。

> 這的確是一處十分偏僻的山地鄉，從派出所望下去，山谷間稀疏的
> 散導著一些簡陋的房子，狹窄的方窗已經上燈了，有的屋頂上開始
> 冒出縷縷炊煙，一個黝黑、強壯的山地青年騎著一部不斷咳嗽的老
> 機車，噗噗的通過我們所置身的坡下，向那些房子的方向開去，後
> 座載滿了一截一截的蛇木。〔註557〕

　　林文義乃描述原住民形象與原住民族所承受的族群壓迫，甚至於山地原
住民部落偏僻與物資缺乏景象，均為諸多原住民的弱勢處境，尚待正視與改
善。此外，諸多原住民部落現象與原住民族群命運，尚待更多關注眼光與改
善之道，方可為原住民族尋求更美好的未來。

〔註554〕林文義，〈孤獨的山地〉，《願嫁山地郎》（1989年3月），頁237～238。
〔註555〕林文義，〈孤獨的山地〉，《願嫁山地郎》（1989年3月），頁233。
〔註556〕林文義，〈孤獨的山地〉，《願嫁山地郎》（1989年3月），頁234。
〔註557〕林文義，〈孤獨的山地〉，《願嫁山地郎》（1989年3月），頁234。

小　結

　　吳錦發在《悲情的山林》中的〈燕鳴的街道〉；與《願嫁山地郎》中的〈靜靜流淌過心底的哀歌〉、〈摒棄教條，尋回人道〉……等諸多文學，均分析諸多原住民族議題，諸如原住民文學創作背景、族群意識、原住民族形象、種族歧視、族群壓迫、賽夏矮靈祭文化祭典……等諸多層面。

　　吳錦發在〈靜靜流淌過心底的哀歌〉中，曾舉例諸多原住民所承受的不公平待遇，諸如「東埔村挖墳事件」，乃將觀光開發利益爲優先考量，罔顧原住民族群尊嚴；還描述湯英伸事件，喚起大眾對於原住民族議題的正視。將原住民族現代處境乃如實地呈現，進而探討要如何協助原住民族改善生活際遇。

　　吳錦發在〈燕鳴的街道〉中，乃描述原住民少女幼瑪的族群意識，對於山地家鄉乃存在著一股複雜卻無奈的情緒，「家？什麼家？……只會向我要錢的家」此即道盡原住民族經濟困境與生活壓迫。此外，由「寂寞……整個賽夏都是寂寞的」，彷彿道盡原住民族集體命運。但原住民少女幼瑪，即展現原住民青年熱情奔放、敢愛敢恨、大方開朗、喜好喝酒、愛跟朋友開玩笑形象之餘，乃存在著一股淡淡哀愁。幼瑪與諸多原住民，均承受過來自外族的種族歧視，諸如「笨死了。笨山地仔！」、「山地母狗」、「臭蕃仔，死蕃仔」、「這蕃仔原來是我的貨」，均展現出對於原住民族的種族歧視之意，乃令幼瑪產生自卑的族群心理。此外，關於原住民族祭典，乃描述賽夏族矮靈祭典；但隨著連續三天的瘋狂祭典後，幼瑪與漢族朋友還要走兩三公里的小山路，到山腳下的村莊搭車返回平地，乃展現山地部落的交通不便。最後，吳錦發在〈摒棄教條，尋回人道〉中，乃深刻沈思原住民青年湯英伸事件，所引發社會回響與興論爭議。由此事件眞實著眼於，原住民的社會眞實境況，方可眞實地改善原住民族生活實況。

　　鍾理和的〈假黎婆〉乃刊登於 1960 年 1 月 20 日《聯合報》第 6 版，後收於 1997 年 10 月《鍾理和全集 1》。鍾理和在〈假黎婆〉中，乃描述原住民奶奶的故事。對於漢族客家籍作家鍾理和而言，番仔阿嬤獨特髮型、紋身……等文化特徵；甚至於喜好吟唱著原住民族歌曲，即彷彿重新找回原住民族感覺，而使奶奶備感年輕與活力，均可展現出原住民阿嬤的族群特質。但奶奶娘家的弟弟，乃完全沒有原住民特有的剽悍勇猛氣質；唯一得以見證原住民身分，即有孤拔與頭巾。此外，阿嬤還努力地希望保有族群尊嚴與骨

氣，當親戚來訪時因過節而喝醉酒，即引發奶奶的怒氣。但數年後，奶奶娘家的親戚再度來訪時，卻已白髮蒼蒼；甚至於身著日式服裝，乃展現皇民化運動的影響。此外，當鍾理和與奶奶一同進入山中去尋牛，乃展現出原住民過人的體力，與對於山地部落的極度熟悉感；因此興奮地向孫子介紹山地家鄉，與原住民部落景象。縱然番仔阿嬤努力地融入平地社會，卻仍會遭遇到種族歧視的汙名化，諸如流傳在漢族口中，容易遺棄孩子的女人，均為假黎婆。當鍾理和質疑奶奶的原住民身分時，即引起奶奶自卑地詢問孫子，對於原住民的想法。

胡臺麗的〈吳鳳之死〉，乃刊登於 1980 年 10 月《臺灣文藝革新》第 16 號，後收於 1980 年 11 月 9 日《民生報》。胡臺麗曾自述，撰寫原住民文學作品〈吳鳳之死〉，乃由於民國六十八年七月初，乃隨著正在阿里山曹族收集人類學田野資料的劉容貴小姐，上山進行田野調查，進而描述有關於原住民青年「頭目」的故事。但原住民山地交通不便，頭目僅可帶著漢族朋友步行。此外，還描述原住民青年「頭目」輪廓深邃、氣宇非凡、孤傲的形象外，乃存在著淡淡哀愁；甚至於與原住民方可較為自在地相處。至於頭目表哥與舅舅，同樣具有原住民黝黑皮膚、熱情好酒與豪邁性格。頭目舅舅親切山地口音，乃拉近與漢族的距離。頭目表哥則已歷過漢化過程，因此在言談中儼然聽不出山地口音。

原住民青年頭目還遭遇過諸多種族歧視，諸如漢族同學對於頭目在音樂、體育方面的突出表現，乃抱持著「番仔嘛，只有運動和歌唱細胞特別發達。」與「唱唱跳跳算不上什麼正經事」的意味，即充滿著輕蔑語氣；甚至於諸多漢族仍存在著，早期認為原住民族即為原始落後、出草馘首、凶猛如虎的極度野蠻形象。諸多漢族甚至於認為蘭嶼達悟族丁字褲文化，乃被視為不登大雅之堂；還將山地原住民女性，視為日本觀光客的觀光賣點之一。至於原住民所承受的族群壓迫，諸如諸多原住民孩童，乃成為廉價童工，飽受雇主剝削，還日以繼夜地超時工作著。

關於原住民族文化習俗，乃描述原住民族的「庫巴」，彷彿為天神棲身之處，深具其神聖地位，象徵著原住民族精神信仰中心。當神樹遭到砍伐而發生不幸，乃使族人更加正視神樹的重要性。頭目舅舅還熱情地邀請漢族朋友參與豐年祭典；甚至於要求大川拿出番刀，展現出原住民勇士氣勢。此外，關於原住民族傳說故事，頭目自幼乃經常在庫巴聆聽著，諸多族人所流傳下

來的原住民故事。但關於漢族記載中的吳鳳故事，將原住民族視爲原始野蠻的汙名化形象；甚至於塑造成會隨意獵殺人頭的野蠻形象，乃有失公允。最後，關於原住民族馘首習俗，頭目乃闡述當吳鳳事件爆發後，原住民族即停止獵殺漢族首級。此外，原住民族的死亡觀點，乃最擔心族人死於非命。

胡臺麗的〈願嫁山地郎〉，乃刊登於 1985 年 5 月 26 日《中國時報》副刊，乃描述漢族女孩華由於魯凱族原住民研究曠時已久，而前往山地部落進行學術研究的田野調查，而展開與原住民青年什賀的愛情故事。但當華認真地向眾人宣布要與什賀結婚時，漢族親友對於華要嫁入山地，簡直無法想像。但原住民青年什賀與漢族女孩華的婚禮還是順利展開。由於什賀家屬於頭目貴族階級，這場婚禮也遵照魯凱族原住民婚禮習俗進行；再加上華的學歷很高，也被視爲頭目。魯凱族婚禮中，新郎、新娘一直隨舞圈轉，還同樣存在著新娘哭泣的習俗。縱然華爲茂林村內第一個由平地嫁入的新娘，但還是贏得原住民長輩的讚賞。因魯凱新娘的頭飾非常重，華卻能一直戴著。爾後，華即展開在山地部落當牧師娘的生活。當初什賀在平地社會中，即承受過諸多族群壓迫；故在從事諸多勞力工作後，乃決定返鄉服務。

劉還月的〈流浪的土地，遊牧的民族〉乃刊登於 1984 年 3 月《商工日報》副刊，描述原住民族群議題。在訪談謝緯醫師遺孀時，乃描述謝醫師多次組成山地醫療隊到山地部落。起初，原住民即由於族群隔閡而不敢就醫，但逐漸瞭解後，乃一次取多人藥物，由此展現山地醫療貧乏。此外，還描述原住民族歷史，由於原住民族乃屬於南島語族，且經歷過多次遷徙後，方定居下來。再加上清代政府治臺策略，即多以禁止爲主的高壓統治；故在推行漢化政策與教育下，平埔族即逐漸融入漢族文化中。原住民族始終承受著諸多族群壓迫，早期山地同胞多以漁獵維生而不事耕種，農耕技術即自然落後；再加上漢族巧奪豪取，即更加陷入經濟困境。但劉還月將此現象歸諸於原住民族教育落後所致，乃有失公允。在社會真實現況中，原住民經常出賣勞力，以從事高勞力低收入工作；原住民女性，甚至於由於被不肖人口販子欺瞞而賣淫。

關於原住民族酗酒現象，可追溯於日治時期，日本殖民者對於原住民提供煙酒，以施予籠絡的政策，希望藉著煙酒的麻醉，達到控制原住民族的目的。過去原住民即基於慶典或婚禮場合方可飲酒，飲酒乃爲神聖之事；但現今諸多原住民，乃以酗酒來逃避生活壓力；甚至於將酗酒轉化爲英勇的展現。

此外，關於原住民族文化習俗可知，原住民族社會組織，可分爲父系與母系社會，諸如泰雅族即分爲血緣團體與地緣團體；賽夏族即以氏族團體爲主；鄒族乃以共耕團體爲主。至於母系社會的阿美族、卑南族同樣擁有自我的社會組織。此外，排灣族乃爲階級分明的族群；魯凱族有諸多文化習俗，乃似於排灣族。關於原住民族祭典占卜，即由於原住民族祖靈崇拜信仰，諸如泰雅族祭典儀式，必定有祭祖儀式；賽夏族則擁有矮靈祭。此外，泰雅族文面習俗，乃爲原住民勇士與善於織布的女性方可擁有。至於達悟族重要的文化習俗，即爲飛魚祭與拼板舟的海洋族群文化。

　　葉智中的〈我的朋友住佳霧〉，乃刊登於 1985 年 12 月 18～27 日《民眾日報》副刊，乃描述漢青年伊林在佳霧山地部落，所經歷的山地部落生活爲主。當伊林重回平地生活後，逐漸淡忘佳霧山林部落生活。但回憶起祖母曾言，祖父曾被日本人徵調去參加圍剿高砂族（日本人對臺灣同胞的稱呼）的島內戰役，而被困在山上好幾天斷食絕糧。因此，伊林對於山地部落，彷彿存在著獨特感情。首先，描述著客運車上原住民形象，有時乃夾用著幾句漢語，此即在原住民族傳統語言中缺乏的名詞，例如：遠洋漁船、電視、高雄……等外來語詞。在抵達山地部落後，所見到黝黑身壯的固依，還有諸多原住民青年經常晃到晚上，即與幾個在山下唸高工放暑假回來的小夥子一起喝酒、打牌。當伊林在山林正式工作，乃發覺體力與原住民果然有所差異，薪資卻反而不如原住民。此外，伊林認爲原住民婦女，必定有刺青文面的刻板印象，與實際狀況乃有所差異。還有，諸多原住民女性，嫁給來山地開墾的老榮民們，以求得經濟生活的溫飽。

　　原住民少女比都愛，乃呈現溫柔熱情、又富有生命力的形象。當比都愛與姊姊在國中畢業後，即選擇返回山地部落開起美容院。當比都愛姊姊的男友受傷，乃必須下山去找醫生；原住民部落，在平日僅能依靠巡迴醫療車，此即呈現部落交通不便與醫療資源缺乏現象。還有，固依的原住民父親，曾接受過日式教育而以日語與伊林交談；甚至於以酒拉近與伊林的距離。固依的母親，乃親切和氣的拿出原住民特別喜愛的飛鼠肉，來招待伊林；卻引發伊林的生態保育觀念。此外，整個山林部落總瀰漫著淡淡哀愁，由於原住民經常承受著諸多種族歧視，諸如「山胞」、「蕃仔」……等稱呼，再加上吳鳳傳說、皮膚黝黑、獵人頭的野蠻部族之刻板印象，均帶有輕蔑眼光存在。連伊林的漢族家人與朋友，總認爲在山地部落將不會有出息，而力勸伊林返回

平地社會生活。還有，比都愛與固依的漢族房東太太，口中的「番仔」稱呼，均呈現著種族歧視的汙名化觀點。此外，山地原住民部落謀生不易，乃造成山地人口外流嚴重；但諸多原住民在平地社會就業前，總會先選擇到平地就學，以避免被漢族欺騙。每逢寒暑假則會選擇回到山地部落中打工，以改善經濟困境。當固依與比都愛很快地適應在平地都市生活，卻不免遭遇到工作壓迫。還有，早期諸多原住民乃渴望嫁給漢族，以提升族群地位。

漢族對於山地部落景象，總存在著神秘浪漫的想像。實際上，在現代文明的衝擊與觀光文化的入侵，即產生諸多部落文化的變遷。當伊林眞實進入佳霧山地部落後，首先見到原住民族平臺，乃爲族人休憩的重要空間，卻令他感到疑惑。直至見到眞正可代表原住民族文化精神的石板屋時，卻聽聞此石板屋即將被拆除而產生失落感。伊林還得知原住民在山林生活，即經常依靠補助生活，諸如路旁簡陋的彈子房，比都愛家庭式的極度陽春美容院，均可見證山地部落的經濟困境；山地部落甚至於可見到外來宗教的滲透，教堂門口即爲部落的活動中心。關於原住民族豐年祭典，乃爲全族的一大盛事；因此，族人均身著深具獨特性的傳統原住民族服飾參與。但伊林卻對於比都愛所提供原住民族圖騰領帶，感到詫異與不適應。現代原住民族豐年祭典，乃逐漸融入運動會元素，而產生莫大的變遷。

阿盛的〈腳印蘭嶼〉，乃刊登於 1986 年 7 月 5 日《聯合報》副刊，乃描述在蘭嶼機場的原住民婦女，向觀光客討煙來抽，而被漢族觀光客視爲乞討者般地看待。當觀光客給予原住民老婦人香菸，卻存在著輕視眼光；即造成原住民青年極力反對此現象發生。此即呈現原住民所承受的種族歧視壓迫與言語羞辱，諸如，「蘭嶼人都是番，山地番就是這樣。你看，番成那個樣子！」與「生番生番，煮不熟的番！」漢族朋友甚至於對著臺灣來的漢族老師說道，「聽說蘭嶼的學生不好教，很笨？」此即呈現原住民族所承受的種族歧視現象。此外，關於蘭嶼原住民族重要的社會議題，即爲核廢料議題。但在原漢人口結構上，原住民族乃處於邊緣弱勢處境，而無奈地進行著諸多反核運動。此外，關於原住民族文化習俗的傳承與保存，乃隨著原住民青年的族群認同迷思，而造成對於漢族文化的嚮往，乃同樣衝擊著原住民文化保存。

陳其南在〈飛魚與汽車〉中，乃描述對於蘭嶼達悟族原住民而言，飛魚即充滿重要性與神聖意義，彷彿即爲生活必需品。達悟族人爲捕獲飛魚，乃

努力地製造拼板舟。在飛魚祭典中，水芋與羊豬即同為重要的祭品。此外，大船下水祭典，乃同樣為達悟族的重要文化祭典。

明立國在〈恆春思想起〉中，乃描述在山地部落的田野調查時，見到熱情親切的原住民潘太太。潘太太描述當原漢族群夫妻相處時，語言隔閡竟成為化解怒罵的方式。當充滿漢化痕跡的潘太太，唱起祖先的阿美族曲調時，彷彿重新找回阿美族感覺，由此見證原住民族文化精神的傳承。現代山地原住民部落，乃面臨著人口外流極為嚴重的現象。

陳列的〈同胞〉，乃刊登於 1982 年 8 月 21 日《中國時報》「人間」副刊，陳列乃描述早期諸多漢族對於原住民族形象，即存在著諸多種族歧視的刻板印象，諸如兇殘愚昧而殺害吳鳳的曹族後裔形象。但在真實生活中，所見到原住民形象，諸如面前擺放一些獸角、獸器官與沒開花的蘭花；與原住民孩童獨自於路邊遊戲；還有，回想起當初見到的阿美族女孩，均展現出安分守己的形象。此即由於原住民族經歷過日治時期的殖民壓迫，而產生認命與安分守己的族群性格。此外，陳列的原住民軍中同袍，曾直言要帶他一同去狩獵未果。但在真實的山地部落中，傳統狩獵活動乃逐漸式微；而原住民工作環境，乃充滿著職業風險。諸多原住民均承受過族群壓迫，諸如土地自主權的流失與住所的遷徙。原住民即以人口弱勢處境，努力地在平地社會與漢族競爭。此外，陳列還實際地參與現代阿美族豐年祭祭典，乃在花蓮市區綜合運動場舉行；卻加入太多現代元素，而使整個節目均流於安排展示之用，乃逐漸失去原住民族傳統祭典的文化精神。

楊渡在〈山村筆記〉中，乃描述通往巴陵山地部落客運車的諸多原住民形象，約莫十來個泰雅族人，諸如原住民老人提一包菜肉食物與帶著一包餅乾；原住民孩童乃十分熱情地與人交流，還會說簡單的國語，與流利如水的泰雅母語，呈現原住民族謙卑、熱情、善良的形象。此外，楊渡在東部旅行時，也曾巧遇熱情好客的原住民，共邀他於阿美族豐年祭跳舞。現今社會中，原住民經常需在都市的夾縫中求生存，而飽受族群壓迫與種族歧視的欺凌。就連楊渡觀察開往山地部落客運中的原住民朋友，乃認為彷彿鄉下人進城般。當楊渡告知母親曾在山地部落中生活，竟換來母親對山地安全的質疑。此即由於諸多漢族對於原住民族的刻板印象，均源自於吳鳳故事的偏誤觀念。真實接觸原住民的楊渡，即可感受到原住民部落的友善；當初甚至於自信原住民朋友，必定會收留他住在山地部落。最後，楊渡還想起當年原住

民族會選擇在山地部落生活，即被外族驅趕所致。此外，原住民族卑南歌謠曲調，乃悠揚而感傷，彷彿再現原住民族族群命運。

李慶榮在〈十五人一家〉中，乃描述進行田野調查團員，諸如東北人宋龍飛、高業榮……等人，乃努力地步行至研究探勘地區，去看古老的原住民族石刻。此行目標即為抵達魯凱族所稱的阿穆穆碌山，此乃高雄縣茂林鄉最北的一座山。在此所見到的石刻，即像秋海棠葉的形狀，乃為古代文化遺產；但石刻旁可見到高雄縣政府所樹立的一塊殘破木牌，寫著疑似古物字樣，此即展現原住民族文化遺址保存的不被重視。

原住民形象，諸如薩龍柏克，乃沈著冷靜、不動聲色，且老實誠懇、熱情好客、富人情味的族群特質，現代薩龍柏克乃以狩獵維生，卻因貧窮而養成節儉習慣。漢族朋友即建議薩龍柏克改行，可將房子改為客棧，且可當嚮導，以改善經濟困境。此外，原住民愛好飲酒的形象，乃為選擇性的飲酒。最令原住民薩龍柏克感到驕傲，即為狩獵成果，還可就地取材地烹煮取食，為大家準備山地野味。此外，薩龍柏克的姊姊露絲露絲，乃呈現熱情誠懇、和藹可親、認真配合；甚至於會隨興熱情地唱起原住民族歌曲。露絲露絲第二任丈夫，乃嫁給外省籍丈夫。此外，同行的原住民，乃為皮膚黝黑、身材壯碩，諸如孟勇與畢迪魯，均展現出熱情幽默、能歌擅曲的形象；唱得那麼自然習慣，再加上風趣從容又大方的形象，乃拉近與漢族的距離。最後，同行的蘇秋為臺南縣佳里人，眼睛比較黑、比較深邃，乃同樣具有原住民血統。

關於薩龍柏克老家的真實部落景象，儼然已荒涼一片；甚至於還充滿著現代化軌跡，各種電器已充斥在部落角落。還有，原住民族飲食文化，即相似於福建，乃尚待考證。山地部落還隨處可見山地政策的遺跡，諸如「林務局白雲山區自然保護區」與「不得狩獵區」……等。關於原住民族文化習俗，諸如在狩獵前，均會以鳥占與夢占決定狩獵與否；在狩獵時，不可以打噴嚏或放屁。但原住民青年達海、孟勇、畢迪魯，對放屁這種禁忌並不在意。當原住民要渡溪時，還要遵循祭拜儀式；且祭祀用的祭物，高山族與平埔族，乃同樣堅持要以原住民族物品為主。

鄭寶娟的〈與阿美們跳一個晚上〉，乃刊登於 1983 年 7 月 20 日《中時晚報》時代副刊，描述在阿美族傳統祭典活動中，傳統原住民族服飾下，隱藏的即為現代化產物，現代原住民青年，幾乎完全沈浸在現代化文明產物中。

關於阿美族原住民族祭典，根據原住民族文化研究員所述，豐年祭其實並非祭豐年，原意乃指在有月光的晚上，升火拜月光的祭典；豐年祭即為光復後政府更訂的名稱。在豐年祭典中，諸多外族、研究人員、觀光客……等共襄盛舉，且很像小學開運動會。在豐年祭典的歌舞圓圈中，資深原住民族會指導著原住民青年，如何成為原住民勇士與英雄。但原住民孩童對於傳統文化祭典活動的興趣，遠不及對於現代電視節目的興趣，反映出原住民族文化保存的危機。

劉春城在〈贛孫〉中，乃描述平埔族原住民阿嬤形象，番仔阿嬤乃為母親所認的乾媽，在族裡乃為有地位的巫婆，卻漢化地十分徹底；甚至於會入境隨俗地祭拜漢族神明。原住民阿嬤還嫁給漢族阿公，平埔族阿嬤為母系社會，彷彿是漢族阿公入贅般。番仔阿嬤乃居住在山下田庄，喜歡種些蓮蕉、大紅花做籬笆，還有高高的檳榔樹圍繞。番仔阿嬤的兒子，叫吳泰山，高大、健壯、好看、像阿公，皮膚很黑，像阿嬤，人很正直，有問才答、不愛說話，像個農夫，被叫作阿叔，還到店裡學生意，均從最粗重的學徒工作幹起。此外，番仔阿嬤與贛孫，同樣擁有原住民吃檳榔的習慣，令諸多漢族朋友極為驚訝。

吳富美在〈我從山中來〉中，描述原住民族在面對現代化衝擊後，導致舊有習俗逐漸崩解。縱然原住民老人堅守著傳統文化藩籬，卻被隔絕於現代化文明中。反觀原住民青年，在進入漢化世界後，乃逐漸產生族群認同迷思。此外，在文化界友人洪田浚的邀請下，諸如漢族、阿美族、排灣族、布農族、魯凱族、邵族……等原住民朋友，均聚在串門子藝坊聯誼聊天，共同討論著原住民族文化歌謠，諸如山地歌謠依內容可分為祭祀、迎神送神、民族儀式、出草、狩獵、飲酒、詛咒、勞動、遊戲、愛情、敘事、搖籃……等，歌唱方式有齊唱、對唱、輪唱與獨唱。大家的話題最先落在山地歌謠上，談山地歌謠的過去與未來。

林文義在〈孤獨的山地〉中，乃描述山地部落中，最常見到的人物，即為原住民老人與小孩，顯示出山地部落人口外移嚴重的現象。但原住民族乃經常承受著族群壓迫，諸如原住民青年總擔負著諸多高勞力低收入的辛勞工作；甚至於留在平地工廠、漁船、或礦坑工作著。還有，熱情好客、羞澀溫柔的原住民女孩，卻迫於經濟生活而淪為雛妓的悲慘命運。在平地社會中，努力求生存的原住民青年，努力地推銷著蘭花；卻由於漢族一句「番仔呢」

所產生的異樣眼光，著實地令原住民頹喪地離去。還有，諸多原住民青年賣力地在工地工作時，卻要飽受監工破口大罵的工作壓迫。此外，由原住民校長口中得知，諸多原住民青年畢業後，即集體被送到平地工廠去工作。還有，林文義乃描述曾親眼目睹一對無人照顧的小姊弟，僅能自立自強地獨自照顧自己，玩著陳舊的玩具。此外，當林文義前往山地部落時，乃不幸遇上道路坍方而造成交通不便。所幸有熱情原住民警察，即招待他們並說明此道路坍方的修葺狀況；但當地居民均已司空見慣地習以為常。由此呈現山地原住民部落的交通不便與資源缺乏；山地部落甚至於偏僻到，連山地原住民青年的機車均十分老舊，反映出山地部落的資源缺乏景象。

第七章 原住民族書寫的共時性與歷時性分析

第一節 原住民書寫的發展脈絡與異同分析

　　本論文的研究主旨，即企圖勾勒與再現在臺灣歷史洪流中，戰後臺灣漢族作家對於原住民族書寫的發展歷程，此乃本研究冀望進行歸納分析的重要問題意識。首先，即針對戰後漢族學者文獻與漢族作家文本中，所記載的原住民族爲詮釋客體，根據漢族學者的研究文獻與漢族作家的文學作品中，歸納漢族文獻與文本記載下的原住民族書寫，彷彿薩依德所述，「我相信其基礎乃是建立在，重新發現和重返帝國主義過程所壓制之土著過去的歷史。」〔註1〕方可再現原住民族書寫的多重文學經驗與書寫文體風格。

　　　　當我們接受文學經驗的各種實際形式彼此交疊在一起、互存互賴，無
　　　　視於民族疆界和強制釐定的民族自主，歷史與地理便被轉型而出現新
　　　　的地圖，形成新的、更不穩定的實體、一種全新類型的串聯。〔註2〕

　　由於後殖民理論，乃爲近代影響最爲深遠的重要文學理論，「後殖民主義與後現代主義都是在一九八零年代興起，針對相關的主題作論戰與探討，並且似乎常常將像《東方主義》這樣的作品視爲先驅。」〔註3〕本論文乃由薩依

〔註1〕薩依德，〈反抗文化之主題〉，《文化與帝國主義》（2001年），頁395～396。
〔註2〕薩依德，〈挑戰正統與權威〉，《文化與帝國主義》（臺北：立緒出版社，2001年），頁586。
〔註3〕薩依德，〈後記：爲一九九五年版作〉，《東方主義》（臺北：立緒出版社，1999年9月），頁522。

德與法農之後殖民論述的立論基礎，觀照臺灣多重殖民經驗中，原住民族文化所承受的殖民宰制，在臺灣戰後漢族作家文學中的定位與再現，進而分析比較臺灣與國際間殖民經驗的異同之處。

> 本世紀最後這十年中，影響美國的社會與人文學科領域最普遍與最
> 深遠的一股思潮，毫無疑問是「後殖民主義」（post－colonialism），
> 而其影響將持續地進入下一個世紀的西方學術與知識份子圈內，甚
> 至向第三世界國家挺進。〔註4〕

諸多臺灣戰後漢族作家文學中的原住民族書寫，均可由後殖民理論去探討分析，所以本論文乃以九個章節，由後殖民理論去解讀臺灣戰後漢族作家文學中的原住民族書寫。首先，在本論文的第一章「緒論」，乃針對本論文研究的研究立論與論文架構進行分析，以說明本論文的研究架構。因此，針對本研究的研究背景與動機、研究方法與架構、文獻回顧、研究範圍與限制……等多元視角加以闡述；冀望藉由此章使本論文的組織、脈絡清楚明確地呈現，以闡揚本論文的研究主旨，試圖勾勒與再現歷史洪流中，原住民族書寫的發展歷程，乃本論文進行研究的重要環節之一。

此外，乃根據戰後文獻中的原住民族書寫，即針對漢族學者的文獻記載中，針對原住民族書寫背景與現況進分析研究。首先，原住民族族群書寫：由原住民族群議題的發展脈絡，探述族群接觸的社會發展背景，分別就不同分期的原住民族書寫，深入論述族群關係。原住民族文化特色分析：由薩依德與法農之後殖民論述的立論基礎，觀照臺灣多重殖民經驗中的原住民族文化宰制，在臺灣漢族作家文學中的定位與再現，進而分析比較臺灣與國際間殖民經驗的異同之處。（3）原住民族社會變遷發展：則由漢族作家文學的共性與殊相，探述漢族作家文學的原住民書寫觀點異同。（4）原住民族社會處境：針對原住民族於漢族多數社會下，身爲弱勢族群的原住民族，將面臨何種的社會處境；甚至於在被殖民情境下的原住民族，乃經歷過何種殖民壓迫，均爲文本中探討歸納的重要議題。（5）原住民族經濟生產困境：針對漢族作家文學與原住民文學中，歸結出原住民族經濟生產困境的議題。（6）原住民族的教育薰陶：則分析原住民族在部落族群教育、外族同化教育的網絡與脈動，以建構出臺灣原住民族教育薰陶下，所產生的衝擊與影

〔註 4〕 蔡源林，〈薩依德與《東方主義》〉。薩依德，《東方主義》（1999 年），頁 4。

響。（7）山地政策下的原住民族群定位：由原住民政策的發展脈絡，探述族群接觸的社會發展背景，分別就不同分期的原住民族書寫，深入論述族群關係。

　　因此，「戰後文獻中的原住民族書寫」乃針對戰後在漢族文獻記載中的原住民族書寫，分別針對漢族學者與研究者，對於原住民族研究所撰寫的專書與期刊論文研究進行探論。首先，關於原住民族族群描述：由原住民族群議題的發展脈絡，探述族群接觸的社會發展背景，分別就不同層面的原住民族特色深入探究，諸如外貌、稱謂、歷史……等諸多層面；關於原住民族發展歷史，又可分為諸多時期，諸如荷西、明鄭、清代、日治、國民政府時期；此外，關於原住民族類型、人口、地理分布、語言、人權，均可深入論述原住民族的族群特色。

　　此外，深入原住民族文化特色分析：原住民族諸多獨特文化特質，可由諸多層面進行分析，諸如文化特質、道德觀念、尚武好戰、酗酒、數字概念、食衣住行飲食習慣、服飾穿著、住所房屋、交通建設……等諸多視角。關於原住民族社會制度，諸如部落組織、婚姻制度、喪葬制度……等諸多傳統制度，均有一套約定俗成的規範準則。至於原住民族風俗習慣，諸如風俗習慣改進、醫療巫術、宗教迷信、文面拔齒、馘首習俗、嬰幼兒禁忌……等諸多風俗禁忌，均具有其族群特色。關於原住民族神話傳說，諸如吳鳳傳說故事、莫那‧魯道與霧社事件、霧社事件研究、霧社事件文學分析……等諸多口傳文學，均具有其族群精神意義。至於原住民族傳統藝術發展，諸如原住民族手工藝訓練、山地樂器……等諸多藝術，乃歷史悠久、多采多姿。

　　在原住民族社會處境的變遷發展議題，即可由漢族文獻的共性與殊相，探述漢族學者與研究者，對於原住民族書寫的觀點異同，針對原住民族社會處境，諸如山地社會文化變遷、遷居、社會適應、工作壓迫、社會歧視……等諸多議題進行分析。關於原住民族經濟生產困境：針對漢族文獻研究中，歸結出原住民族經濟生產困境議題，諸如原住民族生產技術，可分別由明清、日治、國民政府時期；原住民族狩獵、畜牧、漁獵、經濟生活、平地山胞高利貸……等諸多議題進行分析。此外，針對原住民族於漢族多數社會下，身為弱勢族群的原住民族，將面臨何種社會處境；甚至於在被殖民情境下的原住民族，經歷過何種殖民壓迫，均為原住民族的重要議題。

　　原住民族教育薰陶，乃針對原住民族所承受的諸多文化教育薰陶，在傳統原住民族文化教育與外族文化間，進行內心深處天人交戰的辯證過程，諸如漢化教育成果，可分為傳統部落生活、山地教育、風俗習慣迷信、農業生產、參政自治、醫療衛生、山地觀光……等諸多層面，均可見證原住民族文化的變遷脈絡。此外，分析原住民族在部落族群教育、外族同化教育的網絡與脈動，建構出原住民族在教育薰陶下，所產生的衝擊與影響。原住民族在被殖民情境中的自我辯證，彷彿薩依德所述，「自我意識和辯證式的反對宰制力量」。

> 無論意識型態或社會系統的宰制性顯然是多麼完全的，這些作品內仍反覆呈現出，總有某些部分的社會經驗是其無法掩飾和掌控的。從這個部分，極常出現反對宰制的力量，包括自我意識和辯證式的，這並不像它乍聽之下那麼複雜。〔註5〕

　　在政治層面上，乃針對原住民族山地政策下的原住民族群定位：關於原住民族所承受的山地政策，乃飽受衝擊著原住民族群自我定位與發展過程，諸如原住民族地方自治、原住民族山地政策，又可分為荷西、明鄭、清代、日治、國民政府……等諸多時期進行分析，進而探討原住民族山地政策的落實成效、歷代原住民族山地政策錯誤……等諸多層面，均可見證原住民族政治的發展脈絡；進而探述族群接觸的社會發展背景，分別就不同分期的原住民族書寫，深入論述族群關係的變遷與發展；甚至於以薩依德與法農的觀點進行論述。

> 一九五二年，當法農寫出《黑皮膚，白面具》時，向著臺灣撲面而來的是國共內戰下殘敗政權的權威統治，以及冷戰局勢所帶來的思想封鎖，舊的殖民遺緒未及清理，便又籠罩上外來政權或內部殖民的千重疑雲，殖民經驗被擠壓成一種分裂的記憶與情緒，因各自的創傷怨恨讓情結難解難去。〔註6〕

　　第二、三、四、五、六章乃根據「戰後臺灣漢族作家文學中的原住民族書寫：自 1945 到 1987」，將針對戰後迄解嚴前的臺灣文學中，原住民族書寫的分期進行論述，針對其創作背景與原住民族書寫觀點，說明其立論觀點與

〔註 5〕　薩依德，〈心路歷程與反對勢力的出現〉，《文化與帝國主義》（2001 年），頁443。

〔註 6〕　法農，〈譯後記〉，《黑皮膚，白面具》（臺北：心靈工坊出版社，2005 年 4 月），頁 341。

背景。首先，由臺灣漢族作家文學的界定，分別就臺灣文學與原住民族文學議題的興起與發展進行探究。接著，最主要的即為探討臺灣漢族作家文學中，原住民族書寫的再現與文本分析，分別就各個時期進行族群重要議題論述，進而探究諸多作家文本的創作背景與興起之因；爾後，深入各個時期核心的族群議題進行探述。

　　第二、三、四、五、六章即以臺灣漢族作家文學作品為研究範疇，因其深具展現臺灣原住民族書寫的代表性與多元化特色。戰後大量的臺灣作家躍身文壇，促使臺灣文學推向更高的文學境界。針對臺灣漢族作家文學的文本創作為主軸，結合臺灣多元族群、生活、文化、思想、情感……等諸多文本內容、主題書寫的呈現，分析經典文本的核心問題意識，歸納分析出原住民族書寫的發展歷程。最後，針對臺灣文學中所展現的族群自覺觀點，由客觀的詮釋角度，探討漢族作家的文字詮釋觀點，進行族群論述的開展。接著，乃根據後殖民主義進行臺灣戰後漢族作家文本分析，「『後殖民主義』（post－colonialism）……在世紀之交觀察全球化的大局勢時，提供臺灣社會一個另類而重要的參考點。」〔註7〕由於所謂的「後殖民三要角」的後殖民理論，乃甚為重要且影響深遠。

> 臺灣所熟悉的『後殖民三要角』（postcolonial trinity），亦即薩依德、史碧瓦克（GayatriSpivak）、巴巴（HomiBhabha），其批判重心置放在殖民論述之上。對於整個殖民體制的建構，包括帝國文本的傳播、殖民想像的形塑、文化主體的取代，都是他們反覆考察的主軸。雖然他們也會觸及被殖民的處境，如都會的遷徒、身分的離散，以及社會底層的觀察，基本上仍然還是以殖民論述的思考為重心。〔註8〕

　　在文本分析之際，乃以薩依德所提及極為重要的「對位式閱讀」進行文本分析，由於「薩依德是公認戰後影響力最大的文學與文化批評家之一，在學術上是國際知名的重要學者。」〔註9〕文本分析即以薩依德的後殖民理論為立論基礎。

〔註7〕蔡源林，〈流亡、認同與永恆的「他者」〉。薩依德，《文化與帝國主義》（2001年），頁16。

〔註8〕陳芳明；法農，〈皮膚可以漂白嗎？〉，《黑皮膚，白面具》（2005年4月），頁13。

〔註9〕單德興、薩依德，〈序〉，《鄉關何處》（2000年10月），頁9。

所謂的對位式閱讀（contrapuntal reading），意思是說閱讀文本時，
試圖理解當作者呈現主題時，何種內容被牽扯發展出來。……每一
文本內含有其特殊之天才，正如同世界上每一個地理區亦有其特殊
之秉賦，並有其特有的重疊交錯經驗和相互依存的衝突歷史。就文
化作品所涉及者而言，在特殊性和主權（或退避式的排他性）之間
作一區別是有用的。〔註10〕

　　第二章乃根據鍾肇政文學的日治時期原住民族論述，將描述日治時期，
在殖民壓迫下的原住民族，所產生的諸多生活困境與際遇。第二節將以日
治時期下的原住民族文學背景加以分析。第三節則將描述諸多原住民族議題
進行分析，諸如日治殖民下的原住民族文學背景，還有日治時期下的皇民化
運動，原住民族所面臨的同化政策、同化教育、殖民勞役、殖民衝突壓迫、
皇民化運動……等諸多層面，均可見證日本殖民的皇民化運動發展，甚至
於殖民衝突壓迫下，所產生的諸多原住民族被殖民困境，與皇民化運動，對
原住民族所產生的衝擊與影響。第四節乃描述關於原住民族抗日行動中，最
慘烈的霧社事件，進而探討關於霧社事件所展現的抗日精神與抗日行動的
爆發過程……等諸多議題。鍾肇政乃再現原住民族抗日精神下的霧社事件，
如何地使傳統原住民族部落產生變遷。此即彷彿薩依德所述「交錯的文化
情境」。

但我們必須繼續努力，使那些基本要件放在其他認同、其他民族、
其他文化的時空情境中，撇開其間的差異性，然後去研究如何它們
總是彼此交錯，經由非官僚階層的影響、橫越、聯合、喚醒記憶、
審慎的遺忘，當然還有經由衝突。〔註11〕

　　第三章乃根據鍾肇政文學的原住民族族群議題論述。首先，在第一節原
住民族群認同意識演變，乃針對各個層面去分析原住民族族群特色。針對原
住民族認同迷思，原住民青年族群意識，甚至於由漢族眼光……等諸多視角，
進行薩依德所述的對位式閱讀分析。第二節原住民族懷鄉意識萌發，將針對
原住民族群認同意識演變，從族群迷思、到族群認同意識萌發；甚至於原住
民族懷鄉心境與故鄉情境再現……等諸多視角，均有所著墨，而可呈現原住

〔註10〕薩依德，〈敘事和社會空間〉，《文化與帝國主義》（臺北：立緒出版社，2001
　　　　年），頁138。
〔註11〕薩依德，〈運動與移民〉，《文化與帝國主義》（2001年），頁607。

民族對於故鄉的懷念之情。第三節原住民族神話傳說的文本再現，乃將原住民族神話傳說的再現於文本中，而深具族群文化意義。第四節原住民族祭典的精神信仰，乃描述諸多原住民族祭典，進而分析原住民族祭典下的精神信仰，均象徵著原住民族族群精神，諸如祭典儀式的族群意義、原住民族祖靈與天神信仰傳說故事，賦予原住民族天神諸多權威，諸如為族人舉才、為族人決定婚約、為出獵占卜的奧托夫、為祭典而祭告奧托夫、族人，甚至於努力地為奧托夫爭取榮耀、還認為孿生子將觸怒奧托夫……等諸多關於天神奧托夫的觀點，均象徵著原住民族精神信仰。

第五節原住民族勇士精神與出草的族群意義，在不同時代所產生的演變過程，均有獨特的族群精神意義存在，諸如因瘟疫而出草族人、因埋石為盟慘遭敵族背叛，為族人收屍而出草、甚至於秉持著君子報仇三年不晚的觀點，而選擇蟄伏五年為族群復仇而出草的任務；甚至於原住民族出草觀念的遞變過程、出草將遭受懲罰。此外，關於原住民族勇士訓練過程與勇士榮耀的象徵，諸如出草、狩獵與獵豹……等諸多活動，均可象徵勇士的豐功偉業。第六節乃再現原住民族婚禮與埋石為盟習俗。最後，在第七節將針對原住民族文化習俗與禁忌，於各個原住民族群中的異同之處，進行分析比較，諸如鳥占、刺青文面、嘴琴示愛，取髮回應、「阿篤崗」（天國，神靈之地）傳說、「馬哈哄伊」（妖術師）的養鳥禁忌、出獵禁忌、蛇入屋的不祥禁忌、孿生子禁忌……等諸多禁忌習俗，均在諸多原住民族部落廣泛地流傳著。

第四章乃根據李喬文學的原住民族論述，在第二節將針對李喬文學下的原住民族文學背景加以分析，諸如李喬的家世、成長、文學背景、作家評論與李喬撰寫原住民族文學的社會背景，均為論述觀點之一。接著，第三節將以日治殖民下的原住民族論述為主，諸如日治殖民下的原住民族、日本高壓統治、日治時期原住民族被迫參與南洋戰爭，所造成的時代悲情，甚至於關於原住民族與日本間所產生的原日戰爭，均有所著墨。第四節則將李喬童年下的蕃仔林生活再現於文本中。第五節將針對原住民族的形象進行描繪，分析原住民族就業處境與生活困境。第六節乃描述原住民族懷鄉意識萌發與生活困境，原住民族的整體族群困境，諸如山地土地開墾議題、經濟困境與酗酒現象與故鄉呼喚的懷鄉意識……等諸多議題，均為李喬原住民文學的論述觀點之一。第七節原住民族的認群同意識闡述，與原漢族群間愛情故事

發展的矛盾性，甚至於關於原住民族認同意識的汙名化……等諸多層面，均可探討原住民族族群意識發展過程。最後，第八節乃呈現原住民族傳說與祭典文化特色，關於原住民族祭典活動再現，諸如「開墾祭」、「祖靈祭」、「矮人祭」的活動與由來，可藉此得以再現原住民族祭典文化過程發展與族群精神象徵。

第五章乃根據關曉榮、張深切、張大春、洪田浚、古蒙仁、官鴻志、黃小農、江上成……等文學的原住民族論述：第一節將針對關曉榮文學的原住民族加以論述。關於關曉榮報導文學的創作動機的闡明，進而深入諸多原住民族議題，諸如原住民族群困境、家庭生活、生活壓力、工作困境與飲酒議題，均為關曉榮關注的焦點之一；甚至於蘭嶼原住民部落議題，諸如族群認同意識變遷、核廢料傾倒的反核議題、蘭嶼犯人衍生的社會不安……等諸多議題，均為關曉榮身歷其境，真實觀察所呈現的社會真實案例，與原住民族族群困境的見證，均如實地再現於關曉榮報導文學中。第二節將針對張深切文學的原住民族加以論述。關於張深切原住民文學的創作背景探討，進而描述日治時期的殖民壓迫，所造成的霧社事件；甚至於皇民化運動的影響，即造成原住民族群認同意識的轉變，還舉原住民婦女與孩童為例加以論證。關於諸多原住民族議題，諸如張深切原住民文學創作背景、日治時期殖民壓迫下的原住民族悲劇、零星抗日事件、甚至於最慘烈的霧社事件爆發與皇民化運動的精神殖民、原住民族群認同意識變遷、原住民婦女與孩童形象描述……等諸多議題，均見證原住民族在日治時期的族群困境與時代悲劇。

第三節將針對張大春文學的原住民族加以論述，分別根據漢族刻板印象的原住民族、原住民族歷史、種族歧視、族群壓迫、部落景象、觀光文化與漢化情境、大船下水祭祭典……等諸多層面，進行分析探討。張大春文學中原住民族形象描述，諸如原漢族群接觸後所產生的族群關係與原住民族所承受的族群壓迫，乃以魔幻寫實的筆法，再現漢族對於原住民刻板形象的想像與勾勒，以呈現想像中的原住民形象，即所謂「原住民族化的原住民族主義」建構，彷彿薩依德所謂「東方化的東方主義」。第四節將洪田浚文學的原住民族加以論述，洪田浚在《臺灣原住民籲天錄》中，乃收錄諸多原住民族文學創作，均深刻記錄現代原住民族生活困境與原住民族議題，諸如原住民族歷史文獻記載、日治時期殖民壓迫、原住民族集體遷村、婚禮文化習俗、經濟、工作壓迫、雛妓、矮小人種與烏鬼番神話傳說故事、深山婚禮習俗……等諸

多層面，乃分別針對原住民族日治與戰後時期的歷史、政治、文化……等諸多研究視角進行探討。

　　第五節將針對古蒙仁文學的原住民族加以論述，古蒙仁分別針對山地原住民族議題，諸如原住民族歷史、原住民族形象、部落景象、社會組織、維生技能、飲食飲酒習慣、刺紋、鑿牙、婚姻、生產、宗教信仰、教育文化習俗、始祖人類起源神話傳說……等諸多層面進行分析。第六節將針對官鴻志、黃小農、江上成文學的原住民族加以論述，三位漢族作家均以報導文學方式，針對當年震驚社會的湯英伸事件進行分析，論述焦點乃針對湯英伸事件的報導文學為主軸，分析諸多關於湯英伸事件發展的闡述觀點，諸如原住民青年形象、湯英伸事件爆發始末、原住民工作與教育壓迫、原住民所承受的種族歧視壓迫、原住民部落情境再現、原住民部落建設與變遷……等諸多族群壓迫，對於原住民族所造成的衝擊與影響，藉此再現原住民部落情境的真實樣貌，諸如原住民渴望回歸部落心境、原住民積極建設山地部落、傳統原住民部落變遷過程與發展，均可在官鴻志、黃小農、江上成報導文學中深入歸納分析。

　　第六章乃根據吳錦發收錄於《悲情的山林》、《願嫁山地郎》中的漢族作家文本，諸如吳錦發、鍾理和、胡臺麗、劉還月、葉智中、阿盛、陳其南、明立國、陳列、楊渡、李慶榮、鄭寶娟、劉春城、吳富美、林文義……等漢族作家文本的原住民族論述進行歸納分析。第一節將針對吳錦發文學中的原住民族加以論述，吳錦發乃探討諸多原住民族議題，諸如原住民文學之創作背景、族群意識、原住民族形象、種族歧視、族群壓迫、賽夏矮靈祭文化祭典……等諸多層面。第二節將針對鍾理和文學的原住民族論述，鍾理和在〈假黎婆〉中，乃描述諸多原住民族議題，諸如原住民族形象、種族歧視、部落景象……等諸多層面。第三節將針對胡臺麗文學的原住民族論述，胡臺麗乃描述諸多原住民族議題，諸如原住民族田野調查、原住民族形象、種族歧視、族群就業壓迫、庫巴文化習俗、吳鳳傳說故事、原漢族群之愛情故事……等諸多層面。第四節將針對劉還月文學的原住民族論述，劉還月在〈流浪的土地游牧民族〉中，乃描述諸多原住民族議題，諸如原住民族田野調查、歷史、種族歧視、族群壓迫、社會組織、祭典占卜之文化習俗……等諸多層面。第五節將針對葉智中文學的原住民族論述，葉智中在〈我的朋友住佳霧〉中，乃描述諸多原住民族議題，諸如原住民族田野調查、原住民族形象、種族歧

視、工作壓迫、部落景象、豐年祭典……等諸多層面。

　　第六節將針對阿盛、陳其南、明立國、陳列、楊渡文學的原住民族論述。首先，阿盛在〈腳印蘭嶼〉中，乃描述諸多原住民族議題，諸如原住民族形象、種族歧視、社會議題、文化習俗……等諸多層面。陳其南在〈飛魚與汽車〉中，乃描述諸多原住民族議題，諸如飛魚祭典與大船下水祭典……等諸多層面。明立國在〈恆春思想起〉中，乃描述諸多原住民族議題，諸如阿美族古調歌謠的田野調查，與原住民族形象再現。陳列在〈同胞〉中，乃描述諸多原住民族議題，諸如原住民族形象、族群壓迫、部落景象、文化祭典……等諸多層面。楊渡在〈山村筆記〉中，乃描述諸多原住民族議題，諸如原住民族形象、種族歧視、部落景象、神話傳說……等諸多層面。第七節將針對李慶榮、鄭寶娟、劉春城、吳富美、林文義文學的原住民族論述。李慶榮在〈十五人一家〉中，乃描述諸多原住民族議題，諸如原住民族田野調查、原住民族形象、部落景象、文化習俗……等諸多層面。鄭寶娟在〈與阿美們跳一個晚上〉中，乃描述諸多原住民族議題，諸如原住民族形象、文化祭典……等諸多層面。劉春城在〈贛孫〉中，乃描述諸多原住民族議題，諸如原住民族形象、文化習俗……等諸多層面。吳富美在〈我從山中來〉中，乃描述諸多原住民族議題，諸如原住民族形象、族群議題、文化歌謠……等諸多層面。林文義在〈孤獨的山地〉中，乃描述諸多原住民族議題，諸如原住民族形象、部落景象、族群壓迫……等諸多層面。

> 文本是變化多端的事物，它們和周遭環境及政治事物多少有些關係，這些均需要留意和批判。當然，無人可以涵蓋每一件事情，正如同沒有一個理論可以解釋或說明文本和社會之間的各種關聯。但閱讀和寫作從來不可能是一種中立的活動：無論一部作品的美學及娛樂效果如何，總有利益、權力、情感、愉快內含於其間。媒體、政治經濟、大眾機制——總之，世俗權力的軌跡及國家的影響——是我們所謂文學的一部分。〔註12〕

　　本論文的第二、三、四、五、六章即將以原住民族書寫的諸多文本進行比較分析，根據薩依德的「對位式閱讀」，再現文本中諸多原住民族議題、歷史情境與社會真實處境。接著，即將針對戰後漢族作家文學中的原住民族書寫，進行共時性與歷時性特色分析。

〔註12〕薩依德，〈挑戰正統與權威〉，《文化與帝國主義》（2001 年），頁 587。

第二節　漢族作家書寫的共時性與歷時性特色分析

一、鍾肇政文學

　　鍾肇政的原住民族書寫，即深具時代指標性，其原住民小說創作，乃跨越 1970、1980 年代，包括 1973 年《馬黑坡風雲》、1979 年《馬利科彎英雄傳》、1985 年《川中島》與《戰火》（《高山組曲》第一、二部）、1986 年《卑南平原》等文本，均爲以原住民族爲主的文學作品。此外，鍾肇政於原住民族議題上，還發表諸多重要著作，誠如 1973 年 9 月長篇小說《馬黑坡風雲》、1975 年《插天山之歌》、1978 年〈月夜的召喚〉、1978 年〈女人島〉、1979 年 4 月《馬利科彎英雄傳說》（長篇）、1980 年〈回山裡眞好〉、1980 年〈馬拉松冠軍一等賞〉、1982 年〈獵熊的人〉、〈阿他茲與瓦麗絲〉、〈矮人之祭〉、〈蛇之妻〉、1982 年計畫著手進行〈高山三部曲〉的寫作、1983 年《高山組曲》發表，1985 年 4 月《川中島》（高山組曲第一部）（長篇）、1985 年 4 月《戰火》（高山組曲第二部）（長篇）、1985 年爲寫作《卑南平原》赴臺東田野調查、1987 年《卑南平原》（長篇）……等重要文本，接著即歸納分析鍾肇政的原住民族文學書寫。

（一）《馬黑坡風雲》分析

　　鍾肇政於 1971 年發表《馬黑坡風雲》，此即鍾肇政在戰後首部描述霧社事件的原住民長篇小說，且蒐羅完整齊備的史科來創作。在《馬黑坡風雲》中，鍾肇政已就霧社事件始末逐一再現外，還努力地形構出原住民族群精神；甚至於眞實地再現日本殖民者與原住民被殖民者間的族群關係，諸如薩依德後殖民理論所述的「主奴式的霸權體系」。

> 殖民與被殖民者間的關係所涉及的政治、經濟與文化等諸要素間的交叉辯證發展，使其東西方之間不對稱的權力關係，不折不扣是一種主奴式的霸權體系，而且是在全球性的網絡中被長期地建構起來的。〔註13〕

　　鍾肇政所描述的原住民族議題，諸如日治時期的日本殖民壓迫，例如同化政策、同化教育、殖民勞役、殖民衝突壓迫、皇民化運動、霧社事件抗日精神與行動……等諸多日本殖民現象，均將造成原住民族群認同意識迷思，彷彿日治時期的殖民疆域再現，諸如薩依德所述，「殖民疆域似是充滿可能性

〔註13〕蔡源林，〈薩依德與《東方主義》〉。薩依德，《東方主義》（1999 年），頁 6。

的場域，並總是和寫實主義的小說連在一起。」〔註14〕鍾肇政還描述原住民族文化，諸如原住民族祭典、祖靈與天神傳說、出草習俗、獵豹行動，均可見證勇士訓練與榮耀象徵、部落婚禮習俗……等諸多文化習俗，均可再現原住民族的族群精神意義與文化價值。

1. 同化政策

日治時期的日本殖民手段，首先即針對同化政策的進行，當初霧社原住民族在莫那‧魯道的策劃下，與一向敵對的干卓蕃求和。豈料，日本當局竟施以反間計之毒計，策動干卓蕃與霧社蕃的嫌隙，而埋下日後原住民族間自相殘殺的導火線。關於原日族群衝突事件，尤其是布凱之役乃影響甚鉅，對於當時人口僅剩無幾的霧社原住民部落，實屬雪上加霜的打擊。當時日本殖民霸權強勢進入原住民部落後，迫使霧社原住民族不得不歸順於日本殖民官方，甚至於必須臣服於日本當局的歸順條件。對於原住民而言，日本殖民者帶來諸多不公不義之處，乃令人充滿無奈地被迫接受，此即為埋藏日後「霧社事件」爆發的遠因之一。

2. 同化教育

日本統治當局乃利用同化教育來教化原住民族，以進行皇民化思想改造；進而成立「蕃童教育所」，由思想上徹底地奴化原住民族。日本殖民者即積極地教化原住民被殖民者，彷彿當初西方殖民者，努力地教化東方般，「當代文化印記賦予生命的力量，從現代性裡汲取它所有科學的力量與不具批判性的自我確認。對於那樣的文化，這些血統、傳統、宗教、族群的系譜都只有理論性的功能，其任務便是去教導世界。」〔註15〕原住民孩童即在同化教育中，逐漸產生皇民化思想，此即類似於陳光興針對法農後殖民理論所述的「精神政治形構」。

> 法農對政治思想重要的貢獻之一就是提出「精神的（paychic）正是
> 一種政治形構操作」的批判性概念。……從來不外在於或是先於政
> 治，認同經常銘刻在特定的歷史之中：認同所命名的不僅是主體的
> 歷史，也是在歷史中的主體。〔註16〕

〔註14〕薩依德，〈敘事與社會空間〉，《文化與帝國主義》（2001年），頁134。
〔註15〕薩依德，〈沙錫與雷南：理性人類學與語源實驗室〉，《東方主義》（臺北：立緒出版社，1999年），頁215。
〔註16〕陳光興，〈法農在後／殖民論述中的位置〉，法農，《黑皮膚，白面具》（2005

在同化教育初期，最明顯的成功案例，即為花岡一郎與花岡二郎。原住民花岡一郎甚至於被日本殖民者，拔擢為馬黑坡駐在所巡查補，與馬黑坡蕃童教育所教師，當然成為日本統治者的一枚最佳棋子。儘管如此，花岡一郎與花岡二郎在內心，即不斷地進行天人交戰的辯證過程，交織著原住民族泰耶魯精神與日本皇民化殖民精神的枷鎖下，乃造成日後被迫選擇留下自縊的悲劇英雄形象。

3. 殖民勞役壓迫

引起原住民族官逼民反地群起反彈，最重要因素即為長期以來的殖民勞役壓迫，而導致原住民積怨已深；再加上原住民族傳統生活方式被迫改變，還被日本殖民官僚限制於勞役工作而備受壓榨，心中的苦楚乃為苦不堪言而難以言喻。

4. 殖民衝突壓迫

關於原日族群殖民衝突事件，乃時有所聞，諸如當原住民青年沙坡與巴旺，遭到剛來的巡查島野訓斥後，語言不擅表達的沙坡，慘遭島野巡查盛氣凌人地鞭打，卻敢怒不敢言，僅能拔腿就跑。此次事件即反映出原日族群間，常有原住民因語言溝通不良，而造成日本殖民統治者的誤解與衝突，而遭到日本殖民統治者無情的鞭打與斥責，導致原住民被殖民者，長期以來心理壓迫與積怨已深，均令原住民彷彿啞巴吃黃連般地有苦難言。

5. 皇民化運動

關於日治時期日本殖民的皇民化運動，日本殖民官方即強勢地將日本傳統禮俗、節日、生活方式……等諸多層面，即迫使原住民認真地學習與仿效，目標即要原住民，以成為真正的皇民為榮；彷彿薩依德所述，西方殖民者與東方被殖民者，彷彿日本殖民者與原住民被殖民者間，存在著政治上的主／奴關係外；卻忽略原住民文化保存，而造成「原住民主義化的原住民」再現。

> 那些促成東方主義繁榮興盛的政治、文化環境，吸引了眾人注意到東方／東方人，實際上已經成為一個被研究的對象，以及他們低下的位階。除了政治上的主／奴關係之外，還有其他的可能可以製造出這種東方主義化的東方嗎？〔註17〕

年4月），頁50。
〔註17〕薩依德，〈危機〉，《東方主義》（1999年9月），頁139。

日本殖民統治者的諸多同化措施，無非要迫使原住民族，徹底地在思想、文化層面，均可心悅誠服地歸順日本帝國，徹底地成為被殖民者而任日本殖民統治者予取予求，彷彿薩依德所述的「身為白人」，亦即日本殖民官方所冀望原住民族達到，可以「身為日本人」為榮。

> 在此形式之前，所有的非白人，甚至白人本身，都必須完全臣服；而在其所採去取的制度模式（殖民地政府、使節團、商業機構）裡，「身為白人」只是一種媒介，用以向世界表達、宣傳、推行其策略，這個媒介雖也包含某種程度的個人特色，但是，最終統籌一切的，還是一個非個人化的集體觀念——「身為白人」。〔註18〕

在日治時期，日本殖民者所積極推行的皇民化運動，即冀望原住民被殖民者乃以身為日本皇民、為天皇必下效命為榮；甚至於冀望原住民族，可共同為大東亞共榮圈的世界理想，而鞠躬盡瘁，死而後已。

6. 日本殖民壓迫之抗日精神

鍾肇政以原住民青年他達歐為例，此抗日事件，乃肇因於他達歐受日人巡查吉村嚴重侮辱外，還要賠一大筆款項；甚至於可能要在地牢受苦。因此，泰耶魯已無法忍受日本殖民者的強烈壓迫，因泰耶魯受到日本殖民官員屈辱後，還要賠禮道歉，對於原住民族而言，簡直為雙重屈辱。因此，群情激憤地表達對日本統治者的不滿，而主動對莫那·魯道提及要為原住民族復仇，霧社事件乃一觸即發。

7. 霧社事件抗日行動

自從日本剛柔並濟的強勢治理後，大小零星抗日行動乃層出不窮，以原住民青年他達歐為例，把日人巡查吉村舉起擲下，重擊日本巡查而犯下大罪。此即肇因於吉村巡查不肯接受敬酒，使他達歐認為受到侮辱。他達歐在心中盤想著受嚴重侮辱，還要賠一大筆款子，乃為雙重屈辱；甚至於可能要在黑暗地牢受苦，但出草吉村的話，乃可能要賠上一家人性命。

日本殖民官員吉村，還曾企圖要非禮恬娃絲。他達歐乃鼓動大家對日本發動抗爭，而引起族人共鳴。連他洛旺社的畢荷·沙坡，也憶起對日本殖民者的血海深仇。在大小零星抗日行動影響下，抗日史上著名的「霧社事件」乃一觸即發。不僅莫那·魯道籌畫著霧社事件外，即連荷戈社的阿烏伊，也

〔註18〕薩依德，〈類型、專業和看法：東方主義的世俗性〉，《東方主義》（1999 年 9月），頁 333。

決定要共襄盛舉。當莫那・魯道眞實體認到原住民被殖民壓迫後，即興起抗日起義的族群意識，彷彿「革命理念如何重新出現於成功的解放鬥爭，並以同樣的力量，出現於新興的具有自我意識和信心的民族文化誕生中，體認到殖民的過去。」〔註19〕基於原住民族整體族群意識的推波助瀾下，莫那・魯道決定勇於發動抗日革命，展開原住民族「民族主義」，對於日本「帝國主義」的反抗。

> 對帝國主義的反抗，在民族主義反抗廣泛的脈絡中進行著。「民族主義」仍是一個賦予所有各類爲未來分殊事物意義的字眼，但他提供我相當正確地去界定一群擁有共通的歷史、宗教和語言的人民，串聯起來去反抗一個外來侵略的帝國之動員力量。然而，因爲橫越許多殖民主宰的疆域，均取得其成果──事實上，正因爲其成功──民族主義持續成爲一個非常令人質疑的對象。〔註20〕

豈料，在大正九年（民國九年）第一次的密謀起義失敗，莫那還被送入監獄。大正十四年（民國十四年），莫那・魯道再次密謀第二次起義行動又失敗，而被送入鐵牢。當莫那・魯道決定要背水一戰而登高一呼，群起效尤之際，尚待更多族人響應。但理性的布內・皮丹，乃斷然地拒絕響應此抗日行動，縱然布內・皮丹面對殺父的血海深仇，仍理性評估現實情勢。

當霧社事件爆發之際，他達歐決定要自行馘下吉村巡查的首級，以洩心頭之恨地向奧托歐夫獻祭。整個霧社事件乃正式爆發，即在昭和五年十月二十七日（民國十九年，公元一九三〇年）。在霧社事件爆發後，日本殖民官方不僅努力進攻外，甚至於還派身著山地服飾的莫那女兒馬紅來勸降，但原住民義軍即英勇抵抗日本攻擊。霧社事件演變到最後，寡不敵眾的原住民族，深知大勢已去。因此，身分特殊的花岡一郎乃選擇穿著日服而自縊，莫那・魯道深知已無回天之力之際，即暗自決定私了自己。族中還有諸多族人乃同樣壯烈犧牲，對於日本均懷有著不共戴天之仇。霧社事件看在日本殖民統治者觀點中，彷彿薩依德所述「傲慢的帝國主義」，「康拉德的小說體現相同之帝國主義加長式的傲慢。」〔註21〕原住民被殖民者，均無奈地承受著日本殖民官員，奴隸般的殖民壓迫。

〔註19〕 薩依德，〈心路歷程與反對勢力的出現〉，《文化與帝國主義》（2001 年），頁470。
〔註20〕 薩依德，〈葉慈和去殖民化〉，《文化與帝國主義》（2001 年），頁416。
〔註21〕 薩依德，〈導論〉，《文化與帝國主義》（2001 年），頁12。

康拉德似乎說：「我們西方人將決定誰是一位好或壞的土著，因為所有的土著乃因為我們的承認而具備充分的存在。我們創造他們，我們教他們說話思考，當他們反叛時，只是肯定了我們將他們視為被他們的某些西方主宰所欺瞞的愚蠢小孩此一觀點。」〔註22〕

隨著霧社事件結束後，日本殖民官方軍隊乃大舉入山，霧社地勢完全均在日本軍團掌握中，除了要鎮壓原住民族外，即要讓日本罹難者親屬認屍。在霧社事件弭平後半年，原以為可平靜度日的原住民遺族；豈料，狡詐的日本殖民官方，竟又設計一套反間計，謊稱要套乍、白狗社舉行和解儀式；實際上，日本殖民者乃無所不用其極地，要將原住民族殲滅殆盡。最後，被俘虜的原住民遺族，被遷徙到所謂的川中島，深陷於日本多重殖民壓迫下的理蕃計畫，「幾乎所有的殖民計畫綱領始於原住民落後之假設，而賦予其獨立、平等地位，及與殖民者相同之對待方式，通常並不妥當。」〔註23〕原住民乃無奈地被迫展開彷彿集中營般的川中島生活。

8. 原住民族認同迷思

日治時期的日本殖民官方，所推行皇民化運動的重要例證，即為花岡一郎與花岡二郎。但花岡一郎在日本同化教育中，乃聽過不少對於原住民族的輕蔑與汙名化言論；儘管如此，除去日本和服外衣的花岡一郎，仍為不折不扣的「塞達卡‧達耶」，且永遠無法成為真正日本人。由於日本殖民者與原住民被殖民者的界線，永遠如此地鮮明，彷彿薩依德所述東方人有色人種與西方人白人之族群關係，彷彿即為原住民被殖民者與日本殖民者之族群關係般。

東方主義者或白人（此二者往往是對等的）所提的每種論述，都隱含著一種無法化約的距離感，把白人和有色人種、西方人和東方人，遠遠隔開；非但如此，這些論述背後還夾帶著經驗、學術和教育的傳統，使東方人／有色人種永遠都得固守在那個西方人／白人研究對象的位置，絕無可能翻身。〔註24〕

介於原住民族與日本殖民統治者間的花岡一郎，即不斷地在內心深處進行天人交戰般的辯證過程，此將造成原住民族的族群認同意識迷思，彷彿薩

〔註22〕 薩依德，〈導論〉，《文化與帝國主義》（2001 年），頁 12。
〔註23〕 薩依德，〈珍‧奧斯汀與帝國〉，《文化與帝國主義》（2001 年），頁 161。
〔註24〕 薩依德，〈類型、專業和看法：東方主義的世俗性〉，《東方主義》（1999 年 9月），頁 334。

依德所述，「知識分子面對國族的象徵、神聖的傳統、崇高不可侵犯的觀念時，其實他們的態度很不穩定。」〔註25〕原住民受到日本殖民同化教育洗腦後，即由於皇民化運動而造成族群認同迷思；甚至於以身為原住民族為恥，以身為大日本帝國國民為榮的族群認同意識，令人不勝唏噓。

9. 祭典

關於原住民族祭典，乃為出草日本巡查坂本後，所舉行的「人頭祭」，依照人頭祭慣例，即要餵出草所得首級的嘴喝酒、吃肉與西瑪瑙。平日壓迫與欺侮原住民的日本殖民官員，如今成為蒼白土灰的首級，在祭典中被陳列著。因此，當族人望著那可恨的首級時，心中乃五味雜陳地難以形容，原住民對於日本殖民統治者的滿腔怨氣，終於得以發洩。

10. 祖靈與天神傳說

天神奧托夫即為原住民族極為依賴的精神信仰。在泰耶魯眼中，天神奧托夫在泰耶魯的地位，乃舉足輕重且不可取代。原住民相信檜木原始林，即為天神奧托夫與祖先神靈們的居所，採伐檜木等於侵犯神靈領域。至於泰耶魯乃認為死亡後，天神將會協助族人重生，故死乃不足以畏懼。

11. 原住民族出草

泰耶魯出草習俗，在原住民族傳統觀點中，出草的首級越多，越能證明自己乃為令人景仰與敬畏的部落勇士。在日治時期，日本殖民官方禁止下，原住民族出草事件乃鮮少可見；除了零星出草行動外，山地部落已平靜許久。原住民出獵行動，也因外地人入侵，使獵物逐漸減少。此外，當他洛旺社中，他達歐好友畢荷·沙坡的爸爸，馘取日本巡查坂本的首級，還大肆舉行人頭祭慶祝，乃成為族中不可等閒視之的大事。畢荷·沙坡乃賠上全家人性命而舉家犧牲；幸虧當時畢荷不在家，方才逃過一劫。

12. 勇士訓練與榮耀

關於原住民族勇士訓練，舉凡出草、出獵外，甚至於舉千斤巨石過肩，均成為馬黑坡成年男子必行之事。原住民勇士訓練的過程與方式，在各個原住民族間，仍有不同的獨特之處。

13. 部落婚禮習俗

在鍾肇政早期文本中，乃描述諸多場不同的原住民族婚禮特色；又以原

〔註25〕薩依德，〈為國族和傳統設限〉，《知識分子論》（1994年），頁74。

住民族傳統部落婚禮爲主。首先登場的即爲新郎峨東濱與新娘路比的婚禮，婚禮之初要先進行祭神大典，以兩條大豬祭天神奧托夫。接著，在日本殖民統治後，第二場婚禮，乃爲馬黑坡之花大頭目的妹妹恬娃絲・魯道與日本官員霧社分室巡查進藤儀三郎的婚禮，因此連日本大官均應邀參與。此外，在恬娃絲在婚禮過後，一連串折磨乃接踵而來；長期家暴事件與無情凌虐，甚至於在恬娃絲婚後不久，日本丈夫乃突然間失蹤。恬娃絲表面上是寡婦，實際上即爲不折不扣的棄婦。自從日本殖民者統治原住民族後，像恬娃絲這樣典型的政略結婚，乃不勝枚舉，而原住民女性，即成爲政略婚姻下的犧牲者。

（二）《插天山之歌》分析

鍾肇政在《插天山之歌》中，以日治時期末期爲創作背景，將當時被殖民情境下的臺灣人與原住民族，在日本殖民統治下的艱困度日；甚至於在日治時期結束後，仍活在殖民時代的遺毒下飽受摧殘，僅可努力地爲追求去殖民化的行動實踐。此文本的時代背景，即爲日治殖民時代末期，太平洋戰爭正激烈進行中，故事乃由一個本已擁有日本高等學位的柔道高手，抱著高遠理想回臺的青年「陸志驤」爲始。陸志驤在山地部落間，巧遇諸多原住民，藉此將原住民青年形象與日治時期下的被壓迫情境，諸如日本殖民衝突壓迫、皇民化運動……等諸多殖民現象，乃自然地再現於文本中。

1. 殖民衝突壓迫

關於日治時期日本殖民當局暴虐無道的統治，山地部落老先生，乃鉅細靡遺地跟陸志驤談論著，當年原住民族乃受到日本殖民官方殘暴的殖民壓迫。因此，由臺灣知識份子陸志驤的漢族角度去觀察，當年日本殖民者對於原住民族，慘無人道的殖民壓迫，令人不勝欷噓。此即藉由漢族青年陸志驤觀點，展現漢族中心主義作祟，使漢族心中即堅信自己乃爲所謂的「炎黃子孫」。最後當陸志驤眼看著中日戰爭結束，臺灣回歸中國懷抱，乃極爲欣喜又驕傲，慶幸終於可不再成爲日本統治者治理下的被殖民者，終於可回歸正當而令人驕傲的漢民族身分。此種以身爲漢族爲榮的心態，乃大相逕庭地有別於，原住民族面對日本戰敗的失落心態，原住民乃極度不願成爲日本人口中最下等的支那人，此即諷刺日本皇民化運動思想改造的成功。

2. 皇民化運動

關於日本皇民化運動遺毒，乃藉由漢族青年陸志驤回到臺灣後，巧遇一

位救他的老人家口中得知，自己兒子均被日本人徵召成為「軍夫」；甚至於連四十八歲老人家均被徵召去當日本志願兵，此即展現日本皇民化運動殘酷的奴化手段，所產生被殖民現象，彷彿薩依德所述，西方種族主義之於東方，即如日本殖民者之於原住民被殖民者。

> 東方文學對西方的影響，不一定（就結果而言）要被視為布朗帝耶和（Brunetiere）所謂的「民族悲哀」（a national disgrace），相反地，東方可以被視為，西方種族中心主義的在地侷限發起的一種人文主義之挑戰。〔註26〕

陸志驤求學過程中，漢族名字乃因皇民化運動，而被迫改換成日本式名字，均為皇民化運動同化手段之一；甚至於不論青年團查閱場與四方拜，均為日本人皇民化運動推行的重要方式之一。在日本殖民統治下，徹底地灌輸「青年團」皇民化思想，再施行「志願兵制度」，將臺灣人思想，教育成以「皇軍」為榮的忠君愛國精神。因此，諸多原住民，均追求成為日本皇民，即如法農後殖民理論觀點所述。

> 所有的被殖民者因為當地文化的被摧殘，而產生一種自卑心態，都得面對殖民國家的語言，也就是母國的文化。隨著學習母國文化的價值，被殖民者將更加遠離他的叢林，當他拒絕他的黑，拒絕他的叢林之後，他便更加的白。說一種語言，是在承擔一個世界，一種文化。〔註27〕

誠如薩依德所述，「在勞倫斯的作品中，敘述性歷史與試鏡的衝突，展現的最為清晰，因為……套句他的話來說……『新帝國主義』正試圖『主動在（東方）當地人身上，賦予責任』。」〔註28〕薩依德觀點中的「新帝國主義」加諸於東方人上，彷彿日本殖民者加諸於原住民被殖民者身上的皇民化運動。此外，陸志驤在「雞飛蕃社」中，巧遇諸多原住民族人，在耳聞與親眼目睹諸多日本殖民手段後，乃驚訝於「國語家庭」用詞，與日本殖民官方所頒佈的「國語家庭法」，均逐步將原住民族與漢族，進行殖民霸權的思想改造

〔註26〕薩依德，〈現代英、法東方主義的極盛時期〉，《東方主義》（臺北：立緒出版社，1999 年 9 月），頁 376。

〔註27〕楊明敏；法農，〈黑色的俄爾甫斯、白色的納西塞斯〉，《黑皮膚，白面具》（2005 年 4 月），頁 63。

〔註28〕薩依德，〈類型、專業和看法：東方主義的世俗性〉，《東方主義》（1999 年 9月），頁 352。

與洗腦。日本殖民統治者，卻又擔憂於原住民族侵擾，故當時原日族群與原漢族群界線，所謂的「蕃界」劃分乃極爲清楚。

（三）〈月夜的召喚〉分析

鍾肇政在〈月夜的召喚〉中，藉由原住民青年莫勇到平地工作經歷，呈現漢族如何看待與對待原住民族，原住民族如何在漢族多數社會中自處，與如何在夾縫中求生存？雖然，漢族老闆一家人，對於莫勇態度還挺友善；但對於莫勇身上體味，仍展現出輕蔑態度，進而造成莫勇自我質疑與族群自卑心態的萌發，此種被殖民者的創傷心理，彷彿法農所謂的「被殖民客體」自卑意識。

> 我自我身上逡巡著客觀的目光，發現我的黑、我的族群特性，穿破
> 耳膜而來的是——吃人肉、心智發育不良、偶像崇拜、種族缺陷、
> 黑奴販子。……我走向我的存在的遠端，相當遠的遠端，將自己建
> 構成客體。〔註29〕

原住民青年莫勇形象描繪，即再現諸多原漢族群接觸之際，所產生重要原住民族群議題，諸如原住民青年形象、漢族眼光、原住民懷鄉心境與故鄉情境懷念之情……等諸多層面，此即由漢族眼光進行對位式分析，進而闡揚原住民莫勇的平地生活困境。

1. 原住民青年莫勇

當莫勇被漢族老闆一家人嫌臭，而在洗澡後換上漢族老闆孩子舊衣裳後，乃視爲十分珍貴的衣裳，而感到滿足；但莫勇反觀自己原本的服裝，縱然又舊又破，仍小心翼翼地收好而捨不得丢掉。由此展現出莫勇知足常樂的態度，即可使其自然地生活於平地。此外，莫勇最常相處與對話的對象，即爲工廠中的兩隻鸚哥。莫勇有何心事，第一個想到即爲這兩隻鸚哥。基於原住民的自卑心態，莫勇總會單純地認爲，難道由於自己的「曹」族原住民身分，所以連平地鸚哥均不想理會他。莫勇乃代表著原住民族族群自卑，而自覺在漢族面前總矮人一截般，此即彷彿法農所述，黑人被殖民者心態般，「無意識化」的自卑情結。

> 還有無意識。種族悲劇在光天化日下輪番上演，黑人沒有時間將它
> 「無意識化」。白人在某種程度上做得到；因爲這兒出現了新的要

〔註29〕法農，〈黑人的實際經驗〉，《黑皮膚，白面具》（2005 年 4 月），頁 196。

素：罪疚感。黑人的自大情節、自卑情結或是平等感受都是有意識
的。他們時時刻刻都在轉換這些意識。他們在自己的悲劇中生存。
〔註30〕

原住民融入漢族文化的重要情節，即為莫勇在平地所遇到第一個漢族傳
統節日——舊例八月十四日的地方做平安戲。當莫勇嚐到熱騰騰的紅龜，而
親身感受到漢族過節氣氛，神情眉宇間乃散發出莫大的快樂。關於莫勇在平
地生活中，對於部落賭物思鄉的苦楚，為融入漢族而騎腳踏車、參加漢族節
慶做平安戲……等諸多情節，均鋪陳原住民青年，在平地與漢族接觸後的族
群適應議題。

2. 漢族眼光下的自卑莫勇

漢族老闆一家人對於莫勇的態度，乃挺友善與好奇，當莫勇在一次喃喃
自語時，被漢族老闆孩子聽到，即對於莫勇的原住民語言充滿好奇，此即基
於漢族對於原住民族群好奇心所致；但漢族老闆一家人對於莫勇身上體味，
仍展現出輕蔑態度，進而造成莫勇的族群身分質疑與自卑心態萌發，呈現
原住民族受到漢族歧視與壓迫的族群輕蔑，即展現出彷彿法農般的被殖民者
心態。莫勇乃由於原漢族群間語言隔閡，使其感到不安與好奇，甚至於經常
由於自身的原住民身分，與族群自卑心態作祟，導致其卑微於身為「曹」
的原住民身分，進而認為沒資格與「巴克西耶」（平地人）相比。縱然如此，
莫勇還是努力地在平地工作，儘管莫勇明知所賺的錢乃會被「阿莫」拿去買
酒，但還是努力地賺錢養家。縱然莫勇總在漢族面前產生自卑情結，但又以
身為「曹」族原住民的族群驕傲下，不斷地進行著內心天人交戰的自我辯證
過程。

3. 懷鄉心境再現

原住民青年莫勇初來乍到平地工廠工作後，僅有無限惆悵陪伴著他。其
乃經常想起山地生活的一切，而產生諸多懷鄉心境，令人懷念的家鄉情景，
諸如在山上打山豬的快樂，美味山豬肉、鹿肉……等山中野味，均令其渴望
回到遙遠的山地小村落中，但為了賺錢即被迫留在平地工廠，而飽受思鄉之
苦。當莫勇在思鄉之際，乃想起故鄉中諸多國中同學，諸如莫興、阿科伊
諾、巴蘇耶……等人均到外地工作。原住民縱然人在異鄉，仍不忘故鄉情

〔註30〕法農，〈黑人的實際經驗〉，《黑皮膚，白面具》（2005 年 4 月），頁 246。

景。因「曹」族血液正在莫勇體內奔騰著，卻同時擔憂著平地漢族所造成諸多族群壓迫，彷彿薩依德所謂的「流亡邊緣人」般，「流亡意味著將永遠成為邊緣人。」〔註31〕莫勇甚至於以平地的鬼不要嚇唬山地的「曹」族青年，乃呈現原住民族對於平地漢族所帶來的族群精神壓迫。

4. 山地故鄉情境

莫勇不斷地遙想著山地故鄉的部落情境，縱然在故鄉的阿莫，經常酒氣薰天且暴力相向；莫勇還是喜愛著故鄉的一切，不論為故鄉山豬追趕，或阿莫飲酒的畫面，均為莫勇所深深懷念。縱然莫勇憶起總為阿莫在部落中，酒後暴力相向的場景，莫勇僅能趕緊逃跑，否則被阿莫抓到，又不免一頓毒打；再加上阿莫與伊諾喝酒、打架場景，彷彿歷歷在目般，酗酒、暴力乃如往常不斷地充斥在山上家中，令莫勇印象深刻。此即莫勇懷想的故鄉情境，呈現山地部落情景，諸如酗酒、經濟困難……等諸多原住民族議題。

（四）〈女人島〉分析

鍾肇政在〈女人島〉中，乃描述阿美族原住民青年沙拉凡，一段奇異冒險旅程為主軸，勾勒出這一段阿美族部落中所流傳的女人島傳說故事。沙拉凡乃為身材高大、膚色黝黑的原住民青年，擅長武術與舞蹈，乃為出色的阿美族青年戰士與獵人。此外，流傳著阿美族心中，認為海水鹹鹹的傳說故事；甚至於針對原住民族故鄉情境、山地傳說故事、部落婚禮習俗……等諸多原住民族議題進行分析。

1. 故鄉情境再現

阿美族原住民勇士到女人島冒險的傳說故事中，當沙拉凡離開女人島後，即在海上遇到險阻，正為女人島遇難的妲哈爾哀悼時，突然出現一個黑色小島，原來為一隻自稱為馬啾馬啾的大鯨魚，協助沙拉凡回到故鄉去。但當沙拉凡回到故鄉後，已事隔許久而恍如隔世，原來沙拉凡已離家有數十年之久。沙拉凡只好以藏在屋簷下的磨刀石，證明自己身分，而取得族人信任；卻同時要面對滄海桑田、人事已非的故鄉情境。

2. 女人島之傳說故事

當沙拉凡在海上釣魚時，乃遇上洪水暴漲而甦醒後，彷彿置身在另一個

〔註31〕薩依德，〈知識分子的流亡——放逐者與邊緣人〉，《知識分子論》（1994 年），頁 100。

世界，被一堆裸身女人圍觀討論著，令沙拉凡感到極為詫異。女人島的女人七嘴八舌地激烈討論後，乃認為沙拉凡有尾巴而必定是隻豬，而被當成野獸般關在籠子中。原來，這群女人島女人，冀望可將他養胖後抓去祭神；而女人島頭目芙雷哈爾，即命令妲哈爾飼養沙拉凡。沙拉凡乃用計逐漸鬆懈妲哈爾戒心後，決定要將計就計地設計妲哈爾，甚至於允諾要帶妲哈爾到阿美族部落去。在沙拉凡與妲哈爾兩人乘船，準備回到阿美族部落時，遇上一場意外而使妲哈爾失去性命。此刻另一段奇蹟出現，使沙拉凡遇上鯨魚馬啾馬啾，而順利地回到阿美族部落。阿美族老頭目吉拜乃認為沙拉凡所說的馬啾馬啾，即為所謂的「海神」。沙拉凡在臨死時許下願望，要求在死後要將他的膽放進海裡，做為獻祭禮物。阿美族人即認為，此即成為海水為何又鹹又藍的由來；因此，祭海神即成為阿美族一年一度重要的例行祭典。

3. 部落婚禮習俗

關於傳統原住民部落婚禮，乃為阿美族勇士沙拉凡，與族中美女娜考的婚禮。根據阿美族婚禮習俗，沙拉凡在婚禮前重要準備工作，即要準備諸多聘禮。沙拉凡為了要準備兩人聘禮，一大早即獨自出門去後山砍木材，且正為搬木材下山而苦惱的沙拉凡，乃突發奇想地決定要讓木材順流而下，此即使沙拉凡展開一段阿美族勇士的女人島奇遇故事。

（五）《馬利科彎英雄傳》分析

鍾肇政首篇原住民長篇小說《馬利科彎英雄傳》中，乃說明其創作理念，即藉由民間故事闡述，探尋原住民族文化特色。鍾肇政乃長期地在部落中，蒐集原住民族傳說故事與文化習俗，因此原住民部落風貌與文化特徵，乃生動活潑地如實呈現，舉凡出草、祭典、習俗、禁忌……等諸多原住民族文化精神，均可再現於文本中，彷彿薩依德所述的「文化意指」，即象徵著諸多族群的文化知識場域。

> 首先，文化意指所有這些實踐方式：諸如描述、溝通和再現的藝術，有其獨立於經濟、社會和政治領域的相對自主性，且經常以美學的形式存在，而其主要的目的之一便是享樂。當然這包括有關世界遙遠地域的大眾化之風土民情知識和在民族誌、史地學、語言學、社會學和文學史等學科的可運用之專業知識。〔註32〕

〔註32〕薩依德，《文化與帝國主義》（2001年），頁2～3。

　　鍾肇政描述諸多原住民族議題，乃以文化層面爲撰寫主軸，諸如山地傳說故事、原住民族祭典「奇吉利」祭典與「突奴枯（首級）」祭典、祖靈與天神傳說、因瘟疫而出草族人、因埋石爲盟遭背叛而出草、蟄伏五年爲復仇而出草、獵豹行動、勇士訓練與榮耀象徵、部落婚禮、埋石爲盟、鳥占、刺青、文面習俗、嘴琴示愛，取髮回應習俗、「阿篤崗」（天國，神靈之地）傳說、「馬哈哄伊」（妖術師）養鳥禁忌、出獵禁忌與蛇入屋不祥禁忌……等諸多文化習俗與禁忌，均爲原住民文學的重要議題。

1. 馬利科彎傳說故事

　　在馬利科彎部落的原住民族傳說故事，乃描述馬利科彎部落的二大重要勇士布達和蘇羊，不僅促成布達的豐功偉業，也奠定馬利科彎族在泰雅族部族中的重要領導地位。回顧蘇羊的過去可知，在多年前馬利科彎部落，乃流行著單純的風邪，卻隨著染病人數增多、病情加重後，造成馬利科彎部落人心惶惶。族人甚至於深信此次並非神靈「奧托夫」的旨意，而爲有心人士惡意放咒所致。此迷信傳聞的開端，即始於數年前單純的養鳥事件，諾明么兒蘇羊堅持要養鳥，族人均認爲諾明即爲一名妖術師，甚至於使用不祥之鳥，而造成族人瘟疫流行。

　　諸多族人乃自然而然地將此次風邪肇因嫌疑，歸諸於諾明身上；認爲諾明一家人，即爲風邪瘟疫的罪魁禍首。皮亞咒社的中頭目耶波·畢泰與馬利科彎社的威南·索利，均在將死之際，將死因歸諸於諾明詛咒。因此，巴突突社頭目馬烏伊即決定要出草諾明一家人。縱然布達對此決定，著實非常地震驚，因第一次聽到要出草的對象，竟爲自己族人乃極爲少見。儘管如此，蘇羊一家人乃因此犧牲性命。但布達最不捨的即爲蘇羊，因布達認爲蘇羊有機會成爲巴突突社，未來最有爲能幹的戰士與獵人，而爲蘇羊爭取存活的契機。爾後，蘇羊果然成爲布達最稱職的得力助手。

　　在布達將死之際，乃憶起泰耶魯自幼即被教導如何做一個「泰耶魯·巴賴」與「卡娜琳·巴賴」，方可順利通過「阿篤崗」（天國，神靈之地）的傳說故事。「泰耶魯·巴賴」即要善於狩獵而建立功績，而「卡娜琳·巴賴」則要善於織布，方可獲得族人肯定；甚至於方有機會可順利通過「阿篤崗」。

2.「奇吉利」祭典

　　在泰耶魯族人中，要成爲泰耶魯勇士，即要能狩獵到「突奴枯（首級）」與「奇吉利」，即成爲重要的勇士象徵之一，諸如布達胸前一條橫槓，即爲勇

者象徵。倘若原住民勇士可狩獵到「突奴枯（首級）」與「奇吉利」的話，族中必定爲其舉行重要的慶祝祭典。因此，當巴突突社獲取一隻豹的消息曝光後，整個馬利科彎部落均感到與有榮焉。當馬利科彎部落「奇吉利祭」要舉行之際，一切均要準備就緒，諸如祭壇架設、豹皮放置、骷髏排列……等諸多祭典事宜，均安排妥當後，尚待月亮照在神壇上時，祭典乃即可開始舉行。首要之務即先由馬利科彎大頭目瓦當・比來爲代表，來祭告天神「奧托夫」；緊接著老頭目乃登場，繼續進行祭典儀式。最後，當頭目退下後，孩童即可搶食祭品，以祈求庇佑與祝福。

3.「突奴枯（首級）」祭典

在「奇吉利祭」中，布達與阿咪娜互許終身；但此時瓦郎也看上阿咪娜，即要由族中規則比武過招，讓天神「奧托夫」來決定阿咪娜要許配給誰？當族人確認瓦郎馘取到「突奴枯」的地點後，確認爲斯卡哈馬勇的首級，乃贏得瓦當讚許；相較之下，布達雖較晚回來，但帶回三個「突奴枯」（首級），老頭目同樣協助布達將「突奴枯」放置到神壇上，並同樣賜酒給布達而給予肯定。族人即爲瓦郎與布達所馘取的「突奴枯」舉行「突奴枯祭典」。

4. 祖靈與天神傳說故事

泰耶魯原住民族的天神「奧托夫」信仰，普遍存在於日常生活中。信仰天神方可長治久安，獲得天神祖靈的庇祐，即成爲原住民族重要的核心精神依託。原住民族在諸多層面，均要依賴天神奧托夫的旨意，諸如當初蘇羊可存活下來，在布達眼中，乃認爲此爲天神「奧托夫」冥冥中的安排；布達與瓦當爭奪阿咪娜時，即要根據族中規則來決定阿咪娜要許配給誰？族人乃將一切交由天神奧托夫的旨意，決定阿咪娜的婚配對象。此外，原住民在出獵時，必定要舉行鳥占或相信夢占；故在出獵前必要先等待與聽從鳥兒指示，此即代表「奧托夫」的旨意。因泰耶魯擁有天神「奧托夫」的庇祐，方有機會獵取到「奇吉利」、甚至於要舉行盛大「奇吉利祭」以祭告天神「奧托夫」。在泰耶魯心目中，族人均爲「奧托夫」的子孫，天神「奧托夫」對於原住民族，即深具舉足輕重的重要意義。

5. 原住民族出草

在《馬利科彎英雄傳》中，描述著三次出草行動：（1）因瘟疫而出草族人；（2）因埋石爲盟遭背叛，爲收屍而出草；（3）蟄伏五年爲復仇而出草。

首先，當原住民部落出現瘟疫時，布達父親馬烏伊乃決定要出草諾明一家人，布達第一次聽到要出草的對象竟為自己族人，此乃鮮少可見而令人驚訝。第二次出草，即可由埋石為盟儀式談起，斯卡馬哈勇部落即主動提及要與馬利科彎部落埋石為盟，以尋求兩族間和平共處，兩族即不可互鹹人頭，更不可用人齒做項鍊。豈料，此乃為一場騙局與圈套，使馬利科彎部落勇士損失慘重。在此肅穆與哀戚氣氛下，馬利科彎族即在布達領導下，完成此次為族人收屍的出草行動。

第三次出草行動，乃在布達完成因埋石為盟而犧牲的族人收屍任務後，選擇「君子報仇，三年不晚」的想法，決定蟄伏後再一舉復仇。最後，布達不僅以精銳戰力取勝，再加上機智的戰略方針，出奇制勝地殺個斯卡馬哈勇措手不及，使馬利科彎族遠征隊伍的首戰之役，乃輕而易舉地大獲全勝。在此次出草行動中，布達終於遇見馬利科彎部不共戴天的仇人那拜，心中的怒火再也按耐不住；甚至於在一陣亂陣殺敵之際，努力尋找著復仇目標阿畢魯。阿畢魯要求願與布達媾和，埋石為盟，永不侵擾馬利科彎部；但布達乃要求與阿畢魯決鬥，即在決鬥之際，激起布達無限鬥志與滿腔熱血，終於為族人報多年來的血海深仇，讓布達感到光榮。即在告祭祖靈儀式完成之際，布達再也支撐不住地倒地不起，族人乃齊聲哀悼布達的慷慨赴義，凱旋歸來與光榮犧牲。

6. 勇士訓練與榮耀

對於原住民族而言，勇士訓練乃極為重要，且有諸多重要技能，必須傳授給族中勇士，舉凡出草、射箭、受獵、獵豹、手工、製造武器弓箭、磨刀、設陷阱、編藤籠，作「挑干」、剝皮揉獸皮……等諸多傳統技能；再加上擁有獵豹與出草技能，即為勇士必備的重要技能之一。在馬利科彎部最受矚目的布達與瓦郎，瓦郎常喝酒誤事，也曾在祭典中喝醉而觸怒老頭目；但布達乃較受頭目們信任與支持，而成為部落最重要的勇士。

7. 部落婚禮習俗

關於部落婚禮的重要習俗，諸如布達與阿咪娜的婚禮籌備，所要準備的聘禮、飾物、事務，與婚禮舉行流程，均有約定俗成的原則與規範。當布達在比武獲勝後，乃獲得迎娶阿咪娜的資格；接著，布達即開始準備一連串的結婚事宜，準備要好好地迎娶阿咪娜。布達乃事必躬親地完成，諸如新人的新房，必須由準新郎自行建造完成。布達即到達岳家，告知阿咪娜房子建造

狀況外，順道拿起一絡黑亮頭髮交給阿咪娜，此即爲象徵榮耀與驕傲的戰利品。在原住民部落中，此即象徵著最貴重的護身物，因神靈即寄託在內保護著族人。布達甚至於送來諸多聘禮，諸如人造項鍊、豹齒飾品；在原住民部落中，若以人齒或豹齒製作項鍊飾品，乃爲重要又貴重的護身符飾品。

8. 埋石爲盟習俗

關於原住民族「馬利科彎部」與「斯卡哈馬勇」間的「埋石爲盟」習俗。首先，第一次「埋石爲盟」乃由布卡南頭目那拜居中撮合。豈料，此次「埋石爲盟」，竟爲一場「斯卡哈馬勇」的媾和詐術。單純的馬利科彎卻認爲，此即兩族族人能和好相處的一椿好事。當「斯卡哈馬勇」提出「埋石爲盟」的禮遇物品經確認後，雙方即在「馬西多巴安高地」舉行第一次「埋石爲盟」儀式。在「埋石爲盟」之際，布卡南頭目那拜乃居中主持儀式，但此次「埋石爲盟」乃爲斯卡哈馬勇的詭計。因此，接著斯卡哈馬勇即展開對馬利科彎的突襲行動，而造成馬利科彎的重大傷亡與損失。

9. 原住民族鳥占習俗

原住民族相信在出獵與出草前，必要先進行鳥占，聽取天神「奧托夫」的旨意，絕對不可貿然行動；否則必定會觸怒天神「奧托夫」，而造成敗興而歸。因此，鳥占習俗乃普遍存在於諸多原住民部落。

10. 原住民族刺青文面習俗

在泰耶魯族中，「刺青文面」乃爲重要的精神象徵。男子與女子凡可得到刺青機會者，均爲榮耀的象徵，乃令人感到驕傲。男子要有出草或狩獵成果，方可得到刺青機會；女子凡習得重要織布技能，方可得到刺青機會，也才會有婚配的機會。但若女子刺青失敗，變得奇醜無比的話，將找不到婚配對象。在「奇吉利祭」前，布達乃看到當時剛刺青沒多久的大頭目女兒阿咪娜。至於有資格刺青的男子，均爭先恐後地搶著要刺青，方可早日擁有此項榮耀。因此，當布達成爲胸前有刺青的勇士後，只要敞開胸膛，即可昂首闊步地享受此驕傲的殊榮。

11. 原住民族嘴琴示愛，取髮回應習俗

原住民族的嘴琴示愛，取髮回應習俗，乃爲原住民男女傳情達意的方式之一。當布達在「奇吉利祭」上，對阿咪娜驚爲天人而一見鍾情後，當下即立刻決定要展開追求，向阿咪娜示愛。依循古禮與部落習俗，乃拿出嘴琴並

唱誦著歌謠，向阿咪娜示愛；若阿咪娜對布達也有意的話，即可回唱一首歌曲示意。豈料，在「奇吉利祭」中，不僅布達向阿咪娜求婚，瓦郎也向阿咪娜求婚。兩位勇士乃依照慣例，向阿咪娜取得秀髮。此時唯一解決之道，即以競賽來進行一場公平的君子之爭，以決定阿咪娜婚配的對象爲誰？一切即交給天神「奧托夫」決定。

12.「阿篤崗」之傳說故事

關於「阿篤崗」（天國，神靈之地）傳說故事，乃在馬利科彎奇吉利布達爲族人完成一場聖戰，即爲當年在馬西多巴安高地壯烈犧牲的族人復仇後，布達也即將失去寶貴性命。布達在將死之際，憶起當年泰耶魯自幼被教授的「阿篤崗」（天國，神靈之地）傳說。當原住民即將進入「阿篤崗」前，除非守橋人認爲原住民爲「泰耶魯・巴賴」與「卡娜琳・巴賴」，否則將會在雙手上塗藜汁而去洗手，洗不乾淨者方爲眞正的「泰耶魯・巴賴」與「卡娜琳・巴賴」，方可順利過橋；反之，若洗淨者將被視爲壞人，而被推下橋去餵溪裡的惡蛇與巨魚。因此，泰耶魯從小便教導如何成爲一個「泰耶魯・巴賴」與「卡娜琳・巴賴」。

13.「馬哈哄伊」之養鳥禁忌

在馬利科彎因一場疫病，導致部落間謠傳著，諾明爲可怕的「馬哈哄伊」（妖術師），甚至於皮亞歪社的中頭目耶波・畢泰，與馬利科彎社的威南・索利，雙雙證實乃遭到諾明咒語所害方會致病，且希望大家爲他們復仇。因此，頭目們即決定出草諾明一家人，當年養鳥事件而養過幾天「馬哈哄伊」（註：妖術師）才用的鳥，乃造成舉家遭族人出草的悲慘命運。

14. 原住民族出獵禁忌

在原住民出獵前，必要先進行「鳥占」或參考「夢占」，以聽取天神「奧托夫」的旨意；倘若結果爲好的方可出獵。若在出獵途中，絕不可打噴嚏或放屁，否則大家均得折返。此外，在確定「奇吉利」痕跡後，即絕不可獵殺山豬與其他動物，以免觸怒「奇吉利」而造成出獵失敗。

15. 蛇入屋之不祥禁忌

在原住民族觀念中，有蛇入屋乃爲不祥之兆。當布達在馬利科彎要與斯卡哈馬勇「埋石爲盟」前夕，阿咪娜乃告知布達，從園裡回來見到有二蛇入屋現象，著實地令布達不安。布達暗許蛇進屋的不祥之兆，即爲天神「奧托

夫」的旨意，此次「埋石爲盟」果眞爲斯卡哈馬勇的詭計，使布達的馬利科彎遭到斯卡哈馬勇的突襲而損失慘重。

（六）〈回山裡眞好〉分析

鍾肇政在〈回山裡眞好〉中，乃描述前往平地求學的山地青年武達歐故事，還針對其原住民父母亞爸巴杜、亞亞古木的互動加以陳述。在平地求學的武達歐，即因適應不良而冀望可回到山上打獵，甚至於到工廠做工。最後，在武達歐多次要求下，終於如願地回到山上而深深感到「回山裡眞好」。縱然以亞爸手裡的一瓶酒與幾顆饅頭，傳達山上生活不佳與飲酒習慣。但山地原住民在平地適應不良的案例，乃時有所聞，而造成原住民，選擇回歸部落的現象屢見不鮮。此外，鍾肇政乃描述諸多原住民族議題，諸如原住民族群認同意識迷思、原住民青年形象、故鄉情境懷念、出草意義……等諸多層面。

1. 原住民族認同迷思

原住民青年社會適應議題，與族群認同迷思，均再現於文本中。當亞爸送武達歐回學校時，要返回到山裡時；武達歐即詢問亞爸，回山上要去打獵，還是馬嘎嘎嗎？亞爸乃告知現代社會中，當然不會存在馬嘎嘎。武達歐又再次詢問，原住民族爲野蠻人嗎？由此可知，在原住民青年心中，均存在著彷彿法農般的被殖民者自卑心態；甚至於彷彿薩依德所述的「二元對立論」。

> 各種語言、族裔、類型、膚色、精神狀態，每個範疇都非中性的界定，而是帶有名斷色彩的詮釋，在這些範疇背後，潛藏的是「我們的」與「他們的」的堅硬二元對立而且「我們的」之上（「他們的」甚至完全淪爲「我們的」的利用對象），這種二元對立不帶因人類學、語言學、歷史不斷加強更因達瑞文「物競天擇，適者生存」的理論，以及……影響同樣深遠的……高度文化人文主義的修辭，而益形鞏固。〔註33〕

在平地求學的武達歐，此時乃憶起最害怕的漢族老師，與他人談論之語，那一句「野蠻人，天生的野蠻人！」乃深深地刺痛武達歐的內心，武達歐也

〔註33〕薩依德，〈類型、專業和看法：東方主義的世俗性〉，《東方主義》（1999 年 9月），頁 333。

因族群歧視而飽受屈辱與精神壓迫。諸多原住民青年在平地求學或工作時，所遭受到的輕蔑眼光與族群意識衝擊；卻僅能以不斷地飲酒滋事，來做無言的抗議，由此反映出平地原住民的社會適應議題。

2. 原住民青年武達歐

原住民青年武達歐到平地求學，除了面臨就學的社會適應議題外，還染上諸多惡習。因此，族人乃反思倘若當初原住民青年不出去求學，即可維持單純性格。當武達歐到平地求學後，乃三番兩次地在校園飲酒鬧事；甚至於在客運車站飲酒鬧事，而造成紛擾不斷，讓亞爸到學校去收拾爛攤子，最後僅能重新回到山中生活。孰不知此乃爲平地漢族的冷言冷語，而造成武達歐內心深處的衝擊與創傷；再加上思鄉的牽引，讓武達歐又再度重回山裡。諸多原住民族人在平地求學或工作，均面臨著諸多生存困境與社會適應議題。

3. 故鄉情境再現

武達歐在平地校園求學時，乃經常憶起故鄉情景。武達歐最喜歡在屋前看星星、數星星，此即可溯源至武達歐幼年還在繈褓之際，亞亞（母親）教他數星星的美好記憶。但武達歐乃於幾經波折後，方可眞正地回歸部落，彷彿薩依德所述，「對大多數流亡者來說，難處不只是在於被迫離開故鄉，而是在當今世界中，生活裡的許多東西都在提醒：你是在流亡，你的家鄉其實並非那麼遙遠，當代生活的正常交通使你對故鄉一直可望而不可即。」〔註34〕眞正重回山裡的武達歐，乃選擇買醉來麻醉在平地所遭受的委屈，也道盡原住民族在生活中的辛酸與無奈。

4. 原住民族出草

此即由族人對話回憶起當年出草行動，當亞爸與亞亞的對話中，談及要與族人一同去嘎拉賀（打獵）活動，武達歐即充滿好奇。因狩獵對於原住民族而言，乃爲生活中非常重要的環節。當武達歐聽見亞爸要去馬嘎嘎時，乃驚奇地詢問關於馬嘎嘎一事，亞爸只好告訴武達歐說，現在已沒有馬嘎嘎；巴杜則回答馬嘎嘎已成爲過往雲煙。此即由於當初在日本殖民官方皇民化教育下，原住民族思想乃遭到改造，彷彿薩依德所述，東方與西方，即如原住

〔註34〕薩依德，〈知識分子的流亡──放逐者與邊緣人〉，《知識分子論》（1994 年），頁 86。

民族與日本的二元對立之族群關係，「另外一個主題是：東方暗喻著危險，西方理性總是被東方的異國情調所瓦解；而東方的神秘吸引力，更代表著和西方正常相左的價值。東、西不同的分野，就好像這種二元對立的不變特質。」〔註 35〕在日本殖民者口中，參與日本南洋戰爭即為光榮之事；而原住民族馬嘎嘎，即為違法、野蠻、殘忍而被嚴格禁止之事。

（七）《馬拉松・冠軍・一等賞》分析

鍾肇政在〈馬拉松・冠軍・一等賞〉中，乃描述原住民青年欲贏得山地馬拉松賽跑冠軍的過程，即與老瓦丹談論過去曾獲得冠軍的豐功偉業，進而展現現代原住民，如何藉由山地活動展現部落勇士精神與原住民傳統部落活動的轉型與變遷。此即描述諸多重要的原住民族議題，諸如原住民族出草、馬拉松部落活動……等諸多傳統部落活動。

1. 原住民族出草

此即以族人對話去導引出馬嘎嘎原住民族議題，現代原住民部落，縱然已無馬嘎嘎活動；但在原住民青年眼中，馬嘎嘎乃為一件令人充滿好奇之事。但在老瓦丹眼中，那僅為所謂的戰爭，即在日本殖民官方派任下，所參與的南洋戰爭。因此，僅有尤達斯與老瓦丹亞爸，才有在馬利科彎等地打過敵人而出過草。在日治時期乃嚴禁原住民族出草行動，即彷彿薩依德所述，此即成為「原住民族主體性」的侵略干擾。

> 以這種誇張的說法來描述人類現象，是東方主義獨有的特色，生命本身……政治、文學、能量、活動、成長……成為（就西方人而言）難以想像的東方主體性的侵略干擾。〔註 36〕

現代原住民無法以出草證明勇士榮耀，僅能以馬拉松賽跑活動來爭取冠軍。因此，老瓦丹與山普洛談論馬嘎嘎原住民族歷史活動，乃分析馬拉松競賽對於部落原住民族人的重要性，與馬嘎嘎活動在現代原住民青年心中的認知；甚至於傳統出草行動，乃已隨著時代變遷而逐漸消弭。

2. 原住民族部落活動

原住民部落馬拉松活動，乃為部落青年證明自己實力的重要方式之一。

〔註 35〕薩依德，〈想像的地理和其再現：東方化東方〉，《東方主義》（1999 年），頁 79～80。

〔註 36〕薩依德，〈現代英、法東方主義的極盛時期〉，《東方主義》（1999 年 9 月），頁 406。

對於部落而言，馬拉松賽跑冠軍，方爲部落族人急欲爭取的榮耀；因馬拉松競賽即爲族中青年展現長才的機會，故族人均很重視地看待。因此，在馬拉松比賽乃嚴禁喝酒者，族人將各憑實力去爭取榮耀。縱然在現代原住民部落中有諸多重大變遷，但仍有諸多活動得以證明原住民勇士的存在與榮耀象徵。

（八）〈獵熊的人〉分析

鍾肇政在〈獵熊的人〉中，乃描述原住民部落對於獵熊活動的重視，因獵熊活動即爲現代原住民，展現山地勇士氣勢的重要途徑之一。在馬利科彎一帶的獵熊英雄兄弟檔，乃爲比拉克跟歐畢魯。鍾肇政還描述現代部落生活變遷、部落青年觀念變遷、獵熊活動過程與獵熊英雄產生……等諸多部落變遷。此即由獵熊情節鋪陳關於狩獵、馬嘎嘎與原住民青年，介於傳統狩獵活動與現實生活的變遷與影響。此外，甚至於分析諸多原住民族議題，諸如原住民青年形象、出草行動狩獵活動、勇士訓練與榮耀象徵……等諸多層面。

1. 原住民青年歐畢魯

原住民青年歐畢魯，乃描述原住民在進入平地後，如何將平地生活陋習帶入部落中。由此諷刺平地化即文明化的殖民迷思外，進而思考平地化難道即爲文明化與進步化嗎？因此，即描述歐畢魯十七歲進入平地工廠當學徒後，乃產生一百八十度轉變。歐畢魯乃染上諸多陋習，諸如學會花錢、彈吉他、玩紙牌、嚼檳榔、喝酒……等諸多惡習。族人面對著歐畢魯的轉變，乃著實地令人失望。當初歐畢魯被登山客請去當嚮導而肚疼，老布納與比拉克獲知消息後，即義不容辭地趕往協助，瓦必甚至於還爲拯救歐畢魯而犧牲性命，令人感到遺憾。最後，獵熊成功的原住民青年比拉克與歐畢魯，終究要回歸現實生活。

2. 原住民族出草

在原住民青年觀念中，去過馬嘎嘎的原住民，方可稱爲所謂的「英雄」，方可成爲了不起的泰耶魯；但現在已沒機會可參與馬嘎嘎。但比拉克還是很納悶歐畢魯怎麼會想到馬嘎嘎呢？現代原住民族已非野蠻民族；而在亞爸那一代所參與的並非所謂的馬嘎嘎，乃僅爲戰爭而已。因此，原住民族馬嘎嘎已正式走入歷史，卻還是讓原住民青年心生羨慕，認爲有機會參與馬嘎嘎，方爲眞正的部落勇士與英雄。但歐畢魯在比拉克與族人邀請下，一同參與獵

熊行動，也再度引發歐畢魯體內原住民族血液的沸騰，重新找回原住民族群精神。縱然現在已沒馬嘎嘎得以參與；所幸現代比拉克與歐畢魯在獵熊後，也成為部落的獵熊英雄。

3. 勇士訓練與榮耀

在原住民部落勇士訓練中，要成為部落英雄與勇士，獵熊即成為重要象徵之一。當年老布納乃為部落的獵熊英雄，曾在第一次參加圍獵後，製造出長刀柄來對付熊。但當初歐畢魯被登山客請去當嚮導，在巴科耶旺山突然肚子疼。老布納與比拉克即帶著藥品與乾糧前往，在趕往巴科耶旺山途中，竟遇見大瓦鹿（熊）。此次乃為比拉克第一次聽見熊叫聲，當老布納刀出鞘時，已被大瓦鹿（熊）撲倒在地；老布納即在此次遇見大瓦鹿（熊）過程中犧牲性命。此外，比拉克乃在獵熊行動中，請歐畢魯一同圍獵，再度引發歐畢魯體內原住民族血液沸騰，重新找回原住民族群精神。比拉克與歐畢魯在獵熊成功後，乃恢復布納時代的光榮，也使老瓦納的功績，再次被部落族人所提及。當獵熊英雄比拉克與歐畢魯，成為部落的風雲人物後，沒多久一切均回歸到平靜現實生活，兄弟倆又重新回到一如往昔的部落生活。

（九）〈阿他茲與瓦麗絲〉分析

鍾肇政在〈阿他茲與瓦麗絲〉中，描述阿他茲與瓦麗絲的際遇與心路歷程，由阿他茲生病與瓦麗絲喝農藥，描述阿他茲的懷疑無奈與瓦麗絲的辛酸苦楚。阿他茲甚至於連妻子瓦麗絲，為何會喝農藥輕生也一知半解，乃認為瓦麗絲僅為想家。至於瓦麗絲淒苦的過去，乃幼年喪雙親、喪姊，孤苦無依的瓦麗絲，只好選擇自願嫁給平地男人阿他茲。瓦麗絲命運不論多麼乖舛，生活如何悲苦，唯一冀望乃希望有機會可回到山上去生活。此種對故鄉部落的眷戀，即展現出原住民回歸部落的渴望與希冀。鍾肇政還描述諸多原住民族議題，諸如漢族眼光、懷鄉心境……等諸多層面。

1. 漢族眼光之汙名化

以原住民少女瓦麗絲為例證，說明其迫於生活，嫁給平地漢族先生阿他茲，卻不斷懷念著家鄉與山地部落的一切，最後甚至於喝農藥輕生，追根究柢其輕生因素，除了經濟生活壓迫外，再加上對於山地部落家鄉的懷念，乃使瓦麗絲無奈選擇走上輕生一途。當年瓦麗絲亞爸，在為日本出征的戰爭中喪生。亞亞、姊姊在幾年內接連喪生，使瓦麗絲被迫選擇嫁給阿他茲到平地

生活，卻難以拋開思鄉的一切。當年瓦麗絲姊姊，日久而等不到爲日本出征的先生，即爲求生存而被迫成爲濃妝豔抹的妓女，僅爲了養活瓦麗絲。

　　瓦麗絲除了自幼身世坎坷外，再加上阿他茲罹患「巴卡症」，動脈血管阻塞症，更使瓦麗絲生活陷入一陣愁雲慘霧中。在夫妻身邊甚至於有人懷疑，阿他茲生病與他娶山地女人瓦麗絲有關，此即爲莫須有的族群汙名化罪名，彷彿迪德（Dide）和吉羅（Guiraud）所謂的「膽妄發狂的善惡二元論」，「善／惡、美／醜、白／黑：都是這個現象的典型對偶概念，借用迪德（Dide）和吉羅（Guiraud）的說法，我們可以稱之爲『膽妄發狂的善惡二元論』。」〔註 37〕最後在阿他茲怪病發作又失業的窘境下，只好選擇讓妻子瓦麗絲成爲妓女去賺錢。瓦麗絲這個命運乖舛的原住民女子，最後願望即爲回到山裡去，卻僅能選擇輕生來結束這悲慘的一切。

2. 懷鄉心境再現

　　原住民少女瓦麗絲乃展現出濃厚的思鄉情懷外，甚至於迫於生活無奈，而嫁給平地漢族先生阿他茲，卻不斷想念著家鄉與懷念著山地部落的一切，乃充滿著濃厚的思鄉情懷。由於當年瓦麗絲的亞亞與亞爸死了，亞爸甚至於死於戰爭。當亞亞死時瓦麗絲才十歲；甚至於在十五歲時，唯一親人姊姊也死了。再加上瓦麗絲在平地工作時，又不免遭遇到生活與工作上，諸多不平等待遇與族群壓迫，而加深原住民的思鄉情懷。

（十）〈矮人之祭〉分析

　　鍾肇政在〈矮人之祭〉中，描述賽夏族矮靈祭由來。賽夏族人如何巧遇帕斯他矮族，如何舉行矮靈祭？帕司他矮族乃每年熱心地協助賽夏族進行「帕斯他矮祭典」，以祈求賽夏族得以連年豐收。此後賽夏族即將帕司他矮族，奉爲恩人般地對待。鍾肇政還描述諸多原住民族議題，諸如山地傳說故事、原住民族祭典文化⋯⋯等諸多層面。

1. 矮靈祭之傳說故事

　　賽夏族與帕司他矮族的「矮靈祭」傳說故事。當帕司他矮族頭目他愛，面對族人罹難時，心中不免懷疑是否有賽夏族動手腳，故對於賽夏族進行詛

〔註 37〕《臨床醫師的精神治療》，頁 164（Psychiatrie du medecin praticien, Paris, Masson, 1922, p.164）。法農，〈黑人與精神病理學〉，《黑皮膚，白面具》（2005 年 4 月），頁 278。

咒。他愛隨手抓住棕櫚葉撕成一片片，表示山豬將會常來吃、山雀會來吃粟
子，諸多害蟲將使其作物受害，甚至於百步蛇會來咬賽夏族。他愛詛咒賽夏
族將會飽受諸多痛苦，且再也不會豐收的日子；甚至於要賽夏族，每兩年自
行舉行一次帕斯他矮祭，此即賽夏族矮靈祭的由來。

2. 原住民族祭典

賽夏族著名的「矮靈祭」，即所謂的「帕斯他矮祭典」，在祭典舉行過程
中，賽夏族乃在帕司他矮族指導下，準備進行祭典。首先，兩社頭目特地下
令，各社必須湊足三十隻野獸（羌仔只能三隻算一隻），做為祭典之需。賽夏
族男人均為帕司他矮祭典拼命地打獵；兩社婦女們則努力地釀粟酒。當祭典
展開之際，辛苦的賽夏族卻僅能在一旁守候，眼睜睜地看著帕司他矮族，盡
情地享受美食與歌舞。此外，他愛要他洛和與島也學唱祭典歌曲，當賽夏族
第一次舉行「帕斯他矮祭典」時，他愛率領眾人唱起祭歌以展開「始祭式」。
當瓦碧娜在人群中與眾人共舞時，矮人頭目帕斯他矮王兒子卡馬黑洛司，乃
緊盯著瓦碧娜瞧。在第二天「招待之祭」時，卡馬黑洛司乃直接來邀請瓦碧
娜共舞；甚至於直接向瓦碧娜告白求婚，族人均要設法解決此事，卻又怕會
得罪帕司他矮族。

直至帕司他矮祭典第三天，即為「正祭」的舉行。最後，即為帕司他矮
族的狂歡之夜，帕司他矮族堅決地說明，在祭典結束後將帶走瓦碧娜；但儘
管伊邦有千萬個不願意，卻心有餘而力不足。此即礙於賽夏族族規，乃不可
隨意殺人，又擔憂殺害帕司他矮族會引起災禍。縱然伊邦在巡哨途中，看到
矮人們聚在橋上互抓頭蝨；再加上矮人們每晚大吃大喝到夜深，然後東倒西
歪地醉倒，第二天天亮後即會前往吊橋上去休憩。當伊邦納悶地猶豫是否該
動手解決矮人族之際，橋即在冥冥中注定般地斷了，矮人族也從此葬身河流；
倖存的二個矮人族老人，即詛咒賽夏族，此即為賽夏族矮靈祭的由來。

（十一）〈蛇之妻〉分析

鍾肇政在〈蛇之妻〉中，以老獵人布康狩獵生活，呈現族中禁地的傳說
故事外，還鋪陳出蛇郎君的重要民間傳說故事。當年年輕力壯的布康，與父
親一同打獵時，父親即告誡過他絕不可進入族中禁地「布納答西」，否則將會
觸怒「茲馬斯」（註：天神）而使災禍降臨。原住民族對於族中禁忌乃深信不
疑，但為了飽餐一頓，布康也顧不得禁忌。鍾肇政還描述原住民族議題，諸
如山地傳說故事、祖靈與天神傳說狩獵行動、勇士訓練與榮耀象徵、部落婚

禮、鳥占習俗……等諸多原住民族文化層面。

1. 蛇郎君之傳說故事

關於排灣族蛇郎君傳說故事，乃描述拉麗姮嫁給傳說中的蛇郎君，即為蛇王達魯馬斯。但奴奴拉卻心有不甘，即根據「卡馬」說法，前往當初找到紅花之處，即為拉麗姮棲身之所。縱然明知那裡乃屬於族人禁地「布納答西」，仍執意前往。此外，當拉麗姮將美麗衣裳給奴奴拉穿上時，奴奴拉見到穿上美麗衣物的自己竟心生歹念，認為只要害死妹妹，再假扮成妹妹模樣，回到家中去等待蛇王達魯馬斯回來，即可取代妹妹。但自從奴奴拉害死拉麗姮後，豈料經常會聽見莫名其妙的怪聲，說出奴奴拉害死拉麗姮之事。當蛇王達魯馬斯回來後，奴奴拉即要求他不要再出門打獵，留下來陪她。最後，故事即在奴奴拉瘋狂地撲入潭中嘎然而止。

2. 祖靈與天神傳說故事

關於原住民族天神信仰，乃廣為流傳於原住民部落間，諸如族人若進入族中禁地司魯多多山脊「布納答西」（不吉之地），將會觸怒天神而降下災禍。當布康為了狩獵被迫接近族中禁地時，不免心生恐懼，因族中禁地乃不能種粟、伐木、狩獵之地。若有族人觸犯禁忌，踏進該地即會觸怒「茲馬斯」（天神），且即會有災禍降臨。若觸怒天上「茲馬斯」，那乃為不得了之事，輕時一人遭殃、重則整個社均將受罰，諸如當年在瘟疫中，不僅布康妻子被病魔帶走，諸多族人均被奪走性命，族人乃認為這一切必定為觸怒天神「茲馬斯」所致。

3. 勇士訓練與榮耀

老獵人布康當年乃為原住民勇士，而以狩獵成果為榮。當老獵人布康狩獵一無所獲時，即後悔沒聽信鳥占結果，乃極為懊悔。此刻老布康乃遇見所謂的蛇王，而發展出一段蛇郎君的民間傳說故事。

4. 原住民族部落婚禮習俗

此即呈現人蛇相戀的婚禮，與排灣族搶婚習俗，展現原住民族傳統婚禮儀式。故事乃由於善良原住民女兒拉麗姮，決定要為父親性命，犧牲自我嫁給蛇王也在所不惜。當蛇王達魯馬斯要來迎娶拉麗姮時，乃化身一位英俊美少年，迎親隊伍乃極為浩大地帶來豐厚聘禮，乃使布康一家人均極為詫異。此外，根據排灣族搶婚習俗，當新郎來迎娶時，新娘即要先躲起來，再由新

郎去尋找。當拉麗妲跑到後山躲起來，達魯馬斯即可前往尋妻，而大陣仗地展開搶婚任務；且最好由新郎直接找到新娘，而新娘乃要拼命掙扎、哭鬧不停地奮力抵抗，僅為了證明新郎乃為勇武之士，可光榮地搶回新娘。最後，達魯馬斯即帶回拉麗妲，讓布康幫拉麗妲戴上珠冠，整個搶婚儀式即正式完成。連布康也憶起當年瑪麗肯，方如同戰利品般地被搶婚。

5. 原住民族鳥占習俗

當布康狩獵一無所獲時，即後悔沒聽信鳥占結果而極為懊悔。姑且不論此乃迷信與否，卻代表著原住民狩獵前的謹慎態度。因此，諸多原住民在狩獵前，均會以鳥占或夢占，尋求天神奧托夫的旨意，以決定出獵與否。

（十二）《川中島》分析

鍾肇政的《川中島》，以日治時代為背景，描述原住民族所遭受的日本殖民壓迫。鍾肇政乃真實記錄著山地故事，將真人真事再現於文本中，諸如畢荷·瓦利斯乃日式姓氏中山，即為高永清，彷彿為法農般，親眼見證著原住民族被殖民的過程，彷彿薩依德所述，「在黑暗時代，知識份子經常被同一國族的成員視為代表、發言、見證那個國族的苦難。」〔註38〕原住民被殖民者，乃承受著日本殖民者的殖民壓迫。

> 再現──其生產、流通、歷史和詮釋──是文化的真正元素。在許多最近的理論中，再現的問題注定是重心所在，然而它卻很少擺在其完整的政治脈絡來看，原本就是處在一個帝國的脈絡。取而代之，一方面，我們有一個隔離的文化領域，被確信是自由地且無條件地可從事無重狀態式的理論冥想和探究作用；另一方面，一個被貶值的政治領域，不同利益間真實鬥爭被認為發生於此。〔註39〕

文本的敘事觀點，乃以畢荷·瓦利斯親歷霧社事件的青少年眼光，延伸至日後在川中島生活後的內心交戰，呈現霧社原住民遺族的處境。畢荷身為曾參加霧社事件荷戈社後代，遇上救命恩人道澤駐在所主任小島源治的救命之恩，畢荷乃充滿著感謝之情。因此，畢荷內心的衝突與矛盾，乃源自日本同化教育政策與泰雅族傳統觀念的對立。畢荷即基於對族人的歷史使命感與責任感，努力地為了原住民遺族寫下輝煌的未來；甚至於還親眼目睹霧社事

〔註38〕薩依德，〈為國族和傳統設限〉，《知識分子論》（1994年），頁79。
〔註39〕薩依德，〈串聯帝國與世俗的詮釋〉，《文化與帝國主義》（臺北：立緒出版社，2001年），頁115。

件的爆發過程。因此，在畢荷內心深處，彷彿薩依德所述「重疊的疆域、交織的歷史」再現。

> 假如我堅持過去與現在、帝國推動者和被帝國宰制者、文化和帝國之間的整合與聯繫，我們必須作的是不要弭平或化約差異，且要傳遞出事情之間相互依存的更迫切之體認。帝國主義做爲一個具備文化基本層面的經驗如此龐大，又如此鉅細靡遺，故而我們必須說重疊的疆域、交織的歷史。〔註40〕

畢荷知識份子內心深處，彷彿薩依德所述，「知識分子的角色是麼？他有必要去確立他所屬的國家和文化的正當性嗎？有什麼重要性他必須致力於獨立的批判意識，一種對立性的批判意識呢？」〔註41〕在文本中不直接正面地書寫殖民統治的殘酷，而以原住民青年畢荷內心掙扎與糾結，不斷地深化原住民在殖民統治下的矛盾與痛苦，乃展現原住民懷著滅族之恨，卻無可奈何的無奈心境。此外，巴堪所代表的即爲原住民女子堅忍不拔、不屈不撓的精神寫照。縱然犧牲掉自我貞節，甚至於要忍受族人異樣眼光，仍挺身而出保護著馬紅的清白，象徵著捍衛原住民族尊嚴，卻遭受到族人們誤解；實際上乃展現出原住民在危機中勇於承擔的堅定意志。至於馬紅最後選擇自縊，即象徵著原住民族捍衛族群清白與氣節的堅定情操。此外，鍾肇政乃描述諸多原住民族議題，諸如同化教育、殖民勞役、殖民衝突壓迫、皇民化運動、霧社事件抗日精神與行動、出草行動、部落婚禮、埋石爲盟……等諸多層面。

1.同化教育

關於日本殖民同化教育，乃爲皇民化運動中極爲重要的環節，方使經歷過霧社事件的畢荷・瓦利斯，產生族群認同迷思的矛盾與掙扎，不斷地在內心深處產生天人交戰的辯證。由於日本殖民官方成立蕃童教育所，對於部落中原住民孩童，徹底地進行皇民化思想改造。日本殖民者對於原住民被殖民者的奴隸對待，彷彿康拉德所謂的「支配臣屬領域」再現。

> 康拉德允許讀者視爲帝國主義爲一個體系。生活在一個臣屬的經歷領域，乃是被支配者領域的虛構和愚行所銘印著。但反之也是眞的，正如在支配者社會中的經驗，乃是依賴於毫不批判的認定自己必須

〔註40〕 薩依德，〈串連帝國與世俗的詮釋〉，《文化與帝國主義》（2001 年），頁 121。
〔註41〕 薩依德，〈晚近發展面面觀〉，《東方主義》（1999 年 9 月），頁 474。

施予文明之使命的土著及其疆域。〔註42〕

　　關於同化教育最成功例證的代表，即爲花岡一郎與花岡二郎，日後均被日本殖民統治者，賦予優渥的福利與生活，乃成爲整個原住民部落中的重要人物。此外，畢荷乃成爲日本當局重點栽培的原住民孩童之一。日本殖民者皇民化運動中的同化教育，根據薩依德所述，彷彿諷刺著日本殖民者以先進文明自詡，即暗諷著原住民被殖民者的野蠻落後。

　　　西方意識、知識、科學，主掌最遙遠的東方世界與最細微的東方特
　　　色，形式上而言，東方主義者認爲自己完成了東、西方的統一，但
　　　他達到統一的方式，主要重新宣稱西方的科技、政治與文化優於東
　　　方。〔註43〕

　　在同化教育的思想改造，乃使原住民認爲，生活中必須絕對服從人物，即爲日本官員們，例如警察、巡查、巡查部長、警視、郡守、州知事、總督、天皇陛下、太陽、神……等人物，均成爲畢荷心中絕對服從與敬畏對象。但原住民被殖民者乃欲擺脫殖民結構下的殖民階級壓迫。

　　　黑人建立了一種反種族主義的種族主義。他一點都不希望支配世
　　　界：他要的是廢除各種族群特權，不管這些特權來自何處；他確認
　　　他和所有膚色的被壓迫者之間新戶聯繫。由此，黑人性那主觀的、
　　　存在的、族群的觀念就轉爲無產階級那客觀的、實證的、眞實的觀
　　　念。〔註44〕

　　在日本殖民統治者規範下，即呈現顯著族群階級之分，彷彿後殖民理論所述，「秩序和特質化可以排列等級、合理化，並對象化不同的社會。然後形成階級制度，世界被描繪成由不同種族、性別和民族，各自佔有其固定場所。」〔註45〕縱然畢荷極爲努力，均矮日本殖民者一大截。但原住民族仍深刻地存在著臣屬於日本殖民者的觀點，彷彿薩依德與法農觀點所述，原住民族乃向無「去殖民化」思維產生，甚至於以追求成爲日本皇民爲榮。

　　　體認到自我乃屬於一群臣屬人民，是反帝國主義賴以肇始之洞見。

〔註42〕薩依德，〈導論〉，《文化與帝國主義》（2001 年），頁 13。
〔註43〕薩依德，〈類型、專業和看法：東方主義的世俗性〉，《東方主義》（1999 年 9月），頁 360。
〔註44〕法農，〈黑人的實際經驗〉，《黑皮膚，白面具》（2005 年 4 月），頁 221～222。
〔註45〕Kinney and Celik "Ethnography and Exhibitionism," p.36。薩依德，《文化與帝國主義》（臺北：立緒出版社，2001 年），頁 225。

從這個洞見孕育出文學、無數的政黨、一大批爭取少數民族和女性
權益的鬥爭，以及許多時候追求新興獨立國家鬥爭。然而，如同法
農正確地觀察到，民族主義意識可能極易導向凍結式僵化的教條。
〔註46〕

畢荷與眾多原住民孩童，同樣認為傳統部落生活已成為野蠻的象徵；相
較而言，日本帝國則成為文明的象徵。縱然如此，當畢荷回想起原住民新
生兒，除了擁有日本殖民官員給予的日本名字外，也該有個實在的原住民
名字。

2. 殖民勞役壓迫

在日治時期日本殖民霸權壓迫下，川中島原住民遺族，即充滿著諸多無
奈又悲情的身影，被迫改變傳統生活形態；甚至於長期被日本殖民者強迫的
勞役工作，諸如搬木材等諸多工作，乃著實地令人深感到無奈。原住民被迫
參與諸多勞役工作，使原住民勇士無法馳騁在深山中盡情地狩獵，而造成原
住民族對於日本殖民者乃積怨日深。縱然在此生活，可獲得平日難得一見的
米、酒。此外，外族入侵後即帶入貨幣經濟圈，而改變原住民族傳統以物易
物的交易方式。原住民部落傳統生活型態，乃深受莫大的衝擊與改變，已由
狩獵逐漸轉變為農耕方式。縱然如此，天生的獵人勇士們，還是會趁機前往
山中狩獵，讓族人可共同享用獵物。

3. 殖民衝突壓迫

日本殖民統治後期，在川中島日本殖民官僚，仍不改舊有陋習，諸多不
肖日本殖民官員，乃經常在山地部落強搶山地原住民女子；甚至於在日本官
方文書中，曾記載著「理蕃人員」乃帶來山地風紀敗壞，此即為當初霧社事
件爆發生的重要因素之一。實際上諸多日本殖民官員，多以脅迫命令方式，
要求山地原住民女子出嫁；接著，再將原住民女子始亂終棄地無情對待。但
最糟糕即為諸多日本警察均蹂躪原住民女子。在日治時期，原住民甚至於連
婚姻大事，均要接受日本殖民官員的指示與安排，諸如當年莫那‧魯道的妹
妹恬娃絲‧魯道，即如同被日本殖民官員看上的原住民女子，均面臨著成為
棄婦；甚至於孤老終生的悲慘命運。

年輕日本巡查杉山政，曾與畢荷談論對於馬紅的情意。原住民女子巴堪

〔註46〕薩依德，〈反抗文化的主題〉，《文化與帝國主義》（2001 年），頁 402。

乃為捍衛馬紅清白，而自願遭遇杉山政的侮辱。馬紅除了背負著為巴堪所忍受的屈辱而自責外，在與畢荷好不容易結婚後不久，馬紅即再次被杉山政半夜喚入而慘遭到屈辱，乃使馬紅痛不欲生地選擇自縊，畢荷即與族人默默地幫馬紅下葬。因此，原住民女子馬紅與巴堪，乃揭露原住民女子貞節，如何地受到日本殖民官員迫害；原住民被殖民者甚至於忍辱負重，僅為保存原住民族尊嚴。但一向恪守部落嚴明紀律的原住民，卻因日本殖民綱紀敗壞而慘遭荼毒，令原住民情何以堪。

4. 皇民化運動

日治時期皇民化運動，乃始於原住民遺族在日本殖民當局命令下，帶著無奈心情離開長久生活的父祖之地，無言地告別祖靈之地；到達一個全新地域，展開嶄新而未知的川中島生活，彷彿薩依德所述，「對土著來說，殖民奴隸的歷史始於喪失自己的區域給外來者；其地理認同在其後必須被追求，在某些方面，被恢復過來。因為殖民的外來者之出現，故土地可以重新收復回來的主張，在一開始只能透過想像。」〔註47〕此即彷彿「帝國時代」的「殖民主義」開端，原住民族即成為日本殖民帝國的禁臠，乃成為殖民統治者視為奴隸般的被殖民者。

> 「帝國時代」一詞，旨意統治偏遠領土的主控宗主國中心的實踐理
> 論與態度；而「殖民主義」幾乎永遠是帝國主義所產生的後果，則
> 是指在偏遠領域上殖民屯墾。〔註48〕

諸多原住民勇士，均成為英雄無用武之地的農夫，原住民族生活主權，即被日本殖民者無情地剝奪；甚至於被迫接受日本當局所安排的「歸順式」。原住民遺族即在日本殖民官方押解下，準備進行所謂的「歸順式」儀式，參與的原住民族蕃丁，均十分慎重地看待著歸順式而盛裝打扮著。在歸順式中，原住民必須繳武器、發誓、接受「歸順心得」；甚至於必須聽從日本殖民官員命令。此外，日本殖民官員乃連番上陣地進行殖民宣告，原住民族則由瓦丹村長代表族人發言，表達在天皇陛下的聖意，族人均絕對服從，至此歸順式方告禮成。接著，即由郡警察課長寶藏寺疾言厲色地宣示，日本殖民當局要處罰曾馘首的原住民。因此，諸多原住民即慘遭逮捕，甚至於將面臨到殘酷處罰。在歸順式後，日本殖民者即對於原住民被殖民者展開「原住民

〔註47〕薩依德，〈葉慈和去殖民化〉，《文化與帝國主義》（2001 年），頁 420。
〔註48〕薩依德，〈帝國、地理與文化〉，《文化與帝國主義》（2001 年），頁 41。

在地的行政代理」，彷彿薩依德所謂英國對於東方之「東方在地的行政代理」
再現。

> 比較了兩種殖民地管理形式：一種是「東方在地的行政代理」（local
> agent），另一種則是在倫敦本部的權威；前者對在地人有專門讀到
> 的知識並具有英國的「個體性」，後者則位居中英倫敦，代表了中央
> 的權威感。〔註49〕

日本殖民官方乃逐漸以同化教育、日本習俗與儀式，改變傳統部落生活
型態，諸如在日本始政紀念日時，與新駐在所落成典禮中，三輪聽到太郎純
正國語，乃深感得意；安達主任還斥令馬紅必定要唱歌。日本殖民者即以統
治者霸權，強勢地壓迫弱勢原住民被殖民者，而進行著諸多皇民化運動。

> 權力促進此種合流的可能的；有了權力，便有能力到達遙遠的地
> 方，學習其他民族的狀況，並編制與傳播知識，加以標示、運送、
> 配置，並展示其他文化的樣版（透過展覽、遠征、攝影、會話、調
> 查、學校），最重要的是統治他們。接著，所有這一切便產生了對土
> 著的責任。〔註50〕

在川中島中，日本殖民官方重要節日與慶典，乃逐漸地滲透於原住民族
生活中，諸如日本殖民官方所教導的「四方拜」儀式、神社祭、紀元節、明
治節、天長節……等諸多習俗，而神社祭乃為較盛大隆重的活動，而一年
一度聯合運動會即在此刻舉行，即成為霧社各社的聯歡大會，彷彿日本宗主
國文化再現，「宗主國文化，現在可能被看做是壓制了被殖民社會的真實要
素。」〔註51〕日本皇民化運動再現，彷彿薩依德所述，所謂的「重返被帝國
主義」之殖民情境。

> 重新發現和重返被帝國主義的過程所壓制之土著過去的歷史。因
> 此，我們可以了解法農堅持基於殖民情境重新解讀黑格爾的主——
> 奴辯證關係。……讓我們拿「追尋」（quest）或「歷程」（voyags）
> 的主題，做為競逐計謀或意識型態之形象而戰鬥的一個特殊個例來
> 考量。〔註52〕

〔註49〕薩依德，〈認識東方〉，《東方主義》（1999 年 9 月），頁 61。
〔註50〕薩依德，〈帝國的文化嚴整性〉，《文化與帝國主義》（2001 年），頁 206。
〔註51〕薩依德，〈心路歷程與反對勢力的出現〉，《文化與帝國主義》（2001 年），頁
461。
〔註52〕薩依德，〈反抗文化的主題〉，《文化與帝國主義》（2001 年），頁 395～397。

　　部分原住民乃有機會擔任山地特殊編制的警手職務，事實上即為割臺前即有的「隘勇」，此乃為服侍日本殖民官員的卑賤工作。原住民畢荷乃努力上進地求學苦讀之際，即免不了遭遇到同僚冷嘲熱諷。尤其為眼紅的本島人，多半輕蔑地看待著畢荷。畢荷仍不斷地為族人未來而努力著，彷彿薩依德所述的「知識性行動」，「知識分子是受到原生的、在地的、直覺式的忠誠——種族、人民、宗教——的激發而採取知識性的行動？」〔註53〕日本殖民官方皇民化運動，不論在同化教育、同化政策、皇民化思想改造、日本官僚制度，甚至於日本當局的一切規範，均強烈地衝擊與影響著傳統原住民族生活型態。

5.霧社事件之抗日精神

　　在川中島中，原住民遺族生活乃獲得改善，但在內心深處仍抹滅不掉族群犧牲的仇恨；甚至於在原住民孩童阿外眼中，仍可見到因族群仇恨所產生的怨氣。當初在阿外幼小心靈中，乃因切身經歷過親人慘痛犧牲，而認為突奴均為魔鬼。在早期川中島原住民遺族中，如同阿外般對日本人懷有怨恨的被殖民者，當然為與日遽增而不在少數。但處於弱勢的族人，也僅敢怒不敢言地苟延殘喘著，此即原住民族不可忘卻的族群傷痛與歷史真相。豈知，日後逐漸長大的阿外與諸多原住民遺族，竟被日本殖民政權的皇民化教育所影響，而徹底地夢想成為可為日本天皇而戰的皇國青年，此乃使原住民族抗日精神逐漸消弭。

6.霧社事件之抗日行動

　　在《川中島》中，乃描述莫那‧魯道所領導起義的霧社事件，原住民乃逐一殲滅駐在所的日本統治者，族人也紛紛帶回捷報；甚至於在駐在所與運動場上，均馘取諸多日本首級後，即聚集到洞窟中避難。在畢荷回憶中，霧社事件中腥臭味撲鼻，彷彿族群受辱記憶迎面襲來。日本殖民官員小島則躲入親日派原住民頭目家中，在日本殖民者觀點，彷彿薩依德所述，「在這樣一個民族主義和自我肯定的爆發情勢中，……土著完全體現了他們被認定野蠻人的角色，其令人不寒而慄的殘酷表現令人髮指。」〔註54〕霧社事件的重大原日衝突，在原住民族抗日史上乃為史無前例。

　　日本殖民當局乃發動先進武器攻擊，派出飛機轟炸與毒瓦斯殲滅原住民

〔註53〕薩依德，〈對權勢說真話〉，《知識分子論》（1994年），頁128。
〔註54〕薩依德，〈帝國主義的享樂〉，《文化與帝國主義》（2001年），頁269。

族時，嚇得原住民勇士不知所措。畢荷深知此僅爲一種文明先進武器；甚至於暗自取笑著族人們的無知與驚恐。最後，大勢已去的原住民遺族，在第一次霧社事件後，被迫遷徙川中島，成爲所謂的「保護蕃」。縱然原住民卑微地祈求，可將故園付之一炬以免他族侵佔，竟被日本殖民官員婉拒，而僅能抱著遺憾離開父祖之地，展開全新川中島殖民地生活。若由薩依德後殖民理論所述，以「比較帝國主義文學」觀點，思考川中島殖民情境，「薩依德提出『比較帝國主義文學』的觀點，透過都會與殖民地的空間對位思考，去重新釐清彼此交錯、重疊的多重歷史。」〔註55〕在川中島中，原住民族彷彿置身於殖民地中的殖民地，承受著日本殖民者的多重殖民壓迫。

在移徙川中島隊伍中，原住民遺族波波克在心中默默懷疑著，日本即將展開攻擊報復行動。此外，令人矚目即爲將要臨盆的娥賓，堅持要挺著大肚子跟著隊伍一同遷徙川中島。另一位受到矚目即爲馬黑坡大頭目莫那・魯道女兒馬紅，乃爲畢荷心儀的對象。至於另一位蘇克社巴堪・羅賓，乃見證原住民女子忍辱負重的堅毅精神，極力保護著馬紅貞節。原住民遺族即將面對一連串皇民化運動，所帶來的被殖民生活。豈料，在原住民族遺族遷徙川中島才十二天時間，第二次霧社事件隨即爆發。來自於日本死難者遺族的尋仇，讓川中島原住民遺族飽受折磨。畢荷回想起小島所下達命令，煽動與利誘沙拉毛部友蕃，去偷襲收容所中霧社部敵蕃，以反間計同意友蕃盡情地進行馘首行動，因當年沙拉毛事件即造成沙拉毛部與霧社部的嫌隙，日本殖民霸權乃煽動著原住民被殖民者自相殘殺。因此，當友蕃慶祝著「出陣祭」時，敵蕃六社則傷亡慘重，最令畢荷不堪的即爲被命令鑑定人頭的身分。

> 帝國主義的經驗也是交織與重疊的。不只是殖民者彼此抗衡、相互
> 競爭，被殖民者也是如此，他們經常從相同的一般類型之「原初的
> 反抗」發展到相近的民族主義政黨，尋求主權與獨立。〔註56〕

在第二次霧社事件後，劫後餘生的「反抗蕃」即成爲所謂的「保護蕃」，被收容在集中營中，受到日本殖民當局嚴密監控著。豈料，「保護蕃」慘遭襲擊、病死、縊死的族人，使原住民遺族已面臨即將滅族的危機。

〔註55〕廖炳惠，〈對抗西方霸權〉。薩依德，《文化與帝國主義》（臺北：立緒出版社，2001 年），頁 12～13。
〔註56〕薩依德，〈勾結、獨立與解放〉，《文化與帝國主義》（2001 年），頁 502。

7. 原住民族出草

原住民可藉由傳統出草活動，證明自己的勇士地位。但自從日本殖民者來臨後，馘首卻成為一種野蠻行為，還被視為違法行為而嚴格禁止；甚至於任意出草者，還要面臨被處罰的命運。因此，老巴旺已被傳喚三次，不論安達主任、白木巡查部長……等日本殖民官員，均以和藹口氣欲套出老巴旺的話。最後，老巴旺被樺澤邀到宿舍去，仍為了要探查「兇蕃」證據。因此，原住民族傳統出草活動，即逐漸消弭於山地部落間，而正式走入歷史。

8. 原住民族部落婚禮習俗

關於諸多原住民族婚禮描述，諸如畢荷被命令要迎娶初子；儘管在此之前，他與馬紅已有婚姻關係。但在馬紅自縊後，畢荷又被迫接受此婚姻安排。日本殖民官方甚至於為兩人準備豐美贈品，縱然沒有諸多大官蒞臨，僅有一手安排這場婚禮的小島源治巡查部長。但新郎畢荷與新娘娥賓，均盛裝出席，娥賓所著的山地服飾，更深具代表性；甚至於婚禮之舞、豐年之舞、凱旋之舞，吉利舞蹈均紛紛出籠，乃有部落婚禮氣氛。此外，由白木先生任巡查部長所執行的日本式婚禮，乃需喝「三三九次酒」，即新郎新娘對飲三組，每組三杯酒，氣氛乃較為嚴肅。反觀當年花岡一郎與花子婚禮，花岡二郎與娥賓婚禮，乃同樣為日本殖民官方所安排的部落婚禮。在總督府安排下，新郎與新娘均穿著和服，而非傳統山地服飾。

9. 原住民族埋石為盟習俗

日本當局除了與保護蕃舉行「歸順式」儀式外，也幫「友蕃」與「敵蕃」舉行所謂的「埋石為盟」儀式，地點即為霧社分室。在埋石儀式順利完成後，一行人回來之際，連沙克拉主任樺澤警部補，與套乍主任小島巡查部長，均一同前來與各社長老們套交情。縱然如此，日本殖民官方對於「歸順式」舉行，早就盤算著對於行兇的兇蕃，乃痛惡深覺地懲罰一番。

（十三）《戰火》分析

鍾肇政在《戰火》中，描述當原住民遺族成為保護蕃之際，在收容所中卻又遭到攻擊，而造成第二次霧社事件。原住民遺族最主要面對即為生活型態、風俗習慣、思想改造……等諸多改變，乃深刻記載川中島生活的衝擊與影響。此外，《戰火》乃延續《川中島》的時序，以太平洋戰爭為背景，即展現在皇民思想鼓吹下，川中島青年踴躍志願參戰的景象。此刻原住民遺族似

乎遺忘歷史傷痛地競相參與志願兵，以身為日本皇軍為榮。原住民族的態度從反日抗日，轉而效忠天皇與日本帝國，令人不勝唏噓。當年遭遇苦難的原住民遺族，在苟延殘喘存活後，乃產生宿命哲學，卻被洗腦成殖民帝國官方意識強烈嚮往者，乃無比地諷刺；被殖民者徹底地被奴化，將令人感到無限悲哀，此深刻地揭露著原住民部落的被殖民現象。原住民青年彷彿薩依德所述的「他者」般，努力地追求成為為日本殖民霸權奮戰的皇軍青年。

> 每一個年代、每一個社會，其「他者」總被一再的創造出來。而這
> 種自我或「他者」認同是一個歷史、社會、知識和政治過程所產生
> 的東西，它絕不靜態的，反而比較像是一種競爭，一種發生在所有
> 的社會之中，並且將個人與體制都牽連在內的競賽。〔註57〕

諸多原住民皇軍，即象徵被殖民者已徹底被奴化，以彰顯皇民化運動合理性，諸如阿外未成年弟弟沙坡（山下次郎）、達巴斯・庫拉（中島俊雄），均努力地成為日本皇軍。當阿外得知臺灣隨著日本戰敗，將要歸還給「支那」時，阿外內心乃不禁思索著，原住民將從世界第一等的日本人，轉變淪為世界最下等的支那人；儘管如此，原住民乃為原住民，由此確認原住民族群身分認同，彷彿法農後殖民理論觀點分析，即可歸納出所謂的「政治無意識」再現。

> 以法農的書寫策略來檢驗日據時期的文學作品，幾乎都可以找到對
> 應的實例。在皇民化運動期間，四〇年代的臺灣知識份子竟然開始
> 抱怨自己的身體流淌的不是大和民族的血液，竟然認為獻身大東亞
> 戰爭可以使臺灣人「以血換血」。在這些文學者背後潛藏著一個巨大
> 的政治無意識。〔註58〕

原住民較為鮮明的人物，即為出身布農族的林兵長（歐蘭・卡曼），即成為此場戰役中的悲劇英雄。他贏得日本殖民統治者高度信任後，乃成為高深莫測的原住民皇軍。在皇民化思想的奴化教育下，林兵長如同當年的花岡一郎、花岡二郎，一心一意地想成為被殖民者自我爬昇的美夢實現者，彷彿法農所述的「自我抬高價值」再現。

> 黑人停止作為主動的個體來行事。他的行動的目標將是（以白人形

〔註57〕 薩依德，〈後記：為一九九五年版作〉，《東方主義》（1999 年 9 月），頁 497。
〔註58〕 陳芳明；法農，〈皮膚可以漂白嗎？〉，《黑皮膚，白面具》（2005 年 4 月），頁 17。

式出現的）他人，因為有他人能賦予他價值。這是在理論的層次上：

自我抬高價值。還有其他事。〔註 59〕

在日本戰敗後，不僅日本大東亞共榮圈的美夢破滅，被殖民者林兵長的美夢也被擊潰，簡直無法置信地面對著日本戰敗消息。因在日本奴化教育中，日本乃為最高尚帝國，之那乃為最下等國家，呈現原住民對於殖民政權的認同迷思。諸多原住民甚至於以可成為日本皇民為榮，「有關殖民主義實踐和在其背後支持的帝國主義者之意識型態爭辯，也極為激烈紛紜。不少各界人士相信，幾近奴役的經歷加諸於他們的痛苦和恥辱，卻也帶來各種利益……自由理念、民族的自我意識和科技產品……久而久之，似乎使得帝國主義並不全然可憎。」〔註 60〕此外，鍾肇政還分析諸多原住民族議題，諸如殖民衝突壓迫、皇民化運動、故鄉情境……等諸多層面。

1. 殖民衝突壓迫

諸多日本殖民霸權成功皇民化原住民族的例證，乃歸因於日本殖民者要求原住民被殖民者，嚴守絕對服從的官威鎮壓；甚至於在歸順式典禮舉行後，川中島原住民族，即徹底地受制於日本殖民官方掌控中。諸多曾馘首過的原住民遺族經由調查後，甚至於被判刑監禁於牢獄中，凶多吉少地不知能否仍有活命機會。

2. 皇民化運動

四月一日「皇民奉公會」在臺北成立，由臺灣總督府長谷川清就任會長，皇民化運動不僅為「民間」活動，而成為「欽定」運動。皇民化運動的成功例證，諸如畢荷即為高峰浩，乃進入日本官僚生活模式，初子也逐漸地成為皇民化運動的成功典範，著實地成為日本女性的儀態，原住民被後殖民者，乃努力形塑自我成為日本皇民形象。

從語言開始，被殖民者逐步敲開自己的心扉，讓新的語言、記憶、文化、人格進駐他們體內。殖民者想盡辦法為被殖民者塑造形象，被殖民者也依照那樣的形象塑造自己。〔註 61〕

〔註 59〕法農，〈黑人的實際經驗〉，《黑皮膚，白面具》（2005 年 4 月），頁 250。

〔註 60〕薩依德，〈過去之純淨與不純淨的形象〉，《文化與帝國主義》（2001 年），頁 54。

〔註 61〕陳芳明，〈膚色可以漂白嗎？〉，法農，《黑皮膚，白面具》（2005 年 4 月），頁 17。

　　諸多川中島青年男女，乃連婚姻大事，均需按照日本殖民官方指定；甚至於嚴禁私通，且川中島女孩竟能嫁給年輕巡查爲榮。日本殖民文化儼然已徹底地同化原住民族生活型態，原住民文化乃逐漸消弭，彷彿法農所述。

　　　　開拓者的出現意味著以融合主義的方式來促使原住民族社會滅亡、
　　　　文化的昏睡狀態及個人的石化。對土著而言，生命只可以從開拓者
　　　　的腐敗屍體再度湧現而出……但對被殖民者而言，因爲此種暴力構
　　　　成他們唯一的勞動，故促成了以積極和創造性的特質投入他們的個
　　　　性於其中。暴力之實踐使他們締結在一起，成爲一個整體，每個人
　　　　都在這個大串聯中構成一個暴力的環節，也就是暴力之偉大有機體
　　　　的一部份。〔註62〕

　　畢荷‧瓦利斯乃成爲一名公醫，而提昇至與主任杉山警部官等相當的地位，彷彿法農所述黑人，乃依照同化程度而定義階級地位，「黑人的第一個反應是對那些想要定義他們的人說不。我們了解，黑人的第一個行動就是反抗，既然黑人是按照自己的同化程度而被評價。」〔註63〕畢荷甚至於還決定要考「限地開業醫」，即可在偏遠地區行醫。日治時期皇民化運動，彷彿薩依德所述，日本殖民者乃以帝國主義、種族主義與種族中心論，對待原住民被殖民者的異己文化。

　　　　人類社會，至少那些比較先進的社會，除了帝國主義、種族主義和
　　　　種族中心論以外，幾乎沒有提供個人其他觀點來對待「異己」（other）
　　　　文化，那麼馬上可以挑出這些標籤之中的尖刺。〔註64〕

　　諸多川中島青年均象徵著皇民化運動成功的例證，「必須從心理層面去考察，才會發現有那麼多的知識份子是何等不辭辛勞去學習、模仿殖民者的語言。」〔註65〕諸如所謂的「天長節」乃爲日本最重要節日之一，花岡新作在全島辯論大會上，以流利日語致「答辭」而贏得滿堂喝采。連山下太郎阿外也成爲當時全島知名人物，在全島青年代表中最受到矚目，由於其乃唯一高

〔註62〕Fanon, Wretched of the Earth, p.93。薩依德，〈勾結、獨立與解放〉，《文化與帝國主義》（臺北：立緒出版社，2001 年），頁 494。

〔註63〕法農，〈黑人和語言〉，《黑皮膚，白面具》（2005 年 4 月），頁 108。

〔註64〕薩依德，〈潛隱和明顯的東方主義〉，《東方主義》（臺北：立緒出版社，1999 年 9 月），頁 302。

〔註65〕陳芳明，〈膚色可以漂白嗎？〉，法農，《黑皮膚，白面具》（2005 年 4 月），頁 16。

砂族。每家報紙都以頭條大標題來報導這次「辯論大會」，日本殖民官員甚至於安排讓山下太郎到放送局重做一次廣播。皇民化運動即見證著，原住民被殖民者基於自卑情結，乃努力追求日本殖民者文化。

> 所有被殖民者——換句話説，所有因爲當地文化的原初性被埋葬而產生了自卑情結的人——都得面對開化者國家的語言，也就是母國的文化。隨著學習母國的文化價值，被殖民者將更加遠離他的叢林。當他拒絕他的黑，拒絕他的叢林，他會更加的白。〔註66〕

諸多原住民青年乃一心一意嚮往成爲皇軍，即在「支那事件」爆發後多年方有機會成功。日本殖民官方甚至於表示有朝一日，臺灣也可實施徵兵制。此外，當原住民青年要出征時，族人均會爲他們舉行「壯行會」，由族中長老進行授刀儀式。在日本皇民化思想改造與鼓舞下，皇國青年個個均以效忠天皇陛下榮，甚至於渴望可成爲日本帝國國民，爲天皇陛下效忠，爲皇國戰死，均爲榮耀與驕傲的象徵。根據薩依德觀點所述，東方與英國的君臣族群關係，彷彿即爲原住民被殖民者與日本殖民者的「主奴式族群關係」再現。

> 東方主義者把單純的東方事物，立即傳譯解讀成對英國有用的物質……例如，東方變成一個「臣屬種族」，一個「東方」心態的一般，而這一切只爲了增輝大英帝國的中心權威。〔註67〕

原住民青年沙坡乃加入青年團訓練，山下次郎則以寫血書的積極作爲，渴望成爲皇軍。當阿外與沙坡均成爲優秀皇國青年「出征」去，原住民少女細講也志願成爲「特製看護婦」。日治時期原住民青年，均以嚮往成爲爲日本天皇奮戰的日本皇軍爲榮，彷彿後殖民理論家所述的「菁英主義」再現。

> 「不可避免地導致一種知識階層的菁英主義，植根於一種民族文化幾近的復甦之觀點。」〔註68〕在這種情況下，復興民族基本上是一種浪漫主義之烏托邦夢想，這種夢想會被政治現實所抑過。〔註69〕

〔註66〕法農，〈黑人和語言〉，《黑皮膚，白面具》（2005 年 4 月），頁 89。
〔註67〕薩依德，〈認識東方〉，《東方主義》（1999 年 9 月），頁 61。
〔註68〕Partha Chatterjee, Nationalist Thought and the Colonial World: A Derivative Discourse? (London Zed, 1986), p.79。也參見 Rajat K. Ray, "Three Interpretations of Indian Nationlism," 。收錄於 Essays in Modern India, ed. B. Q. Nanda (Delhi: Oxford University Press, 1980), pp.1~41。薩依德，〈反抗文化的主題〉，《文化與帝國主義》（2001 年），頁 407。
〔註69〕薩依德，〈反抗文化的主題〉，《文化與帝國主義》（2001 年），頁 407。

　　在皇民化氛圍下，「玉碎精神」與「一億總玉碎」口號，均爲了日本「大東亞共榮圈」的夢想而努力著。由於原住民被殖民者，乃努力追求著日本殖民者肯定，彷彿法農所述，黑人乃努力追求融入白人世界，以獲取白人認可般，「我們現在明白爲什麼黑人無法滿意於其島嶼性。對他來說，只有一個出口，朝向白人世界。這種想要吸引白人注意的持續在意，這種想和白人一樣強大的憂心，這種想要獲得保護層特性……也就是說進到自我建構中的存在或擁有部分……的堅決意願，從何而來。就如我們方才所說，黑人打從內心想要加入白人的聖堂。態度來自意圖。對黑人而言，要用自我退縮作爲防衛機制是不可能成功的。他需要白人的認可。」〔註 70〕此即彷彿法農所述的「被殖民者自我防衛機制」，原住民乃努力地成爲日本皇民。最後，就算日本殖民帝國戰敗而退出臺灣後，彷彿薩依德所述，「在我們當今的時代，直接的殖民主義大都已經終止；而帝國主義，一如我們應該看見的，在始終在原地陰魂不散，以一種普遍性的文化領域，或是特別的政治、意識形態、經濟和社會慣例存在。」〔註 71〕日本殖民遺毒與餘波，仍影響著原住民被殖民者。

3. 故鄉情境再現

　　原住民遺族在川中島生活後期，逐漸地被皇民化運動精神所影響，族群認同乃轉而成爲對日本帝國的皇國認同思想，此即日治時期殖民情境再現，「核心觀念是：『文明人』與『原始人』的相遇，創造出一種特殊情境——殖民情境，使得幻象及誤解整體顯現（apparitre），只有精神分析才能標識及說明。」〔註 72〕原住民族記憶中部落故鄉回憶，仍認同馬黑坡那個擁有童年回憶、父祖輩生長與祖靈棲息之地，方爲原住民族眞正的故鄉。原住民難以忘懷，乃爲從前狩獵生活；縱然被日本殖民官方嚴格禁止，但原住民遺族仍偷偷地從事狩獵活動，諸如原住民青年沙坡，彷彿祖先輩中優秀獵人般，一眼認出山勢與判定方向，還有對野生動物的敏銳感應。縱然阿外與沙坡在傳統原住民部落中，將成爲最受頭目們嘉許、寵愛的少年勇士；但隨著日本殖民同化衝擊，原住民青年在青年學校中，即被同化教育進行思想改造，諸

〔註 70〕法農，〈有色女和白男〉，《黑皮膚，白面具》（2005 年 4 月），頁 127。
〔註 71〕薩依德，〈帝國、地理與文化〉，《文化與帝國主義》（2001 年），頁 40～41。
〔註 72〕奧克塔夫‧瑪諾尼，《殖民心理學》，封面內頁，強調部分爲法農所加。法農，〈所謂被殖民者的依賴情節〉，《黑皮膚，白面具》（2005 年 4 月），頁 167。

如出草、馘首爲野蠻、違法行爲，早日成爲「良蕃」方爲正確目標，早日
學習皇國精神，進而爲天皇陛下效忠爲要；此即彷彿薩依德所述，西方殖民
者企圖將東方被殖民者徹底地同化，諸如日本殖民者冀望皇民化原住民被殖
民者。

> 要將現代東方，一個處在野蠻狀態的地方，匡正恢復到東方昔日的
> 偉大、典雅，必須要教導東方，以現代西方的方式教化他們（這樣
> 做，當然是爲了東方好），而且應刻意減少軍事力量的介入，以便能
> 使西方在東方教化知識，能減少敵意，使東方人激發榮譽感，進一
> 步展開自我改變形象的光榮計畫。而這正是掌控東方政治必經的程
> 序。〔註73〕

　　畢荷經常與部落原住民，交換對於時局的觀察；但可惜原住民同胞對此
所知者並不多。畢荷乃經常在內心思考著記憶中的部落故鄉，甚至於當初的
塞達卡精神。畢荷內心深處，即彷彿薩依德所述，開創著一個跨越原日族群
文化鴻溝的「種族意象場域」再現。

> 這個時代同樣在一個大規模的範圍上擴張和凝聚，開創了民族之間
> 和每個民族與過去歷史之間無限地擴大和親近的水乳交融；在他日
> 常心靈經驗中，比其前輩們包含更多種族記憶和種族想像，他對過
> 去和未來的領域將有一更爲廣大的地平線；他生活在一個更廣大的
> 世界。〔註74〕

　　當原住民青年出征，乃有機會重新接受授刀儀式，在山刀呼喚下，原住
民又喚起對於部落的記憶，此彷彿追求薩依德所謂的「文化去殖民化」，以重
建自我社群意識萌發，「在爭取去殖民化的文化奮鬥之核心中，有一個深切而
重要的意識型態爭論，即在獨立民族國家的政治建立之後，仍持續不懈地長
期奮鬥以便重建社群，並重新享有本身的文化。」〔註75〕原住民乃重新體認
到，泰耶魯原住民族即爲勇敢、慓悍、又尚武的部族。連林兵長也認爲阿美

〔註73〕薩依德，〈計畫〉，《東方主義》（臺北：立緒出版社，1999年9月），頁122。
〔註74〕George E. Woodbe, "Editiorial" (1903)收錄於 Comparative Literature: The Early Years, An Anthology of Essays, eds. Hans Joachim Schulz and Phillip K. Rein (Chapel Hill: University of North Carolina Press, 1972), p.211。也參見 Harry Levin, Guillem, Entra lo uno y lo diverso: Introduccion a la literature comparada (Barcelona: Editiorial Critica, 1985), pp.54~121。薩依德，《文化與帝國主義》（2001年），頁99。
〔註75〕薩依德，〈反抗文化的主題〉，《文化與帝國主義》（2001年），頁401。

族，乃爲表現藝術的部族，唱歌跳舞均爲第一流；連平岡上等兵即曾對林兵長說道，以阿美族與高砂族爲榮，才不稀罕帝國軍人。儘管這些高砂族兵士如此地勇敢善戰，卻志願成爲志願兵、義勇隊，而對日本皇軍有著深深憧憬，此乃極爲諷刺。

（十四）《卑南平原》分析

鍾肇政在《卑南平原》中，藉由現代研究原住民族歷史、文化研究團隊角度，切入歷史洪流中的原住民族，以虛實相間的敘寫方式，去呈現原住民族群特色。關於卑南族原住民族歷史、古老民間故事與文化習俗，原住民族乃成爲被研究的對象。此外，在普優馬卑南王部落中，乃加入漢族女人羅姍曜王后與漢族青年阿篤的融入部落，而逐漸改變部落陋習與生態，藉此描述原漢族群相處境況。鍾肇政乃描述諸多原住民族議題，諸如霧社事件抗日行動、山地傳說故事、祭典、祖靈與天神傳說、出草、狩獵行動、勇士訓練與榮耀象徵、孿生子禁忌……等諸多層面。

1. 霧社事件之抗日行動

鍾肇政除了描述卑南王故事爲主，還是略微提及「霧社事件」，與山地部落抗日事件，諸如「皮士丹事件」、「大關山事件」、「逢坂事件」……等諸多事件始末，均源於日本殖民者與原住民被殖民者間，一觸即發的抗日精神，彷彿薩依德所述，「基於部分根植於帝國主義經驗的理由，殖民者與被殖民者之間舊有分歧，已經再度浮現於經常被言及的南——北關係中，而導致了自我辯解、形形色色的修辭和意識形態鬥爭，以及一種接近沸騰的敵意，那十分可能觸發毀滅的戰爭——在某些情況下它已經發生了。」〔註76〕諸多官逼民反的抗日事件，均象徵著帝國主義與殖民主義，所帶來的殖民壓迫與種族歧視所致。

> 帝國主義與殖民主義均非只是單一的累積或謀取的行動。兩者均由令人印象深刻的意識形態結構所支持，甚或所驅使，這包含某些領土與人民需要和懇求的統治想法，也包含各種加盟於統治陣營的知識形式：典型的十九世紀帝國文化詞彙，充滿著如：「低劣（的人）」或「屬民種族」、「附屬民族」、「屬地」、「擴展」與「權威」等字眼

〔註76〕薩依德，〈過去之純淨與不純淨的形象〉，《文化與帝國主義》（2001 年），頁53〜54。

與觀念。在帝國經驗以外，有關文化的概念都經釐清、加強、批判或排斥。〔註77〕

　　諸如在一九三一年皮士丹事件中，泰耶魯族大頭目疋林‧疋戴乃認為事態嚴重，而跑到警察局表示願意當和談使者，最後交出發動兇殺行為的高山原住民族，接受日方處罰。此外，在一九三二年大關山事件中，大關山西麓屬於高雄布農族部落，頭目與兩個兒子乃襲殺當地警所的日警，而造成頭目父子同時被處死。至於在臺東與花蓮交界處所發生的「逢坂事件」，即由於日本理蕃當局推動政策，所引起布農族適應不良，而引起布農勇士歐蘭卡曼被日警毒打後，憤而殺巡查事件；最主要的導火線，即為一椿火藥買賣事件。此外，最慘烈的霧社事件，日本殖民當局甚至於使用毒瓦斯，更引起國際間一陣撻伐聲浪。日治時期諸多層出不窮的蕃變事件，均起源於官逼民反，民不得不反所致，誠如法農後殖民理論所述，「對法農而言，當無法無天的、不公平的、一日數起的暗殺事件都被視為合法而司空見慣。」〔註78〕日本殖民當局有鑑於原住民族抗日事件頻傳，而訂定一套大規模的理蕃政策。

2. 卑南王之傳說故事

　　在「卑南王」山地傳說故事中，所謂卑南王即為林爽文之亂時，卑南頭目應當時臺灣道臺招撫而歸順清朝，並派戰士參與平定林爽文之亂而建立殊功，進而受到滿清冊封得名。大約一百年前，卑南王後代甚至於與臺東滿清官吏通婚，漢族官吏被卑南王招為駙馬，而使原住民族擁有漢族血統。

3. 原住民族祭典

　　諸多普優馬部落重要祭典，諸如帕卡塞拉拉，即為所謂的「獻祭」、「馬魯烏」、「悼亡祭」、「入倉祭」、「農神嘗新祭」、「刺猴祭」……等諸多重要祭典活動。所謂的「帕卡塞拉拉」，即為所謂的「獻祭」舉行時，部落男女老少均在祭司命令下，將「帕卡塞拉拉」獻給諸神之王「吉拉」（日神）與「福拉」（月神）。此外，所謂的「馬魯烏」祭典，即為高約六尺圓圈狀碗粗木頭，「邦沙蘭」們若以竹矛刺中者，即為優勝者。此外，縱然在羅姍曜強烈主張下，出草馘首習俗已逐漸革除；但令瑪雅洛汪印象最深刻者，乃由於卑南族小王

〔註77〕薩依德，〈帝國、地理與文化〉，《文化與帝國主義》（2001年），頁39。
〔註78〕宋國誠；法農，〈是精神醫師，也是職業命家〉，《黑皮膚，白面具》（2005年4月），頁30。

子卡他路邦被可恨的「馬諾旺」（布農族）馘首，即在去年舉行「悼亡祭」喪禮，即以布層層裹起遺體放進墓穴，由阿篤擱下腰刀，次由瑪雅洛汪放下衣服，然後依大王、王后、阿篤、瑪雅洛汪與近親順序，各撒泥土一把，最後覆土蓋穴葬禮便告完成。

關於為期數日的「大祭」，首日乃將收穫新穀納入穀倉的「入倉祭」。次日，即為由「塔科邦」參與「農神嘗新祭」，「塔科邦」（少年級）握自家新米在祭司率領下到處擲撒給田神、山神；「瑪拉那砍」少年們則以芭蕉纏身，臉面塗黑，扮成惡鬼到處騷擾而被驅趕，即為驅鬼祭儀。最後，晚上驗身儀式，乃解下腰布以檢查下體，並依平常表現在裸露屁股上挨板子。接著，第三日即進入祭典高潮「託高會」，阿篤與巴里瓦基兩個乃為祭典中深受矚目的明星。在第四日中，即進入所謂的「刺猴祭」，在猴祭場的族人環視與歡呼下，阿篤與巴里瓦基均順利射中猴子喉嚨，而成為部落中優秀的原住民勇士。

4. 祖靈與天神傳說故事

關於卑南族祖靈與天神傳說故事，在普優馬出獵時，能否獵取到獵物，均要依靠祖靈庇佑與賞賜；為了狩獵結果吉凶，必定要敬重祖靈。因此，「帕卡塞拉拉祭典」，即為所謂的「獻祭」舉行時，部落男女老少均遵守著祭典儀式，虔誠地信仰祖靈與天神信仰，尤其諸神之王「吉拉」（日神）與「福拉」（月神），均為普優馬的重要天神。此外，依照部落習俗，乃認為孿生子為不祥之兆，必須去除其一；否則將會觸怒祖靈與天神，而帶來嚴重災厄。

5. 原住民族出草

關於出草行動可知，當時在卑南族中仍保有馘首習俗。但在漢族王后羅姍曜強烈阻止下，普優馬與馬諾旺已相安無事數年。豈料，當卑南部落小王子卡他路邦，進入「塔科邦」接受訓練時，卻在野外慘遭世仇「馬諾旺」（布農族）馘首。原本馬諾旺部落僅為了祭神而出草，豈料，在山裡遇到普優馬少年團，即輕易地馘取普優馬三個人頭，乃引發雙方衝突再起，普優馬部落也決心要展開報復行動。縱然羅姍曜內心並不贊成此次出草行動，但無法阻止下只好提議女人小孩的首級不取、敵人穀倉不燒。第四天黎明時分，普優馬出草團果然很快就凱旋歸來，帶回敵人首級共十三顆，我方陣亡三人與受傷七人。阿篤與巴里瓦基均馘得首級一顆建立殊勳，而一躍成為部落中的英雄人物。

6. 勇士訓練與榮耀

在卑南平原普優馬族，乃為狩獵民族，狩獵即成為勇士訓練與重要榮耀象徵。在天剛亮的晨曦時分，乃為獵取山豬最好時機，但當牠發怒時比十個「馬諾汪」（布農族）更可怕，山豬強勁的獠牙，足以使人破肚穿腸。阿篤為了要獵取獵物，不惜前往距離「馬諾汪」部落不遠處狩獵。但在出獵時能否可獵取到獵物，均要依靠祖靈庇佑。此外，在卑南族部落青年接受勇士訓練過程中，必要禁談女人的重要清規，但表現優秀的巴里瓦基，卻沒擁有高貴人格地遵守。當卑南青年十三歲時，乃可進入「塔科邦」（少年公廨）；四年後可畢業進入「巴拉可安」（青年公廨），又三年後二十歲時，即可晉昇「邦沙蘭」（成年級），在族規中即被賦予一切權限，諸如喝酒、嚼檳榔與結婚……等而成為族中戰士。此外，從「塔科邦」（少年公廨）中稱為「塔可巴可邦」（少年級）四到五年，然後「巴拉可安」（青年公廨）中稱為「米亞布丹」（青年級）三年，總共七到八年間，卑南族青年乃接受著嚴格斯巴達訓練。阿篤縱然擁有「排朗」（漢人）血統，仍努力成為優秀的普優馬青年，不僅在「馬魯鳥」託高會時表現良好，甚至於曾馘取首級。鍾肇政乃以阿篤與羅姍曜，思索著漢族將可如何地影響著原住民族文化發展，以改變部分不合時宜的部落陋習。

7. 原住民族孿生子禁忌

關於卑南族孿生子習俗，乃認為孿生子為不祥之兆，必須去其一，否則會觸怒祖靈與天神，而帶來嚴重災厄。但在漢族王后羅姍曜堅持下，即努力地革除此項部落中，過於迷信的傳統陋習。

（十五）《日安·卑南》分析

鍾肇政在〈日安·卑南〉中，乃自述到臺東進行田野調查的經驗，進而感嘆卑南遺址的破壞殆盡，甚至於先民立石同樣被遺棄至路旁。此即展現出原住民族文化保存困境與傳承困難，再現原住民族文化保存議題。

1. 原住民族文化保存

鍾肇政乃描述諸多原住民菁英份子，如何努力地在為原住民文化而努力，諸如阿美族原住民林信來，為原住民族音樂而努力。卑南族原住民林志興，乃努力地進行原住民文化的田野調查，冀望保存下原住民族神話傳說故事，以文學創作結合口傳文學，將原住民文化再現於文本中。此外，戰後第

一位原住民作家陳英雄，乃深具指標性的意義；郭光也乃冀望保存原住民族文化精神；陸森寶先生則同樣努力致力於原住民文化保存。

2. 原住民族文化

鍾肇政乃描述此次遠赴臺東考察卑南遺址之際，即覺察到原住民族文化消逝議題，尤其以原住民老人更有切身感受。鍾肇政還進一步訪談部落中的邱先生，見證日治時期至今的山地部落變遷過程。邱先生乃描述著當年原住民族的馘首行動終止，即由於當年霧社事件的反動。此外，還描述原住民文物收藏家盤古屋主人，乃努力地珍藏著原住民族文物，而令人感到欣慰。

二、李喬文學

李喬的原住民族文學，在創作質量上均有豐碩成果，諸如李喬於 1968 年《晚晴》中，收錄〈山之戀〉、〈香茅寮〉、〈山上〉；1970 年〈迷度山上〉；1975 年《李喬自選集》中，收錄〈蕃仔林的故事〉、〈山女〉、〈哭聲〉；1978 年〈達瑪倫·尤穆〉；1980 年《心酸記》中，收錄〈烏蛇坑野人〉、〈山河路〉（原名〈巴斯達矮考〉）；1982 年〈馬拉邦戰記〉；1986 年《告密者》；1993 年《李喬集》中，收錄〈泰姆山記〉；1999 年〈鱒魚〉……等諸多原住民族文學作品，均為李喬歷年來所撰寫的原住民族文本，接著即歸納分析李喬原住民族文學的諸多重要議題。

（一）〈山之戀〉分析

李喬在〈山之戀〉中，描述三段有關於原漢青年間的愛情故事，由漢族青年喬與原住民少女雪子——阿婭娃、簡青山與客家籍女友、簡青山與瑩瑩的故事，見證原漢族群的愛情故事。漢族青年喬與原住民少女阿婭娃的愛情乃得到認同；簡青山與客家籍女友，因簡青山原住民身分而結束；簡青山與瑩瑩，因平地漢族少女瑩瑩不介意簡青山原住民身分，而有情人終成眷屬，瑩瑩甚至於還欣喜地嫁入山地。此外，李喬還分析諸多原住民族議題，諸如原住民青年形象、原住民青年工作、認同意識汙名化、原漢愛情……等諸多層面。

1. 原住民青年形象

在漢族青年喬眼中的原住民少女雪子——阿婭娃明朗、柔美的美好形象，深植於平地漢族青年心中。至於一頭亂髮而神情憔悴的原住民青年簡青山，失戀的因素乃為其原住民身分，在無意間被客家女友得知後，隨即與他

分手，眾人即爲了安慰失戀的簡青山而來。由簡青山的例證，即呈現原住民族在平地漢族眼中，乃飽受族群歧視與輕蔑眼光，甚至於影響到原漢族群間的族群相處與愛情發展。

2. 原住民族就業

男主角欲協助其原住民女朋友雪子——阿婭娃，在都市中動用關係安插教職工作，希望她可一同留在平地生活；但雪子卻欲留在山地服務，而自願申請留鄉服務而回到山林故鄉。阿婭娃甚至於沒勇氣告知男主角，並請求其原諒；甚至於承諾自己不會嫁在山裡，而會等著平地漢族男友，由此展現阿婭娃身爲原住民的自卑感。希望平地漢族男主角可原諒她愛山、愛森林、愛竹林子、愛山地部落的心情。

3. 認同意識之汙名化

原住民青年簡青山，由於臉上還刺有花紋的原住民老父親來找他時，剛好被漢族客家籍女友撞見，無意間透露出自己原住民身分，女友即一聲不響地離開，留下痛苦失戀且深受打擊的簡青山。由此諷刺當時社會對於原住民族的種族歧視。連原住民少女阿婭娃，均在感嘆族群認同意識的汙名化，乃造成原住民所存在的族群認同自卑感；甚至於造成諸多原住民少女，均想嫁給平地漢族青年。因此山地原住民青年的未婚妻，乃紛紛嫁到平地來。但所幸身爲平地漢族青年男主角，卻沒存在著此種族群意識的汙名化，還自詡爲半個山地人。連漢族少女瑩瑩，最後也樂於嫁給原住民青年簡青山，而嫁入山地生活。

4. 原漢愛情發展

諸如三段原漢青年愛情故事，即爲漢族青年喬與原住民少女雪子——阿婭娃、簡青山與客家籍女友、簡青山與瑩瑩故事，乃見證原漢族群的愛情故事發展。男主角與原住民少女阿婭娃、簡青山與瑩瑩的愛情乃有情人終成眷屬，瑩瑩甚至於憧憬著嫁到山中去生活；簡青山與客家籍女友，則因簡青山的原住民身分無疾而終。因此，最後登場即爲簡青山與瑩瑩，這場深具原住民族傳統婚禮特色的部落婚禮。縱然此原漢族群婚禮中，多數依照平地習俗，仍免不了部分禮俗，依照山地傳統排場，諸如糯米酒香飄揚、木鼓、螺角、銅鈸、具鍊、蕃笛與瓦斯炮……等諸多原住民族特色物品。但山地部落乃逐漸日趨平地化發展；甚至於連平地漢族青年，也不禁感嘆著山地的平地化。

（二）〈香茅寮〉分析

李喬在〈香茅寮〉中，描述著事業有所成的田阿祥，乃擁有廣大香茅園；還記錄著山地女性阿喜姐與女兒阿粉的不幸。由事業有所成的田阿祥，所喜愛的阿喜姐，在山地中即因婚姻不幸，而慘遭丈夫拋棄後，從此在山中度過孤單寂寞的生活。而田阿祥也一直孤單度日，後來在二十年後，聽到阿喜姐已不在的消息，令人不勝唏噓。田阿祥最後甚至於因照顧阿粉，而產生移情作用。此外，李喬還分析原住民族議題，諸如山地土地開墾、原住民青年工作⋯⋯等諸多層面。

1. 原住民族就業

關於原住民族工作困境，乃由可憐的山地少女阿粉，因母親所留下龐大債務與醫藥費，竟被迫選擇賣身求榮，而被迫犧牲自己貞潔，以求得溫飽與生存機會。反觀在平地事業有成的田阿祥，決定要重回到故鄉時，所面對乃為滄海桑田、人事已非的部落情境。

2. 山地土地開墾

關於原住民族在土地開發議題可知，原住民在異族統治下，乃喪失土地開發權。此即由於殖民者的土地掠奪，彷彿薩依德所述，「疆界與財產、地理與勢力都瀕於險境。有關人類歷史的一切，都根植在土地上，這旨意我們必須思考住所，但也指出了人們計畫要擁有更多的領土，因而也就必須對其原住民有所處置。」〔註79〕再加上殖民官方間的官官相護，原住民根本就無計可施，僅能無奈接受這一切不合理待遇。此外，由政府所畫定的界線，甚至於限制原住民族土地開發與生活地域。因此，在山地資源較為缺乏情況下，再加上政府法令限制與剝奪，對於原住民族經濟生活困境，無非更加雪上加霜。

（三）〈山上〉分析

李喬在〈山上〉中，描述原住民青年何亮到平地工作後，乃選擇重回山地部落的故事。當年何亮八歲時離開部落，二十年來將所有時間與精力，均投資在喧囂的人海裡。如今二十七歲的出外遊子何亮，再次回到故鄉後，乃產生一種近鄉情怯、恍如隔世的隔閡感。此外，李喬還分析諸多原住民族議題，諸如故鄉呼喚、原住民青年工作⋯⋯等諸多層面。

〔註79〕薩依德，〈帝國、地理與文化〉，《文化與帝國主義》（2001 年），頁 38。

1.原住民族就業

在諸多原住民部落中，由於山地資源缺乏、維生不易，即造成原住民族人口大量移往都市中，謀求生存契機與希望。當原住民在平地受挫時，均會興起回歸部落的念頭，重新投身於山林的懷抱，以尋求一絲溫暖。因此，何亮還自嘲性地說道，自己並非殺人犯與強姦犯，僅為了挪用公款而逃回故鄉而已。

2.故鄉的呼喚

原住民山地青年何亮，當年為求得前途發展而輾轉來到平地，卻在失意與鑄下大錯走投無路後，彷彿聽到山地故鄉呼喚著他；而在意識慌亂中，選擇循著模糊記憶，回到山裡來尋求溫暖與慰藉。因此，當何亮回到童年故鄉「香茅寮」時，不禁驚聲呼喚著故鄉的一切；兒時溫馨的山居日子乃歷歷在目，前塵往事彷彿昨日，在重溫舊夢回憶時，乃不覺地頓時鼻間發酸。

（四）〈迷度山上〉分析

1.迷度山之傳說故事

李喬在〈迷度山上〉中，描述一椿原住民族「迷度山」的神秘傳說故事。原住民族所謂的「迷度山」，遠望過去像斷裂的黑鐵板，也像超級巨人袒露的胸膛，稜線分明而寬闊雄偉；甚至於因流傳著一椿神秘傳說，附近族人即稱它為迷度山。根據山地原住民老人說法，迷度山乃為一個大力天神的化石。這個大力神即為了替人類祖先偷取長生不老的藥，與打聽人類將來的結局，被麥都（天君）吹一口冷風，凍在迷度山那兒而變成化石。傳說爬上那座迷度山，甚至於能聽到大力神的嘆息。

（五）〈蕃仔林的故事〉分析

李喬在〈蕃仔林的故事〉中，描述李喬童年所生活的蕃仔林，呈現原住民族與臺灣人，如何地被日本殖民者迫害與欺壓？再現蕃仔林生活的無奈與悲情。此外，李喬還描述諸多原住民族議題，諸如日本高壓統治、日治下南洋悲情……等諸多層面。

1.日本殖民之高壓統治

在李喬童年所生活的蕃仔林，原住民族與臺灣人，均被日本殖民者強勢地族群壓迫與精神迫害，呈現出原住民在蕃仔林生活的無奈與悲情，諸如新來無緣無故被古屋先生用「柔道」摔跤；阿業在替戰死的「皇軍」默念時，

因用腳拇指畫「人公仔」，而被杉本先生拳打腳踢；甚至於連李喬母親，也曾被日本殖民官員壓迫過。當甲長大人帶著巡查大人，在庄役場（鄉公所）官員來檢驗時，母親已怕得發抖；當巡查大人要離開時，還順手打母親兩下耳光。

在日治時期，諸多臺灣人與原住民被殖民者，均隨時承受著日本殖民者的無理欺壓。原住民被殖民者，彷彿誠如法農所述的「殖民情境」、「殖民主義」與「去異化」再現，「《黑皮膚，白面具》是法農尋根之旅後，與獻身被殖民者解放運動之前，兩者之間所作的自我反省，同時也是對殖民的情境反省。書中的主旨，不只是自我意識的尋求，同時也是在殖民主義肆虐下，對被殖民者進行去異化的努力。」〔註 80〕原住民族在殖民情境中，乃承受著莫大的悲情與無奈。

2. 日治下的南洋悲情

在蕃仔林中原住民族與臺灣人，均無奈地為日本殖民官方犧牲性命。蕃仔林諸多原住民青年，幾乎均被徵召去當兵或軍伕，剩下的原住民幾乎為老弱婦孺。有幸回來的原住民青年，卻也諷刺地被裝在白木箱中送回，而成為為日本犧牲的無辜性命。但蕃仔林中的原住民，卻為了南洋與日本回來的人民，帶回糧食而令人欣喜。諸多原住民在日本治理下，均承受著被殖民的苦情與困境。

（六）〈山女〉分析

1. 蕃仔林的部落生活

李喬在〈山女〉中，乃描述蕃仔林貧苦與窮困的部落生活，所造成諸多生活習慣，諸如在蕃仔林每戶人家，均相同地一天僅吃兩餐；甚至於以睡眠來節省體力，以彌補少吃一餐飯的不足。

（七）〈哭聲〉分析

1. 蕃仔林的部落生活

李喬在〈哭聲〉中，乃描述童年所生活的蕃仔林部落，即經由苗栗到大湖，再往羊腸小徑前進，方可抵達所謂的蕃仔林。蕃仔林可分為所謂的「上蕃仔林」與「下蕃仔林」，再往上爬即可遇到所謂的「閻王崎」與「鵝婆嘴」。

〔註 80〕楊明敏；法農，〈黑色的俄爾甫斯、白色的納西塞斯〉，《黑皮膚，白面具》（2005 年 4 月），頁 62。

而鵁婆嘴乃爲一塊紫灰斑爛大巖石，聳立在發黑的森木中，極像一隻展翼下撲的老鵁鷹。蕃仔林居民將此處列爲禁區，即由於諸多老一輩原住民上去後即沒再回來；甚至於更詭譎的即在黃昏或月夜時，甚至於會傳來哀淒哭聲，令人不寒而慄。此外，在蕃仔林中，最高、最遠、最爲荒涼的地域，即爲林阿槐的房子。在李喬筆下的蕃仔林，乃爲一個充滿悲情與神秘性的地域，卻也發展出諸多神秘的原住民族傳說故事。

（八）〈達瑪倫‧尤穆〉分析

李喬在〈達瑪倫‧尤穆〉中，描述主角達瑪倫‧尤穆乃迫於經濟生活困境，被迫讓卡那玲（妻）下山去工作；使夫妻雙方即承受著拉卡路溫（相思）之苦。此外，李喬還分析諸多原住民族議題，諸如原住民青年就業、原住民族經濟困境、生活困境與酗酒議題……等諸多層面。

1.原住民族就業

原住民達瑪倫‧尤穆，乃因一場大水所造成走山；再加上果園被一場山洪沖垮，使尤穆一家人經濟生活頓時陷入困境。達瑪倫‧尤穆乃迫於無奈，才讓妻子下山去工作；同時卻又在心中矛盾著，冀望卡那玲（妻）會承受不住拉卡路溫（相思）之苦而突然回家。當達瑪倫‧尤穆遠在南投縣「姆價布布」（翠巒）的好友比金來訪時，得知達瑪倫‧尤穆讓卡那玲（妻）下山去工作後，乃極力地勸阻。尤穆卻無奈地表示，自己苦無一技之長而無法下山工作，呈現原住民族的就業與經濟困境。比金甚至於提及另一個原住民禾興妻子，同樣到平地去工作後，居然發生逃跑事件。因此，在比金的勸阻與目睹禾興的例證後，尤穆對於妻子的工作也逐漸產生懷疑。

又過一陣子，尤穆聽聞到新聞事件中，所揭露旅社應召案件，即有原住民女子參與其中；甚至於實際聽聞有關娜姬娃的閒話，據傳娜姬娃也跑掉，還有與男人在旅館中做出不堪入目之事，均使尤穆趕到苗栗「仙宮旅社」去探問妻子。尤穆即經常前往「仙宮旅社」實地監視娜姬娃的動靜與「仙宮」的秘密；因此，察覺眞的有所謂的「休息」與洋話所謂「羞太──姆」的不法之事存在，連女中均在取笑尤穆爲「烏龜」。此外，娜姬娃突然要求去南部陪老闆娘旅行三天，還在離開前把一疊鈔票交給雅雅，再由雅雅轉交給尤穆。尤穆隔天中午竟以娜姬娃給的錢，到中賓旅社召妓「羞太──姆」後，深深感到自身乃爲酷拉因與禽獸而痛苦不堪。此後，娜姬娃又數日不回家，直至某日郵差送來的掛號信中，竟爲娜姬娃所寄來的八萬元存款單。其實，諸多

山地原住民女子迫於經濟生活無奈，到平地去從事妓女工作，而獨自承受生活壓力下的辛酸與無奈，在早期原住民山地部落，乃時有所聞。

2. 原住民族經濟困境與酗酒

關於原住民族經濟生活困境，乃經常造成夫妻失和與諸多社會族群議題產生。但反觀老一輩原住民，卻不怎麼需要錢；可見得在原住民部落中，金錢的定位與需求性乃與日遽變，漢族所帶來的貨幣經濟圈，儼然已席捲著整個原住民部落，諸如尤穆雅爸即堅持自己在山上生活，根本不需要使用錢財；反觀尤穆夫妻卻經常為了經濟問題，導致夫妻失和、家庭破裂。此外，當尤穆面對夫妻間經濟困境時，卻又選擇以飲酒來暫時逃避現實生活，無異對夫妻關係更雪上加霜。縱然尤穆在飲酒後，乃經常感到自我悔恨，明知不能酗酒，卻無法克制地酗酒；甚至於造成胃穿孔的後果。但當尤穆在面對妻子娜姬娃的轉變，僅能選擇聽從神阿利巫朵的安排，由此再現著原住民族聽天由命的傳統精神信仰。

（九）〈烏蛇坑野人〉分析

1. 烏蛇坑野人之傳說故事

李喬在〈烏蛇坑野人〉中，描述關於「烏蛇坑」一群遠離教化文明的山地野人傳說故事。關於「烏蛇坑」命名由來，即由於在此谷口兩邊，乃為千丈陡峭削的石禿壁，像兩扇案灰銅銹斑駁的鐵門，在原住民族口中稱之為惡蛇鬥。相傳在迢遠年代，諸多犯人被放逐在這窮山絕地的烏蛇坑來；每日採擷限量的野生香菇，孝敬所謂的「大人」（官員）。爾後，數個身心蒼老的犯人，基於特殊原因而選擇一直留在烏蛇坑中，過著完全野人的日子。至於烏蛇坑的男人，均存在著一個共同特點，乃像吸血鬼愛吸血般，擁有強烈的性需求，此即為烏蛇坑與世隔絕的環境使然。因此，烏蛇坑野人彷彿劃地自限地成為，薩依德所述的自我「放逐」。

> 放逐，一點也不是被褫奪公權、放棄國籍、幾近被遺忘的不幸人們之命運，卻反而變成是某種生活常規、一種跨越疆界、劃定新疆域的經驗，以反抗古典教條的劃地自限，不用去在意其失落與悲慘是否有被承認或被記載。〔註81〕

對於「烏蛇坑」山地野人而言，外面的世界乃成為一個再也回不去的世

〔註81〕薩依德，〈挑戰正統與權威〉，《文化與帝國主義》（2001 年），頁 586。

界；因此，均以烏蛇坑野人自詡。烏蛇坑野人們較喜愛與原住民族往來互動，諸如紅猴伯紅潤的臉綻開笑痕，回頭用蕃話與蕃女聊天；甚至於討論著關於「流飄仔」風流的死，即被解讀爲是否被傳說中的蝙蝠精所害。李喬藉由描述烏蛇坑野人境遇，將悲困、苦情的山中歲月表現地淋漓盡致，彷彿即爲描述原住民族，在山地部落中的悲情歲月。

（十）〈山河路〉分析

李喬在〈山河路〉中，描述著賽夏族原住民的愛情故事，即爲族中大姓趙姓司祭搭因托洛長子的勇士拔力搭因與「賽夏之花」美女阿寶娃。此外，李喬還分析諸多原住民族議題，諸如原漢愛情、原住民族祭典、原住民文化……等諸多層面。

1. 原漢愛情發展

關於賽夏族原住民愛情故事，乃爲名聲遠播「賽夏之花」阿寶娃十八歲時，在頭上加戴一條額帶，並打掉一對犬齒；再刺上額紋，已爲待嫁閨女，即可考慮結婚之事，拔力搭因自然成爲一個最理想的對象。但賽夏人同族與聯族間乃爲禁婚。至於拔力搭因曾在十五氏族聯合大狩獵中，得到獵鹿冠軍，此即爲賽夏族青年的最高榮耀；拔力搭因也曾在角力賽中擊敗黑矮人，成爲唯一勝過黑矮人的賽夏族勇士。但阿寶娃後來卻被黑矮人所欺負，使拔力怒不可遏地想向黑矮人報復。由於因賽夏族祖先曾叮嚀賽夏族人，絕不可向矮人族報復，方爲敬重祖先的表現。縱然拔力決定要向矮人族復仇，但後來阿寶娃還是被矮人族帶走。因此，這段愛情乃引發賽夏族與矮人族間的恩怨情仇，此方爲賽夏族矮靈祭由來的重要因素之一。

2. 原住民族祭典

李喬在〈山河路〉中，描述諸多賽夏族祭典，首先登場即爲賽夏族「開墾祭」與「播種祭」……等農耕儀式，隨之而來即爲重要的「祖靈祭」——「巴斯、威琪」，乃由同姓部落團體共同舉行，而祭場——「卡，巴斯，威琪，安，」即設在搭因托洛晒穀場上。同姓族人每家均帶有一束糯米稻穗，乃準備開祭時使用。此外，搭因托洛父子均穿上禮服：加上挑繡胴衣、背心、腰帶、頭巾、骨板耳飾、貝珠頭飾、豬牙胸飾、流蘇臂飾……等諸多飾品。拔力乃由正屋東壁上，拿下小竹籠——「撒蘭」，撒蘭下掛著藤蔓、鹿、山豬顎骨，裡面乃藏有古舊黑蜂巢與一枚祭匙——「卡巴祭謀士」。當搭因托洛父子

倆走出正屋大門，拔力乃雙手高舉地把「撒蘭」交給父親。搭因即以同樣動作接過「撒蘭」，近乎唱歌的調子說：「威琪啊！出來！子孫請您！」接著，搭因則把「卡巴祭謀士」浸在清水中，方可酌清水給參與祭儀的人喝下，此即為賽夏族「開墾祭」與「祖靈祭」祭典儀式。

3. 原住民文化習俗

賽夏族文化特色，乃為一個和平、快樂而愛笑的宗族。至於原住民族命名習俗，諸如子連父名習俗，次子則任選先祖之名。此外，賽夏乃為和平宗族，除非為了洗雪冤枉，或替族人復仇；否則平時乃不舉行「麻拉坎姆」（出草）來獵取敵首。

（十一）〈馬拉邦戰記〉分析

李喬在〈馬拉邦戰記〉中，乃描述日治時期，大清朝與東洋番開戰，而原住民族與漢族，也聯合地向日本人奮力抵抗，此戰事即為發生在光緒年間的馬拉邦之戰。此乃為原漢族群的異族結盟，合力攻打東洋番的戰爭。此外，還描述原住民對於日本殖民統治者的印象，與日本殖民下原住民族如何改變。李喬還分析諸多原住民族議題，諸如日治下原住民族、原住民與日本之戰、原住民族傳說故事……等諸多層面。

1. 日治下的原住民族

在日治時期，漢族與原住民族起先對於何為東洋番乃渾然不知。某日柯老總由苗栗帶來一個奇怪消息，大清朝與東洋番要開戰。眾人對於東洋番的來路乃一無所知，據傳東洋番即為居住於臺灣東方海島的生番：赤身裸體，只用枝葉遮蔽下體，披頭散髮，矮小而粗壯，善用長刀；且生性好殺，據說甚至有生啖人心的習慣。在原住民族與漢族眼中的日本殖民者，同樣被視為東洋番般地蠻夷之邦；彷彿薩依德後殖民理論所述的「對位式閱讀」，以理解原漢日族群間的族群刻板印象。

> 由於這種「對位」思考，薩依德時常以「雙重視野」、「兩面」的觀
> 點，去分析殖民者與其掌控的殖民地、文化與帝國之間的關係，最
> 後並以脫離殖民、獨立解放、挑戰權威的政治活動、人口移動等形
> 式連結，探究反支配的自由活動。〔註82〕

〔註82〕廖炳惠，〈對抗西方霸權〉。薩依德，《文化與帝國主義》（2001 年），頁 12～
13。

縱然在日本殖民者眼中的原住民族，乃具有野蠻、兇悍的人物形象；甚至於在清朝初葉，即劃定先住民的居耕範圍，謂之「番地」。在番地邊緣防守線上，設置「隘寮」來駐勇防守。此種固定距離所設置的隘寮，乃形成的防衛線即稱之爲「隘寮線」。

2. 馬拉邦之原日戰爭

李喬在〈馬拉邦戰記〉中，描述馬拉邦戰役中，此原漢結盟情勢，即由加里合灣社年輕酋長「接卡·久因」、馬拉邦社「莫·拉邦」，蘇魯社「吐魯·哈魯」，均紛紛要求柯山塘「結同年」，合力打殺東洋番。關於柯山塘「剁三刀」傳聞，乃爲五短粗壯的中年漢子，據說即直接由「唐山」來的劉銘傳逃兵，又傳說爲北部獨行盜，妻子被先住民所殺，才投身當隘勇哨官；甚至於有傳聞實際上柯山塘乃爲先住民，或擁有先住民血統，且能聽懂泰雅族語，同時又有一身高明拳術。此外，諸位年輕原住民酋長均驍勇善戰，在部落中均有傑出亮眼的表現。因此，柯山塘即在眾人贊同下，決定撤入「淋漓坪」部署抵抗。在〈馬拉邦戰記〉中，漢族與原住民族，縱然眾志成城地迎向戰爭；但日本卻擁有著精銳先進武器。雖然北都和莫·拉邦連袂巡視各處陣地，並攜鹿肉、糯米酒犒勞一番；另外則分發給大家薑塊，要求炮聲響起或隔陣對敵時刻，可口咬薑塊以壯膽，同時又可阻止驚慌呼叫。

原住民酋長莫·拉邦，即提出原住民族「摸營」的建議。漢族邱梅卻反對此輕率冒險行動，柯山塘與北都、莫·拉邦三人則選擇下山行動，乃造成有傷有敗的結果。但最後原住民族終究還是戰敗而傷亡慘重。但邱梅還是理性地要求大家「留得青山在，不怕沒柴燒」地保命要緊，不過原住民還是堅持要以戰死爲榮。因此，莫·拉邦並沒逃走，而潛回原來部落後中槍，然後與黃頭兵肉搏時腰部被劈一刀，腸肚拖地而氣絕。此外，吐魯·哈魯則在傷癒後被日軍處死。至於北都·巴博，卻因腿部槍傷導致傷發而亡。此次原漢結盟乃深具指標性意義，因原漢族群從未結盟過，更何況共同抵抗敵人。此即爲臺灣三百年歷史中，最奇異的史實，最不可解的迷團：臺灣原住民族竟然與歷來勢不兩立的後住民漢族結盟，出戰抵禦共同的入侵者日本敵人，縱然最後結果仍鎩羽而歸，馬拉邦之戰仍深具指標性意義。

3. 馬拉邦之傳說故事

關於原日戰爭馬拉邦戰爭的發生地點，馬拉邦山乃在中央山脈大雪山的支脈，方爲原住民部落。當地還流傳著諸多原住民族傳說故事，諸如元宵節

後，各地各庄傳出諸多不祥怪事，在伯公生日那天夜晚，南湖庄一隻公雞在午夜前突然啼叫起來，接著各家公雞群起應和。此外，二月十二日花朝日起，一連五個晚上月亮突呈慘綠，月亮旁邊甚至於出現掃把星，每晚掃把星的尾部，均一直咬住月亮。根據算命先生所述：此乃賊星犯主，臺灣恐怕將有五個月、五年，甚至五十年的災難發生。此外，苗栗街墓地乃出現三腳狗，望族媳婦產下雙頭怪嬰……等諸多怪事連番發生。

（十二）〈泰姆山記〉分析

李喬在〈泰姆山記〉中，以臺灣知識青年余石基的逃亡歷程為主軸，描繪臺灣人追尋母土聖山的孺慕之情，與逃亡過程中的阻絕艱辛；進而描述在日治時期，原住民族乃深受日本殖民壓迫的衝擊。李喬還分析的原住民族議題，諸如日治下原住民、日本高壓統治、原住民族傳說故事、原住民青年形象……等諸多層面。

1. 日治下的原住民族

余石基所遇到的原住民，乃再現日治時期原住民族形象，原住民族人即被日本殖民者強迫改名換姓，並承受著日本殖民官方勞役工作，諸如窩興乃為「樂野社」人，二十五歲，即在改日本名字「湯川」後，官拜日本陸軍少尉，終戰後換稱為湯守仁；甚至於在戰亂中，乃為攻擊嘉義機場的指揮者。窩興乃為天生歌者，熱情理想主義者，即決心拋卻「少尉亡靈」，僅欲成為山地牧者，最後卻在為日本殖民官方效命後，捲入戰亂漩渦中，為日本殖民霸權犧牲，呈現原住民被殖民者的無限悲哀，而瓦勇即為窩興老堂兄。

2. 日本殖民之高壓統治

李喬在〈泰姆山記〉中，描述余石基在日本殖民鎮壓下，僅為一個平凡中學老師，卻莫名其妙成為逃亡者。最後，甚至於無辜地犧牲性命。在日治時期，原住民族均受到日本殖民者嚴格監控。當余石基決定進入山地部落探訪瓦勇時，氣氛乃十分嚴肅。因原住民族長期受到外族欺壓，導致原住民防備心很重，尤其對於平地人更加防衛。當余石基以日語進行對話時，原住民婦女更加防衛的揮手示意要他趕緊離開；甚至於當余石基表明為瓦勇、窩興好友後，婦人反應更加激烈，大吼余石基為酷因拉（魔鬼）。此即由於原住民眼中的窩興，誠如娃媞娜所述，窩興當年即被平地人所欺騙下山，最後流落到犧牲性命；再加上近來常有平地人上山來訪，因此余石基來訪，才遭到部

落原住民質疑與排拒。

　　直至余石基見到瓦勇後，瓦勇乃對於余石基安危十分警戒，而決定要帶他去另一個隱密處躲藏，甚至於已慌張地語無倫次，要趕緊帶余石基離開。當瓦勇帶余石基到達「雪峰」後，出現娃媞娜熟悉的小部落。當余石基躲藏在泰姆山區部落中，卻被錯認成漢族林爽文，平地人乃認為林爽文價值十萬元。余石基只好謊稱自己乃為林務局育苗人員。縱然如此，還是慘遭平地人攻擊而死。最後，余石基將相思樹種籽灑落在身邊，象徵希望即將再度降臨；同時，象徵著被殖民者的心酸無奈外，也展現出族群生命與希望永垂不朽。

3. 原住民族青年形象

　　諸多原住民族形象，諸如「樂野社」原住民窩興，乃為天生歌者與樂天理想主義者，方為一個天真無邪的傻青年。在面對美酒之際，一人拉琴高歌。縱然在日治時期，改姓「湯川」，甚至於官拜日本陸軍少尉，在終戰後換稱湯守仁。窩興仍不減身為原住民族的豪邁性格，在與瓦勇飲酒時曾道，「窩興我，臭少尉，是殺過人，用大刀，用槍；那是以前。」當窩興提及當年豐功偉業之際，卻也感嘆道，「石頭哇，你這個石頭！把我窩興看成好殺的『蕃』！哼！」再現原住民族所承受的種族歧視之苦。

　　窩興老堂兄瓦勇，乃為優秀獵人，「瓦勇分不出女人漂亮不漂亮，他只知道哪座山豐富不豐富。」與「有山豬野鹿、花羌、黑熊、飛鼠、果狸，那就是豐富的山。」；甚至於「瓦勇聽得懂山巔說的話，知道河水的哭訴；瓦勇總是說，大地向他說很多秘密。」在原住民獵人觀點中，「你，多摸摸土地，才強壯，土地才照顧你！」此即展現出原住民族與大自然互為依存的親切感。至於曹族少女娃媞娜，乃擁有絕塵、自然、且真正純潔無邪之美。因此，原住民青年男女，均為純真自然、熱情奔放的形象。

4. 泰姆山之傳說故事

　　當瓦勇帶余石基躲藏在山區，且逃入泰姆山中時，乃描述臺灣最隱密的地方，方為臺員的心肝，即為「泰姆山」；甚至於還描述諸多泰姆山傳說故事。關於「泰姆山」原住民族傳說故事，即由於此山常在雲霧中，不易被人所找到，故成為傳說中極為神秘的一座山，部落僅有少數長老見過泰姆山的真面貌。相傳泰姆山乃為一座有腳而會走動的山，甚至於諸多臺灣山脈，諸如玉山、泰姆山、霧山、大水窟，均擁有幾百隻腳。泰姆山乃為一位老祖

母、玉山則是大兒子，北部雪山則為第二個孩子，南部兩座太武山為雙胞胎，乃為最小兒子，霧山方為玉山的兒子。至於太陽則成為所有山脈、大海的丈夫，甚至於北太武山附近的大母母山，乃為小母母山愛上太陽後而成為母親的山。

原住民老人們表示，若能找到泰姆山，即表示山是歡迎你；若單純僅想去遊玩，泰姆山則不會歡迎；因此，找不到泰姆山，即表示泰姆山不要你；甚至於相傳若不尊敬泰姆山，又執意爬上去的話，將有可能會死，因泰姆山守護醋因毒蛇乃會殺死壞人。此傳說故事即象徵著原住民族對於大自然想像力，與族群文化獨特性外，方顯示泰姆山山勢險峻而危機四伏。

（十三）〈鱒魚〉分析

李喬在〈鱒魚〉中，藉由與山地原住民部落老人的飲酒對話，再現日治時期原住民族所承受的被殖民壓迫，所產生的族群困境。李喬乃分析諸多原住民族議題，諸如日治下原住民、日本高壓統治、原住民經濟困境與酗酒……等諸多層面。

1. 日治下的原住民族

在日治時期，諸多原住民族生活型態，均呈現著日式風格生活方式，諸如原住民部落老人，乃居住著日式房屋，房屋灰瓦綠牆一角映襯著櫻花，屋頂乃為島國民族誇大性小斜度的日本樣式。此即彷彿日本殖民帝國主義結束殖民統治後，「殖民遺毒」仍餘波蕩漾於原住民部落情境中，「帝國主義在全球性的範域中凝聚了文化與認同的混合體。……正如人們開創它們自己的歷史，他們仍創造他們的文化與族群認同，無人可否定長期之傳統、持久之習性、民族之語言、文化之地理綿延不絕之連續性。」〔註 83〕紅臉白髮的原住民老人，甚至於仍拖著棕鬃木屐，在門口哈哈大笑的懇切歡迎。在原住民山地部落，均充滿著濃厚日本殖民情境。

2. 日本殖民之高壓統治

原住民部落老人，談起當年在日治時期被徵召去參與南洋戰爭，與被殖民者貧窮生活的悲慘過去。原住民老人表示，他僥倖不亡於被征召前往南洋的開山隊，甚至於談起過去經常啃地瓜、鹽巴與偷種旱稻小米，以求生存的

〔註83〕薩依德，〈運動與移民〉，《文化與帝國主義》（臺北：立緒出版社，2001 年），頁 616。

經濟困境。山地部落原住民老人表示，如今生活同樣不好過，乃由於「橫斷公路」。他突然停下日語，指壁上單色簡圖，以生硬國語說道：這個就是橫斷公路。此外，當外族要進入山地部落時，即要停車檢查入山通行證，乃將原漢族群生活範疇，被限制居住地隔閡著。在言談中原住民老人，除了展現「山草」砍人頭的野蠻口氣外，方為極特別的部落老人；甚至於還在酒酣耳熱之際，談起文學藝術、古今文學與文人，推翻先前野蠻氣氛，展現出原住民老人多元樣貌。

3. 原住民族經濟困境與酗酒

原住民好酒狀況，在諸多文本乃時有所聞，由於部落原住民常在客人來訪時，即以酒熱情地款待客人。李喬即以部落老人為例，呈現原住民族熱情好客與以酒會友現象；甚至於表示經常訪問山地的因素，即為了糯米酒，那種醇厚味覺，使李喬經常願意爬山訪友。在李喬眼中酒乃為神奇東西，方可跨越原漢族群界線與鴻溝，原漢族群均被酒給統一。

三、關曉榮文學

關曉榮在諸多報導文學中，細膩地描述原住民族生活實況，真實地記載下原住民族的辛酸與血淚，諸如 1985 年 11 月〈百分之二的希望與奮鬥〉、〈記錄一個大規模的‧靜默的‧持續的民族大遷徙〉、〈范澤開——關曉榮「八尺門」報導攝影連作〉；1985 年 1 月〈船東‧海蟑螂和八尺門打漁的漢子們〉；1986 年 1 月〈老邱想哭的時候〉；1986 年 2 月〈失去了中指的阿春〉；1986 年 3 月〈都是人間的面貌〉；與 1987 年 12 月〈一個蘭嶼能掩埋多少「國家機密」〉……等諸多報導文學中，均為關曉榮文學重要篇章，接著即歸納分析關曉榮原住民族文學書寫。

(一)〈百分之二的希望與奮鬥〉分析

關曉榮在〈百分之二的希望與奮鬥〉中，描述二十多年前原住花蓮東部海岸阿美族人，流徙到基隆「八尺門」丘陵地，形成原住民聚落。諸如此類的原住民部落社會，乃由於臺灣經濟社會快速變遷而逐漸解體，造成原住民族群集體遷徙現象，乃時有所聞，彷彿薩依德所述的「流亡者」再現。

> 流亡者存在於一種中間狀態，既非完全與新環境合一，也未完全與舊環境分離，而是處於若即若離的困境，一方面懷鄉而感傷，一方面又是巧妙的模仿者或祕密的流浪人。精於生存之道成為必要的措

施，但其危險卻在過於安逸，因而要一直防範過於安逸這種威脅。
〔註84〕

關曉榮乃在八尺門生活半年中，以攝影角度紀錄著八尺門原住民族真實處境，進而分析諸多原住民族議題，諸如原住民工作、原住民族群困境……等諸多層面。

1. 原住民族之族群困境

當原住民在山地部落中，經濟生活逐漸困頓之際，即遷徙至平地求職就業，甚至於有集體遷村行動產生，進而在平地中形成彷彿原住民山地部落般的小聚落。但山地原住民部落文化、習俗與價值系統，乃與漢族工商社會文化、習俗與價值系統，均大相逕庭外；再加上原漢族群間長期以來人口懸殊比例，顯然地造成原住民族處於劣勢地位，而產生諸多生活困境與社會適應議題。針對法農後殖民理論所述的殖民結構，所造成種族歧視，與「多重壓迫結構」分析。

> 單一結構社會結構分別以單數及複數的形態出現，這種模糊性迫使
> 我們走向兩種詮釋的可能：第一、指的是殖民結構所營造的種族歧
> 視。第二、多重結構則指的是多種形式的壓迫結構。〔註85〕

關曉榮以報導文學方式，寫下在基隆八尺門半年生活中，以攝影角度紀錄下八尺門原住民族生活處境。在八尺門原住民，彷彿諸多平地原住民縮影般，藉此得以窺見原住民現實生活際遇。縱然原住民總人口，僅佔臺灣總人口百分之二，但原住民族人權與尊嚴，與其餘百分之九十八漢族間，應被劃上完全等號。縱然諸多漢族對於臺灣原住民特殊民俗、祭典、儀式與工藝美術原始文物，乃抱持著好奇與欣賞態度；但充其量此即為觀光客式，對於異族風土文化的好奇觀點。若要促進異族文化間的包容與尊重，改善族群接觸議題乃為首要之務。

2. 原住民族就業

原住民部落集體遷村現象，乃時有所聞，諸如在二十多年前原住花蓮東部海岸阿美族，乃流徙到基隆和平島「八尺門」丘陵地，形成原住民聚落，

〔註84〕 薩依德，〈知識分子的流亡──放逐者與邊緣人〉，《知識分子論》（1994 年），
　　　　頁 87。
〔註85〕 陳光興，〈法農在後／殖民論述中的位置〉，法農，《黑皮膚，白面具》（2005
　　　　年 4 月），頁 49。

從事漁撈勞動工作；甚至於以廢棄船版做材料，在族人自力互助下，依山墾荒地搭建小屋，違章建築卻在屢建屢拆、屢拆屢建下，終於頑強地形成三百戶的小社區。早期八尺門原住民聚落即因違章建築，依法不能申請水電設施，迫使他們接受附近漢族條件苛刻的水電接駁供應。因此，少數不良漢族經常以切斷水電供應爲要脅，逼使平地原住民以不合理高價，向漢族開設的雜貨店購買日用品以賺取暴利，彷彿薩依德所述，「各種不同文化之間的採用、共通經驗和相互依存的關係，這是一種普遍規範。」〔註86〕諸多在平地就業原住民，均從事高勞力低收入工作，乃由於教育程度不高，與專業技能均較爲缺乏之故，諸如阿美族婦女僅能專心地縫著成衣廠帶回的服飾，賺取著二至三小時才五十元左右的微薄薪資。

（二）〈記錄一個大規模的・靜默的・持續的民族大遷徙〉分析

關曉榮在〈記錄一個大規模的・靜默的・持續的民族大遷徙〉中，描述在山地部落自給自足社會解體後，原住民族離開山地部落，向平地進行大規模、持續、靜默的遷徙，乃時有所聞。關曉榮即藉由攝影角度，報導記錄著八尺門生活環境、漁業辛勞與職業傷害；甚至於紀錄原住民下船後，令人心痛的酗酒行爲。根據關曉榮觀察記錄，在八尺門若有漁船回港後，原住民男人們賦閒的日子，全家將會前往基隆採買逛街，家庭生活即爲八尺門阿美族生活核心。關曉榮還分析諸多原住民族議題，諸如關曉榮報導文學創作動機、原住民族飲酒議題……等諸多層面。

1. 關曉榮報導文學之創作動機

關曉榮曾表示會觀察原住民族，乃由於幼年曾與山地原住民孩童玩過，對山地少數民族具有基本情感；甚至於早年在霧臺鄉拍照時，曾親眼遇見自稱爲攝影協會的人，僅注意到少數民族特異服飾、舞蹈與刺青……等文化現象，旁若無人且充滿攻擊性態度，令人感傷。關曉榮乃選擇以人文關懷角度，去記錄原住民族生活眞實處境。此外，爲何當時會以八尺門原住民聚落爲報導對象，即由於阿美族原住民遷徙時，聚落違章建築乃不斷地在被拆與重建中循環，也磨練出原住民族獨特相互依存的族群情感。關曉榮乃眞實且強烈地感受到少數民族正面臨著極大的社會困境，即面臨著族群的全面淪落與崩解，根據法農所述，分析原住民族彷彿黑人般，乃存在著生活困境。

〔註86〕薩依德，〈反抗文化的主題〉，《文化與帝國主義》（2001 年），頁 405。

以精神分析爲經，以辯證哲學與存在主義爲緯，探索黑人存在的困
境，以及他們追求解放自由過程中的種種陷阱。在這陷阱的深處：
黑人想要成爲白人，而白人被幽閉於「白」當中。〔註87〕

根據關曉榮觀點指出，若要眞實地理解原住民族生活困境，即要實際地
住進八尺門中，方可消弭原漢間族群隔閡，方可跨越原漢間族群鴻溝，使
原住民族眞正地接納漢族成爲朋友，方可卸下心房地，讓關曉榮進行記錄與
報導。

2.原住民族飲酒之同歡消愁

關曉榮曾說道，曾在路上碰見一群返鄉的山地原住民青年，堅持要他退
掉原訂的住處，立刻搬到山地家中與大夥兒痛快地喝酒歡唱。但在酒醒後，
原漢族群間又重回原有不信任與緊張感，而令人感到心痛與深思。關曉榮乃
反思諸多漢族對於原住民族，經常存在著酗酒刻板印象，甚至於認爲山地原
住民族好酒，即爲天生劣根性，好吃懶做、貪酒所致，乃爲極不正確的族群
偏見。實際上，根據關曉榮的觀察可知，山地原住民僅在祭典節慶婚嫁時，
喝點自釀的酒；但絕對不像現代原住民的酗酒現象。原住民來平地後，所面
臨漢族欺騙、挫敗、受辱、無法適應……等諸多族群壓力，此種深刻的族群
困辱，乃造成原住民藉由酗酒求得片刻逃遁，而造成嚴重的惡性循環。關曉
榮論及原住民族全面酗酒現象，乃有失偏頗；因多數原住民並非以酗酒，來
消解生活困頓與壓力。

（三）〈范澤開──關曉榮「八尺門」報導攝影連作〉分析

關曉榮在〈范澤開──關曉榮「八尺門」報導攝影連作〉中，乃描述排
灣族原住民山胞傅玉鳳，爲了生活嫁給外省老兵范澤開的故事。關曉榮還分
析諸多原住民族議題，諸如原住民家庭生活、原住民工作、原住民族飲酒議
題……等諸多層面。

1.原住民族家庭生活

范澤開乃爲貴州省開陽縣人，在民國十一年出生於貴州鄉下的一百多戶
小山村「陽水」，十八歲曾在大陸結婚，十九歲應召入伍，並於民國三十九年
隨國軍來臺，曾在水上無水無糧情況下，迷航六天六夜。後來，在臺灣落地

〔註87〕楊明敏；法農，〈黑色的俄爾甫斯、白色的納西塞斯〉，《黑皮膚，白面具》
（2005年4月1日），頁62。

生根，在五十七年娶屏東縣獅子鄉楓林村排灣族山胞傅玉鳳爲妻。婚後卻要
面對原住民妻子玉鳳數度離家，經由范澤開多次尋妻後一家團圓；但最終范
澤開乃放棄南下高雄尋妻。范澤開回憶起當初，縱然傅玉鳳沒半點嫁妝，但
范澤開乃絲毫不以爲意；玉鳳甚至於經常在家中飲酒，卻也等著范澤開回家
共飲。但婚後經常無故離家的玉鳳，竟帶著小男嬰回家；甚至於連老岳父、
老岳母均帶回來讓范澤開扶養，范澤開均照單全收，卻也逐漸無法忍受妻子
所帶來的羞辱。

自從六十七年傅玉鳳首次離家出走，隨後范澤開乃前後六度將她尋回。
但從七十一年起，范澤開將傅玉鳳五吋黑白大頭照片擺上神案，就此放棄尋
妻；而獨自扶養著子女。縱然家徒四壁，但簡陋房子、便捷大鍋菜，仍掩不
住一家子溫馨和樂的天倫之樂。但原住民孩子，卻因種族歧視與單親家庭雙
重因素下，在學校遭受到同學、鄰人白眼，范復興乃痛快地打一架，由此反
映出原住民族所遭遇到的族群壓迫與生活無奈。

2. 原住民族就業

排灣族原住民山胞傅玉鳳，乃來自於屏東縣獅子村楓林村。基於山地部
落經濟困難而求生不易，故原住民女子玉鳳在嫁給范澤開前，曾因母親一年
拿取一天九百塊工錢（二十多年前的幣值），以極爲廉價工資到高雄當不支薪
傭人。玉鳳從九歲即外出工作，直至十幾歲爲止。由此反映出原住民爲了經
濟困境，被迫成爲童工現象，與山地原住民工作困境。

3. 原住民族之飲酒習慣

原住民妻子傅玉鳳還擁有飲酒習慣。在二人婚後，縱然外省老兵與排灣
族原住民女子共組家庭一切尚佳，即使玉鳳經常在家飲酒，卻也等著范澤開
回家共飲，同時反映出原住民族飲酒現象。

（四）〈船東・海蟑螂和八尺門打漁的漢子們〉分析

關曉榮在〈船東・海蟑螂和八尺門打漁的漢子們〉中，乃描述基隆八尺
門阿美族，在漁民工作時所產生的生活壓力與困境。關曉榮還分析諸多原住
民族議題，諸如原住民族生活壓力、原住民工作、原住民族飲酒議題……等
諸多層面。

1. 原住民族生活壓力

在八尺門原住民族，彷彿在孤島中求生存，生活在窄小、簡陋、骯髒，

甚至於充滿著殘糞、煙蒂、檳榔渣與燭火臘痕……等諸多惡劣生活環境中，乃顯示八尺門中物質生活水準低落的環境，還充滿著諸多生活壓力。關於八尺門原住民，所面對的生活經濟壓力；甚至於連原住民婦女與孩童，均以歌舞工作去賺取生活費用。原住民老婦女傳統舞蹈，經常會一時興起，即在家門口踱著簡單阿美族傳統舞步，雙手平伸彎腰踩步，然後高擺身體，雙眼煥發著莊嚴、肅穆宛若祈禱的神情。當八尺門原住民孩童，接受義務教育的學齡兒童，在學校制服底下，至少擁有表面族群「平等」。但同樣感受到原住民族生活壓力，而在從學校回來後，隨即披掛起阿美族傳統服飾，聚集在活動中心門口，演練著即將表演的原住民族舞蹈。

2. 原住民族就業

山地部落原住民族，由於山地社會崩解，只好往平地遷徙。但在遷徙到平地的原住民，僅能以高勞力低收入工作，在夾縫中求生存。八尺門原住民漁民，甚至於同時還要面臨船東與海蟑螂剝削，而喪失基本生存尊嚴。縱然阿美族自古以來，即為優秀的航海民族；隨著山地社會解體後，乃逐漸流徙到平地，依然選擇在大海中討糧食。但原住民乃由自立航海者，演變成雇傭的漁撈勞動者。八尺門阿美族原住民漁民，乃處於惡劣工作環境，諸如廢船殘骸、銹蝕鋼板、斑駁船身、小舢板、汙水、垃圾、工人、氫氧吹管、船隻濃煙與引擎聲……等，均為八尺門常見景象。寄生在漁港的遊民，即有個令人唾棄的稱號「海蟑螂」，乃成為原住民漁民的噩夢。當阿美族漁民有時出海回來的「結算」下，扣除安全費，船員不但失去收入，還要倒欠公司。在出海期間，船長扣伙食費中飽私囊；進港下船後，船員分得一點「荬魚」，也被寄生在港口的流氓「海蟑螂」強制「收購」。原住民漁民即在層層剝削過程中飽受壓力。

原住民為了抒解工作與生活壓力，甚至於縱情於聲色場所中。再加上時運不濟，有時還會淪落到打零工困境。此外，缺乏自制力的年輕原住民漁民，往往在進港後兩三天內，即將數十日血汗辛勞賺取的錢，揮霍在燈紅酒綠中。因此，原住民漁民的漁業勞動所得，即在船東、海蟑螂與港邊聲色場所中，被消耗殆盡。縱然如此，原住民漁民仍承受著諸多航海工作風險；甚至於有原住民感嘆著，漁民要多生孩子，尤其為男孩。因對討海生活風險而言，人命乃為一種消耗品。此外，連原住民婦女，即經常聚在一起製作酬勞低微的手工；甚至於當家計中心工作人員，為村中婦女舉辦節育講習時，在

活動結束後婦人們即領取香皂與圍裙後返家。

3. 原住民族之飲酒抒壓

原住民漁民在進港後，經常以飲酒來調劑身心壓力。此歡聚飲酒畫面，即成為八尺門聚落常見景象。原住民漁民滯留陸地，在豐富酒食到米酒花生米過程裡，乃消磨著愁慘的青春歲月。

（五）〈老邱想哭的時候〉分析

關曉榮在〈老邱想哭的時候〉中，描述八尺門布農族原住民老邱的生活困境。關曉榮還分析諸多原住民族議題，諸如原住民家庭生活、原住民族生活壓力、原住民工作、原住民族飲酒議題……等諸多層面。

1. 原住民族家庭生活

由於關曉榮與邱家僅隔著薄薄三夾板牆，關曉榮對於老邱家一切乃瞭如指掌。布農族原住民漁民老邱，家中乃呈現家徒四壁的景象，不但地面滿佈坑洞，經常潮濕且積著汙水；甚至於為經濟生活不佳，導致老邱幼子似乎經常生病。不過，邱家孩子總滿懷期待而細數著老邱歸家的日子。直至原住民漁民出海回來後，八尺門聚落家庭平靜的生活頓時沸騰起來，族人即飲「酒」助興，此乃為一家團聚的歡樂時刻。但大人歡聚暢飲，孩子卻僅能吃著剩菜剩飯；當老邱已不勝酒力時，孩子們則在一旁玩耍。

2. 原住民族生活壓力

當老邱酒醉後，乃酒後吐真言地訴說著父親的思念與愧疚，彷彿將滿腔生活壓力一吐為快。在流露出父愛外，老邱還吐露出對生活壓力的無奈。當老邱面對經濟生活與族群困境時，僅能藉酒澆愁，卻反而感到愁更愁的深層無力感。此外，諸多原住民均以高勞力換取微薄收入來養活一家人；甚至於還要堅強地去面對諸多生活經濟壓力，與諸多不合理待遇而感到辛酸無奈，卻僅能藉酒澆愁。

3. 原住民族就業

布農族原住民老邱，曾在國小代過課，當過郵佐、貨車司機，後來住到八尺門，成為討海捕魚的漁民。當老邱望著因工作職業所傷害的手，乃見證著原住民漁民的航海風險與職業傷害。至於布農族原住民老邱妻子同為原住民，且具有嚼檳榔習慣；甚至於同樣辛勞地賺取微薄薪資，經常到和平島剝蝦，整天工作到下午四時，但每剝一公斤蝦肉的工資僅有十塊錢。因此，諸

多原住民均以高勞力低收入工作，努力地在夾縫中求生存。

4. 原住民族之飲酒同歡消愁

當布農族原住民漁民老邱返家後，最喜愛的休閒娛樂即爲飲酒；甚至於經常邀請關曉榮共同飲酒同歡。至於酒後清醒的老邱，乃成爲一個溫和善感之人。酒即成爲原住民族歡聚共飲取樂的重要方式之一，方可藉酒澆愁以抒解生活與工作壓力。但族人卻在酒精催化與盡情暢飲後，藉酒澆愁愁更愁。當原住民酒後吐眞言的心聲中，更透露出生活壓力的無奈與困頓，展現出原住民在工作困頓、經濟壓力、職業傷害與環境惡劣下，乃努力地在夾縫中求生存的弱勢處境。

（六）〈失去了中指的阿春〉分析

關曉榮在〈失去了中指的阿春〉中，描述八尺門原住民漁民，乃因職業傷害所造成斷指的阿春，見證原住民族職業傷害與工作風險。關曉榮還分析諸多原住民族議題，諸如原住民工作、原住民族飲酒議題……等諸多層面。

1. 原住民族就業

因職業傷害所造成斷指的原住民阿春，寬肩、厚胸、方臉、粗臂，二十八歲。在五歲時乃隨父母自臺東遷來基隆，現在則擔任小單拖漁船的大副，且工作一向敬業認眞地值得尊敬。阿春的斷指，即象徵著漁人勞動工作下的重大風險，與原住民爲生計而與大海搏鬥的印記。此外，阿春與其他漁人經常在進港後飲酒歡聚，但此次阿春因斷指只好滴酒未沾；甚至於因斷指而自卑地將左手插口袋，以右手拿著檳榔往嘴中送。關曉榮對於自己手指，甚至於被共飲原住民拿來稱之爲「好命的手」，來對照阿春的斷指，令他感到極度尷尬。

在原住民漁民出航之際，家人總滿口祝福，祈禱漁民平安歸來外；最重要即爲期待船隻可滿載而歸。因捕漁業愈來愈艱困的困境，使船隻上充滿著期待豐收字眼，諸如「春滿發」、「漁豐」、「海豐」……等象徵意義。但在等待漁民返航的日子中，船員家人僅能默默地等待，靜默地祈禱著漁民平安返航。但隨著經濟生活不景氣，乃造成諸多返航後船員甚至於會失業，僅能躲在狹隘陰暗的木屋中，躲避著淒涼海風，僅有米酒與花生米陪伴，對於原住民族經濟生活而言，更爲雪上加霜地求生不易。

2. 原住民族之飲酒同歡消愁

原住民阿春與族人們飲酒景象，乃時有所聞；但此次阿春因斷指只好滴酒未沾，關曉榮在幾分酒意中，乃鼓起勇氣請求阿春同意被拍照。由於原住民因職業傷害所產生斷指，乃見證原住民族職業災害困境。此外，飲酒即可消解原漢族群間的文化隔閡，阿春乃帶著幾分酒意，興奮地從座椅站起來，趨前一把將關曉榮抱起久久不放，此即象徵著原漢族群隔閡的跨越；阿春甚至於經常熱情地邀約關曉榮共飲，乃消弭原漢族群間文化鴻溝，酒竟成為促進原漢族群和諧相處的重要催化劑之一。但原住民漁民進港飲酒的歡樂日子，乃隨著漁業不景氣，而逐漸成為等待工作的煎熬。不僅漁民頓失收入，三五成群地擠在狹隘陰暗木屋裡，躲著基隆冬季淒風苦雨，陪伴著失業漁民，僅剩下桌上米酒與花生米，象徵著原住民族生活困頓與工作壓力。

（七）〈都是人間的面貌〉分析

關曉榮在〈都是人間的面貌〉中，乃描述諸多原住民生活樣貌，諸如老邱與阿春，還有諸多原住民乃努力地為未來奮鬥，諸多原住民族形象，即如法農後殖民理論所述，「殖民者與被殖民者情結」，「法農所開啟的問題意識，在半個世紀之後仍然有助於我們看清殖民者與被殖民者之間的情結，這些情結並沒有成為歷史記憶逐漸散去，反倒框架出人種、國族、種族間互動的軌跡。」〔註 88〕關曉榮還分析諸多原住民族議題，諸如原住民族群困境……等層面。

1. 原住民族之族群困境

關曉榮反思長期以來，漢族一直以「山地同胞」來稱呼原住於這塊土地上的少數民族，但原住民族文化、習俗與尊嚴，卻不斷地受到漢族刻板印象下種族歧視與族群壓迫。身為少數民族的原住民族，在多數漢族強勢力量下，乃蒙受著深刻的族群創傷。因漢族多數社會，對於原住民族刻板印象，乃常流於不公道的片段印象，諸如阿美族豐年祭、雅美族丁字褲、排灣族木刻……等諸多原住民文化意象。關曉榮在八尺門五個月時間，乃成為原住民族一份子，進而與族人自然地建立休戚與共的手足之情，關曉榮即切身感受到原住民真實生活面貌。

〔註88〕陳光興，〈法農在後／殖民論述中的位置〉，法農，《黑皮膚，白面具》（2005年 4 月），頁 46～47。

在原漢人口懸殊差距下，約佔臺灣總人口百分之二的原住民族，處於少數弱勢族群的生活壓力下，在現代社會中經常爲了生活挫折，以飲酒來忘卻生活辛酸，諸如老邱爲生活奮鬥也曾爲困頓而買醉；阿春乃爲未來而奮鬥，就算斷指也在所不惜；甚至於帶著斷指傷痛未癒，即要爲了生計而代理船長出海去。連原住民孩童同樣承受著生活中，因外族而產生的衝擊與影響，感受到生活中的經濟壓力。此外，關曉榮甚至於在無意間聽到，漢族稱呼原住民族的輕蔑態度，諸如這個是老番婆的第幾個女兒之類話語，均存在著對於原住民的族群歧視。關曉榮乃針對原住民生活眞實處境，進行深刻訪談、相處與省思，以在報導文學中呈現最眞實的原住民族議題。

（八）〈一個蘭嶼能掩埋多少「國家機密」〉分析

關曉榮在〈一個蘭嶼能掩埋多少「國家機密」〉中，乃紀錄著蘭嶼原住民的生活困境，還分析諸多蘭嶼原住民族議題，諸如原住民族群意識、蘭嶼核廢料、蘭嶼犯人……等諸多層面。

1. 原住民族之族群意識

關曉榮乃描述在蘭嶼島民心中，蘭嶼彷彿爲垃圾場般，只要臺灣本島所捨棄的廢棄物，諸如犯人、核廢料，即理所當然地被運往蘭嶼，令蘭嶼人情何以堪？甚至於在中心與邊陲的懸殊力量下，蘭嶼島民被迫承受這一切不合理對待。因此，蘭嶼青年即成立反核組織，努力地進行著反核運動，彷彿薩依德所述的「集體反抗能量」再現，「現代生活之放逐、邊際性、主體性、遷徙性的能量是解放式鬥爭所配置的。……所有這些紛雜的反抗能量在許多領域、個人，及不同時刻運作，提供一個由眾多反體系的暗示和實踐所組成的一個社群與文化，以追求集體的人類存有（既非教條，亦非理論），但這些並非建立在強制及宰制的基礎上。」〔註 89〕蘭嶼甚至於以雅美文明全面崩解的血淚，作爲滋養觀光資本養料，對於蘭嶼達悟族文化乃衝擊甚鉅。

2. 原住民族核廢料汙染

當臺電建造第一座核能電廠後，蘭嶼即成爲放射核電廢料垃圾場。關於當年的「核能安全論」，乃爲一則破產的漢族神話；漢族口中「永久陸埋終極處理」，即爲一個充滿不合理對待的蘭嶼計劃。由 1979 年起，不知情的「罐頭工廠」開始，甚至於由更早的「重刑犯須隔離」爲始，臺灣漢族中心主義，

〔註89〕薩依德，〈運動與移民〉，《文化與帝國主義》（2001 年），頁 614。

乃將蘭嶼視為各種遺棄、隔離、掩埋、毒害的邊陲之地。雅美傳統文明甚至於被歪曲成為現代蘭嶼觀光資本的工具，令蘭嶼達悟族人情何以堪。當年距離第一貯存場較近的紅頭與野銀村民曾表示，當年貯存場地施工時，鄉民根本不知道此即在建核廢料貯存場。當時鄉長江瓦斯甚至不懂中文，僅有少數鄉民聽施工者提及正在蓋「罐頭工廠」，與運送廢料的專用碼頭，甚至於被說成某種軍事用途港口。

在漁人村的董森永曾言，漢族乃以離島人口少、交通成本低、離村莊遠、安全性高、有良好屏障……等諸多理由，回應核廢料的傾倒，但倘若核廢料真的無害，何不就堆放在臺灣；卻要花費諸多金錢運來蘭嶼。倘若核廢料真的不危險，即讓我們一人分一桶放在家裡即可。反觀漢族吳慶陸卻笑著說道，沒必要疏散島民，因蘭嶼保證沒問題，就算一點點輻射外洩，也很容易被海洋稀釋。但蘭嶼島民郭建平說道，當蘭嶼居民得知傳聞中「軍港」，竟為一座裝載毒物的港口，乃令人感到無奈與憤怒。在核廢料堆積而被汙染的土地，甚至於造成蘭嶼原住民無法好好地耕作，乃剝奪原住民族土地農耕權，甚至於剝奪原住民族基本生存權。

3. 原住民族蘭嶼犯人危機

早在 1989 年蘭嶼，即被臺灣政府成立所謂的「農場」，即將「在臺表現不良的榮民」與重刑犯遷移至此，將蘭嶼當成監獄般，卻造成蘭嶼島上諸多社會議題。關曉榮舉現年 61 歲的喬全有為例，民國 51 年出生，1959 年中尉退伍時，年時 34 歲，1961 年被警總逮捕後，以「輔導就業」名義押至蘭嶼，一年半後期滿，留在蘭嶼後與漁人村原住民婦女結婚，現育有三子一女，乃安分守己地在開元港賣小吃，成為落籍蘭嶼的居民。

現年二十歲蘭嶼小姐謝小玲回憶說道，當年上山撿田螺時，隊員經常威脅居民一定要賣給他們，否則即會被打；在他們做工勞累時，即在芋田裡脫光洗澡，鬼吼鬼叫地調戲女孩；晚上犯人甚至於會進村裡，偷地瓜、芋頭、鍋子、火柴……等生活物品。隊員經常偷蘭嶼人的地瓜藤、破壞地瓜田，僅為了要養豬；也曾為了要煮東西而任意砍伐龍眼樹。最後，甚至於諸多拓寬紅頭段公路的隊員，乃可到處亂跑；因而造成當年紅頭村裡國中女生有很多懷孕。當關曉榮與當年隊長索聚元談論此事時，其雅美族妻子與曾秀妹、周朝妹兩位年輕雅美族婦女，均異口同聲地坦承當年經常發生人犯強暴雅美婦女之事。

民國 17 年出生的椰油村人呂步眼，曾表示當阿兵哥帶著隊員在炸魚，而他過去撈魚時雙方乃爆發衝突，呂步眼甚至於被打斷三根肋骨；卻僅獲得 500元、兩瓶米酒、三瓶保力達、兩包糖果、兩包花生……等賠償。至於當年蘭嶼逃脫犯人名盜高金鐘，還成為青少年眼中的英雄；蘭嶼青少年從小看著這些強制勞動犯暴戾逞凶、好鬥，乃產生難以估計的不良影響。

四、張深切文學

關於張深切在 1951 年，原住民族劇本《遍地紅》，乃針對霧社事件為題材所創作，此即漢族作家描述霧社事件的早期代表性文本之一。張深切還分析諸多原住民族議題，諸如日治時期殖民壓迫、原住民族抗日事件、日治時期霧社事件、日治時期皇民化運動、原住民族群認同、原住民婦女描述、原住民孩童描述……等諸多層面。

（一）日治時期之殖民壓迫

張深切原住民族劇本《遍地紅》中，乃深刻地描述日本殖民官方，對於原住民族的殖民壓迫，不僅造成原住民失去原有土地資產、強制性勞役活動、一連串皇民化運動的限制，已使原住民怨聲載道、民怨四起。原住民不僅要承受身體上勞役，還要承受精神上殖民壓迫；原住民婦女甚至於還要承受日本殖民官員擄掠姦淫的羞辱。諸多日本殖民壓迫，乃激發出原住民族反抗精神，均象徵著「去殖民化」歷程。

（二）原住民族抗日事件

在日治時期，日本殖民官員對於原住民族態度，乃為幸災樂禍地將原住民視為奴隸般羞辱，將殖民者優越感展露無遺，彷彿法農所述，「殖民者，即使「處於少數」，也不會感到自卑。」〔註90〕諸如在日本殖民官員對話中說道，「我們大家都到霧社來當警察吧，可把全霧社的美人都拉來做老婆。」此即充滿著極度輕蔑的族群歧視態度。因此，諸多政策性通婚制度，原住民女性即成為無辜犧牲者。在諸多日本殖民者觀點中，即將原住民被殖民者視為奴隸般，彷彿東方學中對於東方人的貶抑意涵。

　　「東方學」這個字眼被認為是一個專業性的研究專長，已經很久了，

　　我試著要將其在一般文化、文學、意識形態與社會及政治態度中的

〔註90〕法農，〈所謂被殖民者的依賴情節〉，《黑皮膚，白面具》（2005 年 4 月），頁
　　　174。

運用與存在加以闡明,故當提及某個人是東方人時,就像那些東方
學者常做的,並不是僅僅涉及這個人的言語、地理和歷史等這些作
爲學術性論文的背景材料,更常意涵著東方人是一種較沒教養的人
類,是一種具貶抑意味的表達。〔註91〕

日本殖民官員岡田乃昂然說道,「啐,什麼酋長?這是他們自稱三齊王,
由咱們看起來,他們的皇帝也不過就是咱們的奴隸。」吉村勃然叱喝說道,「馬
鹿野狼(八迦亞羅)!都滾出去!我不是生蕃,不吃你們的臭東西!」在日
本殖民者觀點中,原住民被殖民者,即被視爲帝國主義下,「馴服的身體」與
「怪異身體」再現。

以身體爲文本,被殖民身體爲帝國主義之「再現」(representation),
是歷史學家米謝爾・傅科(Michael Foucault)所稱「馴服的身體」
(docile body),或者亦可如社會主義學者米亥爾・巴赫汀(Mikhail
Bakhtin)所謂「怪異身體」(grotesque body),集人性、物性與獸性
於一身。〔註92〕

飽受種族歧視壓迫的原住民被殖民者,即怒不可遏地勇於抗日。最後,
當吉村撥手指罵時,彎腰正要撿掉地下的鋼筆時,巴瑟乃驀地拔刀砍去,將
吉村斬爲兩斷。此即原住民族長期承受日本殖民壓迫所致,導致原住民怒不
可遏地砍殺日本官員首級。

(三)日治時期之霧社事件

日本殖民官員對於原住民的族群歧視,乃認爲原住民族即爲文明未開化
的野人,而導致霧社事件的爆發,彷彿薩依德所述的「殖民起義」,「最重要
的是,解放和啓蒙的偉大敘事在殖民世界動員人民起義以便揚棄對帝國之臣
服。」〔註93〕當年在運動場上發生全面亂鬥,甚至於有山地原住民孩童舉刀
追殺日本孩童,佐塚同樣被山地人砍倒。原住民巴瑟乃英勇地連斬數人,於
亂軍中所向無敵;反觀花岡二郎則無可奈何地在場上徬徨徘徊著。

在霧社事件中,立場最爲尷尬地即爲花岡一郎與花岡二郎,一則無法阻
止莫那・魯道抗日起義行動,一則又無法違背本能具備的族群精神。縱然花

〔註91〕薩依德,〈後記:爲一九九五年版作〉,《東方主義》(1999 年 9 月),頁 510。
〔註92〕黃心雅:法農,〈法農,權力、慾望與身體的中介書寫〉,《黑皮膚,白面具》
(2005 年 4 月 1 日),頁 22～23。
〔註93〕薩依德,〈導論〉,《文化與帝國主義》(2001 年),頁 3。

岡一郎與花岡二郎無法認同莫那‧魯道毫無勝算的抗日行動，卻又被日本殖民官方視爲叛徒，又要擔憂原住民族將會被日本先進武力全體殲滅。因此，最後僅能選擇以死明志，以告慰族人，爲自我清高節操而犧牲性命。此外，莫那‧魯道在深知大勢已去而無力回天之際，同樣選擇以死明志地自刎犧牲。因此，霧社事件即寫下原住民族抗日史上，最慘烈的一頁。

（四）日治時期之皇民化運動

在日治時期皇民化運動，乃鼓舞著原住民青年成爲皇軍，爲日本天皇陛下效命，展現出日本殖民霸權的族群優越感。反觀在日本殖民官員三輪口中，將原住民視爲兇頑蕃奴；甚至於努力地煽動友蕃去攻擊敵蕃，由以番制番的反間計去抵抗原住民族，甚至於還要原住民感謝浩瀚皇恩。在霧社事件爆發後，原住民花岡一郎與花岡二郎所留下的遺書，看在日本殖民官員眼中，根本即不屑一顧。在日本殖民官方認知裡，花岡一郎與花岡二郎即爲叛徒。日本殖民官員甚至於包圍著花岡一郎與花岡二郎的遺體，發洩著對於原住民族的怨恨。當時日本殖民官方的參謀長乃激動地表示，絕對要使用先進武器去大舉殲滅原住民族，主張以暴制暴地壓制原住民，彷彿薩依德所述，「反帝國主義抗拒時期的文化作品。假如有任何事情足以根本上區別反帝國主義的想像，那便是地理學要素的優先性了。帝國主義終究是透過地理上之暴力的行動，去探索、堪界，最後是全然加以控制世界上的每一寸土地。」〔註 94〕日本殖民者甚至於慘無人道地利用毒瓦斯攻擊，即引發國際間一陣撻伐聲浪。

（五）原住民族之族群認同

關於原住民族群認同意識迷思，諸如隆夫說道，「我姓林干你屁事？我已經改姓名了，我現在就是純粹的日本人，你們以後把我的林要念『哈雅喜』，隆夫要念塔卡歐，知道了麼？好了，滾，滾出去！」原住民乃認爲改成日本姓氏，即可成爲真正的日本人，彷彿帝國主義造成原住民族「身分認同迷思」，「先前的殖民主題顯現而爲帝國主義及偉大文化作品的詮釋者，已賦予帝國一種可洞悉的──若不提強人所難的──身分認同。」〔註 95〕原住民甚至於對自我族群的認同意識乃逐漸消弭中，諸如薩依德所述的東方主義，「東

〔註 94〕 薩依德，〈葉慈和去殖民化〉，《文化與帝國主義》（2001 年），頁 419～420。
〔註 95〕 薩依德，〈敘事與社會空間〉，《文化與帝國主義》（2001 年），頁 137。

方主義只從上方俯視、審查整個東方，希望能掌握眼前東方的全貌……包括文化、宗教、心靈、歷史、社會等。」〔註 96〕原住民族彷彿原住民主義般，成為「被詮釋的客體」。原住民已逐漸地被日本皇民化，且以身為日本皇民為榮。當日本殖民者以母國文化，強勢地掠奪原住民族文化存在感後，乃堂而皇之地進行日本殖民壓迫，彷彿法農所述，「開拓者創造歷史，並充分意識到正在創造之。因為他持續地提到他的母國之歷史，他清楚地指出他自己是母國的延伸。因而，他所寫的歷史不是他所掠奪的國家之歷史，而是他自己民族的歷史，涉及到這個民族所榨取的一切，他所侵害和促成困厄的一切。」〔註 97〕原住民完全忘卻當年遭遇日本殖民壓迫，所帶來的族群屈辱與歷史傷痛。

（六）原住民族婦女形象

在日本殖民官員眼中，原住民女性乃被視為蕃女，且為鼓舞士氣而跳舞，諸如日本殖民官員間的對話所示，在高臺對面山麓安達乃觀望好久後，向桑木部隊長說道，「怪哉，那不是蕃女們在那裡跳舞麼？」部隊長即感慨地答道，「是的，是蕃人在跳舞，大概是要鼓舞士氣吧！」諸多山地戰鬥員均環繞在周圍觀舞。此即為日本殖民者，以族群優越感而直接定義原住民族想法所致，諸如薩依德所述，西方主動地為東方發言，諸如日本殖民者主觀地為原住民被殖民者發言，「學習態度的圖像是：知識豐富的西方人，從特殊合適的有利點，調查被動、初生、女性，甚至沈默不動的東方，然後繼續有條理地為東方發言（articulate）。」〔註 98〕在日治時期，原住民女性，簡直即為日本殖民官員姦淫擄掠下的犧牲品，彷彿法農所述的有色女人般，乃飽受殖民欺壓，「露露滋和她母親告訴她，有色女人的生活是困難的。哎，既然沒有辦法漂黑這個世界，沒辦法讓這個世界黑人化，那就試著漂白自己的身體和思想。」〔註 99〕日治時期，原住民族所承受的煎熬與苦難，乃苦不堪言。

〔註 96〕薩依德，〈類型、專業和看法：東方主義的世俗性〉，《東方主義》（1999 年 9 月），頁 350。

〔註 97〕Fanon, Wretched of the Earth, p.51。薩依德，〈勾結、獨立與解放〉，《文化與帝國主義》（2001 年），頁 492～493。

〔註 98〕薩依德，〈沙錫與雷南：理性人類學與語源實驗室〉，《東方主義》（1999 年），頁 206。

〔註 99〕法農，〈有色女和白男〉，《黑皮膚，白面具》（2005 年 4 月），頁 121。

（七）原住民族孩童形象

在日治時期，原住民孩童看見日本孩童，即拔腿就跑進屋內躲藏。由此可知，在原住民孩童與日本孩童相處過程中，同樣可見到殖民者與被殖民者的階級差異，使原住民孩童乃極為畏懼日本孩童的欺侮與壓迫。日本孩童對於原住民孩童，乃存在著殖民者壓迫被殖民者的現象，諸如執指揮刀的日本孩童舉刀發令說道，「那麼自現在起，我們要開始討伐生蕃，前進！」反觀原住民孩童，最後在霧社事件中，甚至於對於日本孩童砍殺，以發洩積怨已深的族群仇恨。

五、張大春文學

張大春在《公寓導遊》中，收錄〈走路人〉文本，此乃 1986 年一月五日刊登於聯合報副刊；在《四喜憂國》中，收錄〈四喜憂國〉、〈最後的先知〉、〈饑餓〉……等文本，均擅長以超現實主義的創作手法，展現原住民族諸多重要族群議題，諸如漢族刻板印象之原住民族、原住民族歷史、種族歧視、族群壓迫、部落景象、祭典……等諸多層面，去探討原住民族群困境。

（一）〈走路人〉分析

張大春在〈走路人〉中，描述漢族軍方派人調查山地原住民族，所謂「走路人」的祕密。漢族軍人乃以旁觀者角度去描述，漢族對於原住民族形象的觀點，彷彿薩依德所述，「我們不需要進一步詳細解釋：習慣用來描述東方的語言，和真實東方本身之間的缺乏連繫，不是因為語言不正確，而是他們根本不努力要求正確。」〔註100〕諸多漢族與外族觀點中的原住民族，與實際上的原住民，乃存在著距離。張大春乃描述漢族軍人，將原住民視為野人般看待，彷彿薩依德所述的康拉德般，對於被殖民者乃充滿支配權的優越感，「一點也不弔詭，康拉德同時是反帝過主義者和帝國主義者。當無懼地且悲觀地提到海外支配的自我肯定和自我妄想的腐化時，他是先進的。」〔註101〕漢族軍人就算百般不願意，也要進入山地去完成任務。張大春還分析諸多原住民族議題分析，諸如山地原住民形象、原漢族群接觸……等諸多層面。

〔註100〕薩依德，〈想像的地理和其再現：東方化東方〉，《東方主義》（1999 年 9 月），頁 100。
〔註101〕薩依德，〈導論〉，《文化與帝國主義》（2001 年），頁 12。

1. 原漢族群接觸

張大春在〈走路人〉中，描述漢族軍方派人調查山地原住民，所謂「走路人」的祕密，呈現漢族對於原住民族形象的觀點，而漢族軍人乃將原住民視爲野人般看待；甚至於在看到「走路人」躲躲藏藏後，猜測他們是否與匪諜有關。最後，在漢族軍人完成任務後，留下這段獨特的原漢族群接觸記憶。

2. 山地原住民族形象

漢族對於原住民族，乃充滿著因族群隔閡所產生的諸多疑慮與想像。原住民走路人，乃擁有著神秘的力量，走一條不讓外人知道的稜現線通道。還擁有超乎尋常的求生意志，且精於狩獵，對山區有特殊而親切的瞭解，不論風向、水源、花開、游魚……等自然界一切細微變化，均爲原住民所熟悉。但傳說中的「走路人」，乃不可結婚，必須遊走於山地各族間去傳遞訊息，工作性質類似於平地郵差般，且難以分辨彼此間師徒關係；甚至於沒中心思想、國家觀念、文化教育，甚至沒任何立場，彷彿爲野蠻浪人般，遊走於山地部落間。在漢族軍人觀點中的種族歧視，甚至於懷疑原住民是否會吃人。

> 在他人爲我所編纂歷史的開頭，明顯地設立了吃人肉的基座，好讓我記得這件事。眾人在我的染色體上描繪了幾個多少有點肥厚的基因，以做爲吃人肉的表徵。在性別聯繫（sex linked）之外，眾人又發現種族聯繫（racial linked）。這種科學眞是恥辱。〔註102〕

漢族軍人觀點中，縱然現代原住民已不會吃人，對於原住民走路人，仍存在著野蠻的刻板印象，乃擔憂著天曉得天亮後，會不會變成一堆野人屎。因此，漢族軍人觀點中的原住民走路人，彷彿佛賀像齊洛觀點中，對於東方人般的刻板印象。

> 佛賀像齊洛一樣，在自己的反覆思考中，勾勒出歷史、文化的專業，以及爲人熟知的白人西方主義與有色人種東方主義間的明顯對照，他不但以「冷漠東方人的好勇廝殺」（因爲「他們」不像「我們」，沒有和平的觀念）這類自我矛盾的敘述表達己意，還進一步指出，東方人肢體慵懶，沒有歷史、國家、族群（patrie）觀念，以及東方人基本上很神秘……等等，除非東方人學會理性思考、學會發展知

〔註102〕法農，〈黑人的實際經驗〉，《黑皮膚，白面具》（2005年4月），頁205。

識與實證的技巧，否則東、西方間永遠沒有接近的可能。〔註103〕

漢族軍人乃觀察到走路人諸多特色，諸如獨特登頂方式，即輪流以對方身體做踏板，身手矯結實又俐落，且到處留註記號位置，上頭乃沾滿一片野人屎。在休憩時，走路人僅靜靜地併坐著烤山禽；又從皮布囊中倒出白色漿液，淋在油膩食物上，與輪流灌飲著。最後，當漢族軍人再度與「走路人」正面迎擊時，走路人在一眨眼間繃起身子，各自撐開兩扇由山芋葉編成的大帆塊，向漢族軍人藏身的雲母石下方奔來，但漢族軍人還是順利平安地完成探查走路人任務。

3. 原住民族種族歧視

原住民族即在漢族無限聯想的猜忌與懷疑，不斷地被監視偵測著。在執行跟蹤山地原住民「走路人」任務期間，漢族軍人乃猜測原住民族如何看待漢族的？是敵是友？不斷地猜測原住民心態。此書寫觀點即可較為平衡原漢族群間的族群觀點。

（二）《四喜憂國》分析

1. 山地原住民族形象

張大春在〈四喜憂國〉中，乃描述原住民女性古蘭花，嫁給漢族先生的故事，進而描述夫妻雙方互動相處，彷彿原漢族群間族群接觸。每當原住民女性古蘭花回到花蓮原住民部落，回來後總是光鮮亮麗般；此即由於回到花蓮部落的古蘭花，總經常以山地原住民族舞蹈表演賺錢。除了觀光文化衝擊著原住民部落外，原住民族也深受外來宗教信仰影響，導致宗教文化痕跡，在山地部落乃處處可見，諸多外來文化的衝擊，也逐漸使原住民文化式微。

（三）〈最後的先知〉分析

1. 山地原住民族形象

張大春在〈最後的先知〉中，乃描述原住民族喜好飲酒形象外，當外來記者欲訪談原住民文化時，即由漢化最深刻的原住民宋古浪與女記者接觸。宋古浪乃想起過去原住民族名字，被迫改成漢族名字，被迫接受漢化教育；因而努力地接受外來文化與宗教的薰陶與洗禮，進而成為最能與外族溝通對

〔註103〕薩依德，〈類型、專業和看法：東方主義的世俗性〉，《東方主義》（1999 年 9月），頁 370。

話的原住民。但宋古浪即象徵著諸多原住民，經常遭遇到殖民霸權所帶來的
族群壓迫。

> 結果，大部分專業人本主義者無能在一方面是諸如：奴隸制度、殖
> 民主義和種族的壓迫、帝國的臣服等持續實行其卑鄙的殘暴行為，
> 和另一方面是進行這些實踐之社會的詩歌、小說和哲學，這兩者之
> 間找出其關聯。〔註104〕

張大春還諷刺地描述，原住民在幼年曾遇見外族粗暴的對待，即強灌酒
與強逼抽煙外，令人印象深刻即為漢族官員的巡視與考察，總努力地與原住
民打成一片。但令原住民族疑惑，乃為漢族原住民族研究的考古學家；甚至
於以「病人」形容原住民族眼中的漢族。此外，當湯瑪斯神父從巫婆狄薇懷
裡搶走嬰兒羅姬，乃以現代醫學去拯救這個小嬰兒，諷刺當時原住民醫療觀
念落後。張大春乃以諸多情節，加上超現實手法，描述原漢群接觸時，原住
民族如何看待漢族與外族，與原漢族群間的相互衝擊與影響。

2. 原住民族歷史

張大春乃以超現實手法，描述日治時期原住民族歷史。當日本殖民官方
入侵原住民部落時，即粗暴地將原住民鹹首；甚至於命令原住民不得反抗，
強勢地鎮壓原住民族。在日本殖民者眼中的蘭嶼，乃無任何經濟價值，僅可
提供原住民族文化研究用途。此後，隨著日治時期結束，外來宗教乃逐漸進
入原住民部落，教堂、教會與神父逐漸對原住民部落產生影響。原住民部落，
乃由於同化政策入侵，使原住民文化逐漸產生質變。

3. 原住民族種族歧視

當女記者訪談蘭嶼原住民時，告知原住民縱然部落環境被破壞，仍無法
阻擋現代文明浪潮；女記者甚至於對原住民說出野蠻二字，即顯示漢族對於
原住民族所存在汙名化刻板印象。此外，關於蘭嶼核廢料問題，原住民乃認
為將核廢料傾倒於蘭嶼島上，簡直即將原住民族視為野蠻民族而充滿著歧視
之意。因此，張大春即以女記者象徵著諸多漢族般，充滿著優越漢族中心主
義，進而對原住民族產生莫大族群壓迫。

4. 原住民族部落景象

在蘭嶼原住民部落中，可見原住民青年飲酒，乃呈現原住民族好酒形

〔註104〕薩依德，〈導論〉，《文化與帝國主義》（2001 年），頁 5。

象。但現代原住民族傳統文化習俗與精神，彷彿逐漸被現代文明意象所取代。張大春即以巨人伊拉泰的死亡，彷彿超現實地象徵著，原住民族傳統文化乃逐漸消逝。

（四）〈饑餓〉分析

1. 山地原住民族形象

張大春在〈饑餓〉中，乃以巴庫原住民形象，諷刺原住民族所承受的種族歧視；還象徵著原住民自卑地自認為貧窮、無知，甚至於漂泊不定的族群命運。當巴庫在廚子慫恿下，乃逐漸置身於現代文明資本主義中，置身於汲汲營營的功利主義社會。至於巴庫妹妹馬塔妮，乃為家中最早接觸現代文明者，卻逐漸淡忘山地部落景象。反觀原住民宋古浪，在日治時期、外來宗教與國民政府時期漢化政策下，乃努力地被漢化，而成為最能與外族溝通的原住民。

2. 原住民族族群壓迫

關於原住民所承受族群壓迫與工作壓力，當巴庫努力地為老闆工作賺錢，卻經常遭遇到老闆無情剝削；甚至於若不小心說錯話，即會換來老闆無情咒罵。此即對於原住民，將產生無形精神壓迫；甚至於部分原住民，即因此選擇重新回歸原住民部落生活。

3. 原住民族部落景象

在原住民部落中常見觀光文化，卻為原住民帶來諸多衝擊與危害。當馬塔妮回到部落，重新見到部落景象時，對於原住民部落，乃存在著既熟悉卻又陌生之感，此即觀光文化造成部落景象的變遷。

4. 原住民族文化祭典

巴庫回想起蘭嶼原住民族大船下水祭，還有祭典中驅鬼儀式，與新船英勇姿態，均值得原住民族感到驕傲。蘭嶼原住民族大船下水祭重要儀式，乃需要族中男丁共同進行驅逐惡靈儀式，此即深具有原住民族傳統祭典儀式的重要精神象徵。

六、洪田浚文學

洪田浚對於原住民族研究與關注乃持續多年，甚至於親身經歷與原住民共同生活的經驗，使其更能真實地貼近原住民族生活與情感；對於原住民族

社會運動同樣不遺餘力。洪田浚在《臺灣原住民籲天錄》中，乃收錄諸多原住民族文化研究篇章，描述諸多原住民傳統生活型態與文化變遷過程。洪田浚乃分析諸多原住民族議題，諸如原住民族歷史文獻記載、日本殖民壓迫、原住民族神話傳說故事、原住民族婚禮文化、原住民族集體遷村……等諸多層面，乃分別針對原住民族在日治與戰後時期，歷史、政治、文化……等諸多研究視角探討。

　　洪田俊在原住民族群歷史層面，乃針對歷代關於原住民族群文獻記載進行分析，諸如《臨海水土志》、《隋堂書》的〈琉球國傳〉、明朝陳第《東番記》、康熙年間郁永河《裨海記遊》、〈一七世紀荷人勘查臺灣金礦記實〉、〈荷蘭人對臺灣原住民的教化〉、〈十七世紀西班牙人在臺灣的佈教〉……等諸多文獻研究。在政治層面，乃針對日治時期與戰後時期，原住民族所面臨日本殖民壓迫，到戰後殖民遺毒再現，思考去殖民化議題發展。洪田浚乃感嘆於日治時期，原住民被殖民陰影，直至戰後仍有原住民族文化消弭的危機存在。因此，進而思考要如何協助原住民族進行去殖民化過程，即成為刻不容緩的重要族群議題之一。

（一）〈原點的悸動〉分析

1.原住民族神話傳說

　　洪田浚在〈原點的悸動〉中，描述原住民族文化層面，乃探討諸多原住民族神話傳說，諸如排灣族山林狩獵文化、魯凱族人好茶村美景、泰雅族射日傳說、達悟族拼板舟與飛魚神話傳說、阿美族神話傳說、魯凱族蛇郎君傳說故事、布農族抗日傳說故事、賽夏族矮人族與矮靈祭傳說故事、小琉球烏鬼番傳說故事……等諸多口傳文學記載，即因此啓發洪田浚撰寫原住民文學的創作動機。

（二）〈矮小人種與烏鬼番〉分析

1.原住民族神話傳說

　　洪田浚描述關於小琉球烏鬼番特色，在歷史文獻紀載中，乃同樣描述過關於矮黑人。在日治時期，同樣有關於矮黑人傳說存在，諸如日本學者在《蕃族慣習調查報告書》、《人類學雜誌》，均對於矮黑人傳說與形象有所記載；甚至於認為矮黑人即居住於石洞中，乃為臺灣古代原住民族。但關於矮黑人傳說故事，均不離賽夏族神話傳說故事與矮靈祭祭典。

（三）〈巴斯達矮傳奇〉分析

1. 原住民族神話傳說與祭典

在洪田浚〈巴斯達矮傳奇〉中，乃對於賽夏族矮靈祭典與矮人族傳說進行分析。在日治時期，即有日本學者對此提出田野調查成果的展現；但現今關於矮黑人傳說故事，即在矮黑人滅種數百年後，流傳著曾出現在苗栗縣南庄鄉賽夏族群居的東河村，但諸多傳說均尚待分析與考證。

（四）〈深山裡的婚禮〉分析

1. 原住民族婚禮

洪田浚乃分析排灣族遵循傳統古禮，所進行搶婚的婚禮文化習俗，與演變至今現代排灣族搶婚婚禮習俗的異同之處；甚至於以社會真實案例的田野調查，來實際還原排灣族搶婚習俗特色。關於古典排灣族婚禮，根據《臺灣省通志》〈同胄志〉中，曾描述排灣族搶婚的婚禮習俗。由此展現出排灣族原住民勇士氣魄；此種搶婚習俗流傳至今，仍有部分遵循傳統古禮的排灣族婚禮得以見之。

（五）〈山地桃源的陸沈〉分析

1. 原住民族集體遷村

洪田浚觀察到日治時期與戰後時期，原住民族均面臨過政府官方政策性的集體遷村行動，均仍會造成原住民生活適應問題產生。關於日治時期與戰後時期的原住民族集體遷村行動，對於原住民即造成莫大的衝擊與影響。然而，遷村所造成最大問題，即為原住民族土地權遭受剝奪，謀生技能被迫改變；甚至於對於原住民族土地面貌，也產生莫大的衝擊。但仍有山地部落冀望推動山地觀光，以改善山地經濟發展。

2. 原住民族經濟議題

在山地原住民族迫於經濟困境，被迫到平地來與平地人競爭時，將面臨諸多生活挑戰與經濟壓迫。對於諸多原住民族而言，平地都市中競爭激烈、緊張繁忙的生活步調；與在山上生活氛圍，乃迥然不同。諸多都市原住民，將面臨著社會適應問題產生，而造成身心靈承受莫大的壓迫。

（六）〈大自然的遺民〉分析

1. 原住民族集體遷村

日本殖民帝國的遷村原住民族行動，即劃定番人所要地限制住居，進而

達到殖民壓迫與利益剝削之政治目的。戰後原住民族乃同樣面臨著被遷村的命運。多數原住民，大多聞遷村色變，諸多居民乃聞省地徵收而色變。因遷村後的未知數與生活不穩定性，均將造成原住民維生困境產生；甚至於土地資源遭受掠奪，導致經濟困境與工作壓迫。

2. 原住民族經濟議題

原住民族生存權與族群認同意識的萌發，甚至於其所面臨種族歧視議題，均尚待重視與改善。因此，要如何改善原住民生活壓力，即成為重要的原住民族議題之一，此乃可由原住民經濟困境進行分析與改善。

（七）〈失落的蓮花〉分析

1. 原住民族經濟議題

根據洪田浚觀察指出，原住民族均面臨著文化解體的生活困境；甚至於還面臨著嚴重文化流失與人口外流問題。但當原住民在進入平地社會謀求經濟發展時，往往將面臨諸多種族歧視與工作壓迫的經濟困境。

2. 原住民族之工作壓迫

原住民在就業市場上，經常面臨工作壓迫與種族歧視。但迫於山地經濟困境與就業機會不足，導致原住民被迫在平地就業市場求生存，諸如製造業、娼妓、個人服務業、漁業、礦業、營造業、拆船業……等諸多行業。根據洪田浚分析可知，原住民均從事高勞力低收入工作；甚至於在競爭激烈的平地就業市場上，乃面臨著諸多經濟困境的衝擊。

3. 原住民族之雛妓議題

洪田浚藉由〈失落的蓮花〉，描述關於原住民族雛妓議題，藉由社會真實案例披露，描述雛妓不僅工作環境惡劣，心理壓力更為沈重。還有，諸多原住民均在社會底層，從事著高勞力低收入工作，而飽受經濟壓迫。

（八）〈從青山綠水到燈紅酒綠〉分析

1. 原住民族經濟議題

山地經濟困境，即為原住民族人口外流的重要因素之一。因過去自給自足的山地經濟生活型態，乃產生重大變遷。當原住民被迫與平地經濟競爭，導致經濟生活產生莫大的衝擊與困境。因此，當山地原住民進入平地社會與漢族競爭時，諸多原住民就業與工作壓迫議題，乃應運而生。

2. 原住民族之工作壓迫

關於原住民族迫於山地經濟困境，而迫不得已地前往平地就業市場尋求一席之地，經常面臨著族群不平等待遇。原住民所從事工作，諸如漁業、工業；甚至於還要面臨著諸多工作剝削與職業風險。因此，原住民在平地謀求生計，多以漁業工作為主，甚至於以遠洋漁業為主；原住民女性，乃同樣從事著高勞力低收入工作。

3. 原住民族之雛妓議題

原住民族雛妓議題，根據洪田浚觀點而言，如何改善此雛妓議題的惡化，如何改善原住民就業困境，方為首要之務。關於原住民少女淪為雛妓的因素分析可知，諸多原住民受騙而賣身即為主要因素之一；再加上原住民妓女的經濟優渥，導致觀念偏差所致。因此，如何改善原住民族雛妓議題，乃為當務之急。

（九）〈行船人的沉船曲〉分析

1. 原住民族經濟議題

洪田浚觀察到現代原住民，不僅在就業市場上飽受工作剝削；甚至於經常可見到原住民漁民的家庭悲劇，諸如「男人出海，女人下海」，即為原住民族迫於生活經濟，而被迫接受的生活悲劇，令人不勝欷噓。

（十）〈時代的畸零人〉分析

1. 原住民族集體遷村

關於原住民族遷村議題，在山地部落不當觀光資源被開發之際，原住民族傳統部落型態，即面臨莫大的衝擊與挑戰。在觀光文化發展之際，乃犧牲掉原住民族傳統文化面貌。因此，要如何進行原住民族文化保存，即為重要族群議題之一。

2. 原住民族工作壓迫

洪田浚舉諸多社會真實案例，去探討原住民工作困境，呈現諸多媒體披露過的原住民，所承受族群壓迫與工作困境，進而探討原住民族經濟困境。由此真實地報導原住民族生活現實處境，冀望喚醒大眾對於原住民族議題的重視。

3. 原住民族之雛妓議題

關於原住民少女淪為雛妓議題，洪田浚在〈時代的畸零人〉中，舉諸多

社會真實案例進行探討，彰顯出原住民遭遇人口販賣情況嚴重；甚至於有警員介入與人口販子助紂為虐，更使原住民雛妓處境更加雪上加霜。因此，最重要即為努力協助原住民雛妓，脫離被荼毒蹂躪的困境；甚至於連原住民知識份子方挺身而出地大聲疾呼，政府應當正視並尋求改善原住民雛妓現象的存在。

（十一）〈原住民籲天錄〉分析

1. 原住民族經濟議題

縱然山地觀光得以為山地經濟帶來利益，但入不敷出的山地經濟困境，乃源自於山地保留地政策與土地所有權被剝奪，導致原住民僅能進入平地社會與漢族競爭，卻往往成為社會中下階層，以高勞力換取低報酬的社會邊緣人。因此，當年原住民族運動的「還我土地」運動，乃應運而生。

（十二）〈原住民運動的新潮〉分析

1. 原住民族之集體遷村

山地部落遷村，對於原住民部落生活產生莫大的衝擊與影響。原住民族遷村政策與山地保留政策，即衍生原住民族還我土地運動，乃努力爭取原住民族權利義務的被重視與改善，方有改善原住民族生活的契機。

2. 原住民族之工作壓迫

隨著諸多原住民族運動興起，乃可窺見原住民族發聲，彷彿去殖民化行動再現，彷彿薩依德所述，「去殖民化是有關不同的政治使命、不同的歷史和地理的方略之一場非常複雜的戰爭，充滿著想像、學術和反學術的工作。這場鬥爭採取罷工、遊行、暴力攻擊、報復和反報復的形式。」〔註105〕原住民族在社會中所承受的真實壓迫與歧視，即為長期族群不平等關係所致，尚待思考更多族群壓迫的改善之道。

3. 原住民族之雛妓議題

洪田浚乃由原住民族經濟困境進行分析，原住民族所承受著族群壓迫與種族歧視，即造成諸多雛妓真實案例發生。縱然無法改善原漢族群，在人口結構上懸殊比例；但對於族群壓迫與種族歧視的汙名化現象，乃為亟待改善的族群現象之一。

〔註105〕薩依德，〈反抗文化之主題〉，《文化與帝國主義》（2001年），頁411。

（十三）〈原住民痛苦的根源〉分析

1. 原住民族之集體遷村

在日治時期，日本殖民者即以剛柔並濟方式，劃定番界集中管理；但現代原住民族同樣由於土地資源喪失，導致原住民被迫進入平地謀生，乃面臨族群壓迫而產生痛苦。原住民族在諸多山地政策推行下，逐漸喪失土地所有權；甚至於面臨莫大的經濟困境。由此再現殖民霸權宗主國的疆域主宰權，對於原住民族的殖民壓迫。

> 在偶發的對話中，再現宗主國的文明疆域以外的事物之權力，乃是
> 從帝國社會的權力中衍生出來的。這種權力採用一種推論的形式，
> 以便重塑及重新安排「粗糙」或原始的材料。〔註106〕

原住民族在山地保留地政策衝擊下，所面臨的衝擊乃為與日遽增而無遠弗屆，原住民族儼然即成為邊緣族群。尤其在原住民族集體遷村後，所產生的原漢族群接觸，即衍生出更多族群議題，尚待探討與改善。

2. 原住民族經濟議題

原住民在進入平地謀生時，往往飽受身心靈族群壓迫與衝擊，只有宗教與酒精，才能使其獲得現實的解脫。因此，平地原住民族經濟困境與工作壓迫，均為現代都市原住民，尚待改善的生活困境之一。

3. 原住民族之雛妓議題

關於原住民族雛妓議題，洪田浚乃由原住民族經濟困境進行分析，回到雛妓問題發生之初，可分為兩個階段，從十七世紀漢人到臺灣拓殖開始，一直到二十世紀初期，乃為第一階段。至今雛妓議題仍舊存在之際，對於族群壓迫與種族歧視汙名化現象，乃為亟待改善的族群現象之一。此外，如何協助原住民族尋求更好的就業管道，以改善其經濟困境與就業環境，乃為刻不容緩之務。

4. 原住民族之神話傳說

原住民文化多元性與獨特性，乃彰顯文化發展初期的族群特質，原住民本性質樸樂天，愛好歌唱、雕刻、編織，物質慾望極低，此即高山賜與他們美好基本性格。因此，在關注與探討原住民族文化之際，應兼顧其諸多層面族群特色發展。

〔註106〕薩依德，〈帝國的文化嚴整性〉，《文化與帝國主義》（2001 年），頁 191。

七、古蒙仁文學

古蒙仁原住民族文學論述，在《黑色的部落》中，乃收錄〈一個沒有鼾聲的鼻子〉、〈幾番蘭雨話礁溪〉、〈碧岳村遺事〉、〈黑色的部落〉……等文本，分別分析諸多山地原住民族議題、歷史、原住民族形象、部落景象、社會組織、維生計能、飲食飲酒習慣、刺紋、鑿牙、婚姻、生產、宗教信仰、教育之文化習俗、始祖之人類起源神話傳說……等諸多層面。

（一）〈一個沒有鼾聲的鼻子〉分析

1. 原住民族生活困境

古蒙仁自述在走進部落，走入原住民族世界前，與山胞接觸機會仍極為有限。當古蒙仁決定要進行原住民族深入報導時，乃眞實地走入山地部落，方可眞實地見證著原住民文化，首先即要先設身處地地爲原住民族著想，方可眞實地理解原住民族群文化精神與生活困境。

（二）〈幾番蘭雨話礁溪〉分析

1. 原日歷史事件與原漢族群衝突事件

古蒙仁在〈幾番蘭雨話礁溪〉中，乃描述清乾隆與嘉慶時期，對於原住民族強勢討伐事件，直至嘉慶時期，即展開實際招撫行動。清代官方與原住民族在此事件中，原漢族群衝突乃正面交鋒地正式展開。諸多原日歷史事件中，即見證當時在宜蘭地區清廷強勢歸撫原住民族，所造成原漢族群衝突事件。往後諸如原漢族群衝突、原日族群衝突的番變事件，乃時有所聞地層出不窮。

（三）〈碧岳村遺事〉分析

1. 原住民族形象

古蒙仁在〈碧岳村遺事〉中，乃描述原住民誠懇老實形象，以布浩帶著獵槍下山去驗槍事件爲開頭，將原住民辛勞刻苦，又守規矩遵循山地政策地前往驗槍形象再現。布浩難得下山之餘，即順道添購物資，以補足山地資源缺乏。此外，還展現出原住民布浩樂天知命的族群性格與熱情招待漢族朋友。此時，酒即成爲拉近原漢族群隔閡與距離最好選擇，雙方隨即跨越原漢族群鴻溝而成爲朋友。布浩曾在平地社會中，嘗試過諸多高勞力低收入工作，後來習得一技之長而選擇返鄉工作。但布浩妻子莫莉乃展現出急於離開孤寂山地部落形象。當布浩妻子莫莉有機會與漢族朋友相處後，乃選擇以生病爲由，

要求與漢族朋友一同下山後，卻又反悔地選擇回到屬於自己的山林部落生活。此即彷彿諸多原住民般，在平地社會夾縫中求生存，尋求不到一席立足之地，僅能重新回到山地原住民部落。

2. 原住民族之部落景象

古蒙仁在〈碧岳村遺事〉中，乃描述山地原住民部落，原住民族人口外流情況嚴重，彷彿諸多原住民部落現實寫照。就連布浩妻子莫莉，也夢想著離開山林部落許久，冀望得以見識一下外界世界。豈料，在布浩妻子莫莉勇於離開山林部落後，在平地社會中，卻又尋找不出一席立足之地，即象徵著諸多原住民在山地部落中，無奈又無可奈何的心境。

3. 原住民族之種族歧視

在漢族巡官江錦田與范良敏對話中，將對於原住民族種族歧視之意，與充滿輕蔑語氣，均展露無疑。在漢族眼中，如此深山中竟還有人居住；甚至於對於原住民族虔誠信教到可不理會兵役，令漢族感到不可思議。在漢族巡官江錦田與范良敏觀點中，原住民山林部落，總較為落後偏僻，總帶著漢族中心主義心態加以評論。當漢族朋友回到平地社會後，總算鬆一口氣地說道，彷彿回到人類居住地。因此，不僅漢族對於山林部落與原住民族歧視眼光外，就連原住民莫莉也對於山林部落家鄉不以為然，但在平地尋求不到立足之地，彷彿諸多原住民在飽受族群壓迫後，僅能選擇重新回到山地部落尋得立足之地。

（四）〈黑色的部落〉分析

1. 原住民族之歷史

古蒙仁乃描述泰雅族原住民族歷史，認為泰雅族即經由數次遷徙行動，方可正式定居。泰雅族原住民，在遷徙歷史軌跡上，與其他諸多原住民族，又產生何種族群際遇與族群意識呢？此均為尚待探討之議題。

2. 原住民族之歷史事件

古蒙仁在〈黑色的部落〉中，乃描述原住民族「李棟山事件」抗日事件爆發的歷史背景。原住民族抗日事件爆發，即源於日本殖民統治強勢鎮壓，所導致官逼民反的武裝抗日行動。日本殖民官方乃採取先進武器，來對付原住民族強力抵抗。但原住民族肉搏戰，終究不敵日本殖民當局先進武器而棄械投降。原住民僅可認分地接受日本殖民官方統治，甚至於逐漸習慣於皇民

化運動洗腦與同化。

3. 原住民族之部落景象

當漢族對於原住民族刻板印象，在山地原住民部落中，多數爲原住民居住，僅有少數平地人居住至此，諸如學校裡老師，派出所警員，與流動的林務局探測人員。縱然有獨特原住民文化氛圍，當漢族至此還免不了無法適應問題產生。漢族作家即以漢族中心主義，將山地部落視爲現代文明的棄嬰；早期現代建設發展，在山地部落中即較爲落後，乃有賴於原住民胼手胝足，改善山地部落交通。縱然山地原住民部落正努力地改善生活困境，但山地險峻地勢，仍爲交通阻礙之一。

4. 原住民族之風俗習慣

原住民族在現代社會組織，即遵照政府通行的社會組織型態，卻仍保有傳統部落山林組織特色。而原住民族傳統維生方式，乃以山田燒墾與狩獵爲主，此即源自於山林環境就地取材所致。原住民在農耕之餘，經常從事狩獵以增加生產，進而衍生諸多祭典與禁忌。此外，秀巒村泰雅族人，還有另一項特殊技能，即爲所謂的「打香菇」；此項技能即使爲原住民帶來財富，卻也使其產生酗酒惡習。至於山地保留地政策，在原住民眼中，乃使原住民族喪失土地所有權，彷彿霍布森所謂的「民族擴張」，「在一九〇二年，霍布森描述帝國主義爲民族擴張。」〔註107〕土地所有權政策，即爲殖民霸權疆域拓展。

古蒙仁認爲原住民族飲酒習俗，即爲強烈剽悍民族性所致，不免乃過於武斷；甚至於流於漢族中心主義思考觀點，此即忽略原住民族飲酒文化，所象徵的族群精神與文化意義。但現代原住民，有時將以酒精來逃避族群壓迫與種族歧視。此外，關於原住民族刺紋習俗，乃深具有族群文化意義；還有，泰雅族鑿齒風俗習慣，縱然已不復見於現今，但過去仍存在於泰雅族社會中。關於原住民族婚姻制度，乃恪守著男女感情分際，婚禮乃爲全族盛事，均將熱鬧地舉行著，部分族群還存有著搶婚習俗。在婚禮後，緊接而來傳宗接代之事，同樣有諸多生產禮俗與禁忌。原住民認爲不能生產，乃爲上天決定，此即對人類的懲罰且相當迷信。在生產過程，乃如早期漢族生產般；但嬰兒誕生後，剪下來的臍帶須埋在牆角，以防止暴露於外，觸犯神明。最後，在

〔註107〕薩依德，〈珍‧奧斯汀與帝國〉，《文化與帝國主義》（2001 年），頁 165。

原住民族命名轉變過程，原住民在一生中乃經歷多次更換姓名，原住民族名、日本名、漢名，均見證原住民自主權受限與族群困境產生。

關於原住民族宗教信仰，可由其喪葬習俗與精神信仰分析，乃認為死亡為人類最後歸宿；在超自然精神信仰上，原住民族即有祖靈崇拜信仰，而對祖靈有絕對信仰觀念。但在外來宗教傳入後，即產生莫大的衝擊與影響；教堂與教會在山地原住民部落中，乃時有所見。此外，關於原住民族教育，除了傳統文化技能外，原住民孩童也逐漸接受漢化教育。漢族作家即主觀認為山地原住民孩童智力低落與學習情緒不佳，提出山地原住民部落教育資源缺乏問題；甚至於還提出對於原住民歌唱與體力肯定，此即諸多漢族對於原住民族所存有族群刻板印象；其實原住民族，還有諸多文化習俗值得探討。

5. 原住民族之神話傳說

原住民族各個族群間，乃流傳著諸多神話傳說故事，尤其以人類起源傳說、洪水傳說、族群歷史傳說……等諸多原住民族口傳文學，均有其族群精神與文化意義存在，彷彿薩依德所述，「目前，此一文化的理念所帶來的困擾是它不只包含對本身文化的尊崇，也是視其為超越性的，因而就是某些方面可以脫離日常生活的方式來思考之。」〔註 108〕諸如泰雅族原住民人類起源傳說，還有諸多原住民族口傳文學，均見證著原住民族群精神與文化價值的重要精隨。

八、官鴻志、江上成、黃小農文學

官鴻志在〈不孝兒英伸〉文中，以報導文學方式，見證原住民青年湯英伸，所爆發湯英伸社會事件。根據湯英伸生活背景可知，湯英伸在求學階段表現乃極為出色，而深受肯定。因此，當湯英伸事件爆發後，均引起族人震驚與國內輿論譁然。官鴻志還分析諸多原住民族議題，諸如原住民青年、湯英伸事件、原住民工作與教育壓迫、原住民族種族歧視壓迫、原住民部落情境、原住民部落建設與變遷……等諸多層面。

1. 原住民族青年形象

官鴻志在〈不孝兒英伸〉中，以報導文學方式見證原住民青年湯英伸，所爆發湯英伸社會事件。根據湯英伸生活背景可知，湯英伸乃為嘉義師專四年級肄業，家境小康，家有父母湯保富、母親汪枝美……等五人。全家生活

〔註 108〕薩依德，〈導論〉，《文化與帝國主義》（2001 年），頁 5。

均依靠父親薪津收入維生。湯英伸出生於一個本村公認的模範家庭，又考上師專而成爲部落中閃亮的焦點。在就學期間湯英伸，曾連續擔任六年班長，畢業時乃榮獲縣長獎，獎品即爲一本字典；甚至於還榮獲世界展望會「資優學生獎助金」，考上嘉義著名教會學校輔仁中學。湯英伸乃爲乖巧、熱情、上進，又受人稱讚的原住民青年，但自小即較爲文靜內向，不太說話。18 歲曹族少年湯英伸，能詩、能歌、學藝雙全，也記過不少次大功小功與數不清楚的嘉獎；甚至於曾參加校際才藝比賽、優秀山胞聯誼會、黨幹部研習會、田徑比賽、殘障青年村，均爭取諸多光榮和獎勵。湯英伸在同學與族人心中，乃爲好朋友、好兄弟；甚至於成爲校園裡榮獲一大堆獎牌得主，而熠熠發光的明星。湯英伸還經常在口中掛念著那群陪他流汗、唱歌的山胞夥伴；甚至一心想著與他們一起合組合唱團，而最大願望即到美國看演唱會。

2. 湯英伸事件爆發實錄

　　湯英伸事件爆發，乃存在著諸多因素所致。根據湯英伸母親觀察，自從湯英伸休學返家後，即展現出諸多情緒異常現象。湯英伸實在很懷念學校生活，尤其那些朝夕相處的師專同學。縱然湯英伸偶爾會彈琴自娛與看書排遣外，幾乎足不出戶。當湯英伸再度回到校園參與音樂比賽晚會活動，即使其情緒更加陷入低潮。湯英伸乃決定要悄悄地離家出走，追求一個自力更生的夢想時，卻陷入一個更大族群漩渦中。當湯英伸離家出走後，家人刻意不讓英伸房間的一切受到絲毫變動。湯英伸諸多獎牌，仍兀自掛在牆上。當湯英伸選擇離鄉背井而自我放逐於臺北時，內心痛苦彷彿薩依德所述的「流亡」心理。

> 流亡是最悲慘的命運之一。在古代，流放是特別可怕的懲罰，因爲不只意味著遠離家庭和熟悉的地方，多年漫無目的的遊盪，而且意味著成爲永遠的流浪人，永遠離鄉背井，一直與環境衝突，對於過去難以釋懷，對於現在和未來滿懷悲苦。〔註 109〕

　　當湯英伸循著臺北自稱「新開幕」的「天祥西餐廳」地址前往時，在職業介紹所惡意欺瞞與壓榨下，輾轉來到湯英伸事件爆發地點翔翔洗衣店。根據湯英伸自白，描述事發經過，乃始於漢族彭老闆不准湯英伸辭職，甚至於還大打出手，引爆一切衝突。當在沈酣睡夢中，湯英伸被彭老闆強拉起來時，

〔註 109〕薩依德，〈知識分子的流亡——放逐者與邊緣人〉，《知識分子論》（1994 年），頁 85。

忽然湧起一股哀怨與憤怒，進而脫口而出辭職念頭；但彭老闆乃冷不防地出拳重擊湯英伸；再加上要不到身分證，無法重獲自由的湯英伸，再也忍不下這口氣。因此，臺北新生北路翔翔洗衣店洗衣店中，所爆發湯英伸事件，行凶者竟爲一個師專肆業的國家公費生，僅有 18 歲且來臺北 9 天的曹族少年。湯英伸事件爆發，彷彿「抵殖民」反擊所造成「自我毀滅」再現。

> 被殖民主釋放心理能量所發出的群體機制。土著民族的基因符碼重新復甦、身體文法向主流社會滲透，形塑「抵殖民的翻譯」，召喚、展演備受壓抑的心理動能，法農以殖民暴力逆向反擊，清楚刻劃出了殖民主義自我毀滅的必然軌跡。〔註110〕

在被告席上湯英伸俯首站立，不斷地抽搐痛哭，看來極度脆弱而孤獨。湯英伸在初審被宣判連續殺人與竊盜而處以死刑，並褫奪公權終身。最後在三審定讞的判決，湯英伸即要面臨無期徒刑。湯英伸乃抽泣地說道，「給大家添了這麼多麻煩，實在對不起！」震驚全國的湯英伸事件乃劃下句點。

3. 原住民族工作壓迫

原住民青年湯英伸所遭遇到的工作壓迫，在漢族職業介紹所邱老闆與漢族翔翔洗衣店彭老闆的欺騙與壓榨下，逼得湯英伸將積壓已久的憤怒與怨氣，即一觸即發地引爆。首先，邱老闆開門見山地說道，先繳一千塊要求，甚至於表明僅收介紹費三千五百元。但湯英伸沒有錢，再加上來介紹所兩趟，共付一千五百元；僅能坐車到三重市向親戚借錢，又轉回世吉介紹所，向老闆繳交五百元。在漢族邱老闆卻謊稱現在餐廳還沒開幕，等過年後即就馬上開張，你先去一家洗衣店工作，待遇也不錯一天五百元。當湯英伸繳交三千五百元這筆爲數不小的金錢後，乃開始覺得懊惱。但此刻翔翔洗衣店彭老闆跑來，當場付清湯英伸欠款二千元；邱老闆進而要求湯英伸要扣留身分證做爲低押，並簽一張二千二百元借據。原來，去翔翔洗衣店上班計程車費兩百元，也錙銖必較地簽在湯英伸帳上。原住民青年湯英伸在飽受工作壓迫後，卻僅能在日記寫下心情寫照，諸如洗衣店蒙難記、世界上最大罪惡、我立誓要辭職離開這裡……等諸多字眼，均展現出湯英伸積怨已深。在平地以漢族爲多數都市中，努力求生存的原住民湯英伸，即彷彿薩依德所謂的「流亡者」再現。

〔註110〕黃心雅，〈「翻譯」法農，權力、慾望與身體的中介書寫〉，法農，《黑皮膚，白面具》（2005 年 4 月），頁 22。

流亡就是無休無止，東奔西走，一直未能定下來，而且也使其他人
定不下來。無法回到某個更早、也許更穩定的安適自在的狀態；而
且，可悲的是，永遠無法完全抵達，永遠無法與新家或新情境合而
爲一。〔註111〕

當湯英伸向老闆辭職時，乃由於過年、家鄉運動會與豐年祭即將舉行而
要求回到山地故鄉。湯英伸甚至於盤算著，八天工資將足以抵償欠債，與還
錢給親戚，並擁有回家車資。豈料，彭老闆竟說一天工資僅有兩百，仍欠債
於彭老闆；甚至於當湯英伸朋友欲前往探望時，其工作時間均被排滿。因此，
飽受工作壓迫的湯英伸，乃前往建國北路表哥家訴苦中，一口氣喝五、六瓶
紅露酒，並表明對臺北感到疲累之感。根據阿碧所述，湯英伸所創作小說〈爸
媽！我們探險去！〉中，乃透露出原住民青年在都市就業，而飽受種族歧視
屈辱，乃造成無限悲哀。根據湯英伸在嘉師四年甲班一位同班女同學，也曾
一頭栽進同一家介紹所的過程。應徵時甚至於被帶至小房間，漢族老闆還先
要求繳交八百元，即可介紹到希爾頓飯店工作；但求證希爾頓飯店後，才得
知他們並沒僱人之事。這一切均爲漢族職業介紹所謊言，湯英伸當初即在渾
然無知下，掉入這個充滿謊言而極盡剝削的黑暗漩渦中。

4.原住民族教育壓迫

湯英伸在校園中乃同樣承受著諸多不平等待遇，諸如當初湯英伸曾因抽
煙而被記大過，但同學則黯然表示；其實，香煙並非湯英伸所抽，他卻挺身
而出地頂罪，事後甚至於不爲這個冤屈吭一聲。湯英伸在三年內，曾被逮到
幾個小辮子：單車雙載、不繡學號、爬牆、抽煙……等諸多行爲均受到懲
罰，使他總共被記下三次大過、三次小過，再加上四次警告。因此，幾經挫
折後，湯英伸索性就選擇理龐克頭，再加上奇裝異服地在校園裡晃盪以表現
自我，彷彿法農所述努力自我表現「被殖民者情結」再現。

既然不能從先天的情結（complexe inne）出發，既然我無法做爲黑
人來肯定自己，既然其他人對於承認我有所猶豫，那麼只剩下一種
解決辦法：讓我被大家所認識。〔註112〕

此次湯英伸在校園中打麻將，而遭受到學校懲戒；甚至於跑去找教官求

〔註111〕薩依德，〈知識分子的流亡——放逐者與邊緣人〉，《知識分子論》（1994年），
頁90～91。
〔註112〕法農，〈黑人的實際經驗〉，《黑皮膚，白面具》（2005年4月），頁199。

情，跪在地上還懺悔地哭泣，仍被迫留校察看。因此，湯英伸父子倆人商議
結果，即決定自動辦理休學。在最後一次學期考試，湯英伸乃無心考試地在
卷子填上名字後，即逕自走出教室。隨即回到寢室自彈自唱地錄下這卷錄音
帶，向四年甲班全體同學告別。當已休學在家的湯英伸，興致沖沖地返校參
與音樂晚會活動時，卻面臨著教官衝著湯英伸說道，「湯英伸，往後你儘量不
要回來！」此乃令湯英伸感到極為挫敗與惆悵不已。

5. 原住民族種族歧視壓迫

原住民湯英伸在生活中，乃切膚地感受到種族歧視所造成「不公平」存
在。因此，洗衣店彭老闆羞辱，即成為壓倒湯英伸最後一根稻草。當湯英伸
向彭老闆要身分證未果；甚至於想辭職回家時，彭老闆卻說道，「番仔！你只
會破壞我的生意！」此「番仔」辱稱，使湯英伸感到彷彿遭受重擊般創傷，
方成為湯英伸事件重要導火線之一。當盲人詩人莫那能聽聞湯英伸事件後，
乃回憶起 13 年前，曾被職業介紹所給賣了。鄉土小說家黃春明，同樣對於湯
英伸遭遇乃心有同感，黃春明曾被幾所師專三次退學與轉學記錄，使其內心
承受著莫大的心理壓力，均使黃春明心有戚戚焉地深刻感受到湯英伸所承受
諸多壓力。因此，諸多原住民均承受著，彷彿法農所述的汙名化黑人，即如
飽受種族歧視「汙名化原住民族」再現。

> 安的列斯人知道自己是黑人，然而輕由一種理論上的滑移，他又發
> 現（集體無意識）人只有在是壞蛋、是懦夫、是惡棍、是芥夫的時
> 候才會是黑人。所有與這些做黑人的存在方式相對立的，都是白
> 的。安的列斯人的黑人仇視，其根源就在於此。在集體無意識當
> 中，黑等同於醜陋、罪惡、蒙昧、不道德。換句話說，誰不道德，
> 誰就是黑人。〔註113〕

山地部落中畢業於輔大哲學系高義輝神父，乃認為此即身為原住民的自
卑感，隱藏在湯英伸內心深處發酵著，彷彿法農所述的「被殖民者心態」，「兩
個世紀前，我淪為永遠的奴隸，人性不再屬於我。接著，來人宣稱這種事已
存在太久。我的任性做了剩下的事；我從文明的洪水中獲救。我繼續前
進……。」〔註114〕甚至於造成原住民內心深處不斷地壓抑、反彈而成為外表

〔註113〕法農，〈黑人與精神病理學〉，《黑皮膚，白面具》（2005 年 4 月），頁 287～
288。
〔註114〕法農，〈黑人的實際經驗〉，《黑皮膚，白面具》（2005 年 4 月），頁 205。

優越感。當高神父聽聞湯英伸事件時，第一個直覺乃認為湯英伸悲劇，必定有文化差異上的問題，造成即如黃心雅針對法農後殖民理論所述的「被殖民者精神焦慮」再現，「法農是二十世紀後殖民主義批評的先驅。……法農處理被殖民者在殖民文化中喪失主體性的精神焦慮與情感錯亂。」〔註 115〕高神父清楚地記得去年，湯英伸即曾到教堂向他苦痛地告解說道，「我已經變成病態的人！」湯英伸彷彿已被殖民者意識型態，在殖民霸權所形塑現實情境中，承受著諸多殖民壓迫。

> 帝國主義以情慾隱喻殖民權力，透視如何扭曲被殖民者的心理結構，說明黑人主體形塑和認同過程中，被漂白的意識型態與現實情境交疊所產生的兩難。……由鏡像的另面觀看，分析黑人存在的精神病理學與現代哲學解釋，視身體為主體存在的物質基礎，身體為殖民文本，膚色銘刻人種位階，基因生理結構正是西方現代文化與殖民霸權共謀所建構的殖民神話。〔註 116〕

高神父記得讀臺中一中時，曾因自己為山地人，即造成「有些同學把我當牛馬一樣看待」；甚至於「每回有人罵我是『番仔』時，總覺得痛痛快快地打它一架，會使自己比較舒服。」臺中一中同學在日本福岡大學教中文的劉三福，同樣來自於山地部落。某次與劉三福在宿舍水槽邊洗衣服時，旁邊同學無意間說道，「山胞的系服洗不乾淨」此刻，飽受羞辱的劉三福即展開反擊，「這個兩、三拳可以打死一個人的劉三福，驀然撲了上去，把對方打成重傷了。」原住民所承受的種族歧視，乃時有所聞。此外，亭亭玉立的曹族姑娘安玉英，在校園時曾遇到教官突然說道，「聽同學的反應，你們山地人常常不洗澡……。」飽受創傷的她則向高神父傾訴說道，「不要把全部的錯，都往我們山地手身上戴啊！」安玉英甚至於質疑為何原住民將被視為怪物，「『為什麼我是山地人？為什麼我們山地人就要被別人當成怪物？』」此即如薩依德所述的「從屬地位者」從屬性與劣勢性再現，原住民被殖民者自卑感乃油然而生。

> 在所有這些領域——性別、階級、種族——相關批評以正確地將焦點放在現代西方社會的制度性強制力，如何能形成塑出對基本上視

〔註 115〕黃心雅，〈「翻譯」法農，權力、慾望與身體的中介書寫〉，法農，《黑皮膚，白面具》（2005 年 4 月），頁 19。

〔註 116〕黃心雅，〈「翻譯」法農，權力、慾望與身體的中介書寫〉，法農，《黑皮膚，白面具》（2005 年 4 月），頁 20。

> 爲是從屬地位者的再現，並未其立下界限；因此，再現本身被視爲
> 是確保從屬地位者的從屬性，及劣勢性之基本方式。〔註117〕

關於杜秀雲例證可知，曹族同學明明看見杜秀雲爸爸，送一千餘元到學校給她；但恰巧宿舍裡傳出有人掉錢消息後，杜秀雲口袋裡準備繳食宿費的一千餘元，竟成爲偷竊贓物證據。諸多原住民飽受族群壓迫與種族歧視，均見證著原住民族所承受的族群壓力。

6. 原住民族部落情境再現

當湯英伸事件爆發後，25 日下午六點在臺北建國北路上，湯英伸與哥哥倆，坐上計程車逕自往臺北中山分局開去。湯英伸在此刻唯一念頭，即爲故鄉情境乃呼喚著他，因此詢問著哥哥說道，「我們能不能先回家，看爸爸，媽媽……好不好？」其實，諸多原住民均承受著受挫際遇後，選擇回歸部落，此即展現出原住民族「文化認同意識」再現。

> 文化是認同的泉源，且以相當戰鬥性的方式爲之，正如最近我們所
> 看到的一些對文化和傳統「回歸」。這些「回歸」結合嚴格的知性
> 和道德行爲的點則，對容許與諸如多元化主義和雜種性這類相對地
> 自由派的哲學相結合的主張持反對的立場。在先前殖民化的世界，
> 這些「回歸」產生紛然雜陳的宗教和民主主義的基本教義派主張。
> 〔註118〕

關於原住民青年回歸部落現象，山地部落原住民老人乃說道，「我們老一代的曹族人，多半一輩子守在山上；年輕人卻只想往臺北跑，然後一個一個受到各種挫傷回到山上來。」在臺北做過事的阿碧同樣說道，「我在外面跌跌撞撞，才發現山上的故鄉最好。」她最親身體會過山地孩子離鄉背井到繁華都市的苦楚。

7. 原住民族部落建設與變遷

關於特富野這個山村，乃座落於山谷下，還有美麗峻谷在村頭上邊，岔開成兩條支流，曲彎地淌著一條婉約流水，四周散置著這座高嶺上幾十戶曹族人家。阿碧回憶地說道，當年到學校上課，均要由這條小路走到十字路口的阿里山鐵道小站，再轉搭小火車到嘉義。當年年輕力壯的湯保富，即努力地建設故鄉，與族人共同決議，輪流出勞力地在篳路藍縷下，終於完成這條

〔註117〕薩依德，〈敘事與社會空間〉，《文化與帝國主義》（2001 年），頁 159。
〔註118〕薩依德，〈導論〉，《文化與帝國主義》（2001 年），頁 4。

康莊大道夢想。但此時鋪路完的造橋工程，只好再向曾文水庫建設委員會申請撥款，以建設特富野大橋。湯保富怎麼也卸不下「道路主任委員」差事，持續地忙著另一條更高山邊公路建設。

　　黃小農在〈隱藏的陷阱——歧路上的職業介紹所〉報導文學中，描述當時臺灣早期社會職業介紹所，即利用謀職者急於找工作心情與困境，簡直將人當成貨物詐取著不當財利；甚至逼使純潔無知青年淪落到痛苦深淵，湯英伸事件乃可歸諸於職業介紹所的不法所致。臺東排灣族原住民詩人莫那能曾親身經歷，見證原住民工作慘遭剝削與壓迫的斑斑血淚史。當年十七歲飽受工作壓迫的莫那能離開血汗工廠後，來到職業介紹所，得到捆工工作，卻變成搬魚工作，使莫那能滿腦子疑惑，越想越不甘心。直到最後一次又被雇主送回時，想討回身分證未果；甚至於被帶至樓上廁所門邊，要求他坐在木箱子上，不給他飯吃，也不讓他睡覺。當隔天早上，職介所帶進來三個十四、五歲排灣族少女，要安排她們到餐廳工作，月薪一萬二時。莫那能即又急又氣地衝上閣樓，用山地話大嚷著說道，「趕快離開這裡！他們是騙子！」莫那能在一陣扭打後，正想衝出門外時，職介所人員甚至於冷冷地說道，「等一下，你這個番仔，你的身分證在我們手上，你會倒霉的。我們會寫信告訴你的家人，說你在臺北犯了法，等你的父母來找你的時候，再把他們殺掉。或是我們會把你的身分證借給別人去做壞事。」當年年少單純的莫那能，僅能在充滿殘酷與野蠻世界中，默默地承受這一切非人際遇。

　　關於湯英伸事件，江上成在〈冰凍的春天——悲劇前後的一家人〉中，乃以悲劇前後的翔翔洗衣店一家人為例，加以分析報導。當初喜好機械工藝的漢族老闆彭喜衡，還特別向朋友拿一枝尺來長的鐵鑄拔釘器，來拆除整修後留下的鐵釘與木條；卻始料未及一枝小拔釘器竟成為日後全家人悲劇發生。當湯英伸與彭老闆發生衝突時，帶著酒氣山地青年湯英伸，順手握住附近拔釘器，朝彭喜衡揮過來。根據漢族老闆彭喜衡親戚彭喜專的觀點，即將湯英伸歸諸於慘無人道殺人兇嫌。彭家老么甚至於認為，「殺人者死，這是我們中國人傳統的法治觀念。雖然他是山地人，到了平地，就應適應平地的生活；如果不能適應，就不要來平地。」彭家老么認為殺人償命，乃為天經地義之事，在入境隨俗傳統觀念下，完全罔顧原漢族群相處間族群適應議題。縱然彭喜衡遺孤在湯英伸事件爆發後，縱然受到妥善照料與適應良好，但被害人家屬仍永遠無法忘懷，這原漢族群悲劇所帶來的傷痛。

九、吳錦發文學

（一）〈靜靜流淌過心底的哀歌〉分析

1. 原住民族生活困境與湯英伸事件

吳錦發在〈靜靜流淌過心底的哀歌〉中，曾舉諸多原住民族所承受不公平待遇，諸如「東埔村挖墳事件」，即在觀光開發利益當前之際，罔顧原住民祖墳立足之地，乃將原住民族尊嚴完全糟蹋。對於湯英伸事件中，諸多學者專家均十分關注，但仍無法避免年輕原住民生命的流逝。縱然原住民族遭受到種族歧視的遭遇仍舊存在，但終因此事件而受到正視。在原住民文學創作中，漢族作家同樣努力思考著，要如何協助原住民改善生活際遇，甚至於如實呈現原住民族現代處境。

（二）〈燕鳴的街道〉分析

1. 原住民族之族群意識

吳錦發在〈燕鳴的街道〉中，乃展現出原住民少女幼瑪族群意識，彷彿對於自身原住民身分，甚至於自己山地家鄉，均存在著一股複雜卻無奈的情緒。幼瑪那句「家？什麼家？……只會向我要錢的家」，道盡原住民族經濟困境與生活壓迫，彷彿薩依德所謂的原住民對家的意識，乃極為疏離。

> 我深深覺得他們的姓名才是「正」名，他們的衣著、口音及交遊也
> 和我完全不同。我記得從來不曾聽他們提過「家」字，但在我心中，
> 他們是有家的，而最深意義的「家」是我一直無緣的東西。〔註119〕

由那句「寂寞……整個賽夏都是寂寞的」，彷彿道盡原住民族在現代社會中，族群處境的困頓與艱辛。吳錦發藉由原住民少女幼瑪遭遇與心境揣測，推敲出原住民族集體族群意識與受辱經驗，卻僅能無奈地面對族群生存困境，卻無計可施的落寞與孤獨。

2. 原住民族青年形象

吳錦發在〈燕鳴的街道〉中，乃描述著熱情奔放原住民少女——幼瑪生活際遇，彷彿即為原住民族形象。幼瑪敢愛敢恨，熱情開朗的態度，喜好喝酒形象；甚至於還愛跟朋友開玩笑；卻又帶點淡淡哀愁，彷彿原住民內心深處般。

〔註119〕薩依德，〈殖民學校：人地不宜〉，《鄉關何處》（2000 年 10 月），頁 57。

3. 原住民族之種族歧視

吳錦發描述原住民少女幼瑪，在工作上因挫折而面對種族歧視，所帶來語言羞辱，漢族口中「笨死了。笨山地仔！」對於原住民族充滿著輕蔑羞辱。幼瑪甚至於提及當初曾被羞辱地稱之爲「山地母狗」的語言羞辱。小劉也曾對著幼瑪喊出，「臭蕃仔，死蕃仔」一語，同樣針對幼瑪的原住民身分進行人身攻擊；小劉口中甚至於說道，「這蕃仔原來是我的貨」，簡直不將幼瑪當人看待，那句「蕃仔」乃展現出對於原住民族的種族歧視之意。原住民少女幼瑪所承受的族群壓迫與種族歧視，彷彿象徵著原住民族集體受辱，飽受種族歧視之族群經歷。

4. 原住民族之祭典

吳錦發在〈燕鳴的街道〉中，乃描述原住民賽夏矮靈祭典的舉行。在平地工作的原住民少女幼瑪，即帶著漢族朋友，返鄉共同參與原住民族祭典；且在賽夏族矮靈祭典中，盡情地享受歌舞熱鬧。但隨著連續三天瘋狂祭典後，幼瑪與漢族朋友還要走兩三公里小山路，到山腳下村莊搭車返回平地。由此呈現原住民部落聯外道路的交通不便，使原住民返鄉之途，乃極爲辛勞。

（三）〈摒棄教條，尋回人道〉分析

1. 原住民族生活困境與湯英伸事件

吳錦發在〈摒棄教條，尋回人道〉中，乃深刻沈思原住民青年湯英伸事件。不僅吳錦發關注於原住民族命運，諸多學者專家均努力地爲湯英伸訴願。但湯英伸縱然犧牲性命，卻也喚醒社會對於原住民族議題的關注。因此，面對原住民族群困境，諸多學者專家將此歸諸於經濟因素所致。不僅在現代社會，原住民族面臨經濟壓迫與帝國主義霸權衝擊外，在過去原住民族同樣飽受殖民霸權的多重壓迫。因此，眞實著眼於原住民社會眞實境況，方可眞實地改善原住民生活實況。

十、鍾理和文學

（一）〈假黎婆〉分析

1. 原住民族之形象

鍾理和在〈假黎婆〉中，乃描述原住民奶奶故事，假黎婆奶奶帶來原住

民族所特有神話傳說故事。對於漢族客家籍作家鍾理和而言，此即為另一種不同族群體驗。假黎奶奶乃擁有著不同特徵，諸如獨特髮型、紋身……等文化特徵，均見證著奶奶原住民身分。但奶奶喜好吟唱著原住民族歌曲時，彷彿重新找回原住民族的感覺，而使奶奶備感年輕與活力。但鍾理和卻因族群語言隔閡，而無法融入奶奶世界，彷彿被隔絕於奶奶原住民世界般，進而要求奶奶不要再唱。關於奶奶娘家親戚，奶奶的弟弟曾到家中工作過，卻完全沒原住民族特有的剽悍勇猛氣質，唯一可見證其原住民身分，即有孤拔與頭巾。當奶奶娘家原住民親戚來訪時，奶奶彷彿戰戰兢兢地面對著；還因過節喝醉酒，而引發奶奶的怒氣。此即道盡原住民族所保有族群尊嚴與骨氣。但數年後，奶奶娘家親戚再度來訪時，卻已白髮蒼蒼。此刻最顯而易見的特徵，即為身著日式服裝，宣告著原住民族在日治時期，乃成為日本殖民霸權皇民化運動下的被殖民者，而經歷著諸多生活困境。

2. 原住民族之部落景象

鍾理和在因緣際會下，曾與奶奶一同進入山中去尋牛，奶奶乃展現出原住民族過人體力，與對於山地部落極度熟悉感；甚至於興奮地向孫子介紹山地家鄉。由此可知，原住民嫁入平地社會後，對於山地原住民部落，仍存在著濃厚的懷鄉之意。

3. 原住民族之種族歧視

在鍾理和口中的假黎原住民奶奶，乃承受著原住民族慘遭種族歧視的待遇，諸如流傳在漢族口中，容易遺棄孩子的女人均為假黎婆。此外，當鍾理和質疑奶奶原住民身分時，即引起奶奶原住民族群自卑地詢問，是否會因此改變對於奶奶的觀感呢？此即由於原住民族乃經歷過種族歧視的輕蔑眼光，而存在著族群自卑的集體意識存在。

十一、胡臺麗文學

（一）〈吳鳳之死〉分析

1. 原住民文學創作動機

胡臺麗曾自述，撰寫原住民族文學作品〈吳鳳之死〉，乃由於民國六十八年七月初，隨當時正在阿里山曹族收集人類學田野資料的劉容貴小姐上山，短短幾天間所見所聞乃感觸頗深。由真實接觸原住民族經驗，描述原住民族觀點與生活境遇。

2. 原住民族形象

胡臺麗在〈吳鳳之死〉中，描述原住民青年「頭目」形象，彷彿諸多原住民族特徵般，輪廓深邃、氣宇非凡，在漢族同學眼中，卻呈現孤傲形象；「頭目」與原住民方可較為自在地相處。在漢族朋友眼中，頭目彷彿存在著淡淡哀愁，彷彿原住民族群所散發出的族群氛圍，默默地承受著族群壓力般。尤其在面對原住民族所承受被殖民處境，令人深思現代文明是否真的可完全代表先進文化變遷嗎？

> 外來殖民的形式終止，內部殖民的正式登臺演出，特別是在殖民時
> 期之後，內外的連結使得它的區分已經難以清楚辨識，讓人進一步
> 質疑由膚色、種族的差異來區分統治的正當性與否，到底意義何在？
> 「我族」統治相對於「外族」統治必然是一種「進步」嗎？〔註120〕

頭目表哥與舅舅，同樣具備有原住民族豪邁性格，黝黑皮膚、豪爽性格、熱情好酒，再加上頭目舅舅親切山地口音，立即拉近與漢族朋友的距離。但頭目表哥，已經歷過漢化過程，與平地工作經歷洗禮，言談中儼然聽不出山地口音。此即由於在平地努力求生存而逐漸被漢化，僅在過年過節方會返鄉同歡。

3. 原住民族之種族歧視

胡臺麗在〈吳鳳之死〉中，描述頭目所承受漢族朋友眼光，彷彿即為原住民族所承受種族歧視。漢族同學乃認為頭目在音樂、體育方面突出表現，卻抱持著「番仔嘛，只有運動和歌唱細胞特別發達。」與「唱唱跳跳算不上什麼正經事」的意味，即充滿著輕蔑語氣。此外，甚至於在諸多漢族觀點中的原住民族，總存在著早期原始落後、出草馘首、凶猛如虎的謬誤印象；尤其在吳鳳故事中的原住民族，即被塑造成極度野蠻形象，乃有失公允。

4. 原住民族之族群壓迫

胡臺麗在〈吳鳳之死〉中，藉由頭目表哥大川所述，展現出原住民族在漢族觀點下，彷彿成為觀光產業下的商品化產物，諸如蘭嶼達悟族丁字褲文化，卻被視為不登大雅之堂；甚至於將山地原住民女性，視為日本觀光客觀光賣點之一；甚至於有諸多原住民孩童，乃成為廉價童工而飽受雇主剝削，還日以繼夜地超時工作著。因此，諸多原住民均成為資本主義下的犧牲者，

〔註120〕陳光興；法農，〈法農在後／殖民論述中的位置〉，《黑皮膚，白面具》（2005
　　　年4月），頁54。

在血汗工廠中爲臺灣經濟發展而賣命著，飽受諸多工作壓迫，換來卻僅爲廉價對待，毫無尊嚴與未來的工作前景。

5. 原住民族之文化習俗

胡臺麗在〈吳鳳之死〉中，描述原住民族「庫巴」，彷彿即爲天神棲身之處，故深具其神聖地位，此即象徵著原住民族精神信仰中心。頭目自述著自幼對於庫巴所存有的回憶與感情，庫巴彷彿成爲原住民族口傳文學傳遞中心；還象徵著原住民族歷史與光榮。關於原住民族文化元素，即彷彿薩伊德所述，文化元素乃十分複雜，「文化並非統一、單一或自主的事物，它其實含有比它有意識排除掉的，包含了更多的『外來』元素，變化和差異。」〔註121〕諸多外來元素已逐漸滲透融入原住民族文化習俗。原住民族庫巴文化，乃由於原住民部落的現代宗教信仰而受到衝擊。關於神樹遭到砍伐所發生不幸，著實地使原住民族警覺，重新正視神樹重要性。此外，頭目舅舅還熱情邀請，希望有機會漢族朋友也得以參與豐年祭典；並志得意滿地分享著，族中英雄狩獵故事的豐功偉業；甚至於要求大川拿出番刀，展現出原住民勇士氣勢。

6. 原住民族之傳說故事

胡臺麗在〈吳鳳之死〉中，乃藉由原住民青年頭目的追憶，描述自幼喜愛在庫巴聆聽著諸多族人所流傳下來的原住民族故事，彷彿聽到死者靈魂隱從土中長出來。頭目甚至於自述，當初在校園中看到吳鳳故事的話劇，與求學過程中，諸多漢族朋友均將原住民族視爲原始野蠻的汙名化刻板印象；甚至於將原住民族塑造成會隨意獵殺人頭的野蠻形象，即造成原住民，彷彿薩依德所謂的被殖民者心理結構，乃承受著諸多複雜的族群精神壓力。

> 被殖民者的依賴情節，逆寫精神分析與殖民心理學的觀點，在「個體發生」與「種族發生」之外，探索黑人異化（alienation）的「社會發生」，在創傷情境與潛意識操演中，置入特定的殖民歷史、社會、文化、語言與經濟的因緣與脈絡，將精神分析學裡有關壓抑、認同、發洩與人格扭曲等原本處理個人心理結構的概念，演繹爲類比種族主義的詞彙。〔註122〕

〔註121〕薩依德，〈過去之純淨與不純淨的形象〉，《文化與帝國主義》（2001 年），頁 50。

〔註122〕黃心雅，〈「翻譯」法農，權力、慾望與身體的中介書寫〉，法農，《黑皮膚，白面具》（2005 年 4 月），頁 21～22。

頭目乃表明，對於目前流傳的吳鳳故事實在不能接受。因山地部落有豬、有羊，就沒有馬；而原住民族服裝乃為紅的，看見紅衣人不會亂殺。至於原住民族馘首習俗，即在吳鳳事件爆發後，即停止獵殺漢族首級。此即由於天花蔓延，死了許多人，造成原住民從此不敢殺漢人，也不願意多談吳鳳之事；再加上當時漢番激烈衝突，乃由於番大租施行，漢人無法任意奪取番人田地，便在吳鳳死後緩和下來，原住民族自然而然地逐漸減少馘首事件的發生。最後，關於原住民族死亡觀點，乃最擔心死於非命。因若非善終的話，人死後將會形成惡靈，甚至於將危害部落安危。

7. 原住民族之田野調查

胡臺麗在〈吳鳳之死〉中，在田野調查過程中，乃描述原住民山地交通不便，頭目僅可帶著漢族朋友步行。縱然山地部落生活不甚便利，但原住民乃同樣熱愛著山地部落的一切。

（二）〈願嫁山地郎〉分析

1. 原住民族之種族歧視

當華認真地向眾人宣布要與什賀結婚時，聽到這消息的人均難掩驚訝之色，認為華要嫁入山地，簡直為無法想像之事地，無法接受原漢族群間的婚姻結合。此即由於諸多漢族對於原住民族文化隔閡，甚至於族群刻板印象影響，造成對於原住民文化有種族歧視之刻板印象。

2. 原住民族之族群壓迫

胡臺麗在〈願嫁山地郎〉中，乃以什賀為例，諸多原住民均從事高勞力低收入工作。因此，什賀在從事諸多勞力工作後，即決定返鄉服務。但諸多原住民後代，將同樣面臨著就業上的經濟困境。縱然華與什賀乃滿懷理想地面對未來，卻也將無奈地面對著諸多族群壓迫，與種族歧視眼光與待遇。

3. 原住民族之文化習俗

胡臺麗在〈願嫁山地郎〉中，描述原住民青年什賀與漢族女孩華的婚禮。什賀家乃希望過年期間結婚，因山地人口外流，年節放假才比較熱鬧。由於什賀家屬於頭目貴族階級，根據魯凱族習慣，結婚時先在女家熱鬧，新娘接到男家再熱鬧一次，這場婚禮也遵照魯凱族原住民婚禮習俗進行著。由於男方什賀家為頭目身分，而華的學歷很高，他們同樣將她視為頭目。老人家商量為華取一個頭目名字，即在稱呼上融入魯凱階層社會中，更容易接納

她爲魯凱媳婦。在婚禮進行時，依照魯凱族婚俗乃圍住新娘，向其未婚歲月告別。新郎與新娘乃一直隨舞圈轉；在原住民族婚禮中，同樣存在著新娘哭泣習俗。但對於族中青年男女而言，部落婚禮歌舞中，即爲一場相親活動。縱然華爲茂林村內第一個由平地嫁入的新娘，卻贏得原住民長輩讚賞，由於魯凱新娘頭飾非常重，華卻能一直戴著。自此，華即這樣留下當牧師娘。

4. 原漢族群之愛情故事

胡臺麗在〈願嫁山地郎〉中，乃描述由原住民青年什賀與漢族女孩華的原漢族群愛情故事，華順利地嫁入山林，縱然當初曾引來眾人質疑。不過，眞心嫁入山地部落的華，乃展開全新山地原住民部落生活。

5. 原住民族之田野調查

胡臺麗在〈願嫁山地郎〉中，描述漢族女孩華前往山地部落中，進行田野調查研究工作，乃由於魯凱族原住民研究曠時甚久，華在前往山地部落進行研究時，即尋求當地原住民協助；甚至於爲了研究而居住於山地部落。

十二、劉還月文學

（一）〈流浪的土地游牧民族〉分析

1. 原住民族之田野調

劉還月在〈流浪的土地游牧民族〉中，在訪談謝緯醫師遺孀時，曾在謝醫師多次組成山地醫療隊經歷中，接觸過原住民族經驗。起初，原住民乃由於族群隔閡而不敢就醫，但逐漸瞭解後，方一次取多人藥物，由此展現山地醫療貧乏。

2. 原住民族之歷史

關於原住民族歷史發展，多數學者乃認爲臺灣原住民族屬於南島語族，且經歷過多次遷徙後，方定居下來。此外，原住民族早可分爲高山族與平埔族。清代政府治臺策略，多以禁止爲主的高壓統治；乃造成平埔族逐漸融入漢族文化。反而爲早期即居住於高山地域的原住民族，即較可保持原住民族文化特色，乃保有較多歷史文化史料，可提供族群研究的參考依據。

3. 原住民族之族群壓迫

早期原住民族同樣面臨生產技術落後，求生不易的經濟困境，早期山地同胞大都以漁獵維生而不事耕種，農耕技術自然落後。原住民不僅生產收

成不佳，再加上漢族巧奪豪取，簡直使原住民族經濟困境雪上加霜。劉還月乃主觀地認為原住民飽受欺騙因素，乃為教育落後所造成；再加上原漢人口比例懸殊，而被迫面臨諸多族群生活困境。原住民因此經常出賣勞力、身體以從事高勞力低收入工作，導致原住民悲困處境不斷上演。近代原住民族乃努力爭取去殖民化的原住民族運動，冀望爭取原住民族群平等地位的復振契機。

> 在爭取去殖民化的文化奮鬥之核心中，有一個深切而重要的意識型態爭論，即在獨立民族國家的政治建立之後，仍持續不懈地長期奮鬥以便重建設群，並重新享有本身的文化。我這裡所說的反抗和去殖民化，在成功的民族主義之奮鬥劃下休止符之後，仍持續進行。
>
> 〔註123〕

劉還月在分析原住民女性賣淫因素時，乃認為除了原住民被欺瞞所致；甚至於最主要因素，乃為不肖人口販子所致。此外，關於原住民族酗酒議題，可探討日人對先住民提供煙酒來施予籠絡政策，希望能藉著煙酒麻醉，以達到容易控制的目的。但現代諸多原住民族，乃將酗酒轉化為英勇展現；此即由於現代山地部落不斷面臨著優勝劣敗，物競天擇的挑戰，乃把諸多原住民逼近酒海中，進而造成原住民族喜好飲酒的刻板印象。此外，關於原住民族宗教議題，諸多外來宗教進入山地部落後，少數不良教會所灌輸錯誤觀念，乃對於原住民部落產生衝擊與影響。

4. 原住民族之族群歧視

原住民族所遭遇種族歧視，乃源自於漢族對於原住民族刻板印象，諸如原住民族酗酒現象，當初原住民即基於慶典或婚禮場合方可飲酒，飲酒乃為神聖之事；並非現今乃以酗酒逃避生活壓力之故。劉還月分析原住民明智未開現象，而大聲疾呼大家正視原住民族所遭遇的族群壓迫；進而尋求改善原住民族群困境的契機。

5. 原住民族之文化習俗

（1）原住民族之社會組織

關於原住民部落社會組織，可分為父系與母系社會；隨著不同族群還有不同社會組織架構，諸如泰雅族乃可分為血緣團體與地緣團體，同樣肩負著

〔註123〕薩依德，〈反抗文化之主題〉，《文化與帝國主義》（2001年），頁401。

凝聚族人功能所在。賽夏族則以氏族團體爲主，即同樣有共同「圖騰」與生活責任。鄒族則以共耕團體制度來凝聚族人。此外，部分原住民族乃以母系社會爲主，諸如阿美族。卑南族乃爲母系社會，還擁有一系列勇士訓練過程。至於排灣族乃爲階級分明族群，有貴族與平民階級之分。魯凱族社會組織與文化習俗，乃似於排灣族。

（2）原住民族之祭典占卜

原住民族祖靈崇拜信仰，即爲祭典中重要精神依據。諸多原住民族均有其深具獨特性文化祭典存在，諸如泰雅族祭典儀式，必有祭祖儀式，以表達對祖先的崇敬信仰。賽夏族矮靈祭，即同樣爲賽夏族重要祭典。原住民族還有諸多占卜儀式，以瞭解天神或祖靈旨意，以做爲行事重要依據之一。

（3）原住民族之文化習俗

原住民族文化習俗，乃以泰雅族文面習俗爲例，分析原住民勇士與善於織布女性，方有機會得到刺青機會。達悟族最重要文化象徵，即爲飛魚祭與拼板舟海洋族群文化。但劉還月乃感嘆於原住民文化消逝，因此要如何協助原住民保存其文化，即成爲重要的當務之急。

十三、葉智中文學

（一）〈我的朋友住佳霧〉分析

1. 原住民族之田野調查

關於伊林重回平地生活後，乃逐漸淡忘佳霧山林部落生活；在偶然情境下，看見臺灣土著音樂研究書籍，才偶然勾起伊林對於原住民的回憶，也逐漸引發伊林對於原住民族的關注與興趣。伊林還回憶起，當年有關於山地原住民部落回憶，乃爲祖母曾說過祖父被日本人徵調去參加圍剿高砂族的島內戰役，而被困在山上好幾天沒吃沒喝。關於原住民族與佳霧的山林部落，對於伊林而言，乃充滿著諸多獨特回憶與感情。

2. 原住民族形象

葉智中在〈我的朋友住佳霧〉中，乃以漢族青年角度，描述原住民族形象，當車上乘客大多爲固依族人，對話有時夾著幾句漢語，在其傳統語言中所缺乏的名詞，例如：遠洋漁船、電視、高雄……等。在山地部落中，原住民青年經常晃到晚上，即與幾個放暑假回來、在山下唸高工的小夥子一起喝

酒、打牌。當漢族伊林在山林正式工作後，即深刻地感受到體力與原住民果然有異，因此在山地勞力工作，薪資反而不如原住民。

諸多漢族對於原住民族刻板印象，總認為原住民婦女必定有刺青文面，但現今也不復見。還有，諸多原住民女性，早期乃會嫁給來山地開墾的老榮民們，以求得經濟生活溫飽。而現今山地部落中，原住民年輕人彷彿十分悠哉的在部落中生活，彈唱歌曲加上啤酒助興；相較之下，原住民少女乃展現出溫柔熱情、又富有生命力形象，諸如原住民少女比都愛與姊姊在國中畢業後，即選擇返回山地部落開起美容院。此外，山地原住民部落的交通不便與醫療資源缺乏，僅能依靠巡迴醫療車醫療資源改善；再加上山地教育資源缺乏，導致若有山地服務隊來到山林，即會引起山地孩童喜悅與興奮。

當伊林見到固依原住民父親，乃展現出日治時期日式教育軌跡，固依父親不時以日語和伊林交談；甚至於十分熱情地以酒拉近與伊林的距離。固依母親乃親切和氣的招待客人；甚至於拿出原住民特別喜愛的飛鼠肉來招待伊林。但吃下飛鼠肉的伊林，即興起生態保育觀念。縱然伊林在山林部落中，過著悠遊自在的生活，但總不免感受到山林部落的淡淡哀愁，因漢族朋友在山地部落中的生活，終究還是無法適應。

3. 原住民族之種族歧視

葉智中在〈我的朋友住佳霧〉中，乃描述諸多漢族對於原住民族，總存在著種族歧視的汙名化刻板印象，諸如「山胞」、「蕃仔」……等稱呼，再加上吳鳳傳說、皮膚黝黑、獵人頭野蠻部族，均帶有輕蔑眼光存在。伊林在山林部落工作一陣子後，漢族家人與朋友總認為那將不會有出息，而力勸他返回平地社會生活；甚至於連原住民朋友，也逐漸認為伊林乃不屬於山地，他還是屬於平地社會。原漢族群均各自擁有著自我族群認同機制，縱然在殖民情境中，經常將造成族群集體認同迷思的萌發。

> 如果殖民主義操作是透過認同的機制，透過殖民暴力將殖民者與被殖民者綁在一起，透過將殖民者建構成現代性的體現，簡言之是對於殖民者的認同，那麼本土主義的操作則是透過對於被殖民者「自我」的認同。〔註124〕

在原住民族眼中的漢族與外族，乃永遠無法了解原住民族群困境。原住

〔註124〕陳光興；法農，〈法農在後／殖民論述中的位置〉，《黑皮膚，白面具》（2005
　　　　年4月），頁55。

民族愛好飲酒形象，即爲漢族與外族對於原住民族的刻板印象。在現代社會中，漢族對於原住民族仍存有較爲輕蔑稱呼，諸如伊林在尋找固依與比都愛時，房東太太乃以「番仔」稱呼。葉智中冀望由文本撰寫，喚起大眾對於原住民族尊重之意，以追求原漢族群平等。

4. 原住民族之工作壓迫

山地原住民部落謀生不易，多數原住民大多從事高勞力低收入工作，而產生經濟弱勢與困境。諸多原住民均選擇到平地去工作，而造成山地人口外流嚴重。固依自述他很早即決定要到平地去謀生，以尋求更好的經濟生活。但原住民在平地社會就業前，總先選擇到平地就學，以避免被漢族欺騙，此即或許爲原住民族自卑心態所致。諸多原住民在平地就學，每逢寒暑假也會選擇回到山地部落中打工。由於山地部落經濟困頓，勞力即成爲財力象徵。原住民族在原漢多元族群共處的平地社會中，不僅要承受族群壓迫、工作壓迫與種族歧視外，甚至於還經常發生職業傷害。所幸固依與比都愛爲了生存，很快地適應平地都市生活。還有諸多原住民渴望嫁給漢族，彷彿得以提升族群地位般。

5. 原住民族之部落景象

當伊林在前往佳霧部落前，泰雄指著上方不遠處的村子告訴我，此即山地部落。漢族對於山林部落，總存在著神秘浪漫的想像。但現今卻飽受所謂現代文明衝擊，而產生諸多部落文化變遷。此外，觀光文化入侵原住民部落，使原本純淨自然的山林環境，乃逐漸產生變遷。山地原住民部落變遷，彷彿薩依德所謂的「重劃疆界」與「重新銘記」，彷彿成爲殖民文化展演場域般。

> 獲得承認，必須重劃疆界，然後佔領在帝國的文化形式中被保留做爲臣服之用的場所，具有自我意識地佔領之，在這個過去被一種假設以規劃的劣等他者之臣服意識所統治的相同疆域上進行戰鬥。然後，重新銘記（reinscription）。〔註125〕

當伊林聽聞此石板屋即將被拆除，乃感到極爲失落。當漢族伊林在見識過山地部落現代化軌跡後，彷彿認爲原住民族山林生活過得還不錯；豈知，原住民在山林生活即經常依靠補助生活。當伊林逐漸見識到山林部落貧窮現

〔註125〕薩依德，〈反抗文化之主題〉，《文化與帝國主義》（2001 年），頁 396。

象，諸如在路旁居然發現一間簡陋彈子房，不僅撞球間簡陋，就連比都愛美容院方為家庭式的極度陽春。山地部落中，還可見到宗教滲透，教堂門口即為部落中活動中心。伊林對於原住民族狩獵小徑，乃充滿著好奇；如今卻恍如廢墟般，乃見證著原住民傳統部落技能衰微。當伊林三年後再度前往佳霧山地部落後，見到昔日原住民朋友，乃令人備感親切，重新回憶起關於原住民部落記憶；還跟比都愛談起未來展望。但闊別三年後，再見佳霧部落彷彿景物全非般地變遷極大。

6. 原住民族之豐年祭典

當伊林在佳霧山地部落中，有幸參與原住民族豐年祭，得以真實見識到原住民族如火如荼地展開部落盛事「豐年祭」。原住民族傳統服飾上，存在著諸多族群獨特圖騰，即象徵著特殊族群精神意義；不僅原住民男女老少傳統原住民族服飾，各有其獨特性外，比都愛還替伊林準備一條充滿獨特性的原住民族領帶，但伊林卻對於原住民族圖騰感到詫異與不適應。在現代社會中的豐年祭典，也逐漸融入運動會元素。當伊林參與原住民族結婚祭典時，乃共同參與原住民八步舞。在山地部落中，不論原住民族豐年祭典或結婚祭典，均為原住民全族同歡活動，族人均會共襄盛舉，共同享受著歡樂時刻。

十四、阿盛文學

（一）〈腳印蘭嶼〉分析

1. 原住民族形象

阿盛在〈腳印蘭嶼〉中，乃描述蘭嶼機場所見景象。原住民婦女向觀光客討煙來抽，因原住民青年不願族人被視為乞討者般地看待，乃極力反對。當觀光客給予原住民老婦人香菸，卻存在著輕視眼光，造成與原住民青年爆發口角。原住民老婦女乞討著香菸景象，彷彿象徵著原住民族在多元族群社群中絕對弱勢處境，必須努力地祈求方有謀生機會的族群困境。

2. 原住民族之種族歧視

當漢族觀光客給予原住民老婦女香菸之際，卻流露出鄙視眼光，與充滿種族歧視口氣，「蘭嶼人都是番，山地番就是這樣。你看，番成那個樣子！」「生番生番，煮不熟的番！」上述言論均充滿著種族歧視。當漢族朋友對著臺灣來的漢族老師說道，「聽說蘭嶼的學生不好教，很笨？」質疑蘭嶼原住民族學生不好教學時；反而遭到質疑臺灣漢族學生更加難教。

3. 原住民族之社會議題

關於蘭嶼原住民族核廢料議題，原住民族縱然反對者眾，卻也無力改變核廢料問題。原住民族即處於邊緣弱勢處境，無奈地承受著諸多族群不平等壓迫，使族群困境乃日益嚴重。

4. 原住民族之文化習俗

原住民青年，不願原住民老婦女接受施捨，即基於原住民族群尊嚴所致。但現代社會中，諸多原住民青年仍產生族群認同迷思，乃嚮往著漢族文化，而一心嚮往臺灣。在蘭嶼教書的漢族老師，甚至於認爲諸多研究學者對於原住民文化瞭解，乃遠不及原住民族人。

十五、陳其南文學

（一）〈飛魚與汽車〉分析

1. 原住民族文化與祭典

對於蘭嶼達悟族原住民而言，飛魚重要性，彷彿即爲生活必需品，甚至於爲充滿神聖意涵魚類。達悟族人爲捕獲飛魚，即努力地製造拼板舟，拼板舟乃成爲蘭嶼原住民族重要文化工藝創作成果。此外，達悟族在飛魚祭典中，水芋與羊豬，均爲祭典中重要祭品。至於大船下水祭典，同樣爲達悟族重要祭典，即充滿著原住民族文化精神象徵。

十六、明立國文學

（一）〈恆春思想起〉分析

1. 原住民族之文化歌謠

明立國在〈恆春思想起〉中，描述在田野調查過程時，在山地部落進行訪談而見到熱情親切的原住民潘太太。在潘太太身上可看見漢化痕跡，諸多原住民均已逐漸漢化，原住民部落人口外流極爲嚴重。嫁給漢族的潘太太，乃分享原漢族群夫妻相處時，當夫妻間嫌隙時，語言隔閡竟也成爲化解怒罵的方式之一。此外，當潘太太唱起祖先阿美族曲調時，乃重新找回阿美族感覺，彷彿唱出祖先心聲與現代原住民族生活困境，即有助於原住民族尋求族群精神，見證原住民文化傳承；甚至於可見原住民族命運，而透露出族人生活困境與族群滄桑史。

十七、陳列文學

（一）〈同胞〉分析

1. 原住民族形象

陳列在〈同胞〉中，乃描述記憶中兇殘愚昧的原住民族形象，即為傳說中殺害吳鳳的曹族後裔形象。現今代眼前所見兩張原住民大人的臉乃斜仰著，面前擺放獸角、獸器官與沒開花的蘭花上。陳列也曾目睹原住民孩童，由於父母親無暇照顧而獨自遊戲於路邊；也曾遇見阿美族女孩，在相談甚歡後，更加理解原住民族。陳列認為原住民族經歷過日治時期殖民壓迫後，即產生認命與安分守己的族群性格，真實原住民族即同於漢族與外族般，乃同為族群平等同胞。

2. 原住民族之部落景象

陳列在〈同胞〉中，描述原住民軍中同袍，曾直言要帶他一同去狩獵未果。縱然現代原住民族狩獵活動也逐漸式微，但當年原住民乃冒著生命威脅上山狩獵，僅為求得三餐溫飽。陳列曾目睹原住民朋友工作環境中，乃充滿著職業風險。此外，山地原住民部落景象看在陳列眼中，彷彿隔著黑暗中的峭壁叢林般遠離文明。

3. 原住民族之族群壓迫

原住民族長期以來所面臨族群壓迫，可由土地自主權流失與住所遷徙探討，此即導致山地部落經濟生活已無法自給自足。原住民僅能選擇重新進入平地社會生活；原住民乃以人口弱勢處境，努力地與漢族競爭，而處於絕對弱勢的族群處境。

4. 原住民族之祭典

陳列曾自述參與現代阿美族豐年祭祭典過程，此乃在花蓮市區綜合運動場舉行。整個節目為經過安排而展示，且加入太多現代元素，使傳統原住民族祭典氣氛均有所失落。但在原住民族祭典中，原漢族群彷彿一家人般地和諧平等共處，此即諸多原漢族群對於族群接觸的冀望。

十八、楊渡文學

（一）〈山村筆記〉分析

1. 原住民族形象

楊渡在〈山村筆記〉中，乃描述通往巴陵山地部落客運中，諸多原住民

坐在客運車站裡等車。泰雅族人約莫十來人，原住民老人穿著草綠厚外套，提一包菜肉食物；再加上祖父身分，所以額外帶著一包餅乾。原住民孩童乃十分熱情地與人相處，縱然僅就讀幼稚園小班，即會說簡單國語，與流利如水的泰雅母語。此即展現出原住民族，總是謙卑、熱情、善良形象。此外，楊渡在東部旅行時，也曾巧遇熱情好客的原住民；甚至於與阿美族人跳豐年祭，由此感受到原住民的熱情親近，乃儼然與漢族朋友打成一片。

2. 原住民族之種族歧視

當原住民族訴說著傳統文化技能與生活時，漢族要真正地了解那陌生族群生命乃極為不容易。當年原住民族生命之根，乃逐漸地在臺灣這塊土地上扎根。因此，強勁生命力與民族命脈，即流離漂泊至今。現代社會中原住民，迫於生活困境必須在都市夾縫中求生存，卻又飽受族群壓迫與種族歧視的欺凌。諸多原住民在平地社會中受挫經驗，即導致選擇回歸部落尋求慰藉。

3. 原住民族之部落景象

當楊渡看著客運站中，開往山地部落原住民朋友，竟產生漢族中心主義思維，認為原住民進入平地，即彷彿鄉下人進城般景象。原住民乃遭遇諸多被平地人所欺騙經驗，經常承受著原漢族群不平等待遇。因此，諸多原住民寧願選擇努力地漢化，以隱藏自我原住民族群身分。此即彷彿薩依德所謂的為被殖民重建歷史地進行族群同化政策，以彰顯殖民霸權的主權再現。

> 在殖民地歷史中較好的部分是帝國干預的一個功能；在另一種情形下，又同樣的頑固假定殖民事業對偉大宗主國文化的中心活動，是邊際的和或許甚至是乖離的。因此，歐洲和美國人類學、歷史學和文化研究和懲戒的嚴屬，不是將歷史從「沒有」歷史的人民和文化中奪走，就是在後面殖民期間為他們重建歷史。〔註126〕

當楊渡告知母親曾在山地部落生活，竟換來母親質疑。此即由於諸多漢族對於原住民族刻板印象，均源自於吳鳳故事偏誤觀念，而造成諸多原住民在飽受族群壓迫與種族歧視後，乃產生族群認同迷思；甚至於選擇回歸部落去尋求生計。

4. 原住民族之神話傳說

楊渡在描述山地部落景象時，乃感受到原住民部落友善。當他第一次踏

〔註126〕薩依德，〈差異的經驗〉，《文化與帝國主義》（臺北：立緒出版社，2001 年），頁 82。

入上巴陵，乃自信地認為原住民必定會收留他。果然在山地部落得以眞實地感受到原住民的善良與親切。對於原住民族在平地社會底層生活困境，深刻地記載著原住民在夾縫中求生存；但當年原住民會選擇在山地部落生活，即為被外族驅趕所致。此即由於當年原住民族在與不同族群族群接觸史上，即處於少數族群弱勢處境，而飽受族群壓迫。原住民族命運，彷彿原住民族卑南歌謠曲調，乃悠揚而感傷；原住民文化，乃尚待原住民族群共同努力地傳承。

十九、李慶榮文學

（一）〈十五人一家〉分析

1. 原住民族之田野調查

漢族研究團對在山地部落的田野調查團員，諸如東北人宋龍飛、高業榮……等人，即努力地步行至研究探勘地區，看古老原住民族石刻。歷經數日後，終於到達這座魯凱族人所稱的阿穆穆碌山，此乃高雄縣茂林鄉最北的一座山。這個石刻像秋海棠葉形狀，乃為古代文化遺產；石刻旁邊有由高雄縣政府所樹立的一塊殘破木牌，卻寫著疑似古物等字樣告示。

2. 原住民族形象

李慶榮在〈十五人一家〉中，以三萬字長文寫出原漢不分族群，應互相融合、和平共處的期待。首先，原住民薩龍柏克，乃深具原住民族沈著冷靜、不動聲色，卻又老實誠懇的族群特質；薩龍柏克在主雇關係中，乃以人情味為主，展現出原住民族熱情好客形象。縱然薩龍柏克仍以狩獵維生，但狩獵生活卻已逐漸式微；由於山地部落經濟生活貧窮，導致原住民族節儉個性。因此，漢族朋友建議薩龍柏克改行，可將房子改為客棧，供登山者住宿、吃飯；自己還可當嚮導，帶人登山。此外，原住民族乃存有愛好飲酒習慣，卻為有選擇性的飲酒。

在原住民山地生活中，最令薩龍柏克感到驕傲，即為狩獵成果。當原住民在狩獵時，即會就地取材去烹煮取食，為大家準備山地野味。薩龍柏克姊姊露絲露絲，同樣展現出熱情誠懇、和藹可親，又認眞配合的形象；甚至於隨興熱情地唱起原住民族歌曲。當初露絲露絲第二任外省籍丈夫，即爽快地答應扶養露絲露絲一家人。因此，露絲露絲與諸多原住民，乃同樣嫁給外省族群。此外，同行的原住民，同樣皮膚黝黑、身材壯碩，諸如孟勇與畢迪魯，

乃展現出熱情幽默、能歌擅曲形象；唱得那麼自然習慣，再加上風趣從容又大方形象，乃拉近與漢族的距離。至於同行的蘇秋乃爲臺南縣佳里人，由於具有原住民血統，因此眼睛比較黑與深邃。

3. 原住民族之部落景象

原住民薩龍柏克老家眞實狀況，如今儼然已荒涼一片；至於現代原住民部落，彷彿充滿著現代化軌跡，各種電器已充斥著。此外，原住民族飲食文化，與福建原住民族有相似之處。至於山地原住民部落中，可見到橋邊樹林裡，矗立著一塊石碑，上面寫著：「林務局白雲山區自然保護區」。另外，還有一張高雄警察局公告，說明：國有林荖濃溪事業區大廿二到卅一林班，被列爲「不得狩獵區」。因此，原住民山地部落，除了充滿原住民族文化遺跡外，漢族與外族文化乃逐漸滲入。

4. 原住民族之文化習俗

在漢族與原住民朋友共處時，也藉此瞭解原住民族獨特文化習俗與禁忌觀念，諸如原住民在狩獵前，均會以鳥占與夢占，進行狩獵活動進行與否。此外，在狩獵時不可打噴嚏或放屁，否則乃爲不祥之兆，狩獵活動即會被迫禁止。因此，露絲露絲與薩龍柏克在裝飯時，均故意不吃蕃薯。關於傳統原住民族文化習俗與禁忌，原住民青年僅參考用。因此，達海、孟勇、畢迪魯年輕一代，對於放屁禁忌，乃絲毫不以爲意。此外，當原住民渡溪時，同樣有祭拜儀式要遵循；且祭神時要用小米，而不用大米，因大米爲敵人的東西，因此神乃不要大米。此次即由宋隆飛香菸解決渡溪祭物問題。關於原住民祭祀用祭物，平埔族也同樣堅持要以原住民族物品爲主。

二十、鄭寶娟文學

（一）〈與阿美們跳一個晚上〉分析

1. 原住民族形象

鄭寶娟在〈與阿美們跳一個晚上〉中，乃描述著原住民青年形象，在阿美族傳統祭典活動中，在傳統原住民族服飾下，所隱藏即爲現代化產物；原住民青年均在平地都市中，從事著諸多現代化卻又高勞力低收入工作。原住民青年在阿美族豐年祭典活動結束後，又即將各奔東西，彷彿重新回到現實生活中，恢復原有的現代化裝扮，完全沈浸在現代化文明產物中。

2. 原住民族之祭典

阿美族原住民族豐年祭典，根據原住民族文化研究員所述，豐年祭其實並非祭豐年，原意乃指在有月光的晚上，升火拜月光的祭典。豐年祭即爲光復後政府更訂名稱。豐年祭典中將有諸多外族、研究人員、觀光客……等人共襄盛舉。在祭典營火中心，乃將放置小米酒；在歌舞周遭還可見到，諸多田野調查研究人員，正努力採集著原住民文化，以進行原住民族文化保存。縱然他們即彷彿薩依德所謂的「土著報導人」般，爲原住民文化進行記錄，「宗主國讀者所渴望的是導致這類著作和其他相似的作品，被看做僅只是由『土著報導人』所寫的土著文學作品的實例、而非同時代人們對知識的貢獻。」〔註127〕田野調查研究人員，仍對原住民族文化保存有所貢獻。但原住民文化田野調查研究成果，不僅屬於文化研究者；對於原住民族而言，傳統文化成果乃爲值得驕傲的族群寶藏。

> 作爲一種文化機器，東方主義充滿了攻擊、活動、判斷、眞理意志和知識。東方是爲西方而存在，或者在無數的東方學專家看來是如此，他們對於研究對象的態度不是父權心態，就是坦然以上對下的模樣——除非他們是古文物研究者，但這時「古典」東方的光榮便屬於他們，而非可悲的現代東方。〔註128〕

當擴音機宣布歌舞開始，程序很像小學開運動會。黃、紅、綠、橙這些最純粹、最猛悍顏色，隨身軀舞動帶起光影幻象。在豐年祭典的歌舞圓圈中，仍有資深原住民男性，將指導著原住民青年，如何成爲原住民勇士與英雄。縱然原住民孩童同樣地在歌舞圓圈中歡度，但原住民下一代對於傳統文化祭典活動的興趣，遠不及對於現代電視節目的興趣。

二十一、劉春城文學

（一）〈贛孫〉分析

1. 原住民族形象

劉春城在〈贛孫〉中，乃描述原住民阿嬤形象，番仔阿嬤即爲母親認的乾媽，舉家搬到東部之初即深受其諸多照顧。阿嬤乃爲個平埔族原住民，在

〔註127〕薩依德，〈心路歷程與反對勢力的出現〉，《文化與帝國主義》（2001 年），頁473。

〔註128〕薩依德，〈潛隱和明顯的東方主義〉，《東方主義》（1999 年 9 月），頁 303。

族裡還是個有地位的巫婆。但由於漢化地極為徹底，甚至於也入境隨俗地祭拜漢族神明。原住民阿嬤嫁給漢族阿公，但平埔族阿嬤為母系社會，所以漢族阿公彷彿入贅般地與阿嬤結婚。阿嬤居住在山下田庄，那兒大部分為平埔族原住民，前庭乾乾淨淨，不像漢人居住地總有丟不完的垃圾。此外，還喜歡種些蓮蕉、大紅花做籬笆，少不了還有高高檳榔樹圍繞。至於番仔阿嬤與漢族阿公的兒子，同樣在番仔阿嬤安排下，努力地學習工作。阿嬤和阿公只生一個兒子，叫吳泰山，高大、健壯、好看、像阿公；皮膚很黑，像阿嬤，人很正直，有問才答不愛說話，像個農夫，被叫作阿叔。經過番仔阿嬤的安排，恪守秩序地在店裡學生意，均從最粗重的學徒工作做起，晚上有空才由哥哥教他打算盤。因此，阿嬤很高興，逢人即誇讚她認的乾女兒孝順。

2. 原住民族之文化習俗

劉春城在〈贛孫〉中，描述諸多原住民，均存在著吃檳榔習慣。阿嬤在平日彷彿漢族般生活，同樣有著吃檳榔習慣；連同贛孫也經常在阿嬤檳榔袋中拿取檳榔食用，而擁有著吃檳榔習慣。當咬著檳榔時，乃口腔熱熱而心裡暖暖，耳窩裡總猶然想起阿嬤那讚美、鼓勵、令人感到被疼惜的那一聲「憨孫」。贛孫對於番仔阿嬤的無限懷念，原住民阿嬤的獨特性與平易近人，均令人懷念不已。

二十二、吳富美文學

（一）〈我從山中來〉分析

1. 原住民族形象

吳富美在〈我從山中來〉中，描述原住民族在面對現代化衝擊後，使山地社會受到莫大的影響，舊有習俗乃逐漸崩解。縱然原住民老人堅守著傳統文化藩籬，卻被隔絕於現代化文明中。諸多原住民青年在現代文明衝擊下，即逐漸進入漢化世界；甚至於被漢族欺騙而遭遇族群壓迫，乃令人苦不堪言。但原住民族群文化，將隨著耆老的逐漸凋零而消逝。因此，原住民文化傳承與保存，乃為刻不容緩之務。

2. 原住民族議題

吳富美在〈我從山中來〉中，描述諸多漢族與原住民朋友共同關心著原住民族未來。因此，在文化界友人洪田浚邀請下，聚在串門子藝坊聯誼聊

天，諸如阿美族、排灣族、布農族、魯凱族，與僅餘二千多人的邵族原住民族，還有幾家報社記者與幾個平地人。大家乃探討著，如何平衡現代文明與傳統文化激盪，即爲現代原住民族重要族群議題之一。

3. 原住民族之文化歌謠

當一群關懷原住民文化的漢族與原住民朋友齊聚一堂，話題最先落在山地歌謠上，談山地歌謠的過去與未來。至於一般山地歌謠，依內容乃可分爲祭祀、迎神送神、民族儀式、出草、狩獵、飲酒、詛咒、勞動、遊戲、愛情、敘事、搖籃等議題；歌唱方式乃有齊唱、對唱、輪唱與獨唱。原住民族歌謠文化意涵乃十分深遠；甚至於還有諸多有志之士，爲推廣原住民族歌謠而辦理音樂會。

二十三、林文義文學

（一）〈孤獨的山地〉分析

1. 原住民族形象

林文義在〈孤獨的山地〉中，乃深刻地描述諸多原住民族形象，諸如在孤獨山村中所見到人生百態與孤獨氛圍。在山地部落中，最常見到的人物即爲原住民老人與小孩，顯示出山地部落人口外移嚴重現象。因此，甚至於連原住民孩童也必須協助工作；再加上原住民部落，乃難得有外人進入，因此大家均好奇地張望著外族。

2. 原住民族之族群壓迫

原住民青年，即在假日時方才返回山地部落，平日乃留在平地工廠、漁船、或礦坑工作著，原住民青年總擔負著諸多高勞力低收入的辛勞工作。當林文義離開山地部落時，諸多原住民均熱情好客地歡送著他們離去，此即令林文義回想起諸多原住民族形象，諸如在旅行途中遇見羞澀溫柔的原住民女孩，進而感嘆著諸多原住民少女，乃淪爲雛妓的悲慘命運。林文義在平地都市社會中，所見到的原住民青年，努力地推銷著蘭花時，卻由於其原住民身分，而被品頭論足地討論著；甚至於漢族一句「番仔呢」所產生異樣眼光，乃著實地令原住民頹喪地離去。當原住民青年賣力地在工地工作時，卻要飽受監工破口大罵的工作壓迫。因此，在此惡劣工作環境中，原住民青年乃呈現著愁苦面貌。還有諸多原住民船員，乃同樣充滿著憂鬱與愁苦。

　　林文義甚至於在山地部落的中學原住民校長口中，聽聞諸多原住民青年在畢業後，即集體被送到平地工廠去工作。此外，也曾目睹一對無人照顧的小姊弟，乃深刻地呈現原住民父母，為著經濟生活而努力工作，父親從事礦坑工作，母親同樣必須上班，而原住民小姊弟僅能自立自強地獨自照顧自己，手上玩著陳舊玩具，即象徵著經濟生活不佳的生活景況。此外，人口外流嚴重的山地村落，彷彿充滿著孤獨氛圍，僅有部落原住民老人守候著家園，而原住民青年則在多元族群社會，諸多角落出賣勞力，卻飽受族群壓迫地在夾縫中求生存，此即見證著原住民部落文化，乃受到現代文明影響甚鉅。

3. 原住民族之部落景象

　　林文義進入山地部落時，不幸遇上道路坍方而造成交通不便。熱情的原住民警察，即招待他們並說明此道路坍方修葺狀況。但對於山地部落交通不便與經常坍方現象，當地居民均已司空見慣地習以為常。當林文義抵達山地原住民部落後，眼前所見到的部落景象，不僅偏僻連山地原住民青年機車均十分老舊，由此可見山地部落資源缺乏景象；甚至於反映出山地部落與平地都市的城鄉差距甚大。

　　關於戰後臺灣作家文學中的原住民族書寫，歸納分析各個漢族作家文本中的重要議題，如下表所示。

表四　原住民族文本之重要議題

漢族作家	原住民文本	原住民族議題
一、鍾肇政	（一）〈馬黑坡風雲〉	1. 同化政策 2. 同化教育 3. 殖民勞役壓迫 4. 殖民衝突壓迫 5. 皇民化運動 6. 日本殖民壓迫之抗日精神 7. 霧社事件抗日行動 8. 原住民族認同迷思 9. 祭典 10. 祖靈與天神傳說 11. 原住民族出草 12. 勇士訓練與榮耀 13. 部落婚禮習俗
	（二）〈插天山之歌〉	1. 殖民衝突壓迫 2. 皇民化運動

（三）〈月夜的召喚〉	1. 原住民青年莫勇 2. 漢族眼光下的自卑莫勇 3. 懷鄉心境再現 4. 山地故鄉情境
（四）〈女人島〉	1. 故鄉情境再現 2. 女人島之傳說故事 3. 部落婚禮習俗
（五）〈馬利科彎英雄傳〉	1. 馬利科彎傳說故事 2.「奇吉利」祭典 3.「突奴枯（首級）」祭典 4. 祖靈與天神傳說故事 5. 原住民族出草 6. 勇士訓練與榮耀 7. 部落婚禮習俗 8. 埋石為盟習俗 9. 原住民族鳥占習俗 10. 原住民族刺青文面習俗 11. 原住民族嘴琴示愛，取髮回應習俗 12.「阿篤崗」之傳說故事 13.「馬哈哄伊」之養鳥禁忌 14. 原住民族出獵禁忌 15. 蛇入屋之不祥禁忌
（六）〈回山裡真好〉	1. 原住民族認同迷思 2. 原住民青年武達歐 3. 故鄉情境再現 4. 原住民族出草
（七）〈馬拉松・冠軍・一等賞〉	1. 原住民族出草 2. 原住民族部落活動
（八）〈獵熊的人〉	1. 原住民青年歐畢魯 2. 原住民族出草 3. 勇士訓練與榮耀
（九）〈阿他茲與瓦麗絲〉	1. 漢族眼光之汙名化 2. 懷鄉心境再現
（十）〈矮人之祭〉	1. 矮靈祭之傳說故事 2. 原住民族祭典
（十一）〈蛇之妻〉	1. 蛇郎君之傳說故事 2. 祖靈與天神傳說故事 3. 勇士訓練與榮耀 4. 原住民族部落婚禮習俗 5. 原住民族鳥占習俗
（十二）〈川中島〉	1. 同化教育 2. 殖民勞役壓迫

		3. 殖民衝突壓迫 4. 皇民化運動 5. 霧社事件之抗日精神 6. 霧社事件之抗日行動 7. 原住民族出草 8. 原住民族部落婚禮習俗 9. 原住民族埋石爲盟習俗
	（十三）〈戰火〉	1. 殖民衝突壓迫 2. 皇民化運動 3. 故鄉情境再現
	（十四）〈卑南平原〉	1. 霧社事件之抗日行動 2. 卑南王之傳說故事 3. 原住民族祭典 4. 祖靈與天神傳說故事 5. 原住民族出草 6. 勇士訓練與榮耀 7. 原住民族孿生子禁忌
	（十五）〈日安・卑南〉	1. 原住民族文化保存 2. 原住民族文化
二、李喬	（一）〈山之戀〉	1. 原住民青年形象 2. 原住民族就業 3. 認同意識之汙名化 4. 原漢愛情發展
	（二）〈香茅寮〉	1. 原住民族就業 2. 山地土地開墾
	（三）〈山上〉	1. 原住民族就業 2. 故鄉的呼喚
	（四）〈迷度山上〉	1. 迷度山之傳說故事
	（五）〈蕃仔林的故事〉	1. 日本殖民之高壓統治 2. 日治下的南洋悲情
	（六）〈山女〉	1. 蕃仔林的部落生活
	（七）〈哭聲〉	1. 蕃仔林的部落生活
	（八）〈達瑪倫・尤穆〉	1. 原住民族就業 2. 原住民族經濟困境與酗酒
	（九）〈烏蛇坑野人〉	1. 烏蛇坑野人之傳說故事
	（十）〈山河路〉	1. 原漢愛情發展 2. 原住民族祭典 3. 原住民文化習俗

	（十一）〈馬拉邦戰記〉	1. 日治下的原住民族 2. 馬拉邦之原日戰爭 3. 馬拉邦之傳說故事
	（十二）〈泰姆山記〉	1. 日治下的原住民族 2. 日本殖民之高壓統治 3. 原住民族青年形象 4. 泰姆山之傳說故事
	（十三）〈鱒魚〉	1. 日治下的原住民族 2. 日本殖民之高壓統治 3. 原住民族經濟困境與酗酒
三、關曉榮	（一）〈百分之二的希望與奮鬥〉	1. 原住民族之族群困境 2. 原住民族就業
	（二）〈記錄一個大規模的‧靜默的‧持續的民族大遷徙〉	1. 關曉榮報導文學之創作動機 2. 原住民族飲酒之同歡消愁
	（三）〈范澤開──關曉榮「八尺門」報導攝影連作〉	1. 原住民族家庭生活 2. 原住民族就業 3. 原住民族之飲酒習慣
	（四）〈船東‧海蟑螂和八尺門打漁的漢子們〉	1. 原住民族生活壓力 2. 原住民族就業 3. 原住民族之飲酒抒壓
	（五）〈老邱想哭的時候〉	1. 原住民族家庭生活 2. 原住民族生活壓力 3. 原住民族就業 4. 原住民族之飲酒同歡消愁
	（六）〈失去了中指的阿春〉	1. 原住民族就業 2. 原住民族之飲酒同歡消愁
	（七）〈都是人間的面貌〉	1. 原住民族之族群困境
	（八）〈一個蘭嶼能掩埋多少「國家機密」〉	1. 原住民族之族群意識 2. 原住民族核廢料汙染 3. 原住民族蘭嶼犯人危機
四、張深切	（一）〈遍地紅〉	1. 日治時期之殖民壓迫 2. 原住民族抗日事件 3. 日治時期之霧社事件 4. 日治時期之皇民化運動 5. 原住民族之族群認同 6. 原住民族婦女形象 7. 原住民族孩童形象
五、張大春	（一）〈走路人〉	1. 原漢族群接觸 2. 山地原住民族形象 3. 原住民族種族歧視

	（二）〈四喜憂國〉	1. 山地原住民族形象
	（三）〈最後的先知〉	1. 山地原住民族形象 2. 原住民族歷史 3. 原住民族種族歧視 4. 原住民族部落景象
	（四）〈饑餓〉	1. 山地原住民族形象 2. 原住民族族群壓迫 3. 原住民族部落景象 4. 原住民族文化祭典
六、洪田浚	（一）〈原點的悸動〉	1. 原住民族神話傳說
	（二）〈矮小人種與烏鬼番〉	1. 原住民族神話傳說
	（三）〈巴斯達矮傳奇〉	1. 原住民族神話傳說與祭典
	（四）〈深山裡的婚禮〉	1. 原住民族婚禮
	（五）〈山地桃源的陸沈〉	1. 原住民族之集體遷村 2. 原住民族經濟議題
	（六）〈大自然的遺民〉	1. 原住民族之集體遷村 2. 原住民族經濟議題
	（七）〈失落的蓮花〉	1. 原住民族經濟議題 2. 原住民族之工作壓迫 3. 原住民族之雛妓議題
	（八）〈從青山綠水到燈紅酒綠〉	1. 原住民族經濟議題 2. 原住民族之工作壓迫 3. 原住民族之雛妓議題
	（九）〈行船人的沉船曲〉	1. 原住民族經濟議題
	（十）〈時代的畸零人〉	1. 原住民族之集體遷村 2. 原住民族之工作壓迫 3. 原住民族之雛妓議題
	（十一）〈原住民籲天錄〉	1. 原住民族經濟議題
	（十二）〈原住民運動的新潮〉	1. 原住民族之集體遷村 2. 原住民族之工作壓迫 3. 原住民族之雛妓議題
	（十三）〈原住民痛苦的根源〉	1. 原住民族之集體遷村 2. 原住民族經濟議題 3. 原住民族之雛妓議題 4. 原住民族之神話傳說

七、古蒙仁	（一）〈一個沒有鼾聲的鼻子〉	1. 原住民族生活困境
	（二）〈幾番蘭雨話礁溪〉	1. 原日歷史事件與原漢族群衝突事件
	（三）〈碧岳村遺事〉	1. 原住民族形象 2. 原住民族之部落景象 3. 原住民族之種族歧視
	（四）〈黑色的部落〉	1. 原住民族之歷史 2. 原住民族之歷史事件 3. 原住民族之部落景象 4. 原住民族之風俗習慣 5. 原住民族之神話傳說
八、官鴻志、江上成、黃小農	（一）官鴻志〈不孝兒英伸〉	1. 原住民族青年形象 2. 湯英伸事件爆發實錄 3. 原住民族工作壓迫 4. 原住民族教育壓迫 5. 原住民族種族歧視壓迫 6. 原住民族部落情境再現 7. 原住民族部落建設與變遷
	（二）黃小農〈隱藏的陷阱——歧路上的職業介紹所〉	
	（三）江上成〈冰凍的春天——悲劇前後的一家人〉	
九、吳錦發	（一）〈靜靜流淌過心底的哀歌〉	1. 原住民族生活困境與湯英伸事件
	（二）〈燕鳴的街道〉	1. 原住民族之族群意識 2. 原住民族青年形象 3. 原住民族之種族歧視 4. 原住民族之祭典
	（三）〈摒棄教條，尋回人道〉	1. 原住民族生活困境與湯英伸事件
十、鍾理和	（一）〈假黎婆〉	1. 原住民族之形象 2. 原住民族之部落景象 3. 原住民族之種族歧視
十一、胡臺麗	（一）〈吳鳳之死〉	1. 原住民文學創作動機 2. 原住民族形象 3. 原住民族之種族歧視 4. 原住民族之族群壓迫 5. 原住民族之文化習俗 6. 原住民族之傳說故事 7. 原住民族之田野調查
	（二）〈願嫁山地郎〉	1. 原住民族之種族歧視 2. 原住民族之族群壓迫 3. 原住民族之文化習俗 4. 原漢族群之愛情故事 5. 原住民族之田野調查
十二、劉還月	（一）〈流浪的土地游牧民族〉	1. 原住民族之田野調 2. 原住民族之歷史

		3. 原住民族之族群壓迫 4. 原住民族之族群歧視 5. 原住民族之文化習俗 　(1)原住民族之社會組織 　(2)原住民族之祭典占卜 　(3)原住民族之文化習俗
十三、葉智中	（一）〈我的朋友住佳霧〉	1. 原住民族之田野調查 2. 原住民族形象 3. 原住民族之種族歧視 4. 原住民族之工作壓迫 5. 原住民族之部落景象 6. 原住民族之豐年祭典
十四、阿盛	（一）〈腳印蘭嶼〉	1. 原住民族形象 2. 原住民族之種族歧視 3. 原住民族之社會議題 4. 原住民族之文化習俗
十五、陳其南	（一）〈飛魚與汽車〉	1. 原住民族文化與祭典
十六、明立國	（一）〈恆春思想起〉	1. 原住民族之文化歌謠
十七、陳列	（一）〈同胞〉	1. 原住民族形象 2. 原住民族之部落景象 3. 原住民族之族群壓迫 4. 原住民族之祭典
十八、楊渡	（一）〈山村筆記〉	1. 原住民族形象 2. 原住民族之種族歧視 3. 原住民族之部落景象 4. 原住民族之神話傳說
十九、李慶榮	（一）〈十五人一家〉	1. 原住民族之田野調查 2. 原住民族形象 3. 原住民族之部落景象 4. 原住民族之文化習俗
二十、鄭寶娟	（一）〈與阿美們跳一個晚上〉	1. 原住民族形象 2. 原住民族之祭典
二十一、劉春城	（一）〈贛孫〉	1. 原住民族形象 2. 原住民族之文化習俗
二十二、吳富美	（一）〈我從山中來〉	1. 原住民族形象 2. 原住民族議題 3. 原住民族之文化歌謠
二十三、林文義	（一）〈孤獨的山地〉	1. 原住民族形象 2. 原住民族之族群壓迫 3. 原住民族之部落景象

第三節　作家文學中的原住民族書寫綜論

　　根據戰後漢族作家文學中的原住民書寫，所產生轉變歷程，乃針對不同漢族學者研究文獻、漢族作家文學，分別進行分析比較。由第八章原住民族書寫的共時性與歷時性分析中可知，戰後臺灣漢族作家在文本中，分別因時代演進不同，對於原住民族議題書寫乃有所差異；因此，在個別整理爬梳漢族作家文本的重要原住民族議題後，將可更清晰地觀察出原住民族書寫發展脈絡。從漢族作家筆下原住民族論述，所產生的詮釋觀點，分別就核心族群議題的問題意識進行深究；進而針對不同族群接觸關係，所呈現的原住民族書寫，諸如族群地位差異、族群衝突因素、族群生活衝突、族群文化衝突與族群印象感……等多元分析視角，進行綜合歸納分析。此外，關於族群定位差異，乃分別就文化、工作、教育、社會與經濟層面等諸多層面進行論述，經由諸多漢族作家觀點分析，印證文本中原住民族書寫的理論架構；進而以薩依德與法農的後殖民理論進行分析。

> 　　臺灣文學、歷史學、社會學、政治學，甚至女性主義或後現代主義的詮釋，都因為後殖民視野的開啟而發生強烈的變化。這是因為後殖民理論的到來，喚醒各國學科訓練研究者的歷史意識，使他們開始警覺到自己的領域與臺灣史上的殖民地經驗有緊密的聯繫。
> 〔註 129〕

　　此即根據薩依德方法論「對位式閱讀」進行分析，「以實踐性的術語來說，就是我所謂的對位式閱讀（contrapuntal reading），意思是說閱讀文本時，試圖理解當作者呈現主題時，何項內容被牽扯發展出來。」〔註 130〕此即為本論文研究方法之一。

> 　　《文化與帝國主義》的基本架構是極為簡單的，即西方帝國主義和第三世界民族主義之間的辯證關係，這個辯證過程在兩個層面被開展出來，即政治歷史的現實層面和文化與意識型態的精神層面，但兩者之間密不可分的辯證統一體才是薩依德苦心經營的。做為他的方法論之核心概念：「對位式閱讀」（contrapuntal reading），指出了其作品所一貫具備的那種如交響曲般的雄渾氣魄、高潮迭起、卻又

〔註 129〕陳芳明；法農，〈皮膚可以漂白嗎？〉，《黑皮膚，白面具》（2005 年 4 月），頁 12。

〔註 130〕薩依德，〈敘事與社會空間〉，《文化與帝國主義》（2001 年），頁 138。

　　是結構嚴密、首尾一貫。〔註131〕

　　關於諸多漢族作家敘述觀點，就臺灣原住民族書寫的核心族群議題，進行「文本分析法」論述；深入以「後殖民理論」究方式，針對後殖民理論以進行深度歸納分析後，綜合文本中原住民族書寫的族群觀點，以架構族群理論；甚至於與國際間後殖民理論觀點相互比較西方之於東方，即彷彿日本、漢族之於原住民族間，殖民者與被殖民者之族群關係。

　　　　過去二百年的偉大帝國經驗是全球性的和普世性的；它意味著全球
　　　　的每一角落，殖民者和被殖民者都是緊靠在一起的。因為西方獲得
　　　　全球的支配，且因為它似乎已完成了其軌道。〔註132〕

　　將由多元面向釐清臺灣原住民族書寫發展脈絡，以進行族群理論建構，拓展至原住民族書寫的演繹歷程比較。最後，未來有機會將深入研究，將戰後臺灣漢族作家文學中原住民書寫，所建立的理論基礎，與臺灣原住民族文學，進行共時性與歷時性比較分析；甚至於與國際間少數民族文本書寫中的重要族群議題進行歸納分析，進而建立深具國際觀的少數民族之族群理論。

〔註131〕蔡源林，〈流亡、認同與永恆的「他者」〉。薩依德，《文化與帝國主義》（2001年），頁21。
〔註132〕薩依德，〈心路歷程與反對勢力的出現〉，《文化與帝國主義》（2001年），頁474。

第八章　結　論

　　在「戰後臺灣作家文學中的『原住民族書寫』：自 1945 到 1987」中，在不同時期作家文本，乃由於創作歷史背景與社會氛圍不同，造成作家對於原住民族議題呈現，乃將獨具風格。關於鍾肇政、李喬、關曉榮、張深切、張大春、洪田浚、古蒙仁、官鴻志、江上成、黃小農、吳錦發、鍾理和、胡臺麗、劉還月、葉智中、阿盛、陳其南、明立國、陳列、楊渡、李慶榮、鄭寶娟、劉春城、吳富美、林文義……等臺灣漢族作家文學中的原住民族書寫，經過多元視角究觀點分析後，對於釐清原住民族書寫的發展脈絡，將有所裨益。

一、原住民族書寫的核心問題意識

（一）日治時期的被殖民處境

　　戰後初期，諸多漢族作家由日文創作過渡於漢語創作，即造成早期作家在臺灣文壇上的數量，乃甚爲稀少。在戰後早期臺灣文壇，僅有少數學者專家進行原住民族研究，至於國民政府時期政治議題闡述，乃多半淪爲歌功頌德之作，諸如 1971 年臺灣省政府新聞處編《改善山胞生活》、1974 年陳國鈞《臺灣土著社會研究》、1977 年高淵源《臺灣高山族》、1982 年李亦園《臺灣土著民族的社會與文化》、1983 年森丑之助著，黃耀東譯《日據時期本省山地同胞生活狀況圖集》、1987 年中國人權協會《臺灣土著的傳統社會文化與人權現況》、1988 年陳國強、林嘉煌《高山族文化》……等專書研究。此外，在原住民族族群研究層面，諸如張明雄〈臺北地區平埔族的興起及衰落〉、傅仰止〈都市山胞研究的回顧與前瞻〉、黃美英〈都市山胞與都市人類學〉、胡耐安

〈臺灣原住民分述〉、石萬壽〈臺灣南部平埔族研究的回顧與展望〉、王人英〈臺灣高山族的人口變遷〉；在原住民族政治文學文本研究層面，諸如林德政〈霧社抗日精神的延續——評介鍾肇政著「川中島」〉、李喬〈「寒夜」心曲〉、王詩琅〈也談「霧社事件」的文學〉……等研究期刊，均著眼於原住民族群發展與日治時期政治研究。

在戰後臺灣作家文學中，早期、中期、後期漢族作家，對於原住民族議題的關注焦點與問題意識闡述，均有所差異。在臺灣戰後早期文壇中，漢族作家對於原住民族議題，多數乃關注於日治時期原住民族書寫，而最主要敘事觀點，乃集中於日治時期最大抗日事件——霧社事件。此外，日本殖民政權，對於臺灣原住民被殖民者，乃造成諸多殖民壓迫，即為當時作家在文本中努力書寫的核心議題之一。此即由於在戰後國民政府時期迄解嚴前，政治在臺灣文壇上，乃為禁忌敏感話題；因此，諸多作家對於政治議題乃噤若寒蟬，抑或僅為著眼於日治時期的政治議題書寫。

關於日治時期書寫的戰後漢族作家，諸如鍾肇政在 1973 年 9 月長篇小說《馬黑坡風雲》、1975 年《插天山之歌》……等最早書寫有關於原住民族議題的文本外，《馬黑坡風雲》乃以小說筆法影射般地，記載著日治時期與霧社事件爆發始末。《插天山之歌》乃以故事性地描述，記載著日治時期原漢族群，均飽受著日本殖民者族群壓迫。直至 1982 年後，鍾肇政方計畫著手進行〈高山三部曲〉寫作、1983 年《高山組曲》發表，1985 年 4 月《川中島》（高山組曲第一部）（長篇）、1985 年 4 月《戰火》（高山組曲第二部）（長篇）、1987 年《卑南平原》（長篇）……等重要著作，鍾肇政更深刻地由實際田野調查後，真人真事地記載著霧社事件與日治時期原住民族處境。

在《川中島》乃記載著日治時期霧社事件爆發始末，與原住民遺族遷徙川中島景象，以大河歷史小說創作技巧使史實再現。再者，《戰火》乃延續《川中島》歷史事件發展，記載著原住民遺族在川中島中，乃逐漸被皇民化現象，逐漸以身為日本皇民為榮的族群認同迷思，諷刺地當初原住民族在霧社事件中的慘烈犧牲。最後，在 1987 年《卑南平原》（長篇）中，乃描述霧社事件的抗日行動始末。

李喬關於日治時期書寫，諸如 1975 年在《李喬自選集》中，收錄〈蕃仔林的故事〉，乃描述日本殖民者高壓統治，與原住民族在皇民化運動後，為日本霸權前往南洋壯烈犧牲的悲情處境。在 1982 年〈馬拉邦戰記〉，則描述原

日戰爭爆發始末，即爲光緒年間馬拉邦之戰，在原漢族群異族結盟，合力攻打東洋番的戰爭。在 1993 年《李喬集》中，收錄〈泰姆山記〉；1999 年〈鱒魚〉……等原住民族文本，乃同樣描述著日本殖民高壓統治。此外，關於漢族作家張深切在 1951 年，所創作原住民族劇本《遍地紅》，乃針對霧社事件爲題材所創作，此即漢族作家描述原住民族霧社事件早期代表性文本之一，此即以劇本創作體裁，記載著日治時期霧社事件爆發始末。

（二）原住民族的族群文化

在戰後臺灣早期對於政治議題較爲保守禁忌的年代，諸多作家無法跳脫文學窠臼，而較無法關注於政治現實景象。因此，諸多作家轉而關注原住民族文化議題，將諸多原住民族文化風俗習慣與族群精神，再現於文獻研究與文本作中；甚至於在戰後迄解嚴前的中期與晚期，臺灣作家文學對於原住民族文化層面描述，均爲諸多漢族作家關注的重要問題意識與書寫焦點之一。尤其在戰後中期漢族作家文學創作中，原住民族文化議題書寫，乃爲諸多作家在實際接觸原住民族後，亟欲爲原住民族文化保存，盡一點微薄之力，即對於原住民族文化進行深入分析。

在戰後漢族學者原住民族研究文獻中，諸如 1979 年劉其偉《臺灣土著文化藝術》、1979 年衛聚賢編撰《蝙蝠洞考古與臺灣山胞》、1982 年李亦園《臺灣土著民族的社會與文化》、1987 年中國人權協會《臺灣土著的傳統社會文化與人權現況》、1988 年陳國強、林嘉煌《高山族文化》……等研究專書進行分析。在研究期刊即諸如原住民族文化研究層面，諸如邱奕松〈日據初期臺灣山地教育之探討〉、陳勝崑〈臺灣原住民族的生育觀〉、陳勝崑〈臺灣原住民族的巫醫與巫術〉、鄭金德〈賽夏族的矮靈祭〉……等文獻，均著眼於原住民族文化習俗研究。

在戰後作家文學中，諸如鍾肇政 1978 年〈女人島〉、1979 年 4 月《馬利科彎英雄傳說》（長篇）、1980 年〈馬拉松冠軍一等賞〉、1982 年〈獵熊的人〉、〈矮人之祭〉、〈蛇之妻〉、1987 年《卑南平原》（長篇）、1989 年《日安‧卑南》……等文本，均將描述重心放在原住民族文化習俗與神話傳說故事書寫。至於李喬原住民族文化書寫，諸如在 1970 年〈迷度山上〉；1980 年《心酸記》中，收錄〈烏蛇坑野人〉、〈山河路〉（原名〈巴斯達矮考〉）……等諸多原住民族文本，均著眼於原住民族文化習俗與神話傳說故事描述。

洪田浚在《臺灣原住民籲天錄》中，收錄〈矮小人種與烏鬼番〉、〈巴斯

達矮傳奇〉、〈深山裡的婚禮〉……等文本，乃同樣描述原住民族文化習俗與神話傳說故事。古蒙仁 1978 年《黑色的部落》中，所收錄〈黑色的部落〉。胡臺麗收錄於《悲情的山林》中〈吳鳳之死〉、收錄於《願嫁山地郎》中〈願嫁山地郎〉。劉還月〈流浪的土地游牧民族〉、葉智中〈我的朋友住佳霧〉、阿盛的〈腳印蘭嶼〉、陳其南〈飛魚與汽車〉、明立國〈恆春思想起〉、陳列〈同胞〉、楊渡〈山村筆記〉、李慶榮〈十五人一家〉、鄭寶娟〈與阿美們跳一個晚上〉、劉春城〈贛孫〉、吳富美〈我從山中來〉……等文本，均記載著諸多原住民族文化習俗與神話傳說故事。

（三）原住民族所承受的種族歧視

關於原住民族群處境書寫，描述諸多原住民族弱勢處境與飽受族群歧視境況，諸如鍾肇政 1978 年〈月夜的召喚〉、〈阿他茲與瓦麗絲〉、1980 年〈回山裡真好〉……等文本，均以描述原住民族弱勢處境為主。此外，李喬 1968 年《晚晴》中，收錄〈山之戀〉、〈山上〉；1978 年〈達瑪倫・尤穆〉……等諸多原住民族文學作品，乃同樣描述原住民族弱勢處境。此外，在戰後迄解嚴前晚期文本中，諸如關曉榮在 1985 年 11 月〈百分之二的希望與奮鬥〉、1985 年 1 月〈船東・海蟑螂和八尺門打漁的漢子們〉、1986 年 3 月〈都是人間的面貌〉、1987 年 12 月〈一個蘭嶼能掩埋多少「國家機密」〉……等諸多報導文學，均記載著原住民族群弱勢處境。

張大春在 1988 年《四喜憂國》中〈最後的先知〉、〈饑餓〉……等文本，也記載著原住民族飽受種族歧視的弱勢處境。官鴻志 1986 年 7 月所發表報導文學〈不孝兒英伸〉；江上成同樣在 1986 年 7 月發表〈冰凍的春天——悲劇前後的一家人〉；黃小農也在 1986 年 7 月發表〈隱藏的陷阱——歧路上的職業介紹所〉……等諸多報導文學，乃藉由湯英伸事件闡述，再現原住民族所承受的種族歧視。

在戰後迄解嚴前晚期文本中，諸如吳錦發《悲情的山林》中〈燕鳴的街道〉；與《願嫁山地郎》中〈靜靜流淌過心底的哀歌〉、〈摒棄教條，尋回人道〉。鍾理和收錄於《悲情的山林》中〈假黎婆〉、胡臺麗收錄於《悲情的山林》中〈吳鳳之死〉、收錄於《願嫁山地郎》中〈願嫁山地郎〉。劉還月〈流浪的土地游牧民族〉、葉智中〈我的朋友住佳霧〉、阿盛〈腳印蘭嶼〉、楊渡〈山村筆記〉……等諸多文本，均記載著原住民族飽受種族歧視的弱勢處境。

（四）原住民族的弱勢族群處境

在戰後早期到解嚴前晚期文本中，關於原住民族所遭受到種族歧視、族群壓迫，甚至於爲族群弱勢處境，即爲原住民族議題重要問題意識之一。在鍾肇政 1973 年 9 月長篇小說《馬黑坡風雲》、1975 年《插天山之歌》、1985年 4 月《川中島》、1985 年 4 月《戰火》……等重要著作，乃著眼於原住民族在日治時期被殖民族群處境。此外，李喬在 1968 年《晚晴》中，收錄〈山之戀〉、〈香茅寮〉、〈山上〉；1975 年《李喬自選集》中，收錄〈蕃仔林的故事〉、〈山女〉、〈哭聲〉；1978 年〈達瑪倫・尤穆〉；1982 年〈馬拉邦戰記〉；1986年《告密者》；1993 年《李喬集》中，收錄〈泰姆山記〉；1999 年〈鱒魚〉……等諸多原住民族文學作品，均記載著原住民族弱勢處境。但又可分爲日治時期在原日族群間，與戰後在原漢族群間的族群弱勢處境，原住民族即同樣處於類似被殖民地位的族群困境。

關曉榮在 1985 年 11 月〈百分之二的希望與奮鬥〉、〈記錄一個大規模的・靜默的・持續的民族大遷徙〉、〈范澤開——關曉榮「八尺門」報導攝影連作〉；1985 年 1 月〈船東・海蟑螂和八尺門打漁的漢子們〉；1986 年 1 月〈老邱想哭的時候〉；1986 年 2 月〈失去了中指的阿春〉；1986 年 3 月〈都是人間的面貌〉；與 1987 年 12 月〈一個蘭嶼能掩埋多少「國家機密」〉……等諸多報導文學，均記載著原住民族在現實生活中眞實弱勢處境，尤其以工作壓迫與經濟困境爲重要核心議題。張深切在 1951 年《遍地紅》劇本，則記載著原住民族在日治時期被殖民族群處境。

張大春 1988 年《四喜憂國》中〈饑餓〉同樣記載著原住民族群處境。洪田浚在《臺灣原住民籲天錄》中，所收錄〈原點的悸動〉、〈山地桃源的陸沈〉、〈大自然的遺民〉、〈失落的蓮花〉、〈從青山綠水到燈紅酒綠〉、〈行船人的沉船曲〉、〈時代的畸零人〉、〈原住民籲天錄〉、〈原住民運動的新潮〉、〈原住民痛苦的根源〉……等諸多文本，均以報導文學方式，深刻又眞實地記錄著原住民族在現代社會中族群困境。古蒙仁在 1978 年《黑色的部落》中，所收錄〈一個沒有鼾聲的鼻子〉、〈幾番蘭雨話礁溪〉、〈黑色的部落〉……等文本，乃眞實地記載著原住民族社會處境。

在原住民青年湯英伸事件爆發後，官鴻志 1986 年 7 月所發表報導文學〈不孝兒英伸〉；江上成同樣在 1986 年 7 月發表〈冰凍的春天——悲劇前後的一家人〉；黃小農也在 1986 年 7 月發表〈隱藏的陷阱——歧路上的職業介

紹所〉……等文本，乃同樣再現原住民在職業介紹所的工作壓迫下，所產生族群悲劇。最後，在吳錦發《悲情的山林》中〈燕鳴的街道〉；與《願嫁山地郎》中〈靜靜流淌過心底的哀歌〉、〈摒棄教條，尋回人道〉；胡臺麗收錄於《悲情的山林》中〈吳鳳之死〉、收錄於《願嫁山地郎》中〈願嫁山地郎〉；劉還月〈流浪的土地游牧民族〉、葉智中〈我的朋友住佳霧〉、陳列〈同胞〉、林文義〈孤獨的山地〉……等諸多文本，均記載著原住民族弱勢族群處境。

二、漢族作家文學的綜論分析

（一）漢族作家文學的創作脈絡

在戰後臺灣作家文學中，漢族作家所歸納分析原住民族議題，乃隨著時代變遷而有所不同。諸如鍾肇政在戰後早期，最早創作的 1973 年 9 月長篇小說《馬黑坡風雲》，乃由原住民族在日治被殖民處境，以故事性的作技巧呈現。1975 年《插天山之歌》，乃同樣以日治時期原漢族群，均承受著日本殖民壓迫的處境再現。1978 年〈月夜的召喚〉，乃描述原住民族在漢族壓迫下，所產生回歸部落的懷鄉意識。1978 年〈女人島〉與 1979 年 4 月《馬利科彎英雄傳說》（長篇），乃描述著原住民族神話傳說故事。1980 年〈回山裡真好〉乃描述原住民受到族群壓迫後，欲回歸部落的心境。1980 年〈馬拉松冠軍一等賞〉與 1982 年〈獵熊的人〉，乃描述著原住民族傳統部落活動。

鍾肇政在〈阿他茲與瓦麗絲〉乃描述種族歧視與族群壓迫後，所衍生回歸部落的懷鄉心境。〈矮人之祭〉與〈蛇之妻〉同樣描述著原住民族的神話傳說故事。鍾肇政在 1982 年計畫著手進行《高山三部曲》的寫作、1983 年《高山組曲》發表，1985 年 4 月《川中島》（高山組曲第一部）（長篇）、1985 年 4 月《戰火》（高山組曲第二部）（長篇），由則長篇小說描述原住民族在日治時期霧社事件史實。1985 年鍾肇政即為考察卑南遺址而赴臺東田野調查，進而在 1987 年創作《卑南平原》（長篇），1989 年同樣為卑南遺址創作發表《日安·卑南》。

鍾肇政文學中原住民族書寫，即實際接觸過原住民族生活經驗後，引發其研究與書寫原住民族議題創作動機。因此，鍾肇政均親自前往山地部落進行田野調查後加以撰寫。在歷年來創作歷程發展脈絡中，由戰後早期關於日治時期霧社事件描述外，接著由於當時在政治上保守禁忌年代所致，創作題材多半趨向於原住民族文化習俗與神話傳說書寫。直至解嚴後初期，隨著原

住民族運動興起，原住民文學崛起，原住民族議題逐漸關注後，鍾肇政方將創作方向，又趨向於日治時期史實霧社事件再現。在鍾肇政文學中原住民族書寫，乃結合政治、歷史、族群、文化……等多元視角創作場域再現。在創作體裁層面，以長篇小說撰寫政治議題，而以短篇小說或散文撰寫文化議題。但諸多長篇小說中，乃同樣涵蓋著族群、文化……等多元題材再現。

李喬文學中原住民族書寫，諸如1968年《晚晴》中，收錄〈山之戀〉、〈香茅寮〉、〈山上〉，焦點即放在原住民族就業困境與族群處境上，而衍生回歸部落的心境〉1970年的〈迷度山上〉原住民族神話傳說故事。1975年《李喬自選集》中，收錄〈蕃仔林的故事〉、〈山女〉、〈哭聲〉，均描述李喬童年生活中貧窮蕃仔林生活，再現日治時期被殖民情境。1978年〈達瑪倫・尤穆〉，描述原住民族因就業困境與族群壓迫，所衍生諸多生活壓力。1980年《心酸記》中，收錄〈烏蛇坑野人〉乃描述原住民族神話傳說故事。〈山河路〉（原名〈巴斯達矮考〉），則描述原住民族文化習俗與祭典文化。1982年〈馬拉邦戰記〉，則以政治角度描述原日戰爭與原住民神話傳說故事。1986年《告密者》；1993年《李喬集》中，收錄〈泰姆山記〉與1999年〈鱒魚〉，乃描述被殖民情境中原住民族。

李喬文學中原住民族書寫，乃由於童年在蕃仔林生活中，曾實際接觸過原住民族經驗，引發其對於原住民族題材的創作動機。尤其擅長以短篇小說與散文，早期首先記載原住民族就業困境，接著喜愛描述原住民族文化習俗與傳說故事。李喬在解嚴前初期，隨著原住民族運動與原住民文學興起，乃逐漸將創作趨向轉至日治時期被殖民情境政治議題書寫。但鍾肇政與李喬乃為較早將創作題材關注於原住民族議題的漢族作家。

關曉榮文學中原住民族書寫，由於其實際接觸過原住民族後，引發其對於原住民族議題創作動機。因此，關曉榮甚至於實際地居住於原住民聚落，真實地感受原住民族群處境，進而以攝影與報導文學方式，撰寫出諸多原住民族報導文學，諸如1985年11月〈百分之二的希望與奮鬥〉、〈記錄一個大規模的・靜默的・持續的民族大遷徙〉、〈范澤開——關曉榮「八尺門」報導攝影連作〉；1985年1月〈船東・海蟑螂和八尺門打漁的漢子們〉；1986年1月〈老邱想哭的時候〉；1986年2月〈失去了中指的阿春〉；1986年3月〈都是人間的面貌〉；與1987年12月〈一個蘭嶼能掩埋多少「國家機密」〉……等報導文學文本，均關注於社會真實案例原住民族生活困境。關曉榮乃關注於

原住民族遷居議題，與所衍生就業困境、所承受族群壓迫與種族歧視。此創作背景即由於當時在原住民族運動與原住民族文學興起後，漢族作家也逐漸關注於原住民族生活困境所致。

張深切文學中原住民族書寫，即爲戰後最早期的原住民族文本，以 1951 年《遍地紅》劇本，描述日治時期霧社事件。當時，諸多漢族作家處於日文、漢語創作青黃不接階段；因此，以漢語創作作家不多。當時政治局勢緊張，因此諸多戰後作家僅敢以日治時期被殖民情境，抒發對於政治議題關切與想法。因此，諸多戰後漢族作家描述日治時期原住民族的歷史文本，乃深具時代指標性。

張大春《公寓導遊》中〈走路人〉，乃於 1986 年一月五日刊登於聯合報副刊，乃以超現實手法，描述原住民族所承受種族歧視汙名化認同。1988 年《四喜憂國》中〈四喜憂國〉乃描述原住民族生活情境與原漢族群婚姻。1988 年〈最後的先知〉乃同樣以超現實手法，描述漢族女記者到原住民部落採訪，呈現漢族對於原住民族群歧視觀點外；進而諷刺性地由原住民眼光，去描述對漢族族群觀點。在 1988 年〈饑餓〉中，乃同樣以超現實技巧，諷刺性地描述原住民族被汙名化的種族歧視與族群壓迫情境。張大春在解嚴前初期，所創作原住民族文本，均以超現實技巧，諷刺性地呈現原住民族書寫。

洪田浚 1994 年 8 月則在《臺灣原住民籲天錄》中，收錄諸多發表於 1987 年前原住民族文本，乃同樣以社會眞實案例，由報導文學方式與散文體裁，呈現原住民族書寫，諸如〈原點的悸動〉乃描述原住民族處境，〈矮小人種與烏鬼番〉、〈巴斯達矮傳奇〉與〈深山裡的婚禮〉，則描述原住民族文化習俗與神話傳說。〈山地桃源的陸沈〉乃描述原住民族遷村與經濟困境議題。〈大自然的遺民〉、〈失落的蓮花〉與〈從青山綠水到燈紅酒綠〉，乃同樣展現出原住民族經濟困境與雛妓議題。〈行船人的沉船曲〉、〈時代的畸零人〉、〈原住民籲天錄〉、〈原住民運動的新潮〉、〈原住民痛苦的根源〉，均再現原住民族遷村、經濟困境、就業壓迫與種族歧視議題，眞實地以社會眞實案例，呈現都市原住民族群生活困境。

古蒙仁在 1978 年《黑色的部落》中，所收錄〈一個沒有鼾聲的鼻子〉乃描述親自深入原住民部落，方可眞實地認知原住民族想法。〈幾番蘭雨話礁溪〉乃描述清乾隆與嘉慶時期，原漢與原日族群間歷史事件。〈碧岳村遺事〉乃描述原住民族山居生活與漢族對原住民族的種族歧視。在〈黑色的部落〉

中，古蒙仁則多元性地描述原住民族，在歷史、文化習俗、神話傳說……等層面的族群議題。因此，古蒙仁乃以深入原住民部落的方式，真實地接觸原住民；進而以多元議題方式，將原住民族再現於文本中。

官鴻志 1986 年 7 月所發表報導文學〈不孝兒英伸〉；江上成乃同樣在 1986 年 7 月發表〈冰凍的春天──悲劇前後的一家人〉；黃小農也在 1986 年 7 月發表〈隱藏的陷阱──歧路上的職業介紹所〉，均見證原住民青年湯英伸，所爆發湯英伸社會事件；進而分析湯英伸事件與職業介紹所關聯，與原住民族所面臨就業陷阱與困境；甚至於有諸多原住民在都市就業，均面臨到種族歧視與族群壓迫的經濟困境。

吳錦發《悲情的山林》中〈燕鳴的街道〉，乃以原住民在都市就業中，所面臨諸多種族歧視與族群壓迫。在《願嫁山地郎》中〈靜靜流淌過心底的哀歌〉，則以社會真實事件，描述所遭受到不平等待遇。在〈摒棄教條，尋回人道〉，乃以原住民青年湯英伸事件為主，反思原住民族群處境。吳錦發乃探討諸多原住民族議題，均以社會真實事件，去反思原住民族群處境。

鍾理和戰後早期原住民族書寫，乃為收錄於《悲情的山林》中〈假黎婆〉，即以自身故事描述原住民奶奶假黎婆，由此描述原住民族特色，與對奶奶的懷念、回憶與遙想。胡臺麗收錄於《悲情的山林》中〈吳鳳之死〉、收錄於《願嫁山地郎》中〈願嫁山地郎〉，均以田野調查方式，真實地記載原住民族種族歧視與族群壓迫；甚至於深刻地記載原住民族文化習俗與神話傳說故事。

劉還月〈流浪的土地游牧民族〉與葉智中〈我的朋友住佳霧〉，乃同樣以田野調查方式，描述原住民族所承受種族歧視與族群壓迫，文化習俗與神話傳說故事。阿盛〈腳印蘭嶼〉與陳其南〈飛魚與汽車〉，乃同樣以真實情境去描述在現代社會中種族歧視與族群壓迫議題，還描述蘭嶼原住民族文化習俗與核廢料議題。明立國〈恆春思想起〉原住民族歌謠特色與田野調查採集過程，現代原住民族生活現況與形象。

陳列〈同胞〉與楊渡〈山村筆記〉，乃描述原住民部落景象、種族歧視、文化習俗與神話傳說故事。李慶榮〈十五人一家〉，乃描述原住民真誠地協助進入山地部落進行田野調查的漢族朋友，展現出原漢一家的族群氛圍。鄭寶娟〈與阿美們跳一個晚上〉，描述原住民族文化祭典特色與文化保存議題。劉春城〈贛孫〉，即以自身故事，描述原住民奶奶特色與對奶奶的懷念。吳富美

〈我從山中來〉，乃描述原住民族歌謠與文化保存議題。最後，林文義〈孤獨的山地〉，則描述原住民族形象、所承受族群壓迫，與原住民部落景象。

（二）作家文學中的原住民族

戰後臺灣作家文學中的原住民族書寫，可由諸多漢族作家文本觀點中歸納分析。鍾肇政乃擅長以歷史小說體裁，著重於日治與戰後時期，立基於史實再現下的原住民族書寫，展現原住民族群意識的變遷。張深切乃以歷史劇本體裁的史實再現角度，進行霧社事件下的原住民族書寫。李喬以散文體裁為主，乃著重於日治與戰後生活困境下的原住民族書寫。關曉榮、洪田浚、古蒙仁、官鴻志、黃小農、江上成……等作家，均以報導文學體裁為主，著重於現實活中社會真實案例下的原住民族書寫，展現出對於社會弱勢族群的人道關懷態度，揭發社會的不公不義現象。張大春乃以散文體裁為主，以後現代觀點與魔幻現實筆法，由原住民族書寫，成為歷史解構利器與批判根源。吳錦發乃以散文體裁為主，由社會真實案例，描述原住民族困境。鍾理和乃以散文體裁為主，描述記憶中的原住民奶奶形象。胡臺麗、劉還月、葉智中、陳列、楊渡、鄭寶娟、劉春城、吳富美、林文義……等作家，均以散文體裁為主，描述現代原住民族的生活處境與族群議題。明立國、李慶榮……等作家，均以散文體裁為主，由田野調查方式，描述原住民族文化保存議題。阿盛、陳其南……等作家，均以散文體裁為主，關注於描述蘭嶼原住民族生活困境與社會議題。戰後迄解嚴前時期，諸多作家均以多元化創作體裁與文本觀點，描述多元層面下的原住民族形象。

鍾肇政文學中的原住民族書寫，乃有多元形象展現，諸如原住民族勇士，由花岡一郎、花岡二郎、莫那·魯道、佐塚昌男、沙坡（山下次郎）、巴旺、畢荷·瓦利斯、波波克、達巴斯·庫拉（中島俊雄）、布農族林兵長（歐蘭·卡曼）、陸志驤……等人物，乃見證原住民族從奮勇堅持抗日，到誓師為日本天皇而戰的族群意識變遷。此外，原住民女性，由恬娃絲·魯道、馬紅、巴堪·羅賓、娥賓、佐塚和子……等人物，乃象徵原住民族弱勢族群中的犧牲者。至於日本巡查島野、日人巡查吉村、日本官員霧社分室的巡查進藤儀三郎、日本巡查杉山政、安達主任、白木巡查部長、樺澤、臺灣總督府長谷川清……等人物，則象徵著日本殖民霸權的殖民統治。

在現代原住民族社會適應層面，則以他達歐、莫勇、武達歐、比拉克、歐畢魯、阿他茲……等人物，呈現原住民族在平地就業與就學的原漢族群接

觸後，原住民族社會適應困境；至於瓦麗絲、瓦麗絲的姐姐……等人物，乃爲了經濟困境而賣身。在原住民族傳說故事層面，沙拉凡、布達、蘇羊、他洛、阿島、蛇王達魯馬斯、阿篤、疋林・疋戴、布農族歐蘭卡曼……等人物，均爲勇士象徵；妲哈爾、阿咪娜、瓦碧娜、拉麗姮……等人物，即成爲原住民女性犧牲者形象；耶波・畢泰、威南・索利、馬利科彎大頭目瓦當・比來、卡馬黑洛司、奴奴拉……等人物，則成爲因迷信或族群階級而成爲迫害者形象；諾明全家、卡他路邦……等人物，則爲出草下的犧牲者。卑南王、羅曜姍、阿篤……等人物，即成爲原漢族群接觸與變遷的人物形象。此外，原住民林信來、林志興、陳英雄、郭光也、陸森寶……等人物，乃爲現實生活中的現代原住民，同樣努力地爲原住民族文化保存而努力著。

李喬文學中的原住民族書寫，關於日治時期人物象徵，即以古屋先生、杉本先生、甲長大人、巡查大人……等人物，做爲日本殖民者象徵。新來、阿業、李喬母親……等人物，則成爲被殖民者象徵。窩興、瓦勇……等人物，即成爲日治時期皇民化運動下，產生族群認同意識迷思的原住民族。此外，加里合彎社年輕酋長「接卡・久因」、馬拉邦社「莫・拉邦」、蘇魯社「吐魯・哈魯」，還有漢族柯山塘、邱梅……等人物，均爲抗日人物象徵。還有，余石基、楊文華、柯子森……等人物，均爲文本中悲劇人物。但趙姓司祭搭因托洛長子的勇士拔力搭因，則爲原住民勇士象徵；相對而言，阿寶娃則成爲部落中原住民公主象徵。

在現代原住民族社會適應層面，則以何亮、達瑪倫・尤穆、比金、禾興……等人物，均爲原住民在現代社會中，面臨經濟困境與族群壓迫的人物象徵。此外，達瑪倫・尤穆的卡那玲娜姬娃、阿喜姐與女兒阿粉……等人物，甚至於爲了經濟生活困境，不得不面臨被迫賣身的生活困境。但田阿祥則爲少數得以事業有成的原住民族象徵。此外，原住民少女雪子——阿婭娃與漢族青年喬，與原住民青年簡青山與漢族瑩瑩的愛情，則是象徵原漢族群愛情乃備受考驗。最後，在烏蛇坑野人，即象徵彷彿爲原住民族被隔離於多數族群社會的人物象徵。

關曉榮文學中的原住民族書寫，乃以基隆和平島附近「八尺門」原住民聚落生活，爲報導文學主要的記載對象。由此再現原住民族經濟困境、工作壓迫與職業風險，諸如布農族原住民老邱、原住民阿春……等人物，均象徵原住民族經濟困境與職業傷害。此外，以外省老兵范澤開與排灣族原住民傳

玉鳳婚姻生活，來象徵原漢族群家庭生活問題。

關於蘭嶼原住民族生活議題，乃由紅頭和野銀村民、鄉長江瓦斯、蘭嶼島民郭建平……等人物，乃展現對於核廢料議題的抗議；漢族吳慶陸則是象徵漢族將核廢料無情地傾倒之人物象徵。至於喬全有、蘭嶼小姐謝小玲、喬全有雅美族妻子與曾秀妹、周朝妹，則將當年人犯遷徙至蘭嶼，而衍生諸多問題加以揭露。最後，乃由椰油村人呂步眼真實經驗，揭露當年蘭嶼人犯問題嚴重性，與蘭嶼原住民族所遭受到不平等待遇加以揭露。

張深切文學中的原住民族書寫，即以巴瑟做為抗日英雄人物象徵。至於花岡一郎、花岡二郎……等人物，則象徵表面成為皇民化運動下服從者；實際上仍不忘自我原住民身分。但原住民隆夫則象徵著完全臣服於皇民化運動，而產生族群認同迷思的原住民被殖民者。相較之下，日本殖民者人物象徵，乃由諸多日本殖民官員岡田、吉村、佐塚、三輪、桑木部隊長、安達……等人物，象徵對原住民族強烈鎮壓，與落實皇民化運動的族群壓迫之人物象徵，在諸多日治時期文本中，必定有此類型的人物，即象徵著殖民霸權的強勢殖民者。

張大春文學中的原住民族書寫，乃以走路人，再現在漢族眼中被扭曲的原住民族。至於漢族軍人、漢族女記者、漢族官員……等人物，即象徵著對於原住民族種族歧視與族群壓迫。反觀原住民族眼中的漢族田野調查研究者，乃彷彿「病人」般地對原住民族文化充滿好奇。此外，宋古浪、巴庫、巴庫妹妹馬塔妮……等人物，即象徵逐漸被漢化的原住民族，如何在原漢文化間努力尋求適應。至於湯瑪斯神父、廚子……等人物，即象徵著逐漸將現代文明帶入原住民族世界的人物象徵。相較之下，巫婆狄薇則象徵傳統原住民族文化人物。最後，嬰兒羅姬彷彿被由傳統原住民族文化，拯救入現代文明的人物象徵。因此，張大春乃擅長以超現實創作技巧，再現文本中的原住民族書寫。

洪田浚文學中的原住民族書寫，乃以社會真實案例中下勞力階層，努力在夾縫中求生存的原住民族再現；甚至於造成諸多原住民族生活困境產生，即由於原住民族被迫遷村所致，諸如桃園觀音鄉大潭村泰雅族原住民、又要遷村好茶部落等。還有，在林口國中原住民老師林金泡口中所描述，諸多屏東縣春日鄉原住民童工問題。此外，不勝枚舉的原住民船工、雛妓議題，均為經濟生活困境所致。因此，諸多原住民生活面貌，均成為洪田浚筆下所記

載的悲劇生活人物，諸如蓮花、蓮花二哥「阿能」、原住民雛妓少女連 X 美、
胡 X 萍、顏 X 花與高 X 英……等人物，即象徵著原住民就業困境的慘況。相
較之下，人口販子陳春長、林玉英……等人物，則成為原住民推入火坑的劊
子手。

　　古蒙仁文學中的原住民族書寫，乃描述清乾隆與嘉慶時期，清廷強勢歸
撫原住民族，所衍生原漢與原日族群衝突外；還有，描述「李棟山」抗日事
件爆發。由此揭露原住民族努力抵抗外族的族群形象。此外，以山地部落原
住民布浩，純樸老實又安於現狀的原住民族形象；反之，布浩妻子莫莉則一
心嚮往山地部落外的世界，最後卻又找不到立足之地，而選擇重新回歸山地
部落。相較之下，漢族巡官江錦田、范良敏……等人物，即象徵漢族對於原
住民族種族歧視與族群隔閡，所產生諸多汙名化認同意識。但在諸多篇章中，
古蒙仁以真實社會事件與現象描述，再現原住民族群困境。

　　官鴻志、江上成、黃小農文學中的原住民族書寫，乃以湯英伸事件為主
軸，象徵著原住民族受壓迫而反抗的人物象徵。而湯英伸父親湯保富，乃對
於原住民部落貢獻匪淺，母親汪枝美對於家庭照顧十分完善，因此眾人均極
為震驚於湯英伸事件爆發。此外，湯英伸同學阿碧、嘉師四年甲班一位同班
女同學……等人物，同樣經歷過在都市就業而遭到種族歧視與族群壓迫的不
愉快經驗。

　　原住民莫那能、高義輝神父、日本福岡大學教中文的劉三福、曹族姑娘
安玉英、杜秀雲……等人物，均在成長過程中，即為飽受種族歧視與族群壓
迫的人物象徵。連漢族黃春明均對於湯英伸事件抱持莫大的同情與心有戚戚
焉。相較之下，職業介紹所漢族邱老闆與翔翔洗衣店漢族彭老闆彭喜衡，則
象徵著對於原住民湯英伸，無所不用其極地進行工作剝削與職業壓迫；同時
彭老闆一家人乃由加害者而成為被害著，彭喜衡親戚彭喜專乃在事件爆發
後，為彭喜衡一家人忿忿不平。這場原漢衝突所產生社會悲劇，即引起原漢
社會震驚與廣大輿論。

　　吳錦發文學中的原住民族書寫，乃由「東埔村挖墳事件」與「湯英伸事
件」社會真實事件分析外，還以原住民少女幼瑪，象徵飽受種族歧視與族群
壓迫的人物象徵；但身邊仍不乏友善的漢族，乃真心地對待著原住民幼瑪。
相較之下，小劉乃為漢族對於原住民族充滿種族歧視與族群壓迫的人物象
徵。因此，吳錦發乃擅長以社會真實事件，再現原住民族形象。

　　鍾理和文學中的原住民族書寫，乃描述原住民奶奶假黎婆獨特髮型、紋身……等文化特徵，還喜好吟唱著原住民族歌曲，均見證著假黎婆原住民身分。鍾理和卻因族群語言隔閡，而無法融入奶奶世界。此外，奶奶的弟弟乃由於日治時期皇民化運動，而由孤拔與頭巾的原住民族形象，逐漸轉變為日本皇民形象。

　　胡臺麗文學中的原住民族書寫，即以原住民青年「頭目」，乃輪廓深邃、氣宇非凡，卻顯得孤傲，還帶有淡淡哀愁。頭目表哥大川與舅舅，即同樣具備有原住民族豪邁性格，乃為黝黑皮膚、豪爽性格、熱情好酒的人物形象。頭目舅舅甚至於還擁有著親切山地口音，但頭目與表哥大川卻已逐漸漢化。但頭目諸多漢族同學，對於原住民族形象，仍存在著運動與歌唱細胞特別發達與早期吳鳳故事中原住民族，即原始落後、出草馘首、凶猛如虎、極度野蠻的謬誤印象。對於原住民族而言，乃充滿著汙名化認同意識。胡臺麗還以漢族女性華堅持要嫁入山地部落故事，以魯凱族原住民族什賀，乃具有頭目身分，由共同舉行原漢族群婚禮，再現原住民族形象與婚禮文化習俗。

　　劉還月文學中的原住民族書寫，乃以謝緯醫師遺孀口述，再現當年謝醫師在山地醫療隊時部落行醫景象。描述諸多原住民族就業議題，諸如船工、工廠、雛妓、童工……等諸多社會議題。劉還月還以漢族伊林深入山地原住民部落生活體驗，描述親近原住民族的漢族。伊林還回憶起當年祖母曾說過，祖父曾被日本人徵調去參加圍剿高砂族的島內戰役，見證自己與山地原住民族的親切感之由來。此外，由黝黑深目的原住民青年固依，與熱情原住民少女比都愛，描述原住民族親切熱情，與在都市生活適應議題。至於固依原住民父親，乃受過日式教育，熱情地以酒會友；固依原住民母親則盛情款待伊林。相較之下，漢族房東太太對於固依與比都愛的稱謂，乃充滿著種族歧視的汙名化認同意識。

　　阿盛文學中的原住民族書寫，即以蘭嶼機場中原住民婦女，向漢族觀光客乞討香菸景象，呈現原住民族卑微形象外；原住民青年乃極力反對來堅定自我族群尊嚴與形象。相較之下，漢族觀光客即以充滿種族歧視與族群壓迫的語言與眼光看待著原住民族。此外，在漢族朋友與蘭嶼漢族老師對話中，乃展現出漢族朋友對於原住民族輕蔑眼光，卻換來漢族老師為原住民平反；同時卻也為無力解決蘭嶼核廢料問題，而深感無奈。

　　陳其南文學中的原住民族書寫，乃以飛魚與拼板舟，來象徵蘭嶼原住民

族群精神與文化意義。此外，明立國文學中的原住民族書寫，乃以原住民族歌謠田野調查採集，描述嫁給漢族的阿美族原住民潘太太，即已逐漸深刻地漢化，僅在吟唱傳統阿美族歌謠時，彷彿得以找回原住民族文化精神。此外，陳列文學中的原住民族書寫，乃描述原本對於原住民族存在的汙名化刻板印象，彷彿吳鳳曹族後裔的模樣；但在實際接觸過原住民大人、孩童、阿美族女孩與原住民軍中同袍後，乃逐漸轉變爲親切熱情、純樸自然的原住民族形象。

　　楊渡文學中的原住民族書寫，乃由原住民坐在客運車站，靜候著通往巴陵的車，遇見諸多泰雅族身爲祖父的原住民老人、孩童……等人物親切熱情形象。相較之下，楊渡母親即如同諸多漢族對於原住民族刻板印象般，存在著野蠻落後的原住民族形象，乃有失公允。此外，李慶榮文學中的原住民族書寫，即由諸多漢族東北人宋龍飛、高業榮……等人，前往山地部落進行田野調查，探訪古老原住民石刻過程中，深刻地感受到原住民薩龍柏克沈著冷靜、不動聲色，卻又老實誠懇的族群特質。此外，薩龍柏克姊姊露絲露絲，乃同樣熱情誠懇、和藹可親，又認眞配合的原住民族形象，均獲得漢族朋友高度認同與讚賞。此外，同行蘇秋乃同樣具有原住民身分而輪廓深邃。此所呈現的原住民族形象，漢族朋友均擁有正向肯定的態度，認同原住民族形象。

　　鄭寶娟文學中的原住民族書寫，乃以阿美族豐年祭典中，原住民老一輩乃恪守著原住民族傳統祭典習俗，原住民青年族則較不在意。相較之下，在祭典中乃有諸多外族、研究人員、觀光客……等人物，均熱情進行原住民族田野調查的文化保存工作。此外，劉春城文學中的原住民族書寫，即以平埔族番仔阿嬤爲主，在母系社會中，番仔阿嬤乃爲有地位的巫婆；而阿公彷彿入贅般地與阿嬤結婚。鄭春城與番仔阿嬤，即同樣具有原住民吃檳榔的文化習慣。

　　吳富美文學中的原住民族書寫，乃描述原住民老人恪守傳統，與原住民青年深刻漢化，甚至於造成原住民族傳統文化保存議題興起。漢化現象即同時衝擊到原住民族山地歌謠的文化保存上，而成爲諸多學者專家討論的重要議題。此外，林文義文學中的原住民族，乃描述原住民老人與小孩的人物形象外，還反映出山地部落人口外移嚴重的族群議題；乃造成原住民青年在假日時方返回山地部落，平日則留在平地工廠、漁船、或礦坑工作著。此外，

更嚴重的原住民族就業困境，即爲原住民少女淪爲雛妓議題。還有諸多原住民父母忙著工作，造成無人照顧的原住民小姊弟；甚至於有諸多原住民青年在畢業後，隨即集體被送到平地工廠去工作，均呈現原住民族經濟貧窮與就業困境。

　　總之，由上述諸多戰後作家文學中的原住民族書寫可知，原住民族形象由早期文本中，日治殖民下被殖民悲情形象、皇民化運動下族群認同迷思形象；中後期文本中，飽受種族歧視與族群壓迫下汙名化形象、經濟貧窮與就業困境下刻苦形象，均見證著原住民族身爲少數族群的弱勢處境。但原住民族在文化祭典中恪守紀律的形象、傳統部落中勇士形象、社會中純樸自然、熱情親切形象，均爲原住民族獲得正面肯定的族群形象。原住民族在諸多戰後漢族作家筆下，乃呈現多元樣貌；甚至於隨著時代變遷，而產生不同人物形象。因此，在分析原住民族書寫發展脈絡中，方可再現原住民族在多元族群社會中的族群定位變遷；甚至於對於原住民族群處境，乃有更深刻地認知機會與改善契機。臺灣作家文學中的「原住民族書寫」，乃如下表所述。

表五　原住民族人物形象書寫

漢族作家	原住民族人物形象	原住民代表人物
一、鍾肇政	1. 原住民勇士	花岡一郎、花岡二郎、莫那・魯道、佐塚昌男、沙坡（山下次郎）、巴旺、畢荷・瓦利斯、波波克、達巴斯・庫拉（中島俊雄）、布農族林兵長（歐蘭・卡曼）、陸志驤
	2. 原住民女性　象徵原住民族弱勢族群中的犧牲者	恬娃絲・魯道、馬紅、巴堪・羅賓、娥賓、佐塚和子
	3. 象徵日本殖民霸權的殖民統治者	日本巡查島野、日人巡查吉村、日本官員霧社分室的巡察進藤儀三郎、日本巡查杉山政、安達主任、白木巡查部長、樺澤、臺灣總督府長谷川清
	4. 原住民遭遇社會適應困境者	他達歐、莫勇、武達歐、比拉克、歐畢魯、阿他茲
	5. 因經濟困境而賣身者	瓦麗絲、瓦麗絲的姐姐
	6. 原住民勇士	沙拉凡、布達、蘇羊、他洛、阿島、蛇王達魯馬斯、阿篤、疋林・疋戴、布農族歐蘭卡曼

	7. 原住民女性犧牲者	妲哈爾、阿咪娜、瓦碧娜、拉麗妲
	8. 因迷信或族群階級而成為迫害者	耶波‧畢泰、威南‧索利、馬利科彎大頭目瓦當‧比來、卡馬黑洛司、奴奴拉
	9. 出草下的犧牲者	諾明全家、卡他路邦
	10. 原漢族群接觸後使原住民族變遷者	卑南王、羅曜姍、阿篤
	11. 為保存原住民文化而努力者	林信來、林志興、陳英雄、郭光也、陸森寶
二、李喬	1. 日本殖民者	古屋先生、杉本先生、甲長大人、巡察大人
	2. 原住民被殖民者	新來、阿業、李喬母親
	3. 皇民化運動下產生族群認同意識迷思的原住民	窩興、瓦勇
	4. 原住民抗日者	加里合彎社年輕酋長「接卡‧久因」、馬拉邦社「莫‧拉邦」、蘇魯社「吐魯‧哈魯」，還有漢族柯山塘、邱梅
	5. 悲劇人物	余石基、楊文華、柯子森
	6. 原住民勇士	趙姓司祭搭因托洛長子的勇士拔力搭因
	7. 原住民公主	阿寶娃
	8. 因經濟困境與族群壓迫的人物象徵	亮、達瑪倫‧尤穆、比金、禾興
	9. 為經濟生活困境被迫賣身者	達瑪倫‧尤穆的卡那玲娜姬娃、阿喜姐與女兒阿粉
	10. 少數事業有成的原住民	田阿祥
	11. 原漢族群愛情備受考驗者	原住民少女雪子——阿姬娃與原住民青年簡青山，與漢族男主角與漢族瑩瑩的愛情
	12. 象徵原住民族被隔離於多數族群社會的人物	烏蛇坑野人
三、關曉榮	1. 核廢料的原住民抗議者	紅頭和野銀村民、鄉長江瓦斯、蘭嶼島民郭建平
	2. 象徵漢族無情傾倒核廢料者	漢族吳慶陸
	3. 揭露當年人犯遷徙至蘭嶼而衍生諸多問題者	喬全有、蘭嶼小姐謝小玲、喬全有雅美族妻子與曾秀妹、周朝妹

	4. 真實經驗當年蘭嶼人犯問題，與蘭嶼原住民遭受到不平等待遇者	椰油村人呂步眼
四、張深切	1. 抗日英雄人物	巴瑟
	2. 象徵表面成為皇民化運動下服從者	花岡一郎、花岡二郎
	3. 象徵完全臣服於皇民化運動者	隆夫
	4. 日本殖民統治者	日本殖民官員岡田、吉村、佐塚、三輪、桑木部隊長、安達
五、張大春	1. 漢族眼中被扭曲的原住民	走路人
	2. 象徵對於原住民族種族歧視與族群壓迫者	漢族軍人、漢族女記者、漢族官員
	3. 象徵逐漸被漢化的原住民	宋古浪、巴庫、巴庫妹妹馬塔妮
	4. 象徵將現代文明帶入原住民世界的人物	湯瑪斯神父、廚子
	5. 象徵傳統原住民文化人物	巫婆狄薇
	6. 由傳統原住民族文化，被拯救入現代文明的人物象徵	嬰兒羅姬
六、洪田浚	1. 象徵原住民就業困境者	蓮花、蓮花二哥「阿能」、原住民雛妓少女連 X 美、胡 X 萍、顏 X 花與高 X 英
	2. 將原住民推入火坑的劊子手	人口販子陳春長、林玉英
七、古蒙仁	1. 純樸老實又安於現狀的原住民	原住民族布浩
	2. 一心嚮往山地部落外的世界，最後卻又選擇重新回歸山地部落者	布浩妻子莫莉
	3. 象徵漢族對於原住民種族歧視	漢族巡官江錦田、范良敏
八、官鴻志、江上成、黃小農	1. 象徵原住民受壓迫而反抗的人物	湯英伸
	2. 原住民部落貢獻匪淺者	湯英伸父親湯保富
	3. 原住民對於家庭完善照顧者	母親汪枝美
	4. 經歷過遭到種族歧視與族群壓迫者	湯英伸同學阿碧、嘉師四年甲班一位同班女同學、莫那能、高義輝神父、日本福岡大學教中文的劉三福、曹族姑娘安玉英、杜秀雲
	5. 對於湯英伸事件抱持莫大的同情與心有戚戚焉者	漢族黃春明

		6. 象徵對於原住民的壓迫人物	職業介紹所漢族邱老闆與翔翔洗衣店漢族彭老闆彭喜衡
九、吳錦發		1. 社會真實事件	「東埔村挖墳事件」與「湯英伸事件」
		2. 象徵飽受種族歧視與族群壓迫的人物	幼瑪
		3. 友善的真心對待著原住民者	漢族朋友
		4. 漢族對於原住民充滿種族歧視與族群壓迫的人物象徵	小劉
十、鍾理和		1. 獨特髮型、紋身……等文化特徵，還喜好吟唱著原住民歌曲者	原住民奶奶假黎婆
		2. 由孤拔與頭巾的原住民形象，逐漸轉變為日本皇民形象者	原住民奶奶假黎婆的弟弟
十一、胡臺麗		1. 輪廓深邃、氣宇非凡，卻顯得孤傲，帶有淡淡哀愁者	原住民青年「頭目」
		2. 具有原住民豪邁性格，黝黑皮膚、熱情好酒的人物形象	頭目表哥大川與舅舅
		3. 擁有著親切山地口音者	頭目舅舅
		4. 漢化原住民	頭目與表哥大川
		5. 對於原住民形象，存在著運動與歌唱細胞特別發達與早期吳鳳故事中原住民族，即原始落後、出草馘首、凶猛如虎、極度野蠻的謬誤印象、汙名化認同意識的漢族朋友	漢族同學
		6. 堅持要嫁入山地部落的漢族	漢族女性華
		7. 具有頭目身分，舉行原漢族群婚禮者	魯凱族原住民族什賀
十二、劉還月		1. 當年在山地醫療隊時部落行醫者	謝緯醫師遺孀、謝醫師
		2. 原住民就業的人物類型	船工、工廠、雛妓、童工
十三、葉智中		1. 親切深入山地原住民部落，回憶起當年祖母曾說過，祖父曾被日本人徵調去參加圍剿高砂族的島內戰役	漢族伊林
		2. 原住民親切熱情展現者	黝黑深目的原住民青年固依、熱情原住民少女比都愛
		3. 受過日式教育，熱情地以酒會友	固依原住民父親
		4. 盛情款待伊林	固依原住民母親

	5. 對於固依與比都愛的稱謂，充滿著種族歧視的汙名化認同意識	漢族房東太太
十四、阿盛	1. 向漢族觀光客乞討香菸的卑微形象	蘭嶼機場中原住民婦女
	2. 極力反對討菸婦女，來堅定自我族群尊嚴與形象	原住民青年
	3. 以充滿種族歧視與族群壓迫的語言與眼光看待原住民	漢族觀光客
	4. 對於原住民輕蔑眼光	漢族朋友
	5. 為原住民平反，為無力解決蘭嶼核廢料問題而深感無奈者	蘭嶼漢族老師
十五、陳其南	1. 象徵蘭嶼原住民族群精神與文化意義	飛魚與拼板舟
十六、明立國	1. 已逐漸深刻地漢化，僅在吟唱傳統阿美族歌謠時，彷彿找回原住民族文化精神者	阿美族原住民潘太太
十七、陳列	1. 原本對於原住民存在的汙名化刻板印象，彷彿吳鳳曹族後裔的模樣	漢族陳列
	2. 親切熱情、純樸自然的原住民形象	原住民大人、孩童、阿美族女孩與原住民軍中同袍
十八、楊渡	1. 原住民坐在客運車站，靜候著通往巴陵的車，展現親切熱情形象者	泰雅族身為祖父的原住民老人、孩童
	2. 漢族對於原住民刻板印象般，存在著野蠻落後的形象者	楊渡母親
十九、李慶榮	1. 前往山地部落進行田野調查，探訪古老原住民石刻	漢族東北人宋龍飛、高業榮
	2. 沈著冷靜、不動聲色，卻又老實誠懇的原住民，獲得漢族朋友高度認同與讚賞者	原住民薩龍柏克
	3. 熱情誠懇、和藹可親，又認真配合的原住民，獲得漢族朋友高度認同與讚賞者	薩龍柏克姊姊露絲露絲
	4. 輪廓深邃的原住民形象	同行原住民蘇秋
二十、鄭寶娟	1. 阿美族豐年祭典中，恪守原住民傳統祭典習俗	原住民老一輩
	2. 較不在意原住民傳統祭典習俗	原住民青年
	3. 熱情進行原住民族田野調查的文化保存工作	外族、研究人員、觀光客

二十一、劉春城	1. 在母系社會中，為有地位的巫婆	平埔族番仔阿嬤
	2. 彷彿入贅般地與阿嬤結婚	漢族阿公
	3. 與番仔阿嬤，同樣具有原住民吃檳榔的文化習慣者	鄭春城
二十二、吳富美	1. 恪守原住民傳統者	原住民老人
	2. 深刻漢化的原住民	原住民青年
二十三、林文義	1. 反映出山地原住民部落人口外移嚴重者	原住民老人與小孩
	2. 原住民青年在畢業後，隨即集體被送到平地工廠去工作，假日時返回山地部落，平日留在平地工廠、漁船、或礦坑工作	原住民青年
	3. 原住民族就業困境而淪為雛妓	原住民少女
	4. 原住民父母忙著工作，造成無人照顧者	原住民小姊弟

（三）原住民族書寫的歷時性發展脈絡之結論

　　在戰後早期原住民族議題，作家較為關注於日治時期原住民被殖民處境與霧社事件。在一九七〇年原住民族運動後，原住民文學乃隨之而起；在解嚴前漢族作家逐漸地如雨後春筍般崛起，而逐漸將創作焦點關注於社會現實中的原住民族處境。在戰後迄解嚴前的早期、中期、後期，在作家文學中的原住民族創作議題，均存在著原住民族群處境與所承受種族歧視與族群壓迫。關於原住民族文化習俗與神話傳說故事，乃同樣經常在作家文學中被記載著。

　　在戰後迄解嚴前早期、中期、晚期文本中，作家對於原住民族書寫，均多元化發展地存在著。但隨著時代變遷，也使戰後作家文學描述之核心問題意識，即由日治被殖民情境、文化習俗與神話傳說、社會真實案例、原住民族弱勢社會處境之關注，乃逐漸產生變遷。由早期大河歷史小說、長篇小說、短篇小說、散文；甚至於報導文學的撰寫，作家文本的創作體裁方隨著時代的演進而有所變遷。在解嚴前幾年，作家即如雨後春筍般地興起，乃著眼於社會真實生活中的原住民族處境。因此，解嚴前臺灣作家文學中，原住民族書寫的文本，乃隨著時代演進，在撰寫與書寫體裁，均隨著時代背景與社會氛圍，而有所變遷。戰後臺灣作家文學中的原住民族書寫，與當時文學創作

背景與時代氛圍，甚至於政治現況與社會情境，乃息息相關。

在本論文研究中，在戰後迄解嚴前的作家文學進行爬梳與歸納分析後，對於漢族作家筆下原住民族，乃有深刻地族群圖像再現外；甚至於將原住民族置身於多元族群大洪流中，所遭遇族群困境議題，均逐一再現於文本中。但對於臺灣原住民族與多元族群書寫研究，仍有諸多尚待努力的空間，冀望往後有機會針對臺灣社會外部與內部族群書寫，針對原住民族「高山、海洋、平埔族」共十六族群間的異族作家觀點，分析原住民書寫觀點異同，進而探討異族間族群書寫的迥異之處，還有閩、客、外省族群，對於原住民族書寫觀點的異同之處；甚至將研究範疇，拓及臺灣文學「閩、客、外省、原住民」四大族群書寫，誠如日本人與臺灣人、本省人與外省人……等多元族群關係演變，進行異族間族群書寫的歸納分析。

本研究欲理解臺灣原住民族，在漢族作家筆下族群形象書寫，由族群書寫演變歷程，先於原漢二元架構的族群書寫基礎上，初步掌握臺灣內部族群議題，再深入探述閩、客、外省、原住民四大族群、十六族原住民族與國際族群書寫的比較研究，交叉分析以理解彼此間族群關係的形成背景、轉變歷程與族群觀感差異之處，促使臺灣社會的多元族群，具有溝通、對話的機會與平臺，理解與珍視異族間的文化獨特性，以減少因族群文化隔閡所產生的族群衝突對立，促進臺灣社會的族群關係，趨於平等的新紀元。

此外，在戰後臺灣作家文學中的「原住民族書寫」，自 1945 到 1987 年戰後迄解嚴前期間，諸多漢族作家關注於原住民族議題的諸多核心問題意識；反觀薩依德與法農的後殖民理論中，所關注的東、西方關係，綜然無法完全映照於臺灣原漢族群關係、原住民族與諸多族群關係，但仍有借鏡作用。臺灣原住民族議題，在與國際少數族群議題上，關於多數強勢族群與少數弱勢族群，殖民者與被殖民者的關係，均有所異同之處。因此，在分析臺灣作家文學中的「原住民族書寫」之際，以後殖民理論觀點進行分析，仍有諸多值得深入思考之處，方可藉此將臺灣原住民族核心問題意識，與國際間的少數族群議題進行論述。冀望往後方可更進一步對於臺灣原住民族與其他南島民族間，甚至於與國際間少數民族進行比較研究，探討臺灣族群書寫與國際間族群書寫的異同分析，以理解國際間與臺灣族群議題的異同之處。

總之，冀望文學可反映出社會背景與時代精神，甚至於跨越時空限制，呈現出不同時空、地域所產生的重要核心議題。文學研究不僅為筆上談兵，

方為眞實反映出人生與社會現實的重要途徑之一。冀望往後除了進行重要文
學議題比較研究之際，亦可實際深入田野訪談學者、作家與原住民族朋友，
秉持著「讀萬卷書，行萬里路」的精神，拉近文本與現實距離，以研究詮釋
反映現實的眞實，以期學術研究，對於現實社會議題有所貢獻。最後，冀望
研究的問題意識，深具時代警覺性，藉由學術研究關注於現實社會重要議題，
以產生實際的研究貢獻，此乃本研究的冀望與初衷。

參考文獻

一、研究文本

（一）專書

1. 古蒙仁，《黑色的部落》（臺北：時報文化出版社，1978 年）。

2. 李喬，《晚晴》（臺北：臺灣商務印書館，1968 年 10 月）。

3. 李喬，《李喬自選集》（臺北：黎明文化事業公司出版，1975 年 5 月）。

4. 李喬，《心酸記》（臺北：三民書局，1980 年）。

5. 李喬，《告密者》（臺北：自立晚報出版，1986 年 12 月）。

6. 李喬，《李喬集》（臺北：前衛出版社，1993 年 12 月）。

7. 李喬，《短篇小說全集九》（苗栗：苗栗縣立文化中心，1999 年 8 月）。

8. 李喬，《短篇小說全集二》（苗栗：苗栗縣政府國際文化觀光局出版，1999 年 8 月）。

9. 李喬，《短篇小說全集五》（苗栗：苗栗縣立文化中心，1999 年 8 月）。

10. 李喬，《短篇小說全集八》（苗栗：苗栗縣立文化中心，1999 年 8 月）。

11. 吳錦發，《悲情的山林》（臺中：晨星出版社，1987 年 1 月）。

12. 吳錦發，《願嫁山地郎》（臺中：晨星出版社，1989 年 3 月）。

13. 洪田浚，《臺灣原住民籲天錄》（臺北：臺原出版社，1994 年 8 月 15 日）。

14. 張大春，《公寓導遊》（臺北：時報文化出版社，1986 年 6 月 30 日）。

15. 張大春，《四喜憂國》（臺北：遠流出版社，1988 年）。

16. 張深切著，陳芳明等編，《張深切全集・卷八・遍地紅——霧社事件》（臺北：文經出版社有限公司，1998 年 1 月 1 日）。

17. 鍾肇政，《馬黑坡風雲》（臺北：臺灣商務印書館，1973 年 9 月初版）。

18. 鍾肇政，《臺灣人三部曲》（臺北：遠景出版事業公司，1980 年 10 月）。

19. 鍾肇政，《鍾肇政全集》，《書簡集（五）》（桃園：行政院文化建設委員會，2001 年）。

20. 鍾肇政，《戰火》（臺北：蘭亭出版社，1985 年 4 月）。

21. 鍾肇政，《鍾肇政全集 4・臺灣人三部曲・插天山之歌》（桃園：行政院文化建設委員會，桃園縣政府，2000 年）。

22. 鍾肇政，《鍾肇政全集 7・馬黑坡風雲・馬利科彎英雄傳・矮人之祭・蛇之妻》（桃園：行政院文化建設委員會，桃園縣政府，2000 年）。

23. 鍾肇政，《鍾肇政全集 9・高山組曲・川中島・戰火》（桃園：行政院文化建設委員會，桃園縣政府，2000 年）。

24. 鍾肇政，《鍾肇政全集 10・卑南平原》（桃園：行政院文化建設委員會，桃園縣政府，2000 年）。

25. 鍾肇政，《鍾肇政全集 15・月夜的召喚・女人島・回山裡真好・馬拉松　冠軍　一等賞・獵熊的人・阿他茲與瓦麗絲》（桃園：行政院文化建設委員會，桃園縣政府，2000 年）。

26. 鍾肇政，《願嫁山地郎》（臺中：晨星出版社，1989 年 3 月）。

（二）單篇文本

1. 古蒙仁，〈黑色的部落〉，《黑色的部落》（臺北：時報文化出版社，1978 年），頁 171。

2. 古蒙仁，〈幾番蘭雨話礁溪〉，《黑色的部落》（臺北：時報文化出版社，1978 年），頁 125。

3. 古蒙仁，〈一個沒有鼾聲的鼻子〉，《黑色的部落》（臺北：時報文化出版社，1978 年），頁 18。

4. 古蒙仁，〈碧岳村遺事〉，《悲情的山林》（臺中：晨星出版社，1987 年 1 月），頁 194。

5. 林文義，〈孤獨的山地〉，《願嫁山地郎》（臺中：晨星出版社，1989 年 3 月），頁 234～235。

6. 江上成，〈冰凍的春天——悲劇前後的一家人〉，《人間》（臺北：人間出版社，1986 年 7 月），頁 123。

7. 李喬，〈山之戀〉，《晚晴》（臺北：臺灣商務印書館，1968 年 10 月），頁 11。

8. 李喬，〈香茅寮〉，《晚晴》（臺北：臺灣商務印書館，1968 年 10 月），頁 92。

9. 李喬，〈山上〉，《晚晴》（臺北：臺灣商務印書館，1968 年 10 月），頁 144。

10. 李喬,〈山女〉（臺北：黎明文化事業公司出版，1975 年 5 月），頁 43。

11. 李喬,〈蕃仔林的故事〉,《李喬自選集》（臺北：黎明文化事業公司出版，1975 年 5 月），頁 63。

12. 李喬,〈哭聲〉,《李喬自選集》（臺北：黎明文化事業公司出版，1975 年 5 月），頁 13。

13. 李喬,〈山河路〉,《心酸記》（臺北：三民書局，1980 年），頁 238。

14. 李喬,〈自序〉,《心酸記》（臺北：三民書局，1980 年），頁 1。

15. 李喬,〈烏蛇坑野人〉,《心酸記》（臺北：三民書局，1980 年），頁 193。

16. 李喬,〈泰姆山記〉,《李喬集》（臺北：前衛出版社，1993 年 12 月），頁 238。

17. 李喬,〈馬拉邦戰記〉,《短篇小說全集九》（苗栗：苗栗縣立文化中心，1999 年 8 月），頁 52。

18. 李喬,〈鱒魚〉,《短篇小說全集二》（苗栗：苗栗縣政府國際文化觀光局出版，1999 年 8 月），頁 95。

19. 李喬,〈達瑪倫・尤穆〉,《短篇小說全集八》（苗栗：苗栗縣立文化中心，1999 年 8 月），頁 156。

20. 李喬,〈迷渡山上〉,《短篇小說全集五》（苗栗：苗栗縣立文化中心，1999 年 8 月），頁 319。

21. 吳錦發,〈悲情的山林序〉,《悲情的山林》（臺中：晨星出版社，1987 年 1 月），頁 1。

22. 吳錦發,〈燕鳴的街道〉,《悲情的山林》（臺中：晨星出版社，1987 年 1 月），頁 281～282。

23. 吳錦發,〈靜靜流淌過心底的哀歌〉,《願嫁山地郎》（臺中：晨星出版社，1989 年 3 月），頁 6。

24. 吳錦發,〈摒棄教條,尋回人道〉,《願嫁山地郎》（臺中：晨星出版社，1989 年 3 月），頁 314。

25. 李慶榮,〈十五人一家〉,《願嫁山地郎》（臺中：晨星出版社，1989 年 3 月），頁 106。

26. 官鴻志,〈不孝兒英伸〉,《人間》（臺北：人間雜誌社，1986 年 7 月），頁 96。

27. 阿盛,〈腳印蘭嶼〉,《願嫁山地郎》（臺中：晨星出版社，1989 年 3 月），頁 246。

28. 明立國,〈恆春思想起〉,《願嫁山地郎》（臺中：晨星出版社，1989 年 3 月），頁 142。

29. 洪田浚,〈矮小人種與烏鬼番〉,《臺灣原住民籲天錄》（臺北：臺原出版

社，1994 年 8 月 15 日），頁 19。

30. 洪田浚，〈山地桃源的陸沈〉，《臺灣原住民籲天錄》（臺北：臺原出版社，1994 年 8 月 15 日），頁 108。

31. 洪田浚，〈大自然的遺民〉，《臺灣原住民籲天錄》（臺北：臺原出版社，1994 年 8 月 15 日），頁 135。

32. 洪田浚，〈時代的畸零人〉，《臺灣原住民籲天錄》（臺北：臺原出版社，1994 年 8 月 15 日），頁 193。

33. 洪田浚，〈原住民籲天錄〉，《臺灣原住民籲天錄》（臺北：臺原出版社，1994 年 8 月 15 日），頁 197。

34. 洪田浚，〈原住民運動的新潮〉，《臺灣原住民籲天錄》（臺北：臺原出版社，1994 年 8 月 15 日），頁 206。

35. 洪田浚，〈原住民痛苦的根源〉，《臺灣原住民籲天錄》（臺北：臺原出版社，1994 年 8 月 15 日），頁 215。

36. 洪田浚，〈失落的蓮花〉，《臺灣原住民籲天錄》（臺北：臺原出版社，1994 年 8 月 15 日），頁 153。

37. 洪田浚，〈從青山綠水到燈紅酒綠〉，《臺灣原住民籲天錄》（臺北：臺原出版社，1994 年 8 月 15 日），頁 160。

38. 洪田浚，〈行船人的沉船曲〉，《臺灣原住民籲天錄》（臺北：臺原出版社，1994 年 8 月 15 日），頁 179。

39. 洪田浚，〈原點的悸動〉，《臺灣原住民籲天錄》（臺北：臺原出版社，1994 年 8 月 15 日），頁 10～11。

40. 洪田浚，〈巴斯達矮傳奇〉，《臺灣原住民籲天錄》（臺北：臺原出版社，1994 年 8 月 15 日），頁 32。

41. 洪田浚，〈深山裡的婚禮〉，《臺灣原住民籲天錄》（臺北：臺原出版社，1994 年 8 月 15 日），頁 60。

42. 胡臺麗，〈吳鳳之死〉，《悲情的山林》（臺中：晨星出版社，1987 年 1 月），頁 74。

43. 胡臺麗，〈願嫁山地郎〉，《願嫁山地郎》（臺中：晨星出版社，1989 年 3 月），頁 259。

44. 陳映眞、關曉榮，〈記錄一個大規模的·靜默的·持續的民族大遷徙〉，《人間》（臺北：人間雜誌社，1985 年 11 月），頁 26。

45. 陳其南，〈飛魚與汽車〉，《願嫁山地郎》（臺中：晨星出版社，1989 年 3 月），頁 217～218。

46. 陳列，〈同胞〉，《願嫁山地郎》（臺中：晨星出版社，1989 年 3 月），頁 224。

47. 張大春，〈走路人〉，《公寓導遊》（臺北：時報文化出版社，1986 年 6 月 30 日），頁 71。

48. 張大春，〈四喜憂國〉，《四喜憂國》（臺北：遠流出版社，1988 年），頁 132。

49. 張大春，〈最後的先知〉，《四喜憂國》（臺北：遠流出版社，1988 年），頁 147。

50. 張大春，〈饑餓〉，《四喜憂國》（臺北：遠流出版社，1988 年），頁 174。

51. 黃小農，〈隱藏的陷阱──歧路上的職業介紹所〉，《人間》（臺北：人間出版社，1986 年 7 月），頁 115。

52. 楊渡，〈山村筆記〉，《願嫁山地郎》（臺中：晨星出版社，1989 年 3 月），頁 181～182。

53. 葉智中，〈我的朋友住佳霧〉，《悲情的山林》（臺中：晨星出版社，1987 年 1 月），頁 336。

54. 劉還月，〈流浪的土地游牧民族〉，《願嫁山地郎》（臺中：晨星出版社，1989 年 3 月），頁 200。

55. 劉春城，〈贛孫〉，《願嫁山地郎》（臺中：晨星出版社，1989 年 3 月），頁 305。

56. 鄭寶娟，〈與阿美們跳一個晚上〉，《願嫁山地郎》（臺中：晨星出版社，1989 年 3 月），頁 240。

57. 鍾肇政，《馬黑坡風雲》（臺北：臺灣商務印書館，1973 年 9 月初版），頁 39。

58. 鍾肇政，《臺灣人三部曲》（臺北：遠景出版事業公司，1980 年 10 月），頁 3～4。

59. 鍾肇政，《戰火》（臺北：蘭亭出版社，1985 年 4 月），頁 275～276。

60. 鍾肇政，《插天山之歌》，《鍾肇政全集 4‧臺灣人三部曲》（桃園：行政院文化建設委員會，桃園縣政府，2000 年），頁 885。

61. 鍾肇政，《馬黑坡風雲》，《鍾肇政全集 7》（桃園：行政院文化建設委員會，桃園縣政府，2000 年），頁 377。

62. 鍾肇政，〈馬利科彎英雄傳〉，《鍾肇政全集 7》（桃園：行政院文化建設委員會，桃園縣政府，2000 年），頁 387～388。

63. 鍾肇政，〈矮人之祭〉，《鍾肇政全集 7》（桃園：行政院文化建設委員會，桃園縣政府，2000 年），頁 579。

64. 鍾肇政，〈蛇之妻〉，《鍾肇政全集 7》（桃園：行政院文化建設委員會，桃園縣政府，2000 年），頁 611。

65. 鍾肇政，〈馬利科彎英雄傳〉，《鍾肇政全集 7》（桃園：行政院文化建設

委員會，桃園縣政府，2000 年），頁 536。

66. 鍾肇政，《川中島》，《鍾肇政全集 9・高山組曲》（桃園：行政院文化建設委員會，桃園縣政府，2000 年），頁 42～43。

67. 鍾肇政，《戰火》，《鍾肇政全集 9・高山組曲》（桃園：行政院文化建設委員會，桃園縣政府，2000 年），頁 132。

68. 鍾肇政，《卑南平原》，《鍾肇政全集 10》（桃園：行政院文化建設委員會，桃園縣政府，2000 年），頁 223～224。

69. 鍾肇政，〈月夜的召喚〉，《鍾肇政全集 15》（桃園：行政院文化建設委員會，桃園縣政府，2000 年），頁 204。

70. 鍾肇政，〈女人島〉，《鍾肇政全集 15》（桃園：行政院文化建設委員會，桃園縣政府，2000 年），頁 315。

71. 鍾肇政，〈回山裡眞好〉，《鍾肇政全集 15》（桃園：行政院文化建設委員會，桃園縣政府，2000 年），頁 247。

72. 鍾肇政，〈馬拉松　冠軍　一等賞〉，《鍾肇政全集 15》（桃園：行政院文化建設委員會，桃園縣政府，2000 年），頁 257。

73. 鍾肇政，〈獵熊的人〉，《鍾肇政全集 15》（桃園：行政院文化建設委員會，桃園縣政府，2000 年），頁 275。

74. 鍾肇政，〈阿他茲與瓦麗絲〉，《鍾肇政全集 15》（桃園：行政院文化建設委員會，桃園縣政府，2000 年），頁 302～303。

75. 鍾肇政，《鍾肇政全集》，《書簡集（五）》（桃園：行政院文化建設委員會，2001 年），頁 264。

76. 鍾肇政，〈日安・卑南〉，《願嫁山地郎》（臺中：晨星出版社，1989 年 3 月），頁 164。

77. 鍾理和，〈假黎婆〉，《悲情的山林》（臺中：晨星出版社，1987 年 1 月），頁 2。

78. 關曉榮，〈百分之二的希望與奮鬥〉，《人間》（臺北：人間雜誌社，1985 年 11 月），頁 17。

79. 關曉榮，〈范澤開——關曉榮「八尺門」報導攝影連作〉，《人間》（臺北：人間雜誌社，1985 年 11 月），頁 97。

80. 關曉榮，〈船東・海蟑螂和八尺門打漁的漢子們〉，《人間》（臺北：人間雜誌社，1985 年 12 月），頁 91。

81. 關曉榮，〈都是人間的面貌〉，《人間》（臺北：人間雜誌社，1986 年 3 月），頁 111。

82. 關曉榮，〈老邱想哭的時候〉，《人間》（臺北：人間雜誌社，1986 年 1 月），頁 72。

83. 關曉榮，〈失去了中指的阿春〉，《人間》（臺北：人間雜誌社，1986 年 2 月），頁 54。

84. 關曉榮，〈一個蘭嶼能掩埋多少「國家機密」〉，《人間》（臺北：人間雜誌社，1987 年 12 月），頁 111。

二、學者評論論文

（一）專書

1. 內田嘉吉，《日據時期本省山地同胞生活狀況圖集》（臺北：臺灣省文獻委員會，1983 年 6 月）。

2. 弗朗茲·法農，《黑皮膚，白面具》（臺北：心靈工坊出版社，2005 年 4 月）。

3. 李亦園，《臺灣土著民族的社會與文化》（臺北：聯經出版社，1982 年）。

4. 李喬，《短篇小說全集資料彙編》（苗栗：苗栗縣立文化中心，1999 年 8 月）。

5. 李喬，《客家文學精選集》（臺北：天下遠見雜誌出版，2004 年 4 月 30 日），《李喬文學文化論集（一）》（2007 年 10 月）。

6. 呂昱，《鍾肇政全集 9·高山組曲·川中島·血染櫻花的後裔們（代序）》（桃園：行政院文化建設委員會，桃園縣政府，2000 年）。

7. 胡幼慧、姚美華，《質性研究》，臺北：巨流圖書有限公司，2002 年 10 月。

8. 森丑之助著，黃耀東譯，《日據時期本省山地同胞生活狀況圖集》（臺北：臺灣省文獻委員會，1983 年 6 月）。

9. 浦忠成，《被遺忘的聖域——原住民神話、歷史與文學的追溯》（臺北：五南出版社，2007 年 1 月）。

10. 高淵源，《臺灣高山族》（臺北：香草山出版社，1977 年 2 月 15 日）。

11. 陳國鈞，《臺灣土著社會研究》（臺北：東方文化書局，1974 年冬）。

12. 陳建忠，《書寫臺灣·臺灣書寫——賴和的文學與思想研究》（高雄：春暉出版社，2004 年 1 月）。

13. 黃美英，《臺灣土著的傳統社會文化與人權現況》（臺北：大佳出版社，1987 年 6 月 15 日）。

14. 臺灣省政府新聞處編，《改善山胞生活》（臺北：臺灣省政府印刷廠，1971 年 10 月）。

15. 劉其偉，〈序〉，《臺灣高山族》（臺北：香草山出版社，1977 年 2 月 15 日），頁 5。

16. 劉其偉，《臺灣土著文化藝術》（臺北：雄獅圖書股份有限公司，1979 年 7 月）。

17. 劉斌雄、石磊，《臺灣土著的傳統社會文化與人權現況》（臺北：大佳出版社，1987 年 6 月 15 日）。

18. 葉志誠、葉立誠，《研究方法與論文寫作》（臺北：商鼎文化出版社，1999 年 1 版 2 刷）。

19. 愛德華·薩依德，《東方主義》（臺北：立緒出版社，1999 年）。

20. 愛德華·薩依德，《文化與帝國主義》（臺北：立緒出版社，2001 年）。

21. 愛德華·薩依德，《知識分子論》（臺北：麥田人文出版社，1994 年）。

22. 愛德華·薩依德，《鄉關何處》（臺北：立緒出版社，2000 年 10 月）。

23. 奧克塔夫·瑪諾尼，《殖民心理學》，封面內頁，強調部分爲弗朗茲·法農所加。

（二）期刊論文集

1. 王人英，《中央研究院民族學研究所專刊之十一》（臺北：中央研究院民族學研究所，1967 年）。

2. 王詩琅，《臺灣文藝》第 11 卷第 43 期（臺北：臺灣文藝雜誌社，1973 年 12 月）。

3. 石萬壽，《思與言》第 23 卷第 1 期（臺北：臺灣文藝雜誌社，1985 年 5 月）。

4. 林建二，《互談》第 33 卷第 8 期（臺北：互談雜誌社，1973 年）。

5. 林金泡，《自刊》（臺中：臺灣省政府民政廳，1981 年）。

6. 林金泡，《自刊》（臺北：臺灣省政府民政廳，1983 年）。

7. 林德政，《文訊月刊》第 19 期（臺北：文訊雜誌社，1985 年 8 月），頁 93。

8. 尹章義，《臺北文獻》第 53～54 期（臺北：臺北市文獻委員會，1980 年）。

9. 李喬，《文訊月刊》第 6 期（臺北：文訊雜誌社，1983 年 12 月）。

10. 李喬，《李喬文學文化論集（二）》（苗栗：苗栗縣政府國際文化觀光局出版，2007 年 10 月）。

11. 李喬，《自由時報——「四方集」專欄》，《李喬文學文化論集（二）》（苗栗：苗栗縣政府國際文化觀光局出版，2007 年 10 月）。

12. 李喬，《第二屆臺灣本土文化國際學術研討會》（1996 年 4 月 20 日），《李喬文學文化論集（一）》（2007 年 10 月）。

13. 李喬，《臺灣文學與臺灣神學研討會》集，（2001 年 4 月 16 日），《李喬文學文化論集（一）》（2007 年 10 月）。

14. 李喬，《李喬文學文化論集（一）》（苗栗：苗栗縣政府國際文化觀光局出

版，2007 年 10 月）。

15. 李喬，《國文天地》第十六期（2000 年 7 月 1 日），《李喬文學文化論集（一）》（苗栗：苗栗縣政府國際文化觀光局出版，2007 年 10 月）。

16. 李喬，《臺灣教會公報》第 2601、2602 期（2002 年 1 月 6、13 日）。

17. 何聯奎、衛惠林，《臺灣風土志（下篇）》（臺北：臺灣中華書局，1970 年）。

18. 邱奕松，《臺北文獻》第 74 期（臺北：臺北市文獻委員會，1985 年 12 月 25 日）。

19. 阿蘭·伯恩爵士，《種族和膚色的偏見》，頁 14。（Sir Alan Burns, Le prejudge de race et de couleur, Payot, p.14。英譯按：Colour Prejudice, Allen and Unwin, 1948, p.16）。

20. 胡耐安，《邊政學報》第 6 期（臺北：國立政治大學民族學研究所，1967 年 5 月）。

21. 陳勝崑，《健康世界》第 44 期（臺北：健康世界文化事業有限公司，1979 年 8 月）。

22. 陳勝崑，《健康世界》第 46 期（臺北：健康世界文化事業有限公司，1979 年 10 月）。

23. 張耀錡，《臺灣文獻》第 2 卷第 1、2 期（臺中：臺灣省文獻委員會，1984 年 6 月）。

24. 張明雄，《臺北文獻》第 72 期（臺北：臺北市文獻委員會，1985 年 6 月 25 日）。

25. 郭秀岩，《中央研究院民族學研究所集刊》第四十期（臺北：中央研究院，1975 年）。

26. 傅仰止，《思與言》第 23 卷第 2 期（臺北：臺灣文藝雜誌社，1985 年 7 月）。

27. 黃美英，《思與言》第 23 卷第 2 期（臺北：臺灣文藝雜誌社，1985 年 7 月）。

28. 張曉春，《臺大社會學刊》第 8 期（臺北：臺灣大學，1974 年）。

29. 張曉春，《思與言雙月刊》第十一卷第六期、第十二卷第十三期（臺北：中央研究院，1974 年）。

30. 曾振民，《臺大考古人類學刊》第 43 期（臺北：臺灣大學，1983 年）。

31. 鄭金德，《邊政學報》第 6 期（臺北：國立政治大學民族學研究所，1967 年 5 月）。

32. 衛聚賢編撰，《蝙蝠洞考古與臺灣山胞》（新竹：臺灣省立社會教育館，1979 年 7 月）。

33. 謝世忠，《認同的汙名──臺灣原住民的族群變遷》（臺北：自立晚報出版社，1987 年）。

34. 謝世忠，《族群人類學的宏觀探索》（臺北：臺灣大學出版，2004 年）。

（三）單篇論文

1. 王人英，〈臺灣高山族的人口變遷〉，《中央研究院民族學研究所專刊之十一》（臺北：中央研究院民族學研究所，1967 年），頁 65。

2. 王詩琅，〈也談「霧社事件」的文學〉，《臺灣文藝》第 11 卷第 43 期（臺北：臺灣文藝雜誌社，1973 年 12 月），頁 62。

3. 王昭文，〈追尋臺灣的心靈──拜訪李喬〉，李喬，《短篇小說全集資料彙編》（苗栗：苗栗縣立文化中心，1999 年 8 月），頁 314。原載於《臺灣研究》第三期，臺灣大學臺灣研究社出版，（1989 年 6 月 10 日）。

4. 内田嘉吉，〈緒言（1915 年 7 月，臨時臺灣就慣會會長，臺灣總督府民政長官）〉，《日據時期本省山地同胞生活狀況圖集》（臺北：臺灣省文獻委員會，1983 年 6 月），頁 5。

5. 石萬壽，〈臺灣南部平埔族研究的回顧與展望〉，《思與言》第 23 卷第 1 期（臺北：臺灣文藝雜誌社，1985 年 5 月），頁 94。

6. 林建二，〈都市山胞概況〉，《互談》第 33 卷第 8 期（臺北：互談雜誌社，1973 年）。

7. 林金泡，〈都市山胞生活狀況調查研究〉，《自刊》（臺中：臺灣省政府民政廳，1981 年），自序。

8. 林金泡，〈臺北市、高雄市山胞居民生活狀況調查研究〉（臺北：臺灣省政府民政廳，1983 年）。

9. 林德政，〈霧社抗日精神的延續──評介鍾肇政著「川中島」〉，《文訊月刊》第 19 期（臺北：文訊雜誌社，1985 年 8 月），頁 93。

10. 林經甫；洪田浚，〈讓傳統文化立足世界舞臺〉，《臺灣原住民籲天錄》（臺北：臺原出版社，1994 年 8 月 15 日），頁 4。

11. 尹章義，〈臺北平埔原墾殖史研究〉，《臺北文獻》第 53～54 期（臺北：臺北市文獻委員會，1980 年），頁 180。

12. 弗朗茲・法農，〈黑人與語言〉，《黑皮膚，白面具》（臺北：心靈工坊出版社，2005 年 4 月），頁 112。

13. 弗朗茲・法農，〈所謂被殖民者的依賴情節〉，《黑皮膚，白面具》（臺北：心靈工坊文化事業股份有限公司，2005 年 4 月），頁 180。

14. 弗朗茲・法農，〈有色女與白男〉，《黑皮膚，白面具》（臺北：心靈工坊出版社，2005 年 4 月），頁 120～121。

15. 弗朗茲・法農，〈黑人的實際經驗〉，《黑皮膚，白面具》（臺北：心靈工

坊文化事業股份有限公司，2005 年 4 月），頁 243。

16. 弗朗茲‧法農，〈黑人與精神病理學〉，《黑皮膚，白面具》（臺北：心靈工坊出版社，2005 年 4 月），頁 300。

17. 弗朗茲‧法農，〈代結論〉，《黑皮膚，白面具》（臺北：心靈工坊文化事業股份有限公司，2005 年 4 月），頁 336。

18. 弗朗茲‧法農，〈黑人和承認〉，《黑皮膚，白面具》（臺北：心靈工坊出版社，2005 年 4 月），頁 327。

19. 弗朗茲‧法農，〈譯後記〉，《黑皮膚，白面具》（臺北：心靈工坊出版社，2005 年 4 月），頁 341。

20. 李亦園，〈從文獻資料看臺灣平埔族〉，《臺灣土著民族的社會與文化》（臺北：聯經出版社，1982 年），頁 49。

21. 李亦園，〈都市中高山族的現代化適應〉，《臺灣土著民族的社會與文化》（臺北：聯經出版社，1982 年），頁 399。

22. 李亦園，〈社會文化變遷中的臺灣高山族青少年問題〉，《臺灣土著民族的社會與文化》（臺北：聯經出版社，1982 年），頁 457。

23. 李喬，〈自傳（63 年秋於苗栗逸園自宅）〉，《李喬自選集》（臺北：黎明文化事業公司出版，1975 年 5 月），頁 1。

24. 李喬，〈「寒夜」心曲〉，《文訊月刊》第 6 期（臺北：文訊雜誌社，1983 年 12 月），頁 273。

25. 李喬，〈後記〉，《告密者》（臺北：自立晚報出版，1986 年 12 月（1986 年 10 月 12 日，養生蘭舍）），頁 395。

26. 李喬，〈「臺灣運動」的困局與轉機〉，《十六屆世臺會演講》，1989 年 8 月 12 日，《李喬文學文化論集（一）》（苗栗：苗栗縣政府國際文化觀光局出版，2007 年 10 月），頁 20。

27. 李喬，〈臺灣文化的過去與未來〉，《民眾日報》，1991 年 5 月 19 日，《李喬文學文化論集（一）》（苗栗：苗栗縣政府國際文化觀光局出版，2007 年 10 月），頁 39。

28. 李喬，〈千言序遠行〉，《聯合報》（1992 年 6 月 30 日），《李喬文學文化論集（二）》（苗栗：苗栗縣政府國際文化觀光局出版，2007 年 10 月），頁 19。

29. 李喬，〈個人反抗與歷史記憶〉，《短篇小說全集資料彙編》（苗栗：苗栗縣立文化中心，1999 年 8 月），頁 70。原載於《中時副刊》（1998 年 10 月 20～23 日，訪問者：黃怡）。

30. 李喬，〈一位臺灣作家的心路歷程〉，《短篇小說全集資料彙編》（苗栗：苗栗縣立文化中心，1999 年 8 月），頁 45～46。原載於《亞洲人》第七期（1984 年 11 月 15 日）。

31. 李喬，〈資料評論卷編者序〉，《短篇小說全集資料彙編》（1999 年 8 月），頁 6。

32. 李喬，〈我看臺灣文學〉，《短篇小說全集資料彙編》（苗栗：苗栗縣立文化中心，1999 年 8 月），頁 56。原載於《臺灣文藝》第七十三期（1981 年 7 月）。

33. 李喬，〈繽紛二十年〉，《短篇小說全集資料彙編》（苗栗：苗栗縣立文化中心，1999 年 8 月），頁 33。原載於《自由日報》「晨鐘副刊」，（1981 年 10 月 3～4 日）。

34. 李喬，〈童年夢，夢童年〉，《短篇小說全集資料彙編》（苗栗：苗栗縣立文化中心，1999 年 8 月），頁 12。原載於《自由晚報》「晚安臺灣」（1994 年 12 月 8 日）。

35. 李喬，〈臺灣文學正解〉，《短篇小說全集資料彙編》（苗栗：苗栗縣立文化中心，1999 年 8 月），頁 65～66。原載於《臺灣文藝》第八十三期（1983 年 7 月）。

36. 李喬，〈臺灣文學的文化觀〉，《聯合報》，2000 年 6 月 12 日，《李喬文學文化論集（一）》（苗栗：苗栗縣政府國際文化觀光局出版，2007 年 10 月），頁 109。

37. 李喬，〈恩感知己，書貽後人──序「大地之母」〉，《寒夜三部曲改編為精華版改名「寒夜之母」》，2001 年 3 月 12 日，《李喬文學文化論集（二）》（苗栗：苗栗縣政府國際文化觀光局出版，2007 年 10 月），頁 98。

38. 李喬，〈臺灣文學與本土神學──由基督教談起〉，《臺灣文學與臺灣神學研討會》集，（2001 年 4 月 16 日），《李喬文學文化論集（一）》（2007 年 10 月），頁 153。

39. 李喬，〈戰後「臺灣小說的文化批評」〉，《國文天地》第十六期（2000 年 7 月 1 日），《李喬文學文化論集（一）》（苗栗：苗栗縣政府國際文化觀光局出版，2007 年 10 月），頁 128。

40. 李喬，〈臺灣小說中的宗教主題〉，《第四屆文學與宗教國際研討會》（臺北：輔仁大學，2001 年 11 月 23 日），《李喬文學文化論集（一）》（2007 年 10 月），頁 183。

41. 李喬，〈傳統與創造〉，《臺灣的重建》，2002 年 12 月 21 日，《李喬文學文化論集（一）》（苗栗：苗栗縣政府國際文化觀光局出版，2007 年 10 月），頁 208～209。

42. 李喬，〈語言暴力在臺灣〉，《臺灣教會公報》第 2601、2602 期（2002 年 1 月 6、13 日）。

43. 李喬，〈「臺灣主體文化」建構的理論與實務〉，《迎接全球化──超越 2008 研討會》（2003 年 9 月 28 日），《李喬文學文化論集（一）》（2007 年 10 月），頁 237。

44. 李喬，〈客家文學，文學客家〉，《客家文學精選集》（臺北：天下遠見雜誌出版，2004 年 4 月 30 日），《李喬文學文化論集（一）》（2007 年 10 月），頁 261～262。

45. 李喬，〈臺灣當代小說的「解救」表現〉，《第二屆臺灣本土文化國際學術研討會》（1996 年 4 月 20 日），《李喬文學文化論集（一）》（2007 年 10 月），頁 89。

46. 李喬，〈「認同」的奧秘〉，《自由時報——「四方集」專欄》，《李喬文學文化論集（二）》（苗栗：苗栗縣政府國際文化觀光局出版，2007 年 10 月），頁 98。

47. 李喬，〈我的「性史觀」〉，《自由時報——「四方集」專欄》，《李喬文學文化論集（二）》（苗栗：苗栗縣政府國際文化觀光局出版，2007 年 10 月），頁 145～146。

48. 李喬，〈心田上四座靈位〉，《自由時報——「四方集」專欄》，《李喬文學文化論集（二）》（苗栗：苗栗縣政府國際文化觀光局出版，2007 年 10 月），頁 121～122。

49. 李者佺，〈忿忿不平的冥府鬼魂——李喬「孟婆湯」〉，李喬，《短篇小說全集資料彙編》（1999 年 8 月），頁 191～192。原載於《我愛黑眼珠——臺灣優等小說賞析》（北京：北京工商出版社，1995 年 2 月）。

50. 高德義，〈臺灣原住民的政治建設與政治議題〉，洪泉胡編，《兩岸少數民族問題》（臺北：文史哲出版，1996 年），頁 122～125。

51. 何聯奎、衛惠林，《臺灣風土志（下篇）》（臺北：臺灣中華書局，1970 年），頁 81～83。

52. 呂昱，〈血染櫻花的後裔們〉，鍾肇政，《川中島》（臺北：蘭亭出版社，1985 年 4 月），頁 14。

53. 呂昱，〈血染櫻花的後裔們——代序〉，《鍾肇政全集 9·高山組曲·川中島》（桃園：行政院文化建設委員會，桃園縣政府，2000 年），頁 11。

54. 呂昱，〈解開苛政下隱忍圖存的奧秘——評鍾肇政的「川中島」〉，收錄於《鍾肇政全集 9》，（桃園：桃園縣立文化中心，2000 年 12 月），頁 226。

55. 宋國誠，〈是精神醫師，也是職業革命家〉，弗朗茲·法農，《黑皮膚，白面具》（臺北：心靈工坊出版社，2005 年 4 月），頁 30。

56. 吳錦發；洪田浚，〈歷史的伏流〉，《臺灣原住民籲天錄》（臺北：臺原出版社，1994 年 8 月 15 日），頁 8。

57. 邵恩新，〈序〉，《臺灣高山族》（臺北：香草山出版社，1977 年 2 月 15 日），頁 1。

58. 杭立武，〈序〉，《臺灣土著的傳統社會文化與人權現況》（臺北：大佳出版社，1987 年 6 月 15 日），頁 5。

59. 邱奕松，〈日據初期臺灣山地教育之探討〉，《臺北文獻》第 74 期（臺北：臺北市文獻委員會，1985 年 12 月 25 日），頁 138。

60. 岡崎郁子著；江上譯，〈臺灣文學的香火——李喬〉，李喬，《短篇小說全集資料彙編》（苗栗：苗栗縣立文化中心，1999 年 8 月），頁 257。原載於《津田大學紀要》第十九號（1987 年 8 月）。

61. 花村，〈「山女」與「蕃仔林的故事」比較〉，李喬，《短篇小說全集資料彙編》（苗栗：苗栗縣立文化中心，1999 年 8 月），頁 169。原載於《中華文藝》第十一卷第四期（1976 年 6 月）。

62. 松永正義著；鍾肇政譯，〈八十年代的臺灣文學〉，李喬，《短篇小說全集資料彙編》（苗栗：苗栗縣立文化中心，1999 年 8 月），頁 229。原載於《臺灣現代小說選二》，名流出版社（1986 年 8 月）。

63. 阿蘭‧伯恩爵士，《種族和膚色的偏見》，頁 14。（Sir Alan Burns, Le prejudge de race et de couleur, Payot, p.14。英譯按：Colour Prejudice, Allen and Unwin, 1948, p.16）。弗朗茲‧法農，〈黑人的實際經驗〉，《黑皮膚，白面具》（臺北：心靈工坊出版社，2005 年 4 月），頁 203。

64. 胡耐安，〈臺灣原住民分述〉，《邊政學報》第 6 期（臺北：國立政治大學民族學研究所，1967 年 5 月），頁 4。

65. 胡幼蕙、姚美華，〈一些質性方法上的思考〉，《質性研究》（臺北：巨流圖書有限公司，2002 年 10 月），頁 142。

66. 森丑之助著，黃耀東譯，〈臺灣山地土著梗概〉，《日據時期本省山地同胞生活狀況圖集》（臺北：臺灣省文獻委員會，1983 年 6 月），頁 5。

67. 森丑之助著，黃耀東譯，〈序〉，《日據時期本省山地同胞生活狀況圖集》（臺北：臺灣省文獻委員會，1983 年 6 月），頁 1。

68. 南方朔，〈後殖民論述的第一道聲音〉，弗朗茲‧法農，《黑皮膚，白面具》（臺北：心靈工坊出版社，2005 年 4 月），頁 7。

69. 洪醒夫，〈偉大的同情與大地的鄉愁——李喬訪問記〉，李喬，《短篇小說全集資料彙編》（苗栗：苗栗縣立文化中心，1999 年 8 月），頁 280。原載於《書評書目》第十六期（1974 年 10 月 1 日）。

70. 高淵源，〈自序〉，《臺灣高山族》（臺北：香草山出版社，1977 年 2 月 15 日），頁 7。

71. 高淵源，〈高山族之原始社會型態〉，《臺灣高山族》（臺北：香草山出版社，1977 年 2 月 15 日），頁 11。

72. 高淵源，〈高山族之傳說故事〉，《臺灣高山族》（臺北：香草山出版社，1977 年 2 月 15 日），頁 214～215。

73. 陳國鈞，〈臺灣土著始祖傳說〉，《臺灣土著社會研究》（臺北：東方文化書局，1974 年冬），頁 3。

74. 陳國鈞，〈臺灣土著始社會婚喪制度〉，《臺灣土著社會研究》（臺北：東方文化書局，1974 年冬），頁 158。

75. 陳勝崑，〈臺灣原住民族的生育觀〉，《健康世界》第 44 期（臺北：健康世界文化事業有限公司，1979 年 8 月），頁 101。

76. 陳勝崑，〈臺灣原住民族的巫醫與巫術〉，《健康世界》第 46 期（臺北：健康世界文化事業有限公司，1979 年 10 月），頁 86。

77. 陳永興，〈對臺灣作家的敬愛的期待〉，李喬，《告密者》（臺北：自立晚報出版，1986 年 12 月），頁 5。

78. 陳奇祿，〈序〉，《臺灣土著的傳統社會文化與人權現況》（臺北：大佳出版社，1987 年 6 月 15 日），頁 1～2。

79. 陳銘城，〈把文學創作駛盡歷史的港灣〉，李喬，《短篇小說全集資料彙編》（苗栗：苗栗縣立文化中心，1993 年 5 月 17 日），頁 316～317。原載於《自立晚報——名人開講》（1989 年 6 月 10 日）。

80. 陳銘城，〈期待平等公義的終極關懷〉，李喬，《短篇小說全集資料彙編》（苗栗：苗栗縣立文化中心，1993 年 5 月 17 日），頁 324。原載於《自立晚報——名人開講》（1993 年 5 月 17 日）。

81. 陳建忠，《書寫臺灣・臺灣書寫——賴和的文學與思想研究》（高雄：春暉出版社，2004 年 1 月），頁 346～347。

82. 陳芳明，〈膚色可以漂白嗎？〉，弗朗茲・法農，《黑皮膚，白面具》（臺北：心靈工坊出版社，2005 年 4 月），頁 13～14。

83. 陳光興；弗朗茲・法農，〈法農在後／殖民論述中的位置〉，《黑皮膚，白面具》（臺北：心靈工坊文化事業股份有限公司，2005 年 4 月），頁 49。

84. 張耀錡，〈平埔族社名對照表〉，《臺灣文獻》第 2 卷第 1、2 期（臺中：臺灣省文獻委員會，1984 年 6 月），頁 38～51。

85. 張明雄，〈臺北地區平埔族的興起及衰落〉，《臺北文獻》第 72 期（臺北：臺北市文獻委員會，1985 年 6 月 25 日），頁 191。

86. 郭秀岩，〈山地行政與山胞政策〉，《中央研究院民族學研究所集刊》第四十期（臺北：中央研究院，1975 年），頁 97～100。

87. 華加志省議員，〈光復後山地政策之回顧・緒言〉，《臺灣高山族》（臺北：香草山出版社，1977 年 2 月 15 日），頁 275。

88. 彭瑞金，〈悲苦大地泉甘土香——李喬的蕃仔林故事〉，李喬，《短篇小說全集資料彙編》（苗栗：苗栗縣立文化中心，1999 年 8 月），頁 128。原載於《臺灣文藝》第五十七期（1978 年 1 月）。

89. 張深切著，陳芳明等編，《張深切全集・卷八・遍地紅——霧社事件》（臺北：文經出版社有限公司，1998 年 1 月 1 日），頁 60。

90. 傅仰止，〈都市山胞研究的回顧與前瞻〉，《思與言》第 23 卷第 2 期（臺北：臺灣文藝雜誌社，1985 年 7 月），頁 177。

91. 黃美英，〈都市山胞與都市人類學〉，《思與言》第 23 卷第 2 期（臺北：臺灣文藝雜誌社，1985 年 7 月），頁 206～207。

92. 黃美英，〈第七章臺灣土著移民的都市適應與人權現況〉，《臺灣土著的傳統社會文化與人權現況》（臺北：大佳出版社，1987 年 6 月 15 日），頁 274。

93. 張曉春，〈臺北地區山胞大專學生社會適應之研究〉，《臺大社會學刊》第 8 期（臺北：臺灣大學，1974 年），頁 66～99。

94. 張曉春，〈臺北地區移民調適初步調查研究〉，《思與言雙月刊》第十一卷第六期、第十二卷第十三期（臺北：中央研究院，1974 年），頁 13～17。

95. 黃心雅，〈「翻譯」法農：權力、慾望與身體的中介書寫〉，弗朗茲·法農，《黑皮膚，白面具》（臺北：心靈工坊出版社，2005 年 4 月），頁 22。

96. 黃武忠，〈我的小說寫作觀──訪李喬先生〉，李喬，《短篇小說全集資料彙編》（苗栗：苗栗縣立文化中心，1999 年 8 月），頁 296。原載於《中華日報副刊》（1978 年 12 月 26～27 日）。

97. 黃武忠，〈人性探討者──李喬訪問記〉，李喬，《短篇小說全集資料彙編》（苗栗：苗栗縣立文化中心，1999 年 8 月），頁 310。原載於《臺灣時報副刊》（1980 年 12 月 1 日）。

98. 單德興、愛德華·薩依德，〈序〉，《鄉關何處》（臺北：立緒出版社，2000 年 10 月），頁 17。

99. 曾振民，〈南王卑南族的遷徙及其回顧〉，《臺大考古人類學刊》第 43 期（臺北：臺灣大學，1983 年），頁 17～47。

100. 游美惠，〈內容分析、文本分析與論述分析在社會研究的運用〉（調查研究第八期，2000 年），頁 5～42。

101. 葉石濤，〈論李喬小說裡的「佛教意識」〉，李喬，《短篇小說全集資料彙編》（苗栗：苗栗縣立文化中心，1999 年 8 月），頁 118。原載於《臺灣文藝》第五十七期（1978 年 1 月）。

102. 葉志誠、葉立誠，《研究方法與論文寫作》（臺北：商鼎文化出版社，1999 年 1 版 2 刷）。

103. 愛德華·薩依德，〈為國族和傳統設限〉，《知識分子論》（臺北：麥田人文出版社，1994 年），頁 76。

104. 愛德華·薩依德，〈知識分子的流亡──放逐者與邊緣人〉，《知識分子論》（臺北：麥田人文出版社，1994 年），頁 86。

105. 愛德華·薩依德，〈對權勢說真話〉，《知識分子論》（臺北：麥田人文出版社，1994 年），頁 132。

106. 愛德華・薩依德，〈後記：爲一九九五年版作〉，《東方主義》（臺北：立緒出版社，1999 年 9 月），頁 522。

107. 愛德華・薩依德，〈想像的地理和其再現：東方化東方〉，《東方主義》（臺北：立緒出版社，1999 年），頁 79～80。

108. 愛德華・薩依德，〈認識東方〉，《東方主義》（臺北：立緒出版社，1999 年 9 月），頁 61。

109. 愛德華・薩依德，〈類型、專業和看法：東方主義的世俗性〉，《東方主義》（臺北：立緒出版社，1999 年 9 月），頁 333。

110. 愛德華・薩依德，〈危機〉，《東方主義》（臺北：立緒出版社，1999 年 9 月），頁 159。

111. 愛德華・薩依德，〈晚近發展面面觀〉，《東方主義》（臺北：立緒出版社，1999 年 9 月），頁 476。

112. 愛德華・薩依德，〈潛隱和明顯的東方主義〉，《東方主義》（臺北：立緒出版社，1999 年 9 月），頁 302。

113. 愛德華・薩依德，〈沙錫與雷南：理性人類學與語源實驗室〉，《東方主義》（臺北：立緒出版社，1999 年），頁 215。

114. 愛德華・薩依德，〈現代英、法東方主義的極盛時期〉，《東方主義》（臺北：立緒出版社，1999 年 9 月），頁 376。

115. 愛德華・薩依德，〈計畫〉，《東方主義》（臺北：立緒出版社，1999 年 9 月），頁 122。

116. 愛德華・薩依德，〈東方住所和東方主義學術：辭語學與想像力兩大要點〉，《東方主義》（臺北：立緒出版社，1999 年），頁 220～221。

117. 愛德華・薩依德，〈殖民學校：人地不宜〉，《鄉關何處》（臺北：立緒出版社，2000 年 10 月），頁 57。

118. 愛德華・薩依德，〈敘事與社會空間〉，《文化與帝國主義》（臺北：立緒出版社，2001 年），頁 138。

119. 愛德華・薩依德，〈帝國的文化嚴整性〉，《文化與帝國主義》（臺北：立緒出版社，2001 年），頁 203～204。

120. 愛德華・薩依德，〈運動與移民〉，《文化與帝國主義》（臺北：立緒出版社，2001 年），頁 609。

121. 愛德華・薩依德，〈珍・奧斯汀與帝國〉，《文化與帝國主義》（臺北：立緒出版社，2001 年），頁 183。

122. 愛德華・薩依德，〈反抗文化的主題〉，《文化與帝國主義》（臺北：立緒出版社，2001 年），頁 396。

123. 愛德華・薩依德，〈事理之兩面〉，《文化與帝國主義》（臺北：立緒出版

社，2001 年），頁 389。

124. 愛德華・薩依德，〈對現代主義的註腳〉，《文化與帝國主義》（臺北：立緒出版社，2001 年），頁 332。

125. 愛德華・薩依德，〈帝國主義的享樂〉，《文化與帝國主義》（臺北：立緒出版社，2001 年），頁 275。

126. 愛德華・薩依德，〈勾結、獨立與解放〉，《文化與帝國主義》（臺北：立緒出版社，2001 年），頁 498。

127. 愛德華・薩依德，〈導論〉，《文化與帝國主義》（臺北：立緒出版社，2001 年），頁 13。

128. 愛德華・薩依德，〈美國勢之勃興：公共領域的論戰〉，《文化與帝國主義》（臺北：立緒出版社，2001 年），頁 533。

129. 愛德華・薩依德，〈串連帝國與世俗的詮釋〉，《文化與帝國主義》（臺北：立緒出版社，2001 年），頁 106～107。

130. 愛德華・薩依德，〈運作中的帝國：威爾第的《阿伊達》〉，《文化與帝國主義》（臺北：立緒出版社，2001 年），頁 242。

131. 愛德華・薩依德，〈帝國、地理與文化〉，《文化與帝國主義》（臺北：立緒出版社，2001 年），頁 38。

132. 愛德華・薩依德，〈葉慈和去殖民化〉，《文化與帝國主義》（臺北：立緒出版社，2001 年），頁 415。

133. 愛德華・薩依德，〈心路歷程與反對勢力的出現〉，《文化與帝國主義》（臺北：立緒出版社，2001 年），頁 445。

134. 愛德華・薩依德，〈過去之純淨與不純淨的形象〉，《文化與帝國主義》（臺北：立緒出版社，2001 年），頁 50。

135. 愛德華・薩依德，〈卡繆和法國的帝國經驗〉，《文化與帝國主義》（臺北：立緒出版社，2001 年），頁 307。

136. 愛德華・薩依德，〈挑戰正統與權威〉，《文化與帝國主義》（臺北：立緒出版社，2001 年），頁 586。

137. 愛德華・薩依德，〈差異的經驗〉，《文化與帝國主義》（臺北：立緒出版社，2001 年），頁 82。

138. 愛德華・薩依德，〈反抗文化之主題〉，《文化與帝國主義》（臺北：立緒出版社，2001 年），頁 409。

139. 奧克塔夫・瑪諾尼，《殖民心理學》，封面內頁，強調部分為弗朗茲・法農所加。弗朗茲・法農，〈所謂被殖民者的依賴情節〉，《黑皮膚，白面具》（2005 年 4 月），頁 167。

140. 楊明敏；弗朗茲・法農，〈黑色的俄爾甫斯、白色的納西塞斯〉，《黑皮

膚，白面具》（臺北：心靈工坊文化事業股份有限公司，2005 年 4 月），頁 69。

141. 臺灣省政府新聞處編，〈山胞概況〉，《改善山胞生活》（臺北：臺灣省政府印刷廠，1971 年 10 月），頁 1。

142. 臺灣省政府新聞處編，〈山地施政成果與今後展望〉，《改善山胞生活》（臺北：臺灣省政府印刷廠，1971 年 10 月），頁 173。

143. 臺灣省政府新聞處編，〈平地山胞之輔導〉，《改善山胞生活》（臺北：臺灣省政府印刷廠，1971 年 10 月），頁 162。

144. 臺灣省政府新聞處編，〈山地政策〉，《改善山胞生活》（臺北：臺灣省政府印刷廠，1971 年 10 月），頁 35。

145. 劉其偉，〈序〉，《臺灣高山族》（臺北：香草山出版社，1977 年 2 月 15 日），頁 5。

146. 劉其偉，〈歷史與族群分類〉，《臺灣土著文化藝術》（臺北：雄獅圖書股份有限公司，1979 年 7 月），頁 29。

147. 劉斌雄、石磊，〈第一章前言〉，《臺灣土著的傳統社會文化與人權現況》（臺北：大佳出版社，1987 年 6 月 15 日），頁 3。

148. 劉斌雄、石磊，〈第八章總結與綜合建議〉，《臺灣土著的傳統社會文化與人權現況》（臺北：大佳出版社，1987 年 6 月 15 日），頁 283。

149. 廖炳惠，〈對抗西方霸權〉，愛德華‧薩依德，《文化與帝國主義》（臺北：立緒出版社，2001 年），頁 12～13。

150. 鄭金德，〈賽夏族的矮靈祭〉，《邊政學報》第 6 期（臺北：國立政治大學民族學研究所，1967 年 5 月），頁 41。

151. 鄭清文，〈李喬的《恍惚的世界》〉，李喬，《短篇小說全集資料彙編》（苗栗：苗栗縣立文化中心，1999 年 8 月），頁 103。（原載於《書評書目》第十九期，1974 年 11 月）

152. 衛聚賢編撰，〈校後記〉，《蝙蝠洞考古與臺灣山胞》（新竹：臺灣省立社會教育館，1979 年 7 月），頁 317。

153. 蔡源林，〈薩依德與《東方主義》〉，愛德華‧薩依德，《東方主義》（臺北：立緒出版社，1999 年），頁 8。

154. 鍾鐵民，〈李喬印象記〉，李喬，《短篇小說全集資料彙編》（苗栗：苗栗縣立文化中心，1999 年 8 月），頁 327。原載於《臺灣文藝》第五十七期（1978 年 1 月）。

三、學位論文

1. 許惠文，《戰後非原住民作家的原住民書寫》，靜宜大學中國文學系碩士論文（2007 年 6 月），頁 61。

四、西文文獻

1. Fanon, Wretched of the Earth, p.210。愛德華・薩依德，〈葉慈與去殖民化〉，《文化與帝國主義》（臺北：立緒出版社，2001 年），頁 439。

2. Agnes Murphy, The Ideology of French Imperialism,1817~1881 (Washington: Catholic University of America Press, 1948), pp. 46, 54, 36, 45。愛德華・薩依德，《東方主義》（臺北：立緒出版社，1999 年），頁 321。

3. S. p. Mohanty, "Us the Philosophical Bases of Political Criticism," Yale Journal of Criticism 2, No.2 (1989), p.1~31。愛德華・薩依德，〈心路歷程與反對勢力的出現〉，《文化與帝國主義》（2001 年），頁 474。

4. Kinney and Celik "Ethnography and Exhibitionism," p.36。愛德華・薩依德，《文化與帝國主義》（臺北：立緒出版社，2001 年），頁 225。

5. Fanon, Wretched of the Earth, p.93。愛德華・薩依德，〈勾結、獨立與解放〉，《文化與帝國主義》（臺北：立緒出版社，2001 年），頁 494。

6. Partha Chatterjee, Nationalist Thought and the Colonial World: A Derivative Discourse? (London Zed, 1986), p.79。也參見 Rajat K. Ray, "Three Interpretations of Indian Nationlism,"。收錄於 Essays in Modern India, ed. B. Q. Nanda (Delhi: Oxford University Press, 1980) ,pp.1~41。愛德華・薩依德，〈反抗文化的主題〉，《文化與帝國主義》（2001 年），頁 407。

7. George E. Woodbe, "Editiorial" (1903)收錄於 Comparative Literature: The Early Years, An Anthology of Essays, eds. Hans Joachim Schulz and Phillip K. Rein (Chapel Hill: University of North Carolina Press, 1972), p.211。也參見 Harry Levin, Guillem, Entra lo uno y lo diverso: Introduccion a la literature comparada (Barcelona: Editiorial Critica,1985), pp.54~121。愛德華・薩依德，《文化與帝國主義》（2001 年），頁 99。

8. Psychiatrie du medecin praticien, Paris,Masson,1922, p.164。《臨床醫師的精神治療》，頁 164。弗朗茲・法農，〈黑人與精神病理學〉，《黑皮膚，白面具》（2005 年 4 月），頁 278。